民法典背景下劳动人事法律操作指引

MINFADIAN
BEIJINGXIA
LAODONG RENSHI
FALÜ CAOZUO ZHIYIN

陈 元 何 力 著

法律出版社 LAW PRESS · CHINA
—— 北 京 ——

图书在版编目(CIP)数据

民法典背景下劳动人事法律操作指引 / 陈元, 何力著. -- 北京 : 法律出版社, 2021(2024.2 重印)
ISBN 978 - 7 - 5197 - 5891 - 2

Ⅰ. ①民… Ⅱ. ①陈… ②何… Ⅲ. ①劳动法－基本知识－中国②社会保障－法律－基本知识－中国 Ⅳ. ①D922.5②D922.182.3

中国版本图书馆 CIP 数据核字(2021)第 173993 号

民法典背景下劳动人事法律操作指引
MINFADIAN BEIJING XIA LAODONG RENSHI FALÜ CAOZUO ZHIYIN

陈 元
何 力 著

策划编辑 朱海波
责任编辑 李 军
装帧设计 汪奇峰

出版发行 法律出版社
编辑统筹 法律应用出版分社
责任校对 邢艳萍
责任印制 刘晓伟
经　　销 新华书店

开本 710 毫米 × 1000 毫米 1/16
印张 32.75 **字数** 584 千
版本 2021 年 11 月第 1 版
印次 2024 年 2 月第 4 次印刷
印刷 唐山玺诚印务有限公司

地址:北京市丰台区莲花池西里 7 号(100073)
网址:www.lawpress.com.cn
投稿邮箱:info@lawpress.com.cn
举报盗版邮箱:jbwq@lawpress.com.cn

销售电话:010 – 83938349
客服电话:010 – 83938350
咨询电话:010 – 63939796

书号:ISBN 978 – 7 – 5197 – 5891 – 2
定价:108.00 元

人力资源管理人员常用
劳动法律法规汇编

本汇编包含与《劳动法》相关的法律、行政法规、部门规章、司法解释、司法批复、司法文件等，旨在为读者提供便捷的、全面的在线内容查询。本汇编以劳动用工实践中常见争议焦点为划分依据，条理清晰，查询方便，后续将根据法律法规的变化持续调整，为处理劳动人事法律实务提供依据。

前　言

被称为"社会生活百科全书"的《中华人民共和国民法典》自2021年1月1日起施行，几乎涵盖了日常生活的方方面面。随着《民法典》的实施，《合同法》《婚姻法》等九部法律同时废止，但是劳动人事领域的法律法规似乎成了被忽视的另类，那么《民法典》的出台对劳动用工方面是否会产生影响呢？其实《民法典》虽未收编劳动法律，但是很多基本原则都会在企业用工管理中得到适用，本书也会涉及此部分的理解与思考。

另外，最高人民法院《关于审理劳动争议案件适用法律问题的解释（一）》也于2021年1月1日起施行，使2001年4月30日起施行的最高人民法院《关于审理劳动争议案件适用法律若干问题的解释》、2006年10月1日起施行的最高人民法院《关于审理劳动争议案件适用法律若干问题的解释（二）》、2010年9月14日起施行的最高人民法院《关于审理劳动争议案件适用法律若干问题的解释（三）》、2013年2月1日起施行的最高人民法院《关于审理劳动争议案件适用法律若干问题的解释（四）》这四部司法解释同时废止。这算是因《民法典》的实施而对劳动法领域最直接的法律修改，日后读者在劳动法律适用上需尤为注意。

本书正是在这新旧法交替的背景下应运而生，在《新法下的人力资源操作指引》（法律出版社2010年第1版、2014年第2版）的基础上，通过与《民法典》相结合，对企业用工管理中的入职、在职、离职环节进行全流程梳理。除了对最新法律法规的解读与运用,本书还兼具实用性,不仅针对劳动用工实践中常见争议焦点进行了大量案例检索归纳,用真实的司法裁判让读者近距离了解实务操作,而且涵盖了诸如劳动合同、员工手册等文书范本,对读者尤其是企业 HR 来说,可谓是一本实实在在的"工具书"。除此之外,本书还紧跟社会热点,对就业歧视、共享员工等话题都有所涉及分析。

笔者根据十余年劳动法领域的从业经验,在此分享自己的一些见解,虽抱有追求完美之心,但难免有所疏漏,若有不当之处,欢迎各位读者、同行予以指正及反馈,笔者联系邮箱 chenyuansh@ yingkelawyer. com。

陈 元 何 力

2021 年 4 月

目 录 CONTENTS

人力资源管理文书范本索引

说明:

本书中所含大部分文书范本以及更多劳动用工类合同、文书模板,可于"法天使 – 中国合同库|www. fatianshi. cn"搜索查阅,查阅全文或下载可能需要付费。

因文书模板不定期优化,电子版可能与纸质版内容有所不同。

输入编号,可直接搜索到相应文本。

常见劳动争议案例索引

第一章

劳动法律法规概述

操作指引： HR应了解劳动关系管理需要涉及的法律法规；对于重要的劳动法律法规应有一定的把握，并随时掌握其变动。

第一节　劳动法概述

一、劳动法的含义

劳动法从狭义上讲，是指一部法律，即《劳动法》，[1] 1994 年 7 月 5 日由第八届全国人民代表大会常务委员会第八次会议通过，于 1995 年 1 月 1 日起正式实施。

广义的劳动法，是调整劳动关系以及与劳动关系密切相关的其他社会关系的法律规范的总称。主要包括下列法律规范：

1. 全国人民代表大会及其常务委员会制定的劳动法律，如《劳动合同法》。[2] 通常情况下人们并不将“法律”这个词与一般的“法规”相区分，但其实狭义上的、作为法律术语的“法律”，仅指全国人民代表大会及其常务委员会制定的法律文件。

2. 国务院制定的劳动行政法规，如《劳动合同法实施条例》，[3] 多表述为“某某条例”。

3. 国务院所属各部委制定的劳动规章，如人力资源和社会保障部制定的《企业职工带薪年休假实施办法》。[4]

---

〔1〕 中华人民共和国第八届全国人民代表大会常务委员会第八次会议于 1994 年 7 月 5 日通过《劳动法》，自 1995 年 1 月 1 日起施行。

〔2〕 中华人民共和国第十届全国人民代表大会常务委员会第二十八次会议于 2007 年 6 月 29 日通过《劳动合同法》，自 2008 年 1 月 1 日起施行。2012 年 12 月 28 日全国人民代表大会常务委员会第三十次会议通过《劳动合同法》修正案，自 2013 年 7 月 1 日起施行。

〔3〕 2008 年 9 月 3 日国务院第二十五次常务会议通过《劳动合同法实施条例》，于 2008 年 9 月 18 日公布，自公布之日起施行。

〔4〕 2008 年 7 月 17 日经人力资源和社会保障部第六次部务会议通过《企业职工带薪年休假实施办法》，自 2008 年 9 月 18 日起施行。

4. 地方性劳动法规和劳动规章,如《北京市工资支付规定》[1]《江苏省劳动合同条例》。[2]

5. 我国批准的国际劳工公约,如国际劳工组织会员国缔结的公约,由国际劳工大会根据《国际劳工组织章程》及《国际劳工大会议事规则》规定的程序而制定。

6. 其他规范性或准规范性文件,如中华全国总工会制定的《中国工会章程》。[3] 严格来讲,工会制定的文件并不能成为法律,因为“工会是职工自愿结合的工人阶级的群众组织”,工会并非有立法权的国家机关,但由于现实生活中中华全国总工会的半官方地位,其制定的文件也有相当重要的参考作用。

广义的劳动法既包括专门用来规范劳动关系的法律法规,如《劳动合同法》《职工带薪年休假条例》,[4]也包括一些其他法律中用来调整劳动关系及其相关关系的部分。如《刑法》[5]中对强迫劳动罪、拒不支付劳动报酬罪的规范。

广义的劳动法所涉及的内容主要包括:

1. 劳动者的主要权利和义务;

2. 工会相关规定;

3. 劳动就业方针政策及录用职工的规定;

4. 劳动合同的订立、变更与解除程序的规定;

5. 集体合同的签订与执行办法;

6. 工作时间与休息休假制度;

7. 劳动报酬制度;

8. 劳动卫生和安全技术规程;

9. 女职工与未成年工的特殊保护办法;

10. 职业培训制度与服务期;

11. 社会保险与福利制度;

12. 保密与竞业限制协议;

13. 劳动争议的解决程序;

---

〔1〕 2003 年 12 月 22 日北京市人民政府颁布《北京市工资支付规定》,自 2004 年 1 月 22 日起施行。2007 年 11 月 8 日部分修改。

〔2〕 江苏省第十一届人民代表大会常务委员会第三十二次会议于 2013 年 1 月 15 日修订通过《江苏省劳动合同条例》,自 2013 年 5 月 1 日起施行。

〔3〕 中国工会第十一次全国代表大会于 1988 年修正并通过《中国工会章程》。

〔4〕 2007 年 12 月 7 日国务院第 198 次常务会议通过《职工带薪年休假条例》,自 2008 年 1 月 1 日起施行。

〔5〕《刑法》于 1997 年 10 月 1 日起施行,最近一次的修正案为 2020 年 12 月 26 日生效的《刑法修正案(十一)》。

14. 对执行劳动法的监督、检查制度以及违反劳动法的法律责任等。

劳动法是整个法律体系中一个重要的、独立的法律部门。在本书中，加书名号的《劳动法》一般用来指代《中华人民共和国劳动法》这部单独的法律，而劳动法，或者劳动法律法规，则一般用来指代广义的劳动法。

二、劳动法的宗旨

《劳动合同法》第1条开宗明义规定："为了完善劳动合同制度，明确劳动合同双方当事人的权利和义务，保护劳动者的合法权益，构建和发展和谐稳定的劳动关系，制定本法。"

上述法条说明了《劳动合同法》的立法宗旨，同时也代表整个劳动法律法规的立法宗旨。它表明，法律在确认用人单位与劳动者双方当事人享有平等地位的前提下，突出了对劳动者的倾斜保护。[1] 这样认为的理由是：

第一，劳动者是劳动关系中事实上的弱势一方，对其实施倾斜性保护才能真正实现双方主体的平等。

《劳动合同法》在规定无固定期限劳动合同的适用、事实劳动关系的法律救济、劳动合同必备条款、劳动合同终止的条件及违反劳动合同的责任等方面均体现了倾斜保护劳动者的原则。这些规定对于防范用人单位作为强势主体利用劳动合同侵犯劳动者的权益具有重要意义。

第二，法律上权利义务一致性的要求，决定了劳动者享有权利是以履行义务为前提的。例如，劳动者只有在法定工作时间内提供了正常劳动的前提下，才能获得约定或者法定的工资。《劳动合同法》体现对劳动者倾斜保护的同时，在劳务派遣、劳动合同试用期、劳动合同变更和履行、劳动合同解除等条款设计中也明确了劳动者的义务与责任，使劳动合同关系主体在享有劳动权利的同时，全面地承担起履行劳动法律义务的责任，这也使用人单位对人力资源的管理更加规范有据。

第三，作为市场主体法的企业法、公司法，对企业、公司的主体资格及其权利

[1] 劳动法规包括《劳动合同法》的立法宗旨，是双保护还是单保护，还是倾斜保护，学界存在诸多争议。本书从实务的角度出发，未予以过多关注。读者如有兴趣，可参见董保华、杨杰：《劳动合同法的软着陆——人力资源管理的影响与应对》，中国法制出版社2007年版。

能力和行为能力的范围均有规定,这些法律与劳动法共同实施,形成了必要的互补与制衡,有利于用人单位在规范用工的基础上形成稳定和谐的劳动关系,形成自身强有力的人力资源资本,提升企业的核心竞争力,从而使企业更有活力和凝聚力,创造更大的经济效益。

企业 HR 应当全面与深刻地理解劳动法对劳动者的倾斜保护。只有充分保护劳动者权利的国家才是真正有竞争力的国家,只有充分保护员工的企业才是真正有竞争力的企业。一个企业要发展靠的是人力资本、技术资本和企业战略的全面提升,而不是一味地追求廉价劳动力。构建和谐稳定的企业内部劳动关系,提升企业的向心力和凝聚力,增强企业的团队精神才是企业发展的根本途径。用人单位不应一味抱着规避劳动法中明确规定的单位应尽义务的心态去招录员工,而应该根据劳动法的要求,努力构建和谐的、健康的劳资关系,HR 应该在这一过程中发挥积极的作用。

三、劳动法与《民法典》

中华人民共和国第十三届全国人民代表大会第三次会议审议通过《中华人民共和国民法典》[1](以下简称《民法典》),自 2021 年 1 月 1 日起施行。《民法典》包含 7 编 1 附则,依次为总则编、物权编、合同编、人格权编、婚姻家庭编、继承编、侵权责任编、附则,共 84 章,1260 条,总计 10 万多字。《民法典》施行后,《婚姻法》《继承法》《民法通则》《收养法》《担保法》《合同法》《物权法》《侵权责任法》《民法总则》同时废止。

历史上许多国家的民法典都是包含劳动法相关内容的,如《德国民法典》《意大利民法典》。那么我国的《民法典》收编了那么多法律,为什么其中不包括《劳动法》《劳动合同法》呢?这关键在于我国《民法典》诞生于 21 世纪,理论上对法律领域的认识在不断更新,除了公法、私法,出现了社会法这一新的法域,而劳动法与社会保障法则被认为是社会法的典型代表,因此我国将以劳动法为主干的社会法作为七大法律部门之一,与民商法、行政法、刑法等形成并列关

〔1〕《民法典》已由中华人民共和国第十三届全国人民代表大会第三次会议于 2020 年 5 月 28 日通过,自 2021 年 1 月 1 日起施行。

系。[1] 即使《民法典》施行,《劳动合同法》《社会保险法》《劳动争议调解仲裁法》《劳动合同法实施条例》等劳动用工领域的法律法规仍然是有效的。从法律适用的角度来看,在劳动关系领域优先适用劳动法的相关规定,在劳动法没有规定的情况下,需要结合劳动法的精神,对《民法典》的一般规则进行审查后适用,因此《民法典》的施行对劳动用工来说仍然产生一定影响,其中主要包括对员工隐私的保护、对员工人格权的保护、对订立劳动合同的影响、对主体资格的影响以及民法典规则在劳动用工中的适用五个方面。

虽然《民法典》的出台没有代替劳动法领域的相关法律法规,但其在企业的日常用工管理中仍然具有一定作用,企业 HR 应当进行全面的了解。同时值得注意的是,随着最高人民法院《关于审理劳动争议案件适用法律问题的解释(一)》的施行,使原来最高人民法院《关于审理劳动争议案件适用法律若干问题的解释》、最高人民法院《关于审理劳动争议案件适用法律若干问题的解释(二)》、最高人民法院《关于审理劳动争议案件适用法律若干问题的解释(三)》、最高人民法院《关于审理劳动争议案件适用法律若干问题的解释(四)》这四部司法解释同时废止。

〔1〕 参见石先广编著:《民法典时代的用工管理与风险防范(上)》,第6页。

第二节　劳动法的渊源

法律的渊源，作为一个法学专门术语，有几种含义。这里使用最通常的含义，即指那些因来源不同（制定法与非制定法、立法机关制定与政府制定等）而具有法的不同效力和作用的法的外在表现形式。简单来说，就是我们常常说要遵守劳动法，要学习劳动法，那么这个劳动法究竟体现在哪些规范性法律文件当中，通过何种具体的形式表现出来，这个形式与载体就是劳动法的法律渊源。这些载体，或者说劳动法的文本，是我们学习和适用劳动法的依据。

一、《宪法》[1]中有关劳动者基本权利义务的规定

《宪法》是我国的根本大法，是国家最高权力机关制定的有关国家政治生活、经济生活、社会生活及国家安全的最高准则，它是法律制定的依据，法律、行政法规、地方法规以及其他所有社会规范都不得与宪法相冲突。宪法中有关劳动者权利义务的规定、有关劳动领域事务的规定是劳动立法的依据，指导和规范劳动法的制定、修改和废止，也是首要的劳动法的法律渊源。《宪法》中关于劳动保护内容的规定从根本上确立了劳动法的权威性与劳动法制的统一性。

我国《宪法》全面规定了劳动者的基本权利，如劳动权、报酬权、休息休假权、劳动安全卫生保护权、物质帮助权、培训权、结社权等权利。这些内容主要表现在下列条文中：

《宪法》第 42 条规定，中华人民共和国公民有劳动的权利和义务。

---

〔1〕 现行《宪法》于 1982 年 12 月 4 日起实施，最近一次修正案为 2018 年 3 月 11 日第十三届全国人民代表大会第一次会议第三次全体会议通过的《宪法修正案》。

国家通过各种途径,创造劳动就业条件,加强劳动保护,改善劳动条件,并在发展生产的基础上,提高劳动报酬和福利待遇。

劳动是一切有劳动能力的公民的光荣职责。国有企业和城乡集体经济组织的劳动者都应当以国家主人翁的态度对待自己的劳动。国家提倡社会主义劳动竞赛,奖励劳动模范和先进工作者。国家提倡公民从事义务劳动。

国家对就业前的公民进行必要的劳动就业训练。

《宪法》第 43 条规定,中华人民共和国劳动者有休息的权利。国家发展劳动者休息和休养的设施,规定职工的工作时间和休假制度。

《宪法》第 44 条规定,国家依照法律规定实行企业、事业组织的职工和国家机关工作人员的退休制度。退休人员的生活受到国家和社会的保障。

《宪法》第 45 条规定,中华人民共和国公民在年老、疾病或者丧失劳动能力的情况下,有从国家和社会获得物质帮助的权利。国家发展为公民享受这些权利所需要的社会保险、社会救济和医疗卫生事业。

国家和社会保障残废军人的生活,抚恤烈士家属,优待军人家属。

国家和社会帮助安排盲、聋、哑和其他有残疾的公民的劳动、生活和教育。

二、劳动法律及其他相关法律中的劳动法律规范

在我国,全国人民代表大会及其常务委员会制定的劳动法律及其他相关法律中的劳动法律规范构成第二层次的劳动法律渊源,效力仅次于《宪法》。其中,《劳动法》《劳动合同法》《劳动争议调解仲裁法》[1]这三部法律需要 HR 深度掌握,本书也将详细进行阐述。此外,《妇女权益保障法》[2]《残疾人保障法》[3]《刑法》等法律也有一些劳动法律规范。

---

〔1〕 中华人民共和国第十届全国人民代表大会常务委员会第三十一次会议于 2007 年 12 月 29 日通过《劳动争议调解仲裁法》,自 2008 年 5 月 1 日起施行。

〔2〕 中华人民共和国第十届全国人民代表大会常务委员会第十七次会议于 2005 年 8 月 28 日通过《妇女权益保障法》,自 2005 年 12 月 1 日起施行。

〔3〕 中华人民共和国第十一届全国人民代表大会常务委员会第二次会议于 2008 年 4 月 24 日修订通过《残疾人保障法》,自 2008 年 7 月 1 日起施行。2018 年 10 月 26 日,根据第十三届全国人民代表大会常务委员会第六次会议《关于修改〈中华人民共和国野生动物保护法〉等十五部法律的决定》修正。

三、劳动行政法规

国务院作为最高行政机关,颁布了数量庞大的劳动行政法规,包括各类条例、规定、法律实施细则等。相对于其他领域而言,国务院颁布的劳动行政法规,数量较多。其效力仅次于宪法与法律,即不得与宪法、法律相抵触,但高于地方性法规和部门规章,是具有法律适用效力和行政执行效力的劳动法律规范。如《劳动合同法实施条例》《职工带薪年休假条例》《女职工劳动保护特别规定》〔1〕《禁止使用童工规定》〔2〕《工伤保险条例》〔3〕《劳动保障监察条例》〔4〕等,即是其中的几部重要法规,HR 应当有所了解。其中《劳动合同法实施条例》是本书重点阐释的法规之一。

四、地方性劳动法规

依据《宪法》的规定,省、直辖市人民代表大会及其常务委员会,在不同宪法、法律、行政法规相抵触的前提下,可以制定和发布地方性法规,报全国人民代表大会常务委员会备案。民族自治区地方的人民代表大会,有权依照当地民族的政治、经济文化的特点,制定和发布自治条例和单行条例,报全国人民代表大会常务委员会批准后生效。

另外,根据《立法法》的规定,省、自治区的人民政府所在地的市,经济特区所在地的市和经国务院批准的较大的市,这三类城市的人民代表大会及其常务委员会也可以制定地方性法规。

地方性法规只在发布机关所管辖的地区有效。其中的劳动法规尤其是关于劳动合同、工资、社会保险等方面的规定,是该区域的 HR 应该掌握的。如《北京

〔1〕 2012 年 4 月 18 日国务院第 200 次常务会议通过《女职工劳动保护特别规定》,自 2012 年 4 月 28 日起施行,原 1988 年《女职劳动保护规定》同时被废止。

〔2〕 2002 年 9 月 18 日国务院第 63 次常务会议通过《禁止使用童工规定》,自 2002 年 12 月 1 日起施行。

〔3〕 2003 年 4 月 16 日国务院第 5 次常务会议通过《工伤保险条例》,自 2004 年 1 月 1 日起施行;2010 年 12 月 8 日国务院第 136 次常务会议通过了《工伤保险条例》修订案,修订案自 2011 年 1 月 1 日起施行。

〔4〕 2004 年 10 月 26 日国务院第 68 次常务会议通过《劳动保障监察条例》,自 2004 年 12 月 1 日起施行。

市工资支付规定》《北京市劳动合同规定》[1]等,北京的 HR 应当有所了解。

五、劳动规章

在法律术语中,一般法规是由各级人民代表大会及其常务委员会、国务院制定,而规章是由国务院各部委或地方各级政府制定,包括下文所提到的两类规章。

国务院组成部门依据法律法规,有权在本部门范围内制定和发布规范性文件,其中关于调整劳动关系的规章,也是劳动法的渊源。《劳动法》第 9 条规定:“国务院劳动行政部门主管全国劳动工作。”这里的“国务院劳动行政部门”,屡经变更。新中国成立之初,就有了劳动部,之后屡经变革,1998 年组建为劳动和社会保障部,到 2008 年设立人力资源和社会保障部(由原人事部与原劳动和社会保障部合并而来)。现在人们口头上还常常使用劳动部、劳动局的称呼,但其实应该叫人社部和人社局了。

劳动行政部门依法行使下列部门职责:起草劳动和社会保险法律法规,制定行政规章和基本标准并组织实施和监督检查;制定劳动和社会保险政策服务咨询机构的管理规则;代表国家行使劳动和社会保险的监督检查职权,制定劳动和社会保险的监督检查规范,监督地方劳动和社会保险监督检查机构的工作等。值得注意的是,住房公积金与社会保险在一般人的心目中都是社会保障的措施,但住房公积金并非劳动行政部门的管理范围,而是由各地住房公积金管理中心管理。住房公积金管理中心与人力资源和社会保障部门没有任何隶属关系或上下级关系。

劳动行政部门发布的规范性文件称为劳动规章。现行有效的劳动规章中,既有原劳动部发布的,也有原劳动和社会保障部发布的,还有 2008 年后的人力资源和社会保障部发布的。如我们需要学习了解的《企业职工带薪年休假实施办法》,就是 2008 年 9 月 18 日才开始施行的部门规章,由新组建的人力资源和社会保障部发布。2014 年 3 月 1 日实施的《劳务派遣暂行规定》,[2]是我们需

〔1〕 2001 年 12 月 24 日北京市人民政府颁布《北京市劳动合同规定》,自 2002 年 2 月 1 日起施行。

〔2〕 2013 年 12 月 20 日经人力资源社会保障部第二十一次部务会审议通过《劳务派遣暂行规定》,自 2014 年 3 月 1 日起施行。

要了解的部门规章之一。

除上述部委制定的规章外,各省、自治区、直辖市的人民政府(如湖南省人民政府),省、自治区的人民政府所在地的市政府(如广州市人民政府),国务院批准的较大市的人民政府(如大连市人民政府),也有权制定地方行政规章。其中,关于劳动关系调整方面的内容,也是劳动规章。例如,广州市关于最低工资标准调整的文件,就是广州地区的 HR 所必须了解的。

六、我国立法机关批准的相关国际公约

有关各国政府和政府间国际组织按照法定程序制定或通过的国际公约、决议涉及劳动关系或劳动标准的,属于国际劳动立法的范畴,其中经过我国立法机关批准的公约在我国具有法律效力。例如,国际劳工组织制定的《国际劳工公约》,经过我国立法机关批准,即成为国内劳动法的渊源。

七、正式解释

对已经生效的劳动法律、行政法规等规范性文件,任何人都可以根据自己的理解作出解释。公民个人(包括律师、法学家、法官等)的解释属于任意解释,任意解释不具有法律效力。但是,有权的国家机关对已经生效的劳动法律、行政法规等规范性文件所作的阐释和说明,被称为正式解释,可以适用,具有法律效力,因此也是劳动法的渊源。

根据解释主体的不同,正式解释分为立法解释、司法解释和行政解释。立法机关对自己制定的法律法规的解释为立法解释。司法机关在具体的法律适用过程中所进行的对上位法的解释属于司法解释。行政机关为了贯彻法律法规而制定的解释则为行政解释。例如,为了贯彻执行《劳动法》,原劳动部《关于贯彻执行〈中华人民共和国劳动法〉若干问题的意见》[1]、原劳动和社会保障部办公厅《关于劳动合同制职工工龄计算问题的复函》[2]、原劳动和社会保障部《关于特

〔1〕 原劳动部于1995年8月4日发布该意见。
〔2〕 原劳动和社会保障部于2002年9月25日发布该复函。

有工种不是提前退休特殊工种的复函》[1]、原劳动部《关于贯彻〈企业职工患病或非因工负伤医疗期规定〉的通知》[2]等,即为行政解释。最高人民法院发布的《关于在民事审判工作中适用〈中华人民共和国工会法〉若干问题的解释》[3]、最高人民法院《关于审理劳动争议案件适用法律问题的解释(一)》[4]等则属于司法解释。

正式解释可以保证相关法律或行政法规在法律适用中不产生歧义,使其得到有效的实施,因此作为法律渊源意义重大。正式解释涉及劳动法的方方面面,在仲裁与司法实践中得到广泛的适用,不可忽视。上述行政解释与司法解释就在本书中有所涉及。

值得注意的是,实务中,各级法院连同各地的劳动争议仲裁委(或者人力资源和社会保障部门中的仲裁处、仲裁科等机构)会出台一些类似于司法解释的文件,对本地劳动争议仲裁与诉讼的裁判尺度作出一些规定。这种做法并无充分的法律依据,而且变动性较大,各地的做法也未统一。因此本书中未对此类文件作出阐述。但无可否认,此类文件对当地的劳动争议案件仲裁与裁判有一定影响,劳动法专业律师或想进一步掌握劳动法实务的 HR 应有所了解。

---

〔1〕 原劳动和社会保障部办公厅于 2002 年 8 月 14 日发布该复函。

〔2〕 原劳动部于 1995 年 5 月 23 日发布该通知。

〔3〕 2003 年 6 月 25 日最高人民法院公布该解释。

〔4〕 2020 年 12 月 25 日由最高人民法院审判委员会第 1825 次会议通过该解释,自 2021 年 1 月 1 日起施行。最高人民法院《关于审理劳动争议案件适用法律若干问题的解释》、最高人民法院《关于审理劳动争议案件适用法律若干问题的解释(二)》、最高人民法院《关于审理劳动争议案件适用法律若干问题的解释(三)》、最高人民法院《关于审理劳动争议案件适用法律若干问题的解释(四)》自 2020 年 1 月 1 日废止。

第二章

招聘与录用

操作指引：了解招聘与录用各个环节中的法律风险；加强预防工作，规范招聘与录用的流程。

第一节　招聘广告的法律问题

一、招聘广告的效力

招聘广告中职位、待遇等描述是否会构成对员工的有效承诺?[1]

从法律上讲,一般认为,招聘广告像其他商业广告一样,属于要约邀请,[2]而不是要约。[3] 要约与要约邀请在法律效果上最重要的区别在于,前者具有法律效力,而后者不具有法律效力。如甲对乙说,我这张桌子1000元卖给你要吗?这话内容具体明确,是一个要约。如果乙方说要,那么合同就成立了。双方必须履行,否则就可能要承担违约的法律责任。因此,要约是有法律效力的。但如果甲对乙说,我有一张桌子打算出售。这句话不够明确具体,只是要约邀请,无论嗣后甲是否打算卖桌子,卖给谁,都不会有什么法律责任,所以说要约邀请不具有法律效力。

招聘广告与之类似。一个公司发布广告,公司某职位需要几名员工,要求如何。这不代表,如果有人符合这些要求,公司就一定会录用。法律也不会要求他一定要录用。

按法律要求,单位聘用员工应签署劳动合同,双方签署劳动合同后,权利义务(包括工资待遇等)应以劳动合同为准。

在某些案例中,招聘广告也能起到某种证据作用。例如,用人单位与劳动者产生纠纷,劳动者主张有提成,用人单位主张无提成。劳动合同及单位制度文件

〔1〕《民法典》第479条规定:"承诺是受要约人同意要约的意思表示。"

〔2〕《民法典》第473条规定:"要约邀请是希望他人向自己发出要约的意思表示。拍卖公告、招标公告、招股说明书、债券募集办法、基金招股书明书、商业广告和宣传、寄送的价目表等为要约邀请。"

〔3〕《民法典》第472条规定:"要约是希望与他人订立合同的意思表示,该意思表示应当符合下列条件:(一)内容具体确定;(二)表明经受要约人承诺,要约人即受该意思表示约束。"

中均未提到有提成。但劳动者拿出当初的招聘广告(上面说明该岗位有提成及提成的标准),且结合实际工资发放的情况,以证明存在提成。这种情况下,招聘广告可能成为对单位不利的证据(但往往不足以单独成为认定事实的证据)。从单位的角度讲,要避免此类问题,除了在招聘广告中不要进行不实的承诺外,也可以考虑在劳动合同中明确约定类似条款:"薪资待遇以本合同约定为准,其他招聘、录用文件不得作为确定薪资待遇标准的依据。"

无论是否会成为对单位不利的证据,从诚信及建立和谐劳资关系的角度出发,招聘广告都应当符合实际情况,避免夸大其词。

案例1:招聘广告中承诺出国机会能否实现?

2015年2月,小李突然看到某外资企业登出了一则招聘广告,广告中写道:"本单位录用的员工将送到国外培训半年至一年。"于是小李毅然辞去原来的工作,顺利地应聘到该单位。加入了新单位的小李对工作充满希望,想通过积极的工作得到重视,及早得到出国的机会。但是一年过去了,出国培训的事情依然没有动静,也没有听说哪位同事出国培训了。小李找到单位负责人询问,认为单位应当履行招聘广告中的承诺,单位负责人当面答应小李一定会考虑。几天过去后,还是没有动静,小李觉得用人单位在欺骗自己,明明写好的条件,单位却没有兑现,严重侵犯了自己的合法利益,便向某区劳动争议仲裁委员会提起了仲裁。

仲裁过程中,单位声称,单位与小李的劳动合同中并没有规定单位应当送小李出国培训的条款,因此单位没有此项义务。招聘广告中的条件并没有写入劳动合同中,因此并没有法律效力。

仲裁最后裁决,小李与某公司的劳动合同并没有约定公司应当提供送小李出国培训的机会,因此公司没有此项义务。招聘广告中的承诺,因为没有写入劳动合同中,故不具备法律效力。据此,某区劳动争议仲裁委员会驳回小李提出的单位应当履行"招聘广告"中声称的义务的请求。虽然多数情况下员工要求用人单位履行招聘广告中义务的请求会被驳回,但我们在这里仍然要提醒用人单位:其一,在招聘广告中描述极具吸引力的岗位及优厚的待遇尽管可能为单位招来更优秀的人才,但也埋伏下了纠纷的隐患;其二,无论打起官司来胜败如何,对单位都有很大的负面影响;其三,如果招聘广告中的员工待遇非常明确、肯定,劳动合同又没有明确地表明以合同为准,排除其他待遇,那么不排除会被司法机关认定招聘广告中的员工待遇构成要约而具有法律效力的可能性。

案例2：招聘广告中承诺的双薪是否能被支持？

案情简介

杨某于2012年10月9日入职A公司，于2012年10月30日签订劳动合同，约定乙方（杨某）为在甲方（A公司）硬件研发工程师岗位从事硬件研发及测试工作，有固定期限：从2012年10月9日起至2013年10月8日止，标准工时制，劳动报酬为每月基本工资人民币12,000元（其中试用期每月工资12,000元），其他技能、效益工资见双方确认的薪资确认表。A公司也按时向杨某发放了工资报酬。2013年1月起，杨某的月工资调整为13,800元。2013年6月24日，A公司向杨某发出《辞退通知书》，决定从2013年6月25日起终止与杨某签订的《劳动合同》，并支付赔偿金20,460元。

杨某认为A公司应支付2013年度部分双薪6900元。对于此诉求，杨某提供了A公司在珠海人力资源网招聘广告和其与A公司人事部门工作人员的聊天记录，以证明A公司正式员工享有年终奖金，并提供了2013年1月的工资单，证明A公司为杨某发放奖金3300元为年终双薪。

裁判要点

关于2013年的双薪问题，杨某主张双薪的依据主要是其在2013年1月有过一笔3300元的收入，应推定该笔款项为双薪，对此本院认为，在无证据证实且对方当事人不予认可的情况下，其关于该款为双薪的依据不足。至于其主张的A公司的招聘广告有双薪的相关内容，但是招聘广告的目的在招聘，其性质应为要约邀请，而非要约。劳动者入职后双方的权利义务仍需通过劳动合同予以确定，因此杨某以招聘广告有相关内容主张该项权利，理据不足。退一步讲，年底双薪是用人单位给予员工的一种福利，其不是工资的必要构成部分，即便用人单位有双薪的制度，但是其发放双薪亦通常有相关的对象和条件，并非所有员工必然可以获得双薪，因此杨某以其曾获得双薪为由主张2013年应得双薪，于法无据。综上，杨某的此节上诉请求亦不成立，本院予以驳回。[1]

---

〔1〕（2014）珠中法民一终字第149号。

二、招聘广告与就业歧视

用人单位在发布招聘启事时,经常有意无意间包含形形色色的歧视性信息,如性别歧视、年龄歧视、身高歧视、乙肝歧视等,此类歧视信息是对劳动者平等权利的侵害。

(一)《就业促进法》及相关法律法规规定了一系列反歧视的条款

1. 一般条款

《就业促进法》第 3 条规定,劳动者依法享有平等就业和自主择业的权利。劳动者就业,不因民族、种族、性别、宗教信仰等不同而受歧视。

《就业促进法》第 25 条规定,各级人民政府创造公平就业的环境,消除就业歧视,制定政策并采取措施对就业困难人员给予扶持和援助。

《就业促进法》第 26 条规定,用人单位招用人员、职业中介机构从事职业中介活动,应当向劳动者提供平等的就业机会和公平的就业条件,不得实施就业歧视。

2. 反对对妇女实行就业歧视

《就业促进法》第 27 条规定,国家保障妇女享有与男子平等的劳动权利。用人单位招用人员,除国家规定的不适合妇女的工种或者岗位外,不得以性别为由拒绝录用妇女或者提高对妇女的录用标准。用人单位录用女职工,不得在劳动合同中规定限制女职工结婚、生育的内容。

人力资源和社会保障部、教育部等九部门《关于进一步规范招聘行为促进妇女就业的通知》[1]规定:“……二、依法禁止招聘环节中的就业性别歧视。各类用人单位、人力资源服务机构在拟定招聘计划、发布招聘信息、招用人员过程中,不得限定性别(国家规定的女职工禁忌劳动范围等情况除外)或性别优先,不得以性别为由限制妇女求职就业、拒绝录用妇女,不得询问妇女婚育情况,不得将妊娠测试作为入职体检项目,不得将限制生育作为录用条件,不得差别化地提高对妇女的录用标准。”

---

〔1〕 人力资源和社会保障部、教育部、司法部、国家卫生健康委员会、国务院国有资产监督管理委员会、医疗保险局、中华全国总工会、中华全国妇女联合会、最高人民法院于 2019 年 2 月 18 日联合发布。

同样地,对男性也不得实行就业歧视。如果不是不适合男性的工作岗位,用人单位也不得拒绝招聘男性。当然,现实生活中,歧视男性的现象比较少见。

3. 反对对少数民族实行就业歧视

《就业促进法》第 28 条规定,各民族劳动者享有平等的劳动权利。用人单位招用人员,应当依法对少数民族劳动者给予适当照顾。

4. 反对对残疾人实行就业歧视

《就业促进法》第 29 条规定,国家保障残疾人的劳动权利。各级人民政府应当对残疾人就业统筹规划,为残疾人创造就业条件。用人单位招用人员,不得歧视残疾人。

《残疾人保障法》[1]第 38 条规定,国家保护残疾人福利性单位的财产所有权和经营自主权,其合法权益不受侵犯。

在职工的招用、转正、晋级、职称评定、劳动报酬、生活福利、休息休假、社会保险等方面,不得歧视残疾人。

残疾职工所在单位应当根据残疾职工的特点,提供适当的劳动条件和劳动保护,并根据实际需要对劳动场所、劳动设备和生活设施进行改造。

国家采取措施,保障盲人保健和医疗按摩人员从业的合法权益。

5. 反对对传染病病原携带者实行就业歧视

《就业促进法》第 30 条规定,用人单位招用人员,不得以是传染病病原携带者为由拒绝录用。但是,经医学鉴定传染病病原携带者在治愈前或者排除传染嫌疑前,不得从事法律、行政法规和国务院卫生行政部门规定禁止从事的易使传染病扩散的工作。

原劳动和社会保障部于 2007 年颁布《关于维护乙肝表面抗原携带者就业权利的意见》,[2]反对对乙肝病毒携带者(以下简称乙肝)实行就业歧视。该意见指出,我国是乙肝高流行地区,每年报告乙肝新发病近 100 万例。按照 1992 年全国肝炎血清流行病学调查结果推算,将约有 1.2 亿人是乙肝表面抗原携带者。乙肝表面抗原携带者虽被乙肝病毒感染,具有传染性,但肝功能在正常范围内,肝组织无明显损伤,不表现临床症状,在日常工作、社会活动中不会对周围人群构成威胁。乙肝病毒主要有血液、母婴垂直(分娩和围产期)和性接触三种传播

---

〔1〕 根据中华人民共和国第十三届全国人民代表大会常务委员会第六次会议《关于修改〈中华人民共和国野生动物保护法〉等十五部法律的决定》修正。

〔2〕 劳社部发〔2007〕16 号文,2007 年 5 月 18 日发布。

途径,不会通过呼吸道和消化道传染,一般接触不会造成乙肝病毒的传播。《传染病防治法》将乙肝列为乙类传染病。该意见同时明确指出:“(一)保护乙肝表面抗原携带者的就业权利。除国家法律、行政法规和卫生部规定禁止从事的易使乙肝扩散的工作外,用人单位不得以劳动者携带乙肝表面抗原为理由拒绝招用或者辞退乙肝表面抗原携带者。(二)严格规范用人单位的招、用工体检项目,保护乙肝表面抗原携带者的隐私权。用人单位在招、用工过程中,可以根据实际需要将肝功能检查项目作为体检标准,但除国家法律、行政法规和卫生部规定禁止从事的工作外,不得强行将乙肝病毒血清学指标作为体检标准。各级各类医疗机构在对劳动者开展体检过程中要注意保护乙肝表面抗原携带者的隐私权。”

6. 反对歧视农村劳动者

《就业促进法》第31条规定,农村劳动者进城就业享有与城镇劳动者平等的劳动权利,不得对农村劳动者进城就业设置歧视性限制。

(二)就业歧视的表现

上述法条分别对不同的就业歧视现象作出禁止性规定。但即便是不在上述法条列举范围之内的情形,也仍然有可能构成就业歧视。歧视本质上是一种无正当理由的偏见,是一种错误的认识。正因为歧视是一种非理性的行为,使人不能尽其才,对社会有害,因此必须予以规制。只要用人单位要求的招聘条件与岗位本身的需要无关,该招聘行为即有可能构成歧视。

表2－1中列明了常见的歧视现象,HR应尽量避免:

表2－1　常见的就业歧视

招聘广告中的要求	可能涉嫌的就业歧视类型
限本市户口	户籍歧视
限城市户口	歧视农村劳动者
年龄20～30岁,未婚	年龄歧视;婚育歧视
只招男性,178cm以上	性别歧视,身高歧视
招会计一名,硕士以上学历	学历歧视
乙肝不录用	歧视传染病病原携带者
拒绝录用残疾人	歧视残疾人

（三）就业歧视案件司法实务

因就业歧视引发的纠纷，是否应当按照劳动争议案件的程序进行，即该类案件是否需要将劳动争议仲裁程序作为前置程序。这个问题反映的是对平等就业权利根本性质的思考。回答这个问题，还得从平等就业权利的基本概念入手。《就业促进法》第3条规定，“劳动者依法享有平等就业和自主择业的权利。劳动者就业，不因民族、种族、性别、宗教信仰等不同而受歧视”。平等就业权利的核心在于让劳动者在就业时免受歧视，而就业歧视往往会让劳动者产生受辱感，就业歧视本质是对劳动者人格尊严的侵犯。因此，反对就业歧视的实质是保护劳动者的人格尊严，而人格尊严是人格权的核心内容。

案例3：平等就业权纠纷能否直接向法院起诉？

案情简介

2019年7月，XLD公司通过ZL招聘平台向社会发布了一批公司人员招聘信息，其中包含有“法务专员”“董事长助理”两个岗位。2019年7月3日，闫某通过ZL招聘手机软件就XLD公司发布的前述两个岗位分别投递了求职简历。闫某投递的求职简历中，包含有姓名、性别、出生年月、户口所在地、现居住城市等个人基本信息，其中户口所在地填写为“河南南阳”，现居住城市填写为“浙江杭州西湖区”。投递结果显示闫某投递的前述“董事长助理”岗位在2019年7月4日14时28分被查看，28分给出岗位不合适的结论，“不合适原因：河南人”；“法务专员”岗位在同日14时28分被查看，29分给出岗位不合适的结论，“不合适原因：河南人”。闫某认为ZL招聘平台的此种行为涉及就业歧视，侵害本人平等就业权，依此提起诉讼。

裁判要点

原审法院认为，根据《就业促进法》第3条规定，劳动者依法享有平等就业和自主择业的权利。劳动者就业，不因民族、种族、性别、宗教信仰等不同而受歧视。该法第62条同时规定，违反本法规定，实施就业歧视的，劳动者可以向人民法院提起诉讼。前述法规对劳动者平等就业权及权利受到侵害的救济作出相应规定。平等就业权是指具有劳动能力，达到法定年龄的劳动者能够在劳动力市场上选择用人单位从而平等地获得参加社会劳动的机会，不因民族、种族、性别、宗教信仰等不同而遭受歧视的权利。平等就业权是劳动者依法享有的一项基本权利,其既具有社会权利的属性,亦具有民法上的私权属性,劳动者享有平等就业权是其人格独立和意志自由的表现,侵害平等就业权在民法领域侵害的是一般人格权的核心内容——人格尊严,人格尊严重要的方面就是要求平等对待,就业歧视往往会使人产生一种严重的受侮辱感,对人的精神健康甚至身体健康造成损害。据此,劳动者可以在其平等就业权受到平等主体侵害时向人民法院提起民事诉讼,寻求民事侵权救济。

二审法院认为,《劳动法》第 3 条规定,劳动者享有平等就业和选择职业的权利。《就业促进法》第 3 条规定,劳动者依法享有平等就业和自主择业的权利。劳动者就业,不因民族、种族、性别、宗教信仰等不同而受歧视。该法第 26 条规定,用人单位招用人员、职业中介机构从事职业中介活动,应当向劳动者提供平等的就业机会和公平的就业条件,不得实施就业歧视。因此,平等就业权作为法律赋予劳动者的一项基本权利,是法律面前人人平等原则在劳动就业领域的具体体现,其实质为劳动者可以自主选择用人单位并平等获得就业机会和相应待遇,不因民族、种族、性别、宗教信仰等因素而受到差别对待。《就业促进法》第 3 条在明确民族、种族、性别、宗教信仰四类禁止区别对待事由的基础上以"等"字结尾,表明了对上述禁止区别对待事由的界定为不完全列举。根据上述法律的规定并结合平等就业权保护法益之考虑,本院认为,用人单位如无正当理由,基于劳动者的性别、户籍、外貌等与工作内在要求没有必然联系的先天形成的因素,而非学历、工作经验等与工作内在要求密切相关的后天获取的因素对劳动者进行差别对待的,应当认定构成就业歧视行为。作为用人单位而言,其虽享有用人自主权,但平等就业权是劳动者生存和发展的前提,是劳动者的一般人格权之所在,用人单位对用人自主权的行使应始终谨守权利的边界,不得以实施就业歧视的方式侵犯劳动者的平等就业权。因此二审法院判决,驳回上诉,维持原判。[1]

最高人民法院《关于增加民事案件案由的通知》(法〔2018〕344 号)在第一部分"人格权纠纷"的第三级案由"9. 一般人格权纠纷"项下增加一类第四级案由"1. 平等就业权纠纷"。目前最新修订的最高人民法院《关于印发修改后的〈民事案件案由规定〉的通知》(法〔2020〕347 号),已将平等就业权纠纷调整至第一部分"人格权纠纷"的第三级案由"11. 一般人格权纠纷"项下第四级案由

〔1〕(2020)浙 01 民终 736 号。

“平等就业权纠纷”。在该通知发布之前,有关就业歧视纠纷的案件一般按照《就业促进法》第 62 条“违反本法规定,实施就业歧视的,劳动者可以向人民法院提起诉讼”的规定处理,但是就业歧视纠纷案件的案由是什么,发生的纠纷是否属于劳动争议,案件是否需要经理劳动争议的前置仲裁程序,这些依然是有争议的。而现在,前述最高人民法院发布的《关于印发修改后的〈民事案件案由规定〉的通知》明确规定了平等就业权纠纷,并将其归入人格权纠纷案由项下,这表明劳动者不必再走劳动争议仲裁前置这一程序。

但不可否认,目前的反就业歧视立法及司法均还存在一系列问题。包括:

1. 即使认定存在就业歧视,导致劳动者被用人单位拒之门外时,如何对劳动者进行救济赔偿?鉴于劳动关系的特殊性,强行要求用人单位一定要将劳动者招录进去是不合适的,那么只能要求用人单位对劳动者所受损害进行一定的赔偿。这个赔偿包括对劳动者精神损害的赔偿(受歧视也是人格平等权受到了侵犯),也包括对劳动者物质利益的损害(失去一份工作导致的收入损失,求职中的一些费用支出)。求职中的有形支出不大,失去一份工作的损失则不太好度量,所以目前在实务中,就业歧视的赔偿主要是精神损害赔偿,某些情况下,往往还要求用人单位向劳动者赔礼道歉。

2. 就业歧视纠纷中,劳动者应如何举证?就业歧视纠纷仍应遵循一般诉讼中的举证规则,由主张存在就业歧视的劳动者一方举证。但就业歧视往往并非明目张胆,劳动者即便因歧视而被拒,往往也很难取证。既然证明不了就业歧视的存在,诉讼也就难以获得支持。

总体来讲,就业歧视方面的案例越来越多。2007 年的诺基亚公司乙肝歧视案被法制日报评为“年度十大劳动争议案件”之首。近几年整个社会的平等观念越来越强烈,劳动者反对歧视的呼声也越来越高。作为用人单位 HR,一方面出于对国家法律的遵守,另一方面出于法律风险的防范和对单位声誉、利益的维护,应该尽量避免在招聘过程中出现就业歧视。

(四)避免就业歧视的关键环节

以下环节是容易造成就业歧视纠纷的主要环节:

1. 招聘广告。如前面所列举的,招聘广告应避免使用涉嫌歧视的语言。

2. 规章制度。有些用人单位的规章制度中对招聘员工的要求就有涉嫌就业歧视之处。

3. 录用通知书。录用通知书中不能要求入职员工提供与上岗无关的手续,否则可能构成歧视。

4. 体检。一是体检的顺序要注意,先体检,符合要求之后再向应聘者发录用通知书,办理入职手续。这样虽然可能会增加一些体检费用,但是可以有效降低风险。不要先发录用通知书之后再让应聘者体检。发出录用通知书后又拒绝应聘者极易引发纠纷,不管实际上是否是因为体检结果的问题,应聘者会将体检与被拒绝联系起来,而且心理容易感觉受伤害。二是除国家法律、行政法规和原卫生部规定禁止从事的工作外,体检的项目不能包括乙肝病毒血清学指标(俗称两对半),否则可能构成对被体检人员就业歧视以及对其隐私权的侵犯。

5. 面试环节。人力资源人员应提高对平等就业的认识,避免在与应聘人员的接触中表现出就业歧视的言行。

案例4:诺基亚乙肝歧视案

2007年1月18日,黎胜(化名)在网上向东莞诺基亚移动电话有限公司投递了应聘测试技术员岗位的简历。之后,黎胜顺利通过笔试和面试。该公司人力资源部通知黎胜被录用,和他谈了薪水等待遇,并要他到指定的医院参加入职体检,如果体检合格他就可以到公司上班了。1月27日,黎胜到东莞同济医院进行入职前的体检。

"我以为像诺基亚这样的大公司不会有乙肝歧视,在体检结果还没出来时就主动告诉人力资源部负责人自己是乙肝病毒携带者。该负责人称,情况不太严重不会影响录取。"黎胜告诉记者,1月30日他又一次到东莞同济医院进行测试,检查结果显示其病毒不具有传染性。

但是,诺基亚依然拒绝了黎胜。黎胜说,公司给他的答复是"公司所有人都是在同一个饭堂吃饭,在同一个工作环境中工作,担心他会传染给公司其他人,建议他换一份轻松点的工作。这是分公司的规定,也是和分公司领导商量过后决定的"。

黎胜因此将东莞诺基亚移动电话有限公司及其在中国的总部告上了法庭。黎胜在起诉书中请求法院依法确认诺基亚以乙肝小三阳为由不予录用原告违法,并且请求依法判令被告诺基亚赔偿精神损害抚慰金50万元。[1]

---

〔1〕 林洁:《乙肝病毒携带者起诉诺基亚就业歧视索赔50万》,载中国法院网2007年5月15日,https://www.chinacourt.org/article/detail/2007/05/id/247207.shtml。

本案最终判决如何,看不到相关报道。但无论如何,诺基亚公司的声誉受到很不好的影响是肯定的。

从案情来看,首先,诺基亚公司对乙肝患者的歧视是错误的,违法的,也是不科学的,没有必要的。HR首先应该认识到这一点。其次,诺基亚公司先通知录用,再体检的招录顺序也有问题,这样极易被认为是因为劳动者的身体原因而不予录用。

案例5:招聘广告中的性别歧视

案情简介

DF烹饪学校在《赶集》网上发布招聘文案策划(全职)职位的信息,招聘人数1人,最低学历大专,工作经验不限(应届生亦可),性别要求为男性。2014年6月郭某(女)在网上向DF烹饪学校投递了个人简历,DF烹饪学校未反馈。郭某就招聘事宜打电话给DF烹饪学校的联系人,DF烹饪学校联系人以文案职位需早晚加班等为由回复不考虑女生,想招男生。郭某还到DF烹饪学校招聘现场人力资源部招聘面试处应聘文案职位,DF烹饪学校工作人员仍以文案职位需与校长出差、女性有很多不方便为由回复文案职位只招男生,不考虑女生,同时建议郭某可考虑应聘DF烹饪学校的人事、文员等岗位。2014年8月,郭某诉至法院,请求判令:DF烹饪学校书面赔礼道歉,并赔偿郭某精神损害抚慰金50,000元。

裁判要点

一审法院认为,根据我国相关法律规定,劳动者享有平等就业的权利,劳动者就业不因性别等情况不同而受歧视,国家保障妇女享有与男子平等的劳动权利,用人单位招用人员,除国家规定的不适合妇女的工种或者岗位外,不得以性别为由拒绝录用妇女或者提高对妇女的录用条件。本案中DF烹饪学校需招聘的岗位为文案策划,DF烹饪学校并未举证证明该岗位属于法律、法规所规定的女职工禁忌从事的工作,根据其发布的招聘要求,女性完全可以胜任该岗位工作,其所辩称的需招录男性的理由与法律不符。在此情况下DF烹饪学校不对郭某是否符合其招聘条件进行审查,而直接以郭某为女性、其需招录男性为由拒绝郭某应聘,其行为侵犯了郭某平等就业的权利,对郭某实施了就业歧视,给郭某造成了一定的精神损害,故郭某要求DF烹饪学校赔偿精神损害抚慰金的理由充分,至于具体金额,原审法院根据DF烹饪学校在此过程中的过错程度及给郭某造成的损害后果酌情确定为2000元。郭某要求DF烹饪学校书面赔礼道歉的请求法律依据不足,原审法院不予支持。

二审法院驳回上诉,维持原判。[1]

三、招聘条件与录用条件

(一)招聘条件与录用条件的区别

招聘条件与录用条件都是对劳动者的要求,有些条件可能既是招聘条件,又是录用条件。因此在实务中,有些HR弄不清楚招聘条件与录用条件的区别。其实从劳动法的角度来看,两者的区别是很大的。从下面几个方面可以看出两者的差别:

1. 二者成立的前提不同。招聘条件是用人单位用工自主权的体现,由用人单位单方确定即可。录用条件虽然也由用人单位制定,但必须告知劳动者并由劳动者确认后,方对其生效。

2. 适用主体不同。招聘条件针对的是潜在的应聘者,而不是公司员工;而录用条件是对公司的员工发生作用。

3. 适用阶段不同。招聘条件适用于招聘阶段,即入职之前;而录用条件适用于入职之后的试用期阶段。请注意,试用期员工已经与用人单位建立了劳动关系。

4. 法律性质不同。招聘条件是根据公司用工的要求设计,与劳动关系是否建立无关,也不能作为解除或终止劳动关系的依据。录用条件则具有相当的法律效力,试用期内如果证明员工不符合录用条件,则用人单位可直接解除劳动关系。具体参见本书第七章“单位解雇之员工过错解雇”。

5. 载体不同。招聘条件一般放在招聘广告中;而录用条件可以放在招聘广告中,也可以放在劳动合同中,或者规章制度里,或者用一个单独的“录用条件确认函”来确认。从效果来说,放在招聘广告中不如其他方式好。

6. 明确性要求也有不同。招聘条件不需要十分明确,HR可以在简历挑选与面试环节根据公司需要对人员进行精挑细选,但录用条件则需要明确具体,因

---

〔1〕(2015)浙杭民终字第101号。

为它直接关系到能否在试用期满之前解除不符合录用条件的员工。

这里最重要的就是了解录用条件与招聘条件的法律意义的区别。录用条件直接关系到用人单位能否在试用期内解除不符合录用条件的员工。此种情形下的解除,不需要提前30天,也不需要支付经济补偿金。招聘条件则没有这个法律效果。很多用人单位很重视试用期,把试用期作为淘汰选择员工的一个重要期间,也注意在劳动合同里设定试用期,但是往往没有重视录用条件的设定,这就会使试用期的设定起不到应有的作用。

(二)如何设定录用条件?

前面已经提及录用条件具有相当的法律意义。但若使录用条件发挥法律上的效果,前提是要拟订明确的录用条件并告知劳动者。因此HR有必要了解具体的操作方法。实务中被经常采取的方法如下文所述:

1. 招聘广告中列明录用条件。但是该方式具有弊端,其一,招聘广告中可能不便于就各个岗位详细列明录用条件;其二,招聘广告中列明录用条件对吸引更多人才前来应聘也有一些不利;其三,如何证明员工已经看到了招聘广告?这也是个问题。所以,在招聘广告中可以写上录用条件,但是我们认为,最好还是在其他文本中将录用条件另行列明。

2. 录用通知书中列明录用条件。应让员工签收录用通知书,用人单位保留签收记录。

3. 在劳动合同中列明录用条件。合同应让员工签字。

4. 在规章制度中列明录用条件。但规章制度需要通过合法有效的程序制定,并向新入职的员工公示(参见本书第四章“规章制度与员工手册”)。

5. 用单独的录用条件确认函予以确认。

上述几种方法中,运用劳动合同、规章制度或单独的录用条件确认函是效果比较好的方法。

除如何明确和告知劳动者录用条件外,实务中录用条件的操作还有一个重要问题:如何拟订录用条件?我们在这里提出如下几个标准或做法:

1. 分为所有岗位都通用的录用条件和针对个别岗位的录用条件,两者相结合,共同构成针对入职员工的录用条件。实务中,有些用人单位在规章制度中规定各个岗位通用的录用条件,在劳动合同中规定个别岗位的特别录用条件,这也是可以的。

2. 录用条件应明确、细化,最好量化。例如,“视力良好”,就不如明确表述为“裸眼视力5.0以上”。例如,要求“试用期内业绩良好”,就不如写成“试用期内销售业绩达到××万以上”,或明确写成“试用期内客户投诉不超过三起”。

3. 录用条件不应该是与岗位职责要求无关的歧视性条件。

4. 录用条件应全面。

5. 加入试用期考核条款。很多岗位的要求,或者说很多对员工的能力要求,很难量化,只能通过带有一定主观性的考核来完成。如员工的工作积极性、团队精神、学习能力等。因此在录用条件中,可以加入“试用期考核应达到60分以上”之类的条款。目前的司法实务中,如果录用条件中确实有此条款,且用人单位能够提供有关考核文件和记录,说明在试用期满前经过了考核,而考核未达到要求,于是决定与员工解除劳动关系,那么一般是能获得支持的。考核是单位用工自主权的一部分,即使考核结论员工不认定,也是有效的。

文书范本1:录用条件确认函范本

录用条件确认函

基本信息

用人单位:

员工:

岗位:

录用条件

一、基本条件类

1. 不符合招聘简章公示的任职资格或条件的,或不具备本岗位所要求的相关技能的;

2. 未经公司书面许可而延期到岗的;

3. 在规定时间内未提交齐全规定证书证件及资料的;

4. 入职培训后考试成绩低于60分的;

5. 身体特征不适合特定岗位需要的;

6. 其他不符合录用条件的行为或事实。

二、争议纠纷类

1. 不具备政府或劳动行政部门规定的劳动就业资格或手续的;

2. 无法提供招工录用、社会保险缴交等所需证明、资料的;

3. 与原单位未解除/终止劳动合同/劳动关系的;

4. 与原单位存在竞业限制约定且在限制范围内的；
5. 与其他用人/用工单位存在未了劳动争议或诉讼纠纷的；
6. 入职后不按本单位规定签订书面劳动合同的；
7. 其他可能存在或导致劳动争议隐患的行为或事实；
8. 因个人原因导致本单位无法办理招工录用或缴交社保手续的；
9. 劳动合同或公司规章制度规定的其他不符合录用条件的行为或事实。

三、诚信政历类

1. 被公安机关通缉在案或被取保候审、监视居住的；
2. 向公司提交的材料或信息内容存在虚假或有故意隐瞒的；
3. 持有或提交假证书、证件对本公司造成误导的。

四、绩效类

1. 试用期内不能完成公司安排的工作内容的；
2. 不能履行岗位职责的；
3. 试用期考核结果在60分以下或不及格的；
4. 试用期间违反公司规章制度、操作规程的；
5. 试用期内无故缺勤(旷工)2天(含)以上的,或迟到/早退累计超过4次以上的；
6. 其他原因导致试用期绩效低下的；
7. 劳动合同或公司规章制度规定的其他不符合录用条件的行为或事实；
8. 试用期业绩要求：

____。

五、其他方面

____。

本人确认：本人有上述情形之一的,即为试用期不符合录用条件。本人接受公司在试用期内对本人进行考核,如考核结果不及格即为不符合录用条件；该考核需要参考上级或同事意见,具有相当程度上的主观因素,本人认可公司作出的考核结果。

员工签字确认：

年　　月　　日

四、招聘广告与员工欺诈

根据《劳动合同法》第26条、第39条的规定，如果劳动者存在欺诈，使用人单位在违背真实意思的情况下订立劳动合同，则劳动合同无效。用人单位可主张解除双方劳动关系。这里要注意：并非只要劳动者存在欺诈就导致劳动合同无效，用人单位尚需证明该欺诈“使用人单位在违背真实意思的情况下订立劳动合同”。这就跟招聘广告可能存在关系。

实务中已经有不少这种案例。虽然劳动者在工作经历、教育经历上存在欺诈，但是司法机关最终认定：用人单位不能证明该种欺诈与订立劳动合同之间有因果关系。例如，招聘广告上只要求求职人员有高中以上学历即可。此种情况下，如果劳动者伪造的是大学学历（高中学历是真实的），则劳动者有可能主张欺诈与订立劳动合同无必然关系。

考虑到这一点，用人单位一方面可以选择在招聘广告中明确列出招聘要求，另一方面可以在入职环节（员工登记表、劳动合同等）明确员工填写的信息是单位录用的基础，如不真实将被视为欺诈。

五、发布虚假招聘广告的法律后果

前文所述招聘广告的效力问题，主要涉及广告对于将来待遇的承诺，具备何种效力的问题。如果单位在作出承诺时客观上有履约能力而嗣后主观上不愿意履行承诺或客观上不能够履行承诺，那么单位可能构成违约，但并非发布虚假招聘广告。所谓虚假招聘广告，主要是指广告中对用人单位现状的描述不符合事实，或者在客观上根本没有提供相应待遇的能力。

根据原劳动和社会保障部颁布的《就业服务与就业管理规定》[1]第14条、第67条的规定，用人单位招用人员不得提供虚假招聘信息，发布虚假招聘广告。同时规定，有提供虚假招聘信息、发布虚假招聘广告的，由劳动保障行政部门责

---

〔1〕 2007年11月5日原劳动和社会保障部令第28号公布《就业服务与就业管理规定》，根据2018年12月14日人力资源社会保障部《关于修改部分规章的决定》第三次修订。

令改正,并可处以1000元以下的罚款,即发布虚假招聘广告的用人单位可能面临责令改正和支付1000元以下罚款的行政责任。

另外,除了行政责任,发布虚假招聘广告的用人单位还可能承担民事责任。上述规定第67条明确规定,提供虚假招聘信息,发布虚假招聘广告的,对当事人如造成损害,应当承担赔偿责任。同时《劳动合同法》第26条也规定,以欺诈的手段使对方在违背真实意思的情况下订立劳动合同的,劳动合同无效或部分无效。如果导致劳动合同无效,劳动者可以依据《劳动合同法》第38条第1款第5项立即解除劳动合同,并且要求用人单位支付经济补偿金。

因此,用人单位在制作招聘广告时,关于本单位的介绍内容应尽量真实。特别是在涉及用人单位的一些硬性条件时,如单位获得的资质证书、获奖情况、提供的福利制度等,要避免夸大其词。

第二节　员工入职审查关键点

虽然用人单位在面试时,已经对员工的一些基本情况有所了解,但一般来说,面试时的审查与核实还是比较粗略的,毕竟时间有限。因此,在用人单位初步判断应聘者符合单位要求之后,正式决定录用应聘者之前,或者向其发出录用通知书之前,还应该对应聘者作出认真仔细的核实。其中应该主要包括以下内容:

一、年龄

未满16周岁而工作的,谓之童工。使用童工是一种严重的违法行为。一方面,在一些餐饮服务等技术含量较低的行业,童工现象并未绝迹。另一方面,也确实有某些用人单位疏于审查,甚至根本不对劳动者的年龄进行审查,结果因为疏忽使用了童工。

人力资源和社会保障部发布的《就业服务与就业管理规定》第14条规定,用人单位招用人员不得有下列行为:"……(四)招用未满16周岁的未成年人以及国家法律、行政法规规定不得招用的其他人员……"

《禁止使用童工规定》(国务院令第364号),自2002年12月1日施行。其中第4条规定:"用人单位招用人员时,必须核查被招用人员的身份证;对不满16周岁的未成年人,一律不得录用。用人单位录用人员的录用登记、核查材料应当妥善保管。"

《禁止使用童工规定》第6条规定:"用人单位使用童工的,由劳动保障行政部门按照每使用一名童工每月处5000元罚款的标准给予处罚;在使用有毒物品的作业场所使用童工的，按照《使用有毒物品作业场所劳动保护条例》[1]规定的罚款幅度，或者按照每使用一名童工每月处5000元罚款的标准，从重处罚。劳动保障行政部门并应当责令用人单位限期将童工送回原居住地交其父母或者其他监护人，所需交通和食宿费用全部由用人单位承担。用人单位经劳动保障行政部门依照前款规定责令限期改正，逾期仍不将童工送交其父母或者其他监护人的，从责令限期改正之日起，由劳动保障行政部门按照每使用一名童工每月处1万元罚款的标准处罚，并由工商行政管理部门吊销其营业执照或者由民政部门撤销民办非企业单位登记；用人单位是国家机关、事业单位的，由有关单位依法对直接负责的主管人员和其他直接责任人员给予降级或者撤职的行政处分或者纪律处分。”

《禁止使用童工规定》第8条规定：“用人单位未按照本规定第四条的规定保存录用登记材料，或者伪造录用登记材料的，由劳动保障行政部门处1万元的罚款。”

由此可见，法律对使用童工的处罚是比较严重的。法律要求用人单位承担审查之职，只要用人单位未尽审查之职导致实际使用了童工，则不管是故意使用了童工，还是疏忽大意使用了童工，都将面临处罚。

审查年龄一方面是为了防止录用年龄太小的童工，另一方面，如果应聘者年龄较大，超过了退休年龄，应适用不同的法律。一般认为，超过退休年龄（男60周岁，女50周岁，女干部55周岁）的劳动者与单位形成的是一种民事聘用关系，而不是劳动关系，双方之间的权利义务大不相同。HR对此应有所把握。

审查年龄时应注意：

1.查看身份证原件，并与其他相关证件相比照。用人单位不能扣留应聘者身份证，但应将身份证复印件存档，并且要求应聘者在复印件上签字确认与原件一致。

2.已满16周岁不满18周岁的未成年人，可以作为劳动者聘用。但是未成年工的用工管理有一定特殊性：双方的关系除了要遵守《劳动合同法》等全部劳动法律法规之外，还要遵守《未成年人保护法》、[2]《未成年工特殊保护规定》[3]

---

〔1〕 中华人民共和国国务院第57次常务会议于2002年4月30日通过《使用有毒物品作业场所劳动保护条例》，2002年5月12日公布，自公布之日起施行。

〔2〕 第七届全国人民代表大会常务委员会第二十一次会议于1991年9月4日通过《未成年人保护法》，2012年10月26日第十一届全国人民代表大会常务委员会第二十九次会议修订。

〔3〕 1994年12月9日颁布《未成年工特殊保护规定》（劳动部劳部发〔1994〕498号），自1995年1月1日起施行。

等法律法规。主要有两点:未成年工的岗位、劳动范围受到限制;用人单位应对未成年工进行定期体检。

二、与原单位的劳动关系

《劳动合同法》第 91 条明确规定:“用人单位招用与其他用人单位尚未解除或者终止劳动合同的劳动者,给其他用人单位造成损失的,应当承担连带赔偿责任。”根据原劳动部 1995 年发布的《违反〈劳动法〉有关劳动合同规定的赔偿办法》第 6 条的规定,用人单位承担的连带赔偿份额应不低于对原单位造成经济损失总额的 70%。经济损失包括对生产经营造成的直接经济损失和因获取商业秘密给原单位造成的经济损失。但在实务中,连带赔偿损失的案例非常之少,主要是因为原单位很难证明这种情形下自己的损失。

案例 6:双重劳动关系下用人单位的连带赔偿责任

案情简介

1997 年 7 月马某尧入职皖北某 A 医院,系医院脑外科医生。2004 年 9 月 7 日至 2005 年 9 月 1 日,马某尧先后赴安徽某 B 医院、上海某 C 医院进修学习,双方协议约定,“进修结束后,必须在本院为进修专业服务 8 年,否则将赔偿院方 5 万元人民币;进修期间院方按全额工资发放及报销往返车票等相关费用”。在马某尧进修学习期间,皖北某 A 医院履行了支付工资、培训费等相关合同义务。2005 年 9 月,马某尧进修学习结束后回皖北某 A 医院工作至 2011 年 9 月。2011 年 4 月 9 日,马某尧与皖北某 A 医院签订一份《皖北某 A 医院定向培养研究生协议书》,协议约定马某尧研究生学习结束时,须取得学历、学位证书;马某尧为皖北某 A 医院服务期限为 10 年;协议期内马某尧服务期未满申请调动或自动离院,马某尧退还定向培养硕士研究生及其在职进修(2004 年 9 月至 2005 年 8 月安徽某 B 医院、上海某 C 医院)期间,皖北某 A 医院所支付的各项费用,另支付违约金和因违反合同给皖北某 A 医院造成的经济损失;协议还约定了服务期终止后 2 年内马某尧不得在皖北某 A 医院周围 100 公里范围内,在具有竞争关系的其他用人单位任职,一方违约须一次性向另一方赔偿违约金 10 万元等其他事项。该协议签订后,马某尧赴贵阳某 D 医学院学习,其间皖北某 A 医院依约向马某尧履行了支付工资、报销车旅费等相关合同义务。2014年马某尧研究生学习毕业后，未按协议约定到岗履职，马某尧赴贵阳某D医学院学习期间，皖北某A医院支付马某尧工资、车旅费及社会保险费等合计183,422.6元。2015年7月，马某尧向皖北某A医院提出解除劳动关系申请后，即入职某第一人民医院从事脑血管治疗工作。为此产生纠纷，引发诉讼。

裁判要点

本院认为，第一人民医院在马某尧没有与皖北某A医院解除劳动关系的情况下，聘用马某尧到其单位工作，形成双重用工事实，第一人民医院未能尽到审查义务。根据《劳动合同法》第91条"用人单位招用与其他用人单位尚未解除劳动合同或者终止劳动合同的劳动者，给其他用人单位造成损失的，应当承担连带责任"以及原劳动部发布的《违反〈劳动法〉有关劳动合同规定的赔偿办法》第6条"用人单位招用尚未解除劳动合同的劳动者，对原用人单位造成经济损失的，除该劳动者承担直接赔偿责任外，该用人单位应当承担连带赔偿责任。其连带赔偿的份额应不低于对原用人单位造成经济损失总额的70%，向原用单位赔偿下列损失：(1)对生产、经济和工作造成的直接经济损失；(2)因获取商业秘密给原用人单位造成的经济损失"的规定，第一人民医院应对因聘用马某尧给皖北某A医院造成的损失承担70%的连带赔偿责任。

但皖北某A医院没有提供因第一人民医院聘用马某尧给皖北某A医院造成损失的证据，故皖北某A医院要求第一人民医院赔偿其损失没有事实依据，本院不予支持。一审将马某尧返还皖北某A医院为马某尧读研期间支出的各项费用，认定为因第一人民医院聘用马某尧给皖北某A医院造成的损失错误。违约金是按合同约定的一种惩罚金，并不是因第一人民医院聘用马某尧给皖北某A医院造成的损失，因此一审将违约金认定为损失不当。

二审法院判决：撤销安徽省宿州市埇桥区人民法院(2015)埇民二初第00350号民事判决；驳回被上诉人皖北煤电集团总医院的诉讼请求。[1]

因此，"招用与其他用人单位尚未解除或者终止劳动合同的劳动者"有法律风险，但是风险不是很大。实际生活中，化解该法律风险的方法主要有：

1.通过电话等方式，与应聘者的上一家工作单位沟通，进行证实。在当今信

〔1〕(2017)皖13民终2065号。

息社会,找到一个单位的联系方式应该不难。一般而言,原单位也会予以配合,也许在核实过程中,还可以了解员工在原单位工作时的其他一些情况,有助于对该员工的全面了解。

2. 要求应聘者提供上一家单位出具的离职证明。如果应聘者手头没有,可以要求他去找原单位出具。《劳动合同法》第 50 条第 1 款规定:“用人单位应当在解除或者终止劳动合同时出具解除或者终止劳动合同的证明。”

3. 审查其他能证明员工与任何单位不存在劳动关系的凭证。主要包括劳动者与原用人单位签订的解除劳动合同的协议、劳动合同到期的证明、离职交接单等。

4. 要求应聘者签署确认与其他单位不存在劳动关系的承诺书,或者在劳动合同中加入类似条款。承诺书中表明,应聘者确认与其他单位不存在劳动关系,如果存在劳动关系,由此而给用人单位造成的一切损失由应聘者负责。

5. 如果了解劳动者与原单位的解除手续确实不完备,也可以主动帮助劳动者通过快递等方式向原单位提出辞职。这样,无论原单位是否同意,劳动者与原单位的劳动关系也会解除。

上述几种方法可以同时使用。

三、身体健康状况

很多用人单位对员工入职前的体检并不重视,这可能是为了节省体检费,或者减少招工手续的烦琐,但是,如果用人单位招聘了有疾病的职工,将会给单位带来巨大的风险或损失。风险主要可分为两种:

1. 劳动者患病的风险。《劳动合同法》规定,劳动者患病或者非因工负伤,在规定的医疗期内,用人单位解除劳动合同的条件受到极大限制(《劳动合同法》第 40 条);在医疗期满后,劳动者不能从事原工作,也不能从事由用人单位另行安排的工作的,用人单位提前 30 日通知劳动者本人以书面形式或额外支付一个月工资才能解除劳动合同,并且要支付经济补偿金与医疗补助金。

医疗期的长短与劳动者的工作年限有关,最短 3 个月,也就是说,劳动者哪怕是入职的第二天就生病了,也可以享受医疗期的相关待遇。在规定的医疗期内,解除劳动合同受到严格限制,并应给予相应的待遇,例如,病假期间应发放病假工资。在规定的医疗期满后,劳动者不能从事原工作也不能从事由用人单位另行安排的工作的，用人单位才可以解除劳动合同，并且需要支付经济补偿金和医疗补助金。

另外，当用人单位不能为劳动者办理或不能及时办理社会医疗保险手续时，如果劳动者患病，他有权要求用人单位为其支付本可通过社会医疗保险报销的医疗费用。

2. 职业病的风险。《职业病防治法》[1]第 50 条规定："用人单位和卫生机构发现职业病病人或者疑似职业病病人时，应当及时向所在地卫生行政部门报告。确诊为职业病的，用人单位还应当向所在地劳动保障行政部门报告。接到报告的部门应当依法作出处理。"第 59 条规定："劳动者被诊断患有职业病，但用人单位没有依法参加工伤保险的，其医疗和生活保障由该用人单位承担。"

因此，用人单位应增强风险意识。尤其是员工过去的岗位可能有职业病的危险时，一定要求其体检，并且一定要在入职之前进行体检，确保没有职业病。这样既防范了本单位的用工风险，也对应聘人员本人有利。

四、竞业限制

员工离职后违反竞业限制义务时，新的用人单位是否要承担连带责任？一般认为不存在连带责任。因为竞业限制义务是一种双方约定的义务。根据合同相对性原理，新的用人单位作为竞业限制协议以外的第三人应该不对原用人单位承担义务。但事实上没那么简单。一方面，原用人单位往往会恨屋及乌，在告员工时，连同新的用人单位一起告，给新的用人单位带来讼累；另一方面，竞业限制义务与商业秘密紧密相连，原用人单位可能会以侵犯商业秘密为由起诉，主张新的用人单位与员工构成侵犯商业秘密的共同侵权人（当然，是否构成侵权仍取决于新的用人单位是否有过错及侵权行为，雇佣存在竞业限制义务的员工本身并不构成侵犯商业秘密）。所以，新的用人单位对应聘者是否负有竞业限制义务作一些核实还是有必要的。

如何核实呢？可注意以下几点：

1. 可以要求应聘者拿出与原单位办理的有关离职文件，如协商解除协议、离

---

〔1〕 根据 2018 年 12 月 29 日第十三届全国人民代表大会常务委员会第七次会议《关于修改〈中华人民共和国劳动法〉等七部法律的决定》第四次修正。

职证明等。这些文件上面可能会有竞业限制义务的说明。如果员工负有竞业限制义务,有的用人单位会在离职证明上予以说明,这样有利于督促员工履行竞业限制义务。这是一种可借鉴的方法。

2. 应聘者声称没有竞业限制义务,有关文件上也没有体现,但如果应聘者原来从事比较重要的、掌握商业秘密的岗位时,承担竞业限制义务的可能性较大,此时应加强竞业限制义务的审核。必要时可以与原用人单位进行联系,确认不存在竞业限制义务。一般而言,原用人单位如果与应聘者签有竞业限制协议,那么必定愿意据实相告,以免竞业限制协议没有起到作用。

如果应聘者刻意否认自己在竞业限制义务范围内的事实,那么应聘者本人的诚信度是很值得怀疑的,也许用人单位该重新考虑是否录用的问题。

3. 要求应聘者承诺,不存在竞业限制义务或者不在竞业限制范围之内,否则由此给单位带来损失的,应当承担全部赔偿责任。这个承诺可以单独作出,也可以写在劳动合同里面。一个好的劳动合同文本应该把这些条款都纳入其中。

如果用人单位明知劳动者入职本公司系违反劳动者与原单位的竞业限制义务,仍然予以录用,这并不构成违法,也不会承担法律责任。但劳动者应依据原单位的竞业限制约定承担违约责任。实务中,有的用人单位还会通过私下聘用或通过第三方单位发放工资等方式帮助劳动者逃避违约责任。这种情形下,如果原单位有证据表明劳动者实际上违反了竞业限制义务,则仍然可以追究劳动者的违约责任,但很难追究雇佣劳动者单位的责任。虽然这种行为可能是不诚信的(不过,如果现用人单位存在单独或与劳动者共同侵犯原单位的商业秘密行为时,按《反不正当竞争法》处理,现用人单位要承担侵权责任。但雇佣与原单位存在竞业限制约定的劳动者本身,并不构成侵犯商业秘密)。

五、身份、学历、技能等资格证书

这些资格证书中蕴含的法律意义包括:

1. 应聘者入职后,用人单位如果发现应聘者的学历、资格证书、身份等有重大虚假,则构成欺诈,用人单位可以主张劳动合同无效,解除劳动关系。但是即便如此,也给用人单位带来了工作上的不便,带来讼累,甚至影响用人单位的名誉。因此,事先作好审核工作,防患于未然,才是上策。

2. 如果应聘者的身份存在虚假,说明应聘者居心叵测或有其他不良前科,入职后可能会对单位不利。而且将来如果要追究应聘者责任，可能会因为身份信息有误，无法进入诉讼程序，甚至公安部门也对之束手无策。实务中，就有某些应聘者利用假身份证入职后，卷走公司钱款，随即人间蒸发，公司很难找出应聘者的真实身份，也就无从追回钱款。

3. 应聘者的身份有问题时，还可能引发社会保险等方面的问题。曾有案例，用人单位为某员工缴纳了工伤保险。但当员工出现工伤申报工伤保险待遇时，被社保机构发现该员工的申报信息中身份信息是假的，因此不能享受工伤保险待遇，结果用人单位不得不承担部分工伤的赔偿费用。

案例7：员工冒用他人身份信息入职，发生工伤时工伤保险待遇谁承担？

案情简介

刘某贵冒用苟某身份入职 YDJ 公司，该公司用苟某的身份证信息向闽侯社保中心办理了工伤保险。2017 年 4 月 11 日，刘某贵在下班途中发生交通事故死亡，2017 年 5 月 10 日，YDJ 公司向闽侯县人力资源和社会保障局申请工伤认定，2017 年 8 月 11 日，闽侯县人力资源和社会保障局作出侯人社伤险（决）字〔2017〕79 号《认定工伤决定书》，认定刘某贵受到的事故伤害属于工伤认定范围，予以认定为工伤。但随后闽侯社保中心又于 2017 年 9 月 25 日作出《工伤保险不予受理通知单》，主要内容为 YDJ 公司员工刘某贵未参加工伤保险，根据相关规定，无法受理该员工的工伤保险待遇申请。YDJ 公司不服，提起行政诉讼。

裁判要点

本案中，刘某贵在应聘时应当如实向原告说明其本人的基本情况，但刘某贵冒用他人的身份信息入职，导致原告（公司）不能以刘某贵的真实身份缴纳工伤保险费，由此而造成被告（行政机关）处无刘某贵的工伤保险记录。虽然刘某贵的死亡已被有权部门认定为工伤，但并不必然导致刘某贵能够通过所冒用人员身份信息在社会保险机构享受到工伤保险待遇。若刘某贵能够通过所冒用他人信息能在社会保险机构享受到工伤保险待遇，势必使社会保险遭受损失，同时造成社会保险秩序的混乱。刘某贵所遭受到的工伤保险损失，应由原告和刘某贵按过错比例承担相应的民事责任。[1]

---

〔1〕（2018）闽 0104 行初 156 号。

案情简介

朱某于2007年9月14日使用周某海的身份证到TZ公司工作，担任保安队长。双方已签订了一份劳动合同，该合同约定的期限为2008年1月1日至2011年1月1日。TZ公司按朱某提供的身份证以周某海的名义投保了工伤保险。2008年1月30日，朱某在厂区内保安室值班时被TZ公司一名离职员工用刀捅伤右大腿，经抢救无效死亡。2008年4月14日，经东莞市社保局认定，朱某所受伤害属于工伤。朱某死亡前12个月的月平均工资为1186元。此后，胡某梨、朱某燕、李某英向东莞市社保基金管理中心申请支付有关朱某的工伤待遇，但东莞市社保基金管理中心以在参保人员档案中没有朱某的参保资料为由，作出不予受理申领工伤待遇决定。此后，胡某梨等人与TZ公司分别向东莞市劳动争议仲裁庭高埗分庭申诉，该庭均作出不予受理通知书。为此产生纠纷，引发诉讼。

裁判要点

再审认为，本案的争议焦点在于用人公司应否承担工伤保险待遇赔偿责任。本案中，用人单位TZ公司已经依法缴纳了工伤保险费用，胡某梨等请求的丧葬补助金、一次性工亡补助金以及李某英、朱某燕的抚恤金均属于本应由工伤保险基金给付的工伤保险待遇。由于朱某冒用他人身份，导致其近亲属不能享受上述工伤保险待遇，该法律后果应当根据劳动者朱某与用人单位TZ公司的过错进行分担。具体到劳动者与用人单位的过错分析，再审认为，劳动关系应建立在双方诚实信用的基础上，用人单位与劳动者都应遵循诚实信用的原则。基于此，用人单位招用劳动者时，有权了解劳动者包括基本身份信息、劳动技能等与劳动合同直接相关的基本情况，对此劳动者应当如实说明。朱某进入TZ公司工作时未能提供本人的真实身份信息，而是使用案外人周某海的身份证，违反了缔结劳动合同的诚实信用原则，致使TZ公司未能以朱某本人而是以周某海的名义缴纳工伤保险费用，从而导致朱某及其家属不能享受工伤保险待遇，因此主要过错责任在于朱某一方。用人单位TZ公司在朱某入职时未能尽到合理审查义务，对此也存在一定过错。因此，原一审、二审判决根据双方的过错，认定劳动者承担70%的责任，用人单位承担30%的赔偿责任，并无不当，再审依法予以维持。[1]

---

〔1〕（2013）东中法审监民再字第10号。

第三节　录用通知书的发放

一、录用通知书与劳动合同

录用通知书只表明用人单位愿意以一定条件接纳劳动者为其工作的意向，它和正式的劳动合同还是有区别的。因此，单位一旦录用员工，应尽快和员工签订劳动合同，由劳动合同规范双方的权利义务，以避免承担不利的法律后果。

实务中，一些企业在与劳动者签订劳动合同以后，对之前发出的录用通知书不作任何处理，这就引发了两者发生冲突时，以哪个文件的规定为准的问题。因为这两份文件都是企业提供的，根据劳动法律法规的基本原则，很可能会作出有利于劳动者的解释，使企业承担不利后果。因此，企业有必要在签订劳动合同时约定录用通知书失效，或者应约定在两者发生冲突时，以劳动合同规定的条款为准。

二、录用通知书的法律效力

实务中，招聘的最后一个环节，往往是向拟录用的劳动者发送录用通知书。录用通知书，也称 offer letter，原是外资企业常用的方式，现在各类用人单位均习惯采用此方式。在很多用人单位看来，录用通知书，不是正式的劳动合同，没有法律效力，在录用通知书的设计、发送及撤销方面随便为之，由此导致了不少纠纷，也存在用人单位因此败诉被判赔偿的案例。

若防范录用通知书操作中的法律风险，首先需要了解录用通知书的法律性质。录用通知书的法律性质为要约。根据我国《民法典》第 472 条的规定，要约是希望和他人订立合同的意思表示,所谓意思表示,是指应该发生某事或者不发生某事的意图的客观表达。[1] 该意思表示应当符合下列条件:(1)内容具体确定;(2)表明经受要约人承诺,要约人即受该意思表示约束。

内容具体确定,也就是当事人无须进一步协商,受要约人单纯的接受就可以成立合同。经受要约人承诺,要约人即受该意思表示约束。承诺是指受要约人以作出声明或以其他行为对某一要约表示同意。承诺一旦生效,双方之间即成立合同,产生合同约束力。此外,《民法典》还规定了要约的撤销制度,撤销要约的通知应当在受要约人发出承诺通知之前到达受要约人,但有下列情形之一的,要约不得撤销:(1)要约人以确定承诺期限或者其他形式明示要约不可撤销;(2)受要约人有理由认为要约是不可撤销的,并已经为履行合同作出合理准备工作。

根据上述法律规定,我们可以看出,录用通知书一般符合要约的条件,构成要约,具有要约的法律效果。实际上,英文的"offer"就是要约的意思。offer 一旦发出就产生相应约束力,这种约束力主要约束发出录用通知的用人单位,用人单位一旦发出录用通知,就要受其约束。一般情况下,录用通知书也不能撤销,因为录用通知书上往往附了期限。而且应聘者可以主张自己相信录用通知是不可撤销的,并已经作好了上班的准备,例如,辞去了原工作。当然,在录用通知书到达劳动者之前,用人单位可以撤回,但实际上这种情形很少。因此,用人单位在发出录用通知书时一定要慎重,一旦发出就要受其约束,否则,擅自撤销的,会惹来麻烦。

案例8:用人单位发放 offer 后反悔,如何处理?

案情简介

2017 年 7 月 24 日,被告(用人单位)工作人员徐某通过电子邮件向原告(应聘者)发送《录用确认书》,其中要求原告入职报到时提供与原单位解除劳动合同证明原件等、体检报告等,原告需于 2017 年 7 月 25 日前签署本确认书并反馈被告,并于 2017 年 8 月 28 日带齐所有资料入职报到,否则本确认书自动失效,不再执行。2017 年 7 月 25 日,原告签署上述《录用通知书》并通过电子邮件发送给被告工作人员徐某。2017 年 7 月 26 日,被告工作人员徐某通过微信告知原

[1] 林国华:《意思表示的概念及其理论的缘起》,载《山东社会科学》2006 年第 4 期。

告因公司原因,原定的入职时间,先向后推迟顺延,具体入职时间另行通知。原告于2017年7月25日向原单位申请辞职,并于2017年8月25日与原单位办理离职手续。2017年8月29日,原告与徐某就入职事宜进行电话沟通,徐某告知原告:“因为公司从架构、人员方面有一些变动……职位延期……现在没有一个具体时间,所以说我们也在等通知……希望在这个期间,你也不要在事业上耽误,多看看其他一些机会,如果你有兴趣的话呢,可以继续等待。”2017年9月4日,原告委托律师向被告发送律师函,要求被告承担违约责任,赔偿损失,并赔礼道歉。2017年9月13日,被告工作人员徐某向原告发送《入职通知书》,内容为:由于……客观原因,推迟了原告原定2017年8月28日的入职时间。根据目前的实际工作需要,现正式通知您于2017年9月18日带齐所有资料入职报到;否则本通知书及我司于2017年7月24日发出的《录用通知书》自动失效,不再执行。2017年9月15日,原告委托律师向被告发送律师函,认为上述《录用通知书》仅为被告逃避违约责任的一种手段,医疗事业部已不复存在,原告明确表示拒绝入职。由此引发诉讼。

裁判要点

法院认为,当事人对自己提出的诉讼请求所依据的事实有责任提供证据加以证明,没有证据或者证据不足以证明当事人的事实主张的,由负有举证责任的当事人承担不利后果。本案的争议焦点之一在于被告是否因违反先合同义务而构成缔约过失。首先,被告发送的《入职通知书》中明确了到岗时间、岗位、薪资、福利待遇、合同期限等劳动合同主要条款,原告对其中的内容予以确认,虽不属于正式劳动合同,但可以认定双方已就入职事宜达成意向,并各自进行入职准备,原告有理由认为被告已同意对其录用,对此产生合理信赖亦符合常理。

其次,被告在2017年7月24日新成立大健康集团,医疗事业部并入大健康集团的情况下,应当预见到该组织机构调整有可能影响原告的入职,但仍于当日向原告发送《入职通知书》,明确告知原告入职岗位为“医疗事业管理部医务主任”及“2017年8月28日带齐所有资料报到”,且在原告向被告确认职位延期时间时,被告未能给予明确答复,在此过程中被告确存在一定过失,故原告主张被告的行为构成缔约过失,本院予以采信。同时,根据被告提交的证据,医疗事业部仅系并入大健康集团,未有证据证明该组织机构调整影响原告的入职岗位及福利待遇等主要合同条款。在该组织机构调整影响入职时间的情况下,被告工作人员接到延迟入职的消息后已及时通知原告,告知原告耐心等待,并再次为原告重新安排了入职时间。最终亦系原告拒绝入职导致双方未能确立劳动合同关系，故原告对此亦应承担一定责任。本院综合考虑上述情况对原告主张的经济损失酌定50,000元。[1]

分析：我国劳动法律法规中，针对这种通知录用后又反悔的行为，并没有明确规定法律责任。但正如前文所述，录用通知完全符合一般合同法对“要约”所下的定义，而要约是具有法律效力的，如果用人单位违法撤销要约，应当承担损害赔偿责任。法律依据主要是《民法典》第500条。依据该条，当事人在订立合同中有违背诚实信用原则的行为，给对方造成损失的，应当承担损害赔偿责任。因此，虽然双方未签订劳动合同，未实际用工因而也就未建立劳动关系，但用人单位的行为作为一种普通民事行为仍应符合《民法典》的一般规定，如因违法造成他人损失，应予以赔偿。

三、录用通知书的风险防范

用人单位应注意如下几点：

1. 如果不是十分有必要，可不必发出录用通知书，直接以电话或电子邮件通知其前来报到即可。

2. 确需录用该员工的前提下，才发出录用通知书。

3. 录用通知书应附期限限制，应要求报到时提供有关材料，包括体检合格的证明（这是目前常见的做法，但为避免纠纷，最好要求应聘者先体检，无问题者，再发出录用通知书）。有的用人单位在录用通知书上还进一步要求应聘者在一定期限之前邮寄回执，否则视为放弃该职位。这样做的好处是避免了用人单位陷入被动的局面。一旦录用通知过期，用人单位就可以另行招人了。

4. 工资报酬、劳动合同期限等如无必要，可模糊一些。

5. 名称最好不要叫作“试用通知书”，也不要在内容中提到试用期。因为违法约定试用期而不签订正式的劳动合同会引发双倍工资的赔偿责任。

6. 有人提出，将录用通知书改名为“工作邀请函”，将其法律性质定位为要约邀请而非要约，仅仅表明“我公司有意与您建立劳动关系，请与××联系”。这种做法从法律上讲是成立的，但可能会让应聘者觉得太含糊其词，甚至觉得该

---

〔1〕（2018）京0105民初10981号。

公司缺乏诚意，因而吸引不到更优秀的应聘者前来报到。

7. 有的用人单位进一步在录用通知书中规定了劳动者一方的违约责任。例如，约定："如您签署了本通知并寄回给公司，而又未在本通知确定的日期前报到，将承担本职位____个月薪资的违约金。如您签署了本通知并寄回给公司，而公司不能在本通知确定的日期接受您的报到，将承担本职位____个月薪资的违约金。"这种做法是合法有效的（前提是劳动者确实邮寄回了签署的通知）。因为这是在劳动关系建立之前约定的违约金，不受《劳动合同法》第 25 条[1]的限制。当然，实务中，很多用人单位只不过当作一个心理威慑条款，并没有真的打算追究不来上班的应聘者的责任。

如果用人单位在发出录用通知书后，又不愿意聘用该应聘者，或不愿意以录用通知书上的条件聘用，该怎么办呢？有下面几种处理办法：

1. 协商解决，避免争议。如果用人单位确实有过错，造成应聘者损失，协商予以一定金额赔偿也是可以接受的。双方也可以协商降低工资待遇聘用。工资待遇即便与录用通知书不同，只要在劳动合同里约定了，就是有效的，应以劳动合同为准。

2. 如果协商不成，用人单位又确实不想聘用该应聘者，那么用人单位可以与应聘者签订一个短期的劳动合同（劳动法中，对于劳动合同的最短期限没有限制），或者签订一个较长期的劳动合同但合法约定试用期。若采用前一种方法，则合同到期后可不再续签，但应依法支付经济补偿金。若采用后一种方法，则在试用期内，用人单位可以员工不符合录用条件为由与其解除劳动关系。此时无须支付经济补偿金，但代价是用人单位需要依据《劳动合同法》谨慎操作方能合法，操作相对复杂一点。

综上，用人单位应慎重发出录用通知，发出通知后又想反悔的，最好与员工协商解决，协商不成，采用签订短期劳动合同的方式较为经济实用。

---

[1] 《劳动合同法》第 25 条规定："除本法第二十二条和第二十三条规定的情形外，用人单位不得与劳动者约定由劳动者承担违约金。""本法第二十二条和第二十三条规定的情形"分别是指培训服务期协议与竞业限制协议中约定违约金。

文书范本 2:录用通知书范本

录用通知书

________:

您好!

感谢您来到公司(以下简称公司)应聘,经过公司人力资源部和业务部门领导的认真考察、研究,决定录用您到公司工作。

一、工作内容与用工形式说明

1. 入职时间:________年____月____日____时____分。

2. 工作岗位:________________。

3. 用工形式:公司与您的首次合同期限为________年,其中根据公司规定,您的试用期将为____个月;在您试用期满并经考核合格后,您将成为公司的正式员工。

4. 有关您的薪酬、福利以及工作条件等细节,将会在劳动合同中做详细规定,您可向人力资源部征询。

二、报到所需材料

1. 公司《录用通知书》(电子版或打印版);

2. 身份证原件;

3. 学历、学位证书以及您曾获得的资格证书原件;

4. 照片____寸____张;

5. 您服务的上一家公司出具的离职证明(应届毕业生无须提供)。

请您务必携带上述材料按规定时间至公司报到并签订劳动合同。

三、录用通知书的效力

公司将为您保留此工作岗位至________年____月____日,如您未在此之前报到入职,公司将视为您主动放弃本工作机会,本录用通知失效,由此给您个人造成的不便和损失我们将不予承担。

本通知如有其他未尽事宜,将在劳动合同中予以进一步说明;若本通知内容与您未来的劳动合同内容存在冲突,一律以劳动合同约定为准。

四、违约金

如您签署本文件,则视为您接受公司录用且同意在指定日期报到入职。如您违约,则应向公司支付违约金。

违约金金额为人民币________元整。

如您有其他问题,请联系人力资源部。

人力资源部联系人:________________。

联系电话:________________。

公司地址:________________。

公交、驾车提示:________________________________。

年 月 日

________公司

签 收 栏

本人收到且同意履行上述录用通知书,并将按时报到入职。

签署时间: 年 月 日

本人签署:

第四节 如实告知和禁止担保义务

一、如实告知义务

《劳动合同法》第 8 条规定了用人单位与劳动者的告知义务:“用人单位招用劳动者时,应当如实告知劳动者工作内容、工作条件、工作地点、职业危害、安全生产状况、劳动报酬,以及劳动者要求了解的其他情况;用人单位有权了解劳动者与劳动合同直接相关的基本情况,劳动者应当如实说明。”

没有履行告知义务会带来什么法律后果?

没有了解真实情况的一方可能会主张构成欺诈,因而导致劳动合同无效或部分无效,没有了解真实情况的一方可以要求解除劳动关系。劳动者主张受到欺诈要求解除劳动关系时可以要求支付经济补偿金,此种情形在《劳动合同法》第 38 条、第 39 条有相应规定。

但这里有一个前提:如何证明另一方没有履行告知义务?或者如何证明自己一方已经履行了告知义务?这就需要证据,从事先预防的角度来看,则需要一些书面的手续,因而人力资源管理必须走向书面化、严密化。

从《劳动合同法》第 8 条的表述来看,用人单位与劳动者所履行的告知义务是不一样的。劳动者在用人单位询问的情况下应当如实说明,而用人单位则应主动告知有关事实,否则即可能承担法律责任。从举证的角度来看,劳动者一方没有履行告知义务,应由用人单位提供证据;而要证明用人单位没有履行告知义务,则举证责任是倒置的,需由用人单位来证明自己已经主动告知劳动者。可见用人单位承担的告知义务举证责任比劳动者重。那么,用人单位在告知义务方面(包括使员工尽到告知义务)应注意如下几个方面:

1. 审核应聘者的身份、学历、资格、技能等证书证件,收集其复印件,并且在复印件上要求应聘者签名，写上“本复印件与原件一致”。

2. 由应聘者亲笔填写入职登记表。入职登记表最好由用人单位根据自己需要了解的情况进行设计，但应由应聘者亲笔在每一页签名。入职登记表中最好有类似表述：本人深知上述资料系公司录用我的依据，本人保证所提交的任何资料均真实可靠，否则即构成欺诈，公司可即时解除劳动关系并不支付任何补偿。（请参见文书范本《员工登记表范本》）。

3. 在劳动合同中加入告知条款，说明单位已履行告知义务。如“乙方确认，甲方已如实告知乙方工作内容、工作条件、用人要求、工作地点、安全生产状况、劳动报酬、社会保险以及乙方要求了解的其他情况，并已将工作过程中可能产生的职业病危害及其后果、职业病防护措施和待遇告知乙方”。当然，也可以通过其他文件告知劳动者，注意让劳动者签收即可。

实务中，由于用人单位未向劳动者履行告知义务而产生的纠纷较少，风险不大。理由是：首先，如果是薪酬、工作地点、工作内容等劳动者关心的信息，双方在录用过程中肯定会进行沟通，很难存在欺诈。其次，由于员工有辞职的权利，用人单位将员工“骗”入单位也阻止不了员工辞职，反而增加了用工单位的成本。因此用工单位故意隐瞒用工信息的意义不大。

案例9：员工学历欺诈，是否能解除劳动合同？

汤某于2008年3月1日进入上海某公司从事销售工作，入职时，汤某向公司人事部门提交了其本人于2007年毕业于某大学材料工程系的学历证明复印件，并签署《任职承诺书》，承诺“……提供给公司的个人材料均是真实有效的，如有作假，愿意无条件被解除劳动合同……”同时双方签订了终止日为2009年3月1日的劳动合同，此后双方每年续签期限为一年的劳动合同。

2012年10月，上海某公司以汤某提供虚假学历证书为由与汤某解除了劳动合同。汤某不服，遂向当地劳动仲裁委员会提起了申诉，诉称公司多次与其续签劳动合同，足以证明公司考虑到了申请人的业务能力而不予计较学历造假一事，公司解除合同违反法律规定，请求公司支付违法解除劳动合同的赔偿金180,000元。

在该案例中，汤某的大学学历确系伪造，但仲裁、一审均支持了汤某的请求（认定不构成欺诈），直到二审作出了相反的判决，认定汤某构成欺诈，公司解除劳动合同并无不当。

由此可见，在实务中，并非只要员工有造假行为，用人单位即可以欺诈为由解除劳动合同。根据实务经验，用人单位以欺诈为由解除劳动合同，尚需考虑如下几点：

1. 一般工作经历、教育培训经历方面的造假才足以解除劳动合同，其他方面的造假往往被认为不足以构成“以欺诈的手段，使用人单位在违背真实意思的情况下订立劳动合同的”。

2. 即使存在工作经历或教育培训经历方面的造假（例如，伪造本科学历），司法实务中也未必一定支持用人单位解除劳动合同。理由是用人单位未必能提供证据证明“如果该员工不造假，则不会聘用该员工”。笔者见过数份这样的判决书，其中表述“虽然劳动者存在不诚信的行为，但仍不足以认定为构成欺诈”。考虑到这一点，用人单位应该在录用环节通过员工登记表、任职资格确认等形式，说明员工提交的信息是单位录用的依据。同时考虑在规章制度及劳动纪律中将此类欺诈界定为严重违反规章制度及劳动纪律的行为，用人单位可予以解除劳动合同。

3. 如果员工证明用人单位明知存在造假而并未解除，则在很长一段时间（如一年）以后，用人单位再以欺诈为由解除的，可能会被认定为违法解除。

员工学历欺诈与企业解除劳动合同败诉风险点见表 2－2。

表 2－2　员工学历欺诈与企业解除劳动合同败诉风险点及处理措施

败诉风险点	预防与处理措施
企业招聘时未作学历要求	将学历作为招聘和录用条件
知晓员工学历不符合要求，但仍录用	这种情况下以不符合录用条件、欺诈、违纪解除为由都难以获得支持
员工学历欺诈，企业续订了劳动合同	不要以欺诈为由解除合同，选择违反劳动纪律和严重违纪作为解除的理由能够降低风险
员工学历明显造假，企业未尽审慎审核义务	选择违反劳动纪律和严重违纪作为解除理由
裁判者认为学历欺诈不影响劳动合同成立	尽量围绕招聘要求以及员工诚信等多角度影响裁判者的自由心证

二、禁止担保义务

《劳动合同法》第 84 条规定:“用人单位违反本法规定,扣押劳动者居民身份证等证件的,由劳动行政部门责令限期退还劳动者本人,并依照有关法律规定给予处罚。用人单位违反本法规定,以担保或者其他名义向劳动者收取财物的,由劳动行政部门责令限期退还劳动者本人,并以每人五百元以上二千元以下的标准处以罚款;给劳动者造成损害的,应当承担赔偿责任。”

实践中,很多用人单位为了保护自身的利益,在招聘员工时,要求重要岗位(如财务人员、仓库管理员)或者掌握用人单位财产的劳动者(如司机)提供担保或风险抵押金。对此《劳动合同法》明确规定,用人单位招用劳动者不得要求劳动者提供担保或者以其他名义向劳动者收取财物。如发生上述行为,单位将被处以行政处罚并承担相应的赔偿责任。

在北京、上海、广州、深圳等大城市,由于外来打工者人数众多,很多企业为了避免因外来打工者侵占公司财产却无从追诉的风险,便要求员工在入职时必须由本地户籍的亲友提供担保,但是根据《劳动合同法》的规定,单位要求劳动者提供任何形式的担保,都是违法的,当然包括所谓提供保证人的“人保”。

企业 HR 应切记,员工入职时务必不能以任何形式收取和扣押劳动者的财物,或采取其他方法变相为之,如收取报名费、培训费和服装费等,或扣押员工一个月工资或一部分工资。同时,不能要求劳动者提供任何其他形式的担保,包括“人保”或“物保”,否则,不但达不到预期的担保作用,还将被处以行政处罚。

文书范本3:员工登记表范本[1]

员工登记表

姓名		性别		出生年月日		照片
身高		婚姻状况		民族		
政治面貌		手机		健康状况		
身份证号						
家庭住址						
通信送达地址						
邮编			E-mail			
紧急联系人		与本人关系		电话		
户口所在地			省	市		
档案所在地						

教育培训简历	起止时间	学校或培训机构	专业及所获证书

工作简历	起止时间	工作单位	职务	主要工作	离职原因

〔1〕 用人单位可根据本单位想要了解的情况修改或设计该表格。但联系方式、紧急联系人、教育培训经历、工作经历等文件需要员工在每一页下方签字确认。如果员工同时提交简历或相关证书复印件,亦可由员工在这些材料上签字确认其真实性。

续表

<table>
<tr><td rowspan="4">家庭情况</td><td>关系</td><td colspan="2">姓名</td><td>工作单位及职务</td><td>联系电话</td></tr>
<tr><td></td><td colspan="2"></td><td></td><td></td></tr>
<tr><td></td><td colspan="2"></td><td></td><td></td></tr>
<tr><td></td><td colspan="2"></td><td></td><td></td></tr>
<tr><td colspan="2">是否公司员工介绍</td><td></td><td>介绍人</td><td colspan="2"></td></tr>
<tr><td colspan="6">是否有亲属、同学或朋友在本公司任职？如有请如实说明该员工姓名、部门、职位以及与您的关系。
□有　　□无</td></tr>
<tr><td colspan="6">是否有亲属、同学或朋友在本公司的竞争对手或客户公司任职？如有请如实说明该员工姓名、部门、职位以及与您的关系。
□有　　□无</td></tr>
<tr><td colspan="2">本人擅长领域/特长/兴趣</td><td colspan="4"></td></tr>
<tr><td colspan="2">最看重公司哪几项</td><td colspan="4">□工资待遇　□升职机会　□人际关系　□工作环境　□福利保险　□工作时间　□工作量大小　□主管领导水平</td></tr>
<tr><td colspan="2">录取后个人的志愿</td><td colspan="4"></td></tr>
<tr><td colspan="2">请综合评价自己</td><td colspan="4"></td></tr>
</table>

★本人郑重声明：

1. 本人深知上述资料系公司录用我的依据，本人保证所提交的所有资料均真实可靠，否则即构成欺诈，公司可即时解除劳动关系并不支付任何补偿。

2. 本人所填写的联系方式包括电子邮箱真实有效并将及时查收，可作为接受有关通知、制度、工作要求的方式。一旦向上述联系方式之一发出通知，即被视为本人已经收到并阅读。

3. 公司人事管理制度、员工管理制度、公司薪酬管理制度本人已经收到且详细阅读，对上述规章制度均无异议且同意遵照执行。

注：请在每一页下方签名，表示确认。

签署时间：　　　　年　　月　　日

员工签名确认：

第五节　入职流程再造的基本要求

一、基本要求

入职环节是劳动风险防范的重要一环。对很多中小企业来说，管好入口——招聘与录用环节，再管好出口——离职环节，因劳动法引发的风险将大大降低。那么，针对如何把好入口关，总体来讲，有如下几个基本要求：

1. 用人单位的人力资源部门应统筹所有人员的招聘，各用人部门应积极配合人力资源部门的工作，尤其要杜绝各部门自行招人，自行录用的情形；

2. 所有人员入职须办理手续；

3. 应为每一名员工建立书面化员工档案，入职手续都要进入档案，并保存至员工离职 2 年以上；

4. 利用职工名册或有关人力资源管理软件，HR 应随时掌握所有员工的入职、劳动合同期限、劳动合同签订次数、试用期限、工作年限、岗位等情况。

根据上述原则，在入职的具体细节上，用人单位还要注意如下关键点：

1. 招聘条件避免就业歧视。

2. 招聘广告避免虚假宣传构成欺诈等。

3. 审查应聘者有关信息，要求应聘者确认其提供的有关证件、简历属实。

4. 录用条件明确，并经劳动者确认，且应避免就业歧视。

5. 录用时不能收取押金、保证金或扣押证件。

6. 发放录用通知书应谨慎。

7. 入职之前或入职当时签订有关劳动合同，至少应该在入职 1 个月内签订劳动合同，拒绝签订劳动合同的员工坚决不能留用。

8. 竞业限制协议尽量在入职时一并签订。培训服务期协议如有必要也可在入职时签订。

9. 尽量利用入职环节,把相关手续一次性办妥,包括向员工发放规章制度及员工手册,签收有关公司物品,填写入职登记表,确认有关通信地址,确认其使用的公司电子邮箱地址(如果有的话)等。

10. 有关入职手续,包括劳动合同、简历、入职登记表、有关证书复印件等,均存入职工档案。

11. 建立职工名册。其格式请参见文书范本“职工名册范本”。职工名册的建立是《劳动合同法》第 7 条的要求,《劳动合同法实施条例》第 8 条则进一步明确了职工名册应当包括劳动者姓名、性别、公民身份证号码、户籍地址及现住址、联系方式、用工形式、用工起始时间、劳动合同期限等内容。同时规定,用人单位违反劳动合同法有关建立职工名册规定的,由劳动行政部门责令限期改正;逾期不改正的,由劳动行政部门处 2000 元以上 2 万元以下的罚款。从人力资源管理的角度来讲,职工名册有助于 HR 全盘掌握单位的用工情况,了解职工的工作年限、试用期、劳动合同续订次数、岗位等情况,从而根据这些情况依法操作和有效应对。职工名册可以是文本的,也可以是存在电脑里的,如 excel 文档。有的公司使用有关人力资源管理软件进行操作,将员工信息直接输入软件数据库中,可通过软件随时查询有关员工情况,并可直接导出职工名册。

二、劳动合同保管的建议

实务中,劳动合同的保管也成为一个本不是问题的问题。已经出现这种情况:一些员工(甚至有人力资源人员、总经理)与单位发生矛盾时,偷偷将公司劳动合同盗走,要求单位承担未签订劳动合同的双倍工资的责任。即使不索赔,丢失多份劳动合同也是一件麻烦事。对此的建议是:

1. 劳动合同可以一式三份,一份给员工,一份由人事部门放入档案,还有一份可以单独保存。

2. 如发生劳动合同丢失事宜,应立即报案,由警察做笔录。

3. 确认丢失合同后,应及时与员工补签劳动合同,或者以其他方式由员工确认原劳动合同已经签署以及合同期限,或者将员工手中的劳动合同复印一份由员工另外签字确认其真实性。

文书范本4:职工名册范本

职工名册

填报单位:

填报时间:　　　　年　　月　　日

序号	姓名	性别	年龄	身份证号码	社会保险卡号	用工类型	人员类别	用工之日	订立合同时间	劳动合同起止时间	离职时间	离职类型	户籍地址	现住址
	1	2	3	4	5	6	7	8	9	10	11	12	13	14
1														
2														
3														
4														

注:根据《劳动合同法实施条例》第8条,职工名册应该包括姓名、性别、身份号码、户籍所在地和现住址、就业方式和劳动合同期限等。用人单位还可以根据人力资源管理的需要增加试用期、劳动合同签订次数、累计工龄等其他内容。

第三章

劳动合同及相关协议的拟定

操作指引： 了解不签订劳动合同的风险；根据需要拟订合适的劳动合同条款；掌握培训服务期协议与竞业限制协议的基本要领，并加以运用。

第一节　劳动合同的签订主体

合同的签订主体，是指合同的当事人。劳动合同的签订主体，无非是用人单位与劳动者两方。下文分别予以讨论。

一、“合格”的用人单位

哪些组织可以与劳动者签订劳动合同？

按照《劳动合同法》的规定，下列组织属于可以与劳动者签订劳动合同的组织：

1. 各类企业、个体经济组织、民办非企业单位等组织。企业是最常见的用人单位，包括有限责任公司、股份有限公司、全民所有制企业、集体企业、个人独资企业、合伙企业等。个体经济组织，即个体户，同样可以作为用人单位。民办非企业单位主要是指利用非国有资产举办的，从事非营利性社会服务活动的社会组织，如民办的幼儿园、学校、敬老院、医院、律师事务所、会计师事务所等。由于实践中人们对民办非企业单位是否可作为用人单位存在疑问，《劳动合同法实施条例》特别明确，依法成立的会计师事务所、律师事务所等合伙组织和基金会，属于劳动合同法规定的用人单位。

2. 国家机关、事业单位、社会团体等，相对于与之建立劳动关系的劳动者，也是劳动法上的用人单位，其订立、履行、变更、解除或者终止劳动合同，也应依照《劳动合同法》执行。但这些单位中的公务员以及事业单位中实行聘用制的工作人员,[1]与单位建立的不是劳动关系,签订的也不是劳动合同。

3. 上述用人单位的分支机构。《劳动合同法实施条例》第 4 条规定,《劳动合同法》规定的用人单位设立的分支机构,依法取得营业执照或登记证书的,可以作为用人单位与劳动者订立劳动合同;未依法取得营业执照或登记证书的,受用人单位委托可以与劳动者订立合同,也就是说,前者可以以自己的名义订立劳动合同,而后者只能受单位的委托以单位的名义订立劳动合同。

二、"合格"的劳动者

在我国,对劳动者还没有一个统一的、明确的定义。一般而言,受雇于用人单位,在用人单位的管理和指挥下从事劳动,并从中获取劳动报酬的自然人,可以认定为劳动者。除此之外,法律还有一些其他限制:

1. 年龄应在 16 周岁至法定退休年龄之间。未满 16 周岁而就业的,属于童工,童工是不能签订劳动合同建立劳动关系的。超过退休年龄且享受养老保险待遇的人受雇用,一般情况下也不作为劳动关系处理。

2. 全日制在校学生。全日制的学生在实务中也不被当作劳动者。

3. 外国人及我国台湾地区、香港特区、澳门特区的人员在我国内地就业需办理就业许可。如果没有办理就业许可,也不会被当作劳动法上的劳动者,其与服务单位之间的关系也不是劳动关系。

关于劳动合同的签订主体,下列几种特殊情况值得注意:

1. 正在筹建中的用人单位如果雇用人员,签订的应该是民事上的雇用协议或劳务协议,受《民法典》调整。但用人单位取得正式执照后,则应该与员工签订书面劳动合同,双方之间的关系也就转为劳动关系。

新成立的单位可以与员工约定是否将原来筹建期间的工作年限计入连续工龄。

2. 外国公司在中国的办事处不能直接招用人员,而只能通过专门为外国公司提供服务的中国公司(一般称为外服公司)招用人员。这些人员与中国的外服公司签订劳动合同,建立劳动关系,外服公司再把他们派遣到外国公司的在华办事处工作。外国公司在华办事处直接招用劳动者是一种违法行为,会面临处

[1] 事业单位与其工作人员的法律关系分析参见本书第八章"特殊主体的用工管理"。

罚,双方的关系也不会被当作劳动关系处理。

3. 年满 16 周岁未满 18 周岁的未成年工。由于未成年人在与用人单位建立劳动关系时,仍处于生长发育期,以及有接受义务教育的需要,因此,法律对未成年劳动者依法采取了特殊的劳动保护措施,具体包括:①不得安排未成年劳动者从事禁忌的劳动。用人单位不得安排未成年劳动者从事矿山井下、有毒有害、国家规定的第四级体力劳动强度的劳动和其他禁忌从事的劳动。②应当对未成年劳动者进行定期健康检查。用人单位应当分别在以下阶段对未成年劳动者进行定期健康检查,包括安排工作岗位之前;工作满 1 年;年满 18 周岁,距前一次的体检时间已超过半年。③招用未成年劳动者,应当办理登记。用人单位招用未成年劳动者,除符合一般用工要求外,还须向所在地的县级以上劳动行政部门办理登记,由劳动行政部门核发《未成年工登记证》,未成年劳动者须持证方能上岗。

4. 用人单位在签订劳动合同这个问题上应摒弃过去的临时工、短期用工等过时观念,对劳动者一视同仁。上至厂长、总经理等高级管理人员,下至只准备录用几个月的农民工,都属于《劳动法》上的劳动者,一旦用人单位准备与之建立劳动关系,都应签订书面劳动合同,否则将依据《劳动合同法》等相关规定,带来双倍工资赔偿等法律风险。

第二节　未签订劳动合同的法律风险

一、各种不依法订立劳动合同的情形

《劳动合同法》的一个重大变化，是将事实劳动关系（不签订书面劳动合同而用工）定性为一种违法用工关系，用人单位需承担极为重大的法律风险，这种法律风险随着实际用工时间的加长而加重。具体如下：

1. 用工之日起 1 个月内不签订书面劳动合同，没有法律责任。

自用工之日起，双方的劳动关系就已经建立，用人单位应承担支付社会保险、劳动报酬等各方面的义务。1 个月内不签订书面劳动合同没有法律责任，指的是用工单位不会仅因为未签订劳动合同这一行为而承担赔偿责任，并不是指劳动关系未建立。这 1 个月时间相当于法律给用人单位与劳动者签订劳动合同的法定宽限期。所以用人单位应当在用工之日起 1 个月内与劳动者办妥签订劳动合同的事宜。如果劳动者经过用人单位的书面通知拒绝签订，则用人单位可以终止劳动关系，并不需要承担经济补偿金。《劳动合同法实施条例》第 5 条对此明确规定："自用工之日起一个月内，经用人单位书面通知后，劳动者不与用人单位订立书面劳动合同的，用人单位应当书面通知劳动者终止劳动关系，无需向劳动者支付经济补偿，但是应当依法向劳动者支付其实际工作时间的劳动报酬。"

2. 自用工之日起超过 1 个月不满 1 年未与劳动者订立书面劳动合同的，应当向劳动者每月支付 2 倍的工资。

此时，如果劳动者拒绝签订劳动合同，则用人单位应当书面通知劳动者终止劳动关系，支付经济补偿金，同时支付双倍工资（自用工之日起满 1 个月的次日，至劳动关系终止之日）。

如果劳动者不拒绝，双方补签了劳动合同，则支付双倍工资的起始时间为用工之日起满 1 个月的次日，截止时间为补订书面劳动合同的前一日。

请注意，即便劳动者拒签，用人单位也不能继续事实劳动关系，否则还是要承担双倍工资的赔偿责任。实务中已有案例，员工承认是自己拒绝签订劳动合同，司法机关仍判令用工单位赔偿未签订劳动合同的双倍工资。可以这么说，现行法律已把签订书面劳动合同作为用人单位的一种强制的，不可推卸的责任。[1]

实务中经常遇到用人单位的这种咨询：该员工在我单位上班已经超过 1 个月了，没有签订劳动合同。我们知道不签订劳动合同应该从第 2 个月起支付双倍工资。那么，我们现在补签一份劳动合同，把签订日期提前到入职 1 个月内，这样是不是就不用支付双倍工资了？

这个问题要分两种情形来回答：

（1）假设合同上注明签订日期为 2013 年 8 月，合同起始时间为 2013 年 1 月，此时劳动者是否仍可主张 2013 年 2 月至 2013 年 8 月的双倍工资呢？这个问题存在争议。多数判决认为，此时用人单位仍需支付双倍工资；少数判决认为，劳动者同意补签劳动合同，等于确认放弃了双倍工资。具体需要看当地的司法尺度。

（2）假设合同上注明签订日期为 2013 年 1 月，合同起始时间亦为 2013 年 1 月，但合同实际签订日期为 2013 年 8 月。此时劳动者是否仍可主张 2013 年 2 月至 2013 年 8 月的双倍工资呢？这要看举证情况。如果劳动者能证明实际签订日期，或用人单位认可实际签订日期为 2013 年 8 月，则答案同上述第一种情形。如果劳动者不能证明实际签订日期，且用人单位主张实际签订日期就是合同上注明的签订日期，则劳动者很难证明实际签订日期是 2013 年 8 月，因此劳动者双倍工资的索赔难获支持。

3. 自用工之日起超过 1 年未与劳动者订立书面劳动合同的，涉及未签订劳动合同的双倍工资赔偿以及视为无固定期限劳动关系的风险。

首先，用工之日第 2 个月至 1 年的双倍工资应予以支付，即支付 11 个月的双倍工资，这一点基本无异议，除非特殊情况下劳动者系总经理、人力资源人员等负有签署劳动合同职责的人员，或确因劳动者本人的原因导致未签署劳动合

---

〔1〕 必须指出，这一点不是统一的或绝对的，实务中也有不少的判例认为，如确为劳动者无正当理由拒绝签署劳动合同，则不应支持劳动者索赔未签劳动合同的双倍工资。

同的,有可能不支持双倍工资的索赔。对此问题取决于各地的裁判尺度。

其次,双方视为已经成立无固定期限劳动合同关系,但劳动者仍可以要求签订无固定期限劳动合同。《劳动合同法实施条例》第7条作出补充规定:"用人单位自用工之日起满一年未与劳动者订立书面劳动合同的,自用工之日起满一个月的次日至满一年的前一日应当依照劳动合同法第八十二条的规定向劳动者每月支付两倍的工资,并视为自用工之日起满一年当日已经与劳动者订立无固定期限劳动合同,应当立即与劳动者补订书面劳动合同。"此时应当补订的是无固定期限劳动合同。

最后,不订立无固定期限劳动合同的双倍工资赔付。依据《劳动合同法》第82条第2款的规定:"用人单位违反本法规定不与劳动者订立无固定期限劳动合同的,自应当订立无固定期限劳动合同之日起向劳动者每月支付二倍的工资。"但目前对这种情况下是否应赔付未签订无固定期限劳动合同的双倍工资,尚无全国层面的法规或司法解释予以明确,多数地区并不支持。如北京地区目前就不支持此种情况下的双倍工资,理由是双方已经视为订立无固定期限劳动合同,所以不算是违法不订立无固定期限劳动合同。如果补订的是固定期限劳动合同,则用人单位属于违法不与劳动者订立无固定期限劳动合同,应当自错误签订固定期限劳动合同之日起向劳动者每月支付2倍的工资(除非劳动者一方要求签订固定期限劳动合同)。

我们可以通过下面这个例子来了解上述风险:

员工张三2008年2月1日加入光明顶有限公司,月薪5000元。2010年2月1日,双方签署5年的固定期限劳动合同并履行至今。2013年2月1日,张三提起仲裁申请。请问张三可以提出哪些仲裁请求?

(1)请求支付2008年3月1日至2009年2月1日未签订书面劳动合同的双倍工资共计55,000元(请注意,存在双倍工资的仲裁时效问题);

(2)请求支付2009年2月1日至申请仲裁之日止未签订无固定期限合同的双倍工资240,000元(如前所述,此项请求不一定会得到支持);

(3)请求用人单位与其签订无固定期限书面劳动合同(同样地,如果认为双方签署的固定期限劳动合同合法有效,不支持未签订无固定期限劳动合同的双倍工资,则此时往往也不会支持要求签署无固定期限劳动合同的请求)。

4.劳动合同到期之后未续签而继续用工的,多数地区支持双倍工资的索赔。

严格而言,《劳动合同法》只有"入职后未签订劳动合同赔偿双倍工资"的相关规定,并无"劳动合同到期后未续签合同赔偿双倍工资"的规定,也很难从现有法条中引申出该含义。但是就笔者所知道的地区均支持劳动合同到期后未续签合同的双倍工资索赔,即视同入职后未续签劳动合同。其中的逻辑是将劳动合同到期后的用工视为一段新的劳动关系。这种情况下,有的地方支持从劳动合同到期次日起即应赔偿双倍工资,最多赔偿 12 个月的双倍工资;有的地方则认为,劳动合同到期超过 1 个月仍未续签合同才赔偿双倍工资,最多赔偿 11 个月的双倍工资。

那么,如何规避劳动合同到期未续签的风险?

(1)人力资源部门应通过职工名册、软件等方式随时掌握劳动合同到期情况,尽量提前办理续签或终止手续。

规章制度或岗位职责中,可对续签的时间、流程作出要求。

(2)劳动合同中增加自动顺延条款。就笔者所知,该条款在某些地方能规避到期未续签的双倍工资赔偿,即使发挥不了作用,也没有什么坏处。由于这并非绝对产生续签的法律效果,用人单位还是应该尽量正常办理续签手续,该条款仅作为备用。

典型的自动顺延条款如下:

本合同到期后,如乙方继续在甲方工作而甲方无异议,则视为本劳动合同自动延期一年,并可多次顺延。但甲方已向乙方发出终止(解除)劳动合同通知或终止(解除)劳动合同证明书,或者乙方确已不再工作时除外。

但应注意的是,若员工符合签订无固定期限劳动合同的,公司不宜适用自动顺延条款,应及时与员工订立无固定期限劳动合同。

二、未签劳动合同双倍工资的仲裁时效

双倍工资的仲裁时效何时起算?目前没有法规或司法解释明确规定。但全国多数地区是从索赔双倍工资的期间的最后一天起算。简单地说,如果一个员工入职后一直未签订劳动合同,那么只要该员工在入职后两年内一直未申请仲裁或通过其他方式主张权利,则双倍工资的索赔已经超过了仲裁时效,不再得到仲裁与法院支持。具体请参见本书第九章“劳动争议仲裁与诉讼”。

三、不签劳动合同的风险防范措施

即使存在相当多的争议与例外,但从上述说明仍可以看出,不签订书面劳动合同对用人单位风险极大,及时签订劳动合同才是明智之举。具体措施应包括如下几点:

1. 人力资源管理部门应确保本单位每进入一名员工都能在入职之时或入职之前签订正式的劳动合同。劳动关系管理的规章制度与流程操作中,都应该尽量做到这一点。

2. 如果没有在入职之时或入职之前签订劳动合同,则人力资源管理部门应督促该员工在入职 1 个月内签订劳动合同。

3. 如果员工仍拖延或拒绝签订,则用人单位应向该员工发出《劳动合同签订通知书》,让员工进行签收,最好能得到员工签字确认其拒绝签订。也可以采取面谈记录的方式,记录员工不同意签订劳动合同的事实,并让员工签字。

4. 在已经向员工发出通知,员工仍拒绝签订的情况下,用人单位应坚决不予留用该员工,否则将承担双倍工资的法律风险。根据《劳动合同法实施条例》的规定,用人单位可以向员工发出《劳动关系终止通知书》,终止劳动关系。

5. 在用工之日起超过 1 年仍未与员工签订劳动合同的,应注意:其一,用人单位仍然应该与劳动者补签劳动合同。在劳动合同或其他文件能表明“劳动者提出签订固定期限劳动合同的情况下”,可以签订固定期限劳动合同,否则应签订无固定期限劳动合同,此种情况仍有双倍工资赔偿的法律风险。其二,在劳动者拒绝签订无固定期限劳动合同也拒绝签订固定期限劳动合同的情况下,用人单位不能终止劳动关系,但应该在谈话记录,或者在《劳动合同签订通知书》中表明系劳动者拒绝签订劳动合同。在劳动者拒绝签订劳动合同,且该劳动合同文本并无违法之处的情况下,司法实务中,一般不会再支持劳动者双倍工资的请求(但用工之日起 1 个月至 1 年内的双倍工资赔偿请求仍将获得支持),否则劳动者将通过拒绝签订劳动合同的错误行为获得不当的利益,这有违法律的基本原则。

文书范本5:签订劳动合同通知书范本

签订劳动合同通知书

致:

身份证号:

由于下列第________种原因:

1. 您入职后尚未与公司订立书面劳动合同;

2. 原劳动合同即将或已经到期,尚未续签劳动合同。

请您在收到本通知书之日起3个工作日内主动到公司人力资源部签订书面劳动合同。逾期未到公司人力资源部签订的,视为您拒绝签订书面劳动合同,公司将依法终止劳动关系。

拟订立的劳动合同相关内容如下:

合同期限:________________________________。

工作内容:________________________________。

工作地点:________________________________。

劳动报酬:________________________________。

如有疑问,可与人力资源部联系:

联系人:

电话:

电子邮箱:

特此通知。

________公司

年　　月　　日

签　收　栏

员工签收:

签收时间:　　　　　年　　月　　日

(本通知一式两份,双方各执一份)

文书范本6:谈话记录范本

谈话记录

谈话人:

所属部门:

被谈话人:

所属部门:

谈话地点:

谈话时间:

谈话主题:

谈话具体内容如下:

★声明:上述谈话是我在慎重思考后的真实意思表示,记录属实。

被谈话人(签字):　　　　年　　月　　日

谈话人(签字):　　　　年　　月　　日

第三节 劳动合同的期限选择

劳动合同期限条款是劳动合同条款里面最重要的条款之一，也是蕴藏着重大法律责任的条款之一。劳动合同的期限有三种选择：固定期限、无固定期限和以完成一定工作任务为期限。怎么在这三种期限之间进行选择？选择固定期限时期限以多久为宜？下文将作出解答。

一、固定期限劳动合同

固定期限劳动合同，是指用人单位与劳动者约定合同终止时间的劳动合同。具体是指劳动合同双方当事人在劳动合同中明确规定了合同效力的起始和终止的时间。劳动合同期限届满，劳动关系即告终止。如果双方协商一致，还可以续订劳动合同，延长期限。固定期限的劳动合同可以是较短时间的，如半年、1 年、2 年，也可以是较长时间的，如 5 年、10 年，甚至是更长时间。不管时间长短，劳动合同的起始和终止日期都是固定的。具体期限由当事人双方根据工作需要和实际情况确定。

二、无固定期限劳动合同

下列情况下，用人单位必须与劳动者签订无固定期限劳动合同：

1. 劳动者在用人单位连续工作满 10 年以上，劳动者提出或同意续订、订立劳动合同的，除劳动者提出订立固定期限劳动合同外，应当订立无固定期限劳动合同。

怎样理解“连续工作满10年的”？对此应注意下列几点：

(1)此工作年限包括《劳动合同法》实施之前的工作年限。《劳动合同法实施条例》第9条明确规定：“劳动合同法第十四条第二款规定的连续工作满10年的起始时间，应当自用人单位用工之日起计算，包括劳动合同法施行前的工作年限。”

(2)某些情况下，虽然改变了用人单位，但工龄仍应连续计算。《劳动合同法实施条例》第10条规定：“劳动者非因本人原因从原用人单位被安排到新用人单位工作的，劳动者在原用人单位的工作年限合并计算为新用人单位的工作年限。原用人单位已经向劳动者支付经济补偿的，新用人单位在依法解除、终止劳动合同计算支付经济补偿的工作年限时，不再计算劳动者在原用人单位的工作年限。”最高人民法院《关于审理劳动争议案件适用法律问题的解释(一)》第46条明确规定下列情形属于“劳动者非因本人原因从原用人单位被安排到新用人单位工作”：①劳动者仍在原工作场所、工作岗位工作，劳动合同主体由原用人单位变更为新用人单位；②用人单位以组织委派或任命形式对劳动者进行工作调动；③因用人单位合并、分立等原因导致劳动者工作调动；④用人单位及其关联企业与劳动者轮流订立劳动合同；⑤其他合理情形。

实务中比较常见的应该连续计算工作年限的是：先是劳务派遣用工，后又直接与用工单位签署劳动合同，转为劳动合同用工；或者先是劳动合同用工，后转为劳务派遣用工，工作场所、工作岗位不变；原单位被收购，导致主体变更，但工作场所与工作岗位不变；“一套人马，两块牌子”，轮流用两个单位的名义签署劳动合同。

注意上述情形中，即使原单位已经支付经济补偿金，工作年限仍应连续计算。劳动者连续计算的工作年限满10年，符合签订无固定期限劳动合同条件的，用人单位就应该与之签订无固定期限劳动合同。

(3)军队退伍、复员、转业军人的军龄，计算为接收安置单位的连续工作年限。《兵役法》、《军队转业干部安置暂行办法》(中发〔2001〕3号)、《关于退伍义务兵安置工作随用人单位改革实行劳动合同制度的意见》(国发〔1993〕54号)等文件均对此作出规定。这体现了对军人的优待。

2. 用人单位初次实行劳动合同制度或者国有企业改制重新签订劳动合同时，劳动者在该用人单位连续工作满10年且距法定退休年龄在10年以内的，劳动者提出或同意续订、订立劳动合同的，除劳动者提出订立固定期限劳动合同外,应当订立无固定期限劳动合同。

这种情形与前面第一种情形怎么区分?这是很多HR疑惑的问题。首先,这里的"用人单位初次实行劳动合同制度",其意义绝非是说用人单位原来不签订劳动合同,而现在开始签订劳动合同,主要是指"事业单位初次实行劳动合同制度,或者事业单位转制为企业后初次与劳动者签订劳动合同",在此之前,该单位实行的都不是合同用工制,而是编制用工,终身雇用。国企改制重新签订劳动合同与之类似,这里指的是国企改制打破原来僵化的用人制度(所谓"打破铁饭碗"),要求重新签订有期限的劳动合同。劳动合同制度是为了加强用工的灵活性,因此此种情形下签订无固定期限劳动合同的条件更加严格。在这种情形下(事业单位初次实行劳动合同制度,或事业单位转制为企业后初次与劳动者签订劳动合同,或国企改制重新签订劳动合同制度),签订无固定期限除了连续工作满10年之外,还需要另一个条件:距法定退休年龄在10年以内,也就是说,在用人单位初次实行劳动合同制度或者国有企业改制重新签订劳动合同的情况下,即使员工连续工作满10年,但据法定退休年龄超过10年的,也不要求用人单位必须与劳动者签订无固定期限劳动合同。

简单地说,如果是属于"用人单位初次实行劳动合同制度或者国有企业改制重新签订劳动合同"的情况,那么只有"劳动者在该用人单位连续工作满十年且距法定退休年龄在十年以内的"情况下,用人单位才必须签订无固定期限劳动合同,否则法律不要求用人单位必须签订无固定期限劳动合同。只有在不是属于"用人单位初次实行劳动合同制度或者国有企业改制重新签订劳动合同"的情况下,才可以根据《劳动合同法》第14条规定的其他情形,确定是否属于用人单位必须签订无固定期限劳动合同的情形。

3. 连续订立二次固定期限劳动合同,且劳动者没有过失性解除情形和医疗期满解除情形、不能胜任解除情形,续订劳动合同的,如劳动者提出或者同意续订、订立劳动合同,除劳动者提出订立固定期限劳动合同外,应当订立无固定期限劳动合同。

此种情形包括四个条件:(1)连续订立两次固定期限劳动合同。注意该次数从《劳动合同法》施行后开始计算。如果2008年1月1日前双方已经多次签订固定期限合同的,签订次数不计入"两次"内。如果连续签订两次甚至更多次以完成一定工作任务为期限的劳动合同,也不符合连续订立两次"固定期限劳动合同"的条件。(2)劳动者没有《劳动合同法》第39条规定过失性解除情形和第40条规定医疗期满解除、不能胜任解除的情形。(3)续订劳动合同的。

(4)劳动者没有明示提出订立固定期限劳动合同。

所谓“劳动者提出或者同意续订、订立劳动合同的”,应当订立无固定期限劳动合同,应该如何理解?是否符合其他条件,只要劳动者提出续签劳动合同,则用人单位就必须同意?或者用人单位可以不同意续签,只有在用人单位同意续签,而且符合其他条件时,才必须签订无固定期限劳动合同?目前对此争议很大。一种看法认为,法条的文义很清楚,“劳动者提出续订、订立”的,用人单位就必须订立无固定期限劳动合同,否则既不符合法条文义,也不符合立法机关强化劳动关系的长期性、稳定性的本义。另一种看法则认为,续订也好,订立也好,与通常的订立合同行为本质一样,应该是一种双方自愿的合意。如果一方提出来签订,另一方就必须签订,那既不符合情理,也不符合法理。而且,如果只要劳动者提出续订用人单位就必须续订,那么相当于只要签署了第二次劳动合同,用人单位就没有选择的权利了,第二次劳动合同的期限等于没有意义。这是不合常理的。

目前仍无全国层面的法律法规对此问题作出明确规定,对此问题,只能以当地的司法尺度为准。例如:

上海市高级人民法院《关于适用〈劳动合同法〉若干问题的意见》规定,“用人单位与劳动者连续订立几次固定期限劳动合同以后,续订合同应当订立无固定期限合同。《劳动合同法》第十四条第二款第(三)项的规定,应当是指劳动者已经与用人单位连续订立二次固定期限劳动合同后,与劳动者第三次续订合同时,劳动者提出签订无固定期限劳动合同的情形”。

《天津法院劳动争议案件审理指南》规定,“16.劳动者与用人单位连续订立二次以上固定期限劳动合同,且劳动者没有《中华人民共和国劳动合同法》第三十九条和第四十条第一项、第二项规定的情形,劳动者提出或者同意续订劳动合同,除劳动者提出订立固定期限劳动合同外,用人单位拒绝与劳动者订立无固定期限劳动合同的,不予支持”。

吉林省高级人民法院《关于审理劳动争议案件法律适用问题的解答(二)》规定,“13.连续两次订立固定期限劳动合同,第二次固定期限劳动合同到期后,用人单位是否有权终止劳动合同?连续订立两次固定期限劳动合同,用人单位以劳动合同到期终止为由主张不与劳动者订立无固定期限劳动合同的,不予支持。劳动者同意终止或签订固定期限劳动合同的除外”。

需要补充一点,连续订立两次指的是“与同一个用人单位”(该用人单位可能变换名称、法定代表人、股东等)连续订立两次。如果先后分别与两个用人单位签署的劳动合同,即使工作年限需要连续计算,或者两个用人单位是关联单位,也不构成连续订立两次劳动合同。如果先跟总公司签合同,后跟分公司签合同,或者相反,或者先后与同属于一家总公司的几家分公司签署劳动合同,这些均应视为“与同一个用人单位”连续订立劳动合同,因为总公司与分公司在法律责任上是一体的。

三、未依法签订无固定期限劳动合同的风险

符合签订无固定期限劳动合同的条件,但双方并未签订无固定期限劳动合同时,用人单位存在如下法律风险:

1.《劳动合同法》大力推行无固定期限劳动合同,对不依法签订无固定期限劳动合同的行为规定了严厉的法律责任。《劳动合同法》第 82 条规定,在符合签订无固定期限劳动合同的条件下,用人单位没有签订无固定期限劳动合同的,需要向劳动者支付双倍工资,起算时间为应当订立无固定期限劳动合同之日。

HR 也许会问,虽然双方符合签订无固定期限劳动合同的条件,结果签订的是固定期限劳动合同,用人单位能不能主张,这是因为劳动者提出订立固定期限劳动合同呢?

针对此问题,用人单位可以主张,但必须提出证据,即此时的举证责任在用人单位一方。如果用人单位证明不了是劳动者提出订立固定期限劳动合同的,就要承担违法未签订无固定期限劳动合同的法律责任。所以,HR 的正确做法应该是:其一,如果条件成就,劳动者要求签订无固定期限劳动合同,则用人单位应当签订无固定期限劳动合同,以免造成赔偿双倍工资的法律风险;其二,如果此时劳动者并不希望签订无固定期限劳动合同,或者持无所谓的态度,而用人单位希望签订固定期限劳动合同,则应当保留相关证据。比如,在劳动合同条款中或者通过其他书面形式(如面谈记录)明确:“经乙方(劳动者)提出,双方协商一致,同意签订固定期限劳动合同,期限为……”实际上,人力资源人员最好在公司使用的标准劳动合同范本的劳动合同期限条款中,加上类似于“经提出,劳动合同期限采取如下方式……”的填空性条款。

HR 可能会问,在本应签订无固定期限劳动合同时,签订了固定期限劳动合同,且没有证据表明是哪一方提出订立固定期限劳动合同,此时会支持劳动者索赔未签订无固定期限劳动合同的双倍工资的请求吗?

针对此问题,正如 2008 年 1 月 1 日后第二次劳动合同到期时单位能否单方

面终止一样,亦无全国层面的法规及司法解释规定。支持双倍工资的一方认为,依据《劳动合同法》第14条的规定,用人单位既然没有证据证明是劳动者要求订立固定期限劳动合同的,就应该承担不利后果,依照《劳动合同法》第82条的规定承担双倍工资的赔偿责任。反对支持双倍工资的一方认为,依据《劳动合同法实施条例》第11条的规定,劳动者应该证明自己提出订立无固定期限劳动合同,否则双方签署固定期限劳动合同就是有效的。而且,无论如何,既然劳动者已经在固定期限劳动合同上签了字,就代表劳动者放弃了签署无固定期限劳动合同的权利。一方面在合同上签字,另一方面又索赔未签订无固定期限劳动合同的双倍工资,这有违诚信。不排除会有这种情形,劳动者口头提出或要求签订固定期限劳动合同,签署之后,却反过来利用单位的漏洞来索赔未签订无固定期限劳动合同的双倍工资。

上述两方观点都有一定的道理,很难依据现有法律规定判断谁对谁错,这种情形下,支持或驳回未签订无固定期限劳动合同的双倍工资的判决均有。不过值得注意的是,如果劳动者有证据表明事先提出过要订立无固定期限劳动合同,则会大大增加单位败诉的可能性。

与之相关的问题还有:未签订无固定期限劳动合同的双倍工资最多能支持多久?

针对此问题,目前同样不太明确。有判决认为,未依法签订无固定期限劳动合同是未依法签订劳动合同的一种,最多只支持11个月的双倍工资(《劳动合同法》第82条第1款);也有判决支持了长达数年的未签订无固定期限劳动合同的双倍工资。

总之,无固定期限劳动合同的相关问题是目前劳动法领域争议最大、亟待解决的问题之一,HR应谨慎应对,并尽可能地检索当地相关法规、裁判口径及司法判例。

2. 此时,劳动者可以要求劳动争议仲裁委员会和法院将劳动合同期限变更为无固定期限。即使未变更,司法机关也可以直接视为双方之间存在无固定期限劳动合同关系。最高人民法院2021年1月1日实施的《关于审理劳动争议案件适用法律问题的解释(一)》第34条规定:“根据劳动合同法第十四条规定,用人单位应当与劳动者签订无固定期限劳动合同而未签订的,人民法院可以视为双方之间存在无固定期限劳动合同关系,并以原劳动合同确定双方的权利义务关系。”

3. 用人单位应当与劳动者签订无固定期限劳动合同而未签订的情况下,如果用人单位以合同到期为由终止劳动关系,则可能构成违法终止劳动合同,因为此时“人民法院可以视为双方之间存在无固定期限劳动合同关系”。而在构成违法终止劳动合同的情况下，劳动者可以选择撤销原终止决定，要求补发工资，也可以选择要求用人单位按照经济补偿金两倍的标准支付赔偿金。此时劳动者的工作年限一般较长，如果按照双倍经济补偿金的标准赔偿，金额将不是小数目。

四、以完成一定工作任务为期限的劳动合同

以完成一定工作任务为期限的劳动合同适合下列岗位：

1. 项目型的岗位。该项目的设置是为了完成某项任务，如某软件开发，某建设工程等，而该项目会在何时完成，并不十分确定。

2. 可以量化的岗位。如销售工作，某些计件的工作，则可以约定以完成多少工作任务为劳动合同的期限。

以完成一定工作任务为期限的劳动合同无论续订多少次，也不构成签订无固定期限劳动合同的条件，这是它相对于固定期限劳动合同对用人单位有利的地方；同时，以完成一定工作任务为期限的劳动合同不能约定试用期，这又是它对用人单位不利的地方。HR 应衡量利弊，合理使用。也可以考虑先签订固定期限劳动合同，合法约定试用期，续签的时候，改为签订以完成一定工作任务为期限的劳动合同。

以完成一定工作任务为期限的条款常见的是下面这样的格式：

本合同为完成一定工作为期限的劳动合同。合同期从××××年××月××日起到完成之日止。具体终止日期以收尾阶段的甲方通知为准。

五、合理设计劳动合同的期限

在《劳动合同法》实施前，常见的情形是，用人单位与所有员工都是一年一签，甚至更短期限。这种做法使用人单位可以合法地、灵活地终止劳动关系，且不需要支付经济补偿金，大大降低了用工成本。但是，在《劳动合同法》下，这种做法的优势将不复存在。一方面是因为《劳动合同法》规定，合同期限届满终止不再续签，除用人单位维持或者提高劳动合同约定条件续订劳动合同，劳动者不

同意续订的情形外，用人单位同样需要支付经济补偿金。另一方面更为重要的影响是，如果用人单位与劳动者连续签订两次固定期限劳动合同后，劳动者提出签订无固定期限的劳动合同，用人单位必须与劳动者签订无固定期限的劳动合同。由此可见，在《劳动合同法》实行后，如果用人单位在劳动合同期限选择上仍固守惯例，对用人单位无利而有害。笔者建议，在劳动合同期限选择上，用人单位应遵守以下三个原则：

1. 有利于用人单位生产经营原则。劳动合同期限应服务于用人单位生产经营的实际需要和长远发展。

2. 三种劳动合同（无固定期限劳动合同、固定期限劳动合同、已完成一定任务为期限劳动合同）合理配置原则。固定期限劳动合同固然最为常用，但对于保密性强、技术复杂、需要保持人员稳定的岗位，用人单位可以选择与劳动者签订无固定期限的劳动合同；对于适宜采用以完成一定工作任务为期限的劳动合同，则应选择订立以完成一定工作为期限的劳动合同。

3. 长期、中期、短期劳动合同并用原则。在用人单位中，不同的岗位、工种对劳动者的需要和技能水平要求不尽相同，有的岗位、工种需要劳动者的长期稳定，有的则不宜长期固定。因此，对于每位员工，用人单位应根据劳动者岗位的不同，选择确定不同的劳动合同期限。这样既可以保持劳动力的相对稳定，又可以促进劳动力的合理流动。

实务操作中，笔者一般建议：如果签署固定期限劳动合同，则首次劳动合同期限为1年到3年，第二次劳动合同期限为3年到5年较为适宜。

六、劳动合同期限与岗位期限的关系

《劳动合同法》试图加强劳动关系的长期性、稳定性，但从用人单位的角度考虑，又希望保持用工的灵活性，两者之间存在一定的矛盾性。因此很多用人单位都在抱怨无固定期限劳动合同制度，甚至希望劳动合同期限越短越好。但是在新的法律下，应该签订无固定期限劳动合同而不签会引发赔偿责任，劳动合同期限过短也会有各种不利之处。那么，有没有将用工的灵活性与劳动合同期限的长期性结合起来的方法？我们在这里提供一种实用的做法：将劳动合同期限与岗位期限分开。

首先，要转变一个观念，劳动合同期限不等于岗位聘用期限。劳动合同期限为8年,不意味着岗位聘用期限必须是8年;劳动合同期限为无固定期限,不意味着岗位聘用期限也是无固定期限。比如,在劳动合同期限为8年的情况下,我们可以约定,岗位聘用期限为2年。

那么,在岗位聘用期限届满,而劳动合同期限未满时,我们应该怎么办?必须有配套的岗位聘用制度。实务中用的比较多的是岗位竞聘制度。具体做法是在劳动合同中引入岗位竞聘制度,如下列条款:

本劳动合同期限为无固定期限劳动合同。乙方岗位(工种)为××,该岗位的聘用期限为××年,聘用期限届满之后,乙方可根据甲方公布的岗位竞聘办法竞聘上岗,竞聘上岗后另行签订岗位聘用协议。

也有的用人单位单独在劳动合同之外签订岗位聘用合同以明确上述做法。

其次,需要用人单位制定岗位竞聘制度。这是用人单位规章制度的一种,需要依照规章制度的合法制定程序制定通过(对此,请参见本书第四章相关内容)。在内容上,岗位竞聘制度包括如下内容:

1. 设定竞聘的岗位范围;

2. 设定岗位素质要求和任职条件;

3. 设计竞聘评估内容,选择评估的方法和工具;

4. 设计竞聘实施流程;

5. 未能竞聘上岗时的安排处理。

七、劳动合同期限的变更

很多用人单位会问,既然连续订立两次劳动合同将会导致签订无固定期限劳动合同,那么能否在首次劳动合同到期时,不续签而直接变更原来的劳动合同期限,这样能否规避"连续订立两次劳动合同"?

针对上述问题,目前没有全国层面的法律法规予以明确解答。一般认为,此类变更仍属于续签劳动合同,否则意味着"连续订立两次劳动合同"的规定将形同虚设。如《江苏省劳动合同条例》[1]第17条规定:按照用人单位与劳动者的

〔1〕《江苏省劳动合同条例》经2003年10月25日江苏省十届人大常委会六次会议通过,2013年1月15日江苏省十一届人大常委会三十二次会议修订,2013年1月15日江苏省人大常委会公告第124号公布。该条例分总则、劳动合同的订立、劳动合同的履行和变更、劳动合同的解除和终止、特别规定、劳动合同监督管理、法律责任、附则,共8章60条,自2013年5月1日起施行。

约定,劳动合同期满后自动续延的,视为双方连续订立劳动合同。用人单位与劳动者协商延长劳动合同期限,累计超过6个月的,视为双方连续订立劳动合同。

文书范本7:岗位聘用与考核合同范本

岗位聘用与考核合同

甲方:

乙方:

甲乙双方本着平等、自愿、协商的原则,一致同意签订本协议书。

一、合同制定目的

为配合年薪制的实施,激励员工,实现公司、员工的双赢,特制定本合同。

二、本合同效力

1. 本合同与之前双方签订的劳动合同有不一致的地方,以本合同为准,劳动合同与本合同没有冲突的部分继续有效。

2. 本合同签订之前公司颁布的规章制度与本合同不一致的,以本合同为准。

3. 经双方协商一致,可对本合同进行修改。修改后的合同同样适用上述两款规定。

三、聘任岗位

1. 甲方根据工作需要和任职要求,聘用乙方担任下列岗位的工作:

所属部门:________;岗位:________。

2. 本岗位聘用期限为:________年____月____日至________年____月____日止。

3. 岗位业绩目标:

考核周期	业绩指标	说明

乙方认可：

(1)连续两个考核周期未达到业绩指标的，将视为不能胜任工作，甲方有权对乙方进行调岗；

(2)如在试用期内未达到任何一个业绩指标，则视为试用期不符合录用条件。

4. 本合同约定的考核周期结束后，甲方有权根据公司整体经营情况调整业绩指标。

四、岗位薪酬

乙方岗位实行年薪制，具体按如下标准发放。

1. 基本工资

标准：每月￥________元；

发放时间：每月________日。

2. 绩效奖金：

计算方式：根据业绩指标完成情况发放。具体如下：

指标完成情况	奖金发放标准	说明

发放时间：每年________年____月____日前完成前一周期奖金的计算与发放。

3. 费用报销：________。

4. 如乙方岗位调整，则按调整后岗位的对应薪酬标准发放。

五、劳动纪律

作为管理人员，乙方应特别遵守甲方各项规章制度，除甲方的其他制度外，还应特别禁止下列行为：

(1)采用虚假票据或与工作无关的票据报销，无论金额多少；

(2)私自收取回扣的；

(3)将甲方客户转介给其他与甲方相竞争的单位或个人的；

(4)私下从事与甲方利益相冲突的任何行为；

(5)其他劳动合同、协议或规章制度规定的严重违纪情形者。

有上述情形之一的，将视为严重违反劳动纪律或规章制度，甲方将解除劳动关系并不予支付任何补偿，同时尚未发放的奖金不再发放。

六、岗位调整

1. 有下列情形之一时，双方同意可对乙方岗位进行调整：

(1)岗位聘用期届满，双方未就续聘达成一致时；

(2)岗位聘用期内，乙方未完成业绩指标，甲方根据协议调整岗位时；

(3)乙方不能胜任岗位工作时；

(4)客观情形导致本岗位聘用协议不能继续履行时。

2. 双方同意，根据上述情形调整乙方岗位时，甲方有权将乙方进行下列调整，乙方应予执行：

(1)调整后的岗位：________。

(2)调整后的薪酬：________。

双方如对调整后的岗位与薪酬另有约定，则按另外的约定处理。

七、其他

1. 本协议一式二份，协议各方各执一份。各份协议文本具有同等法律效力。

2. 本协议经各方签署后生效。

签署时间：　　　年　　月　　日

甲方(盖章)：

乙方(签字)：

第四节　试用期

一、约定试用期的有关规则

1. 试用期是劳动合同正式期限的一部分。用人单位不能将试用期与劳动合同的正式期限分开,否则会带来法律风险。在实践中,有些用人单位给劳动者准备了两份合同:一份是《试用期合同》,另一份是《劳动合同》。入职时先与劳动者签订《试用期合同》,如果劳动者通过了试用期考核,再签订正式的《劳动合同》。其实这种做法是错误的。《劳动合同法》第 19 条第 4 项规定,试用期包含在劳动合同期限内。劳动合同仅约定试用期或者劳动合同期限与试用期相同的,该期限为劳动合同期限。这一新规定意味着,所有单独约定的试用期都被视作正式合同期限。用人单位通过《试用期合同》来对新入职人员进行试用的目的就落空了。

2. 试用期的长短要与劳动合同期限的长短挂钩,不能超过法定的期限。试用期的长短与劳动合同期限长短的关系详见表 3 - 1。

表 3 - 1　试用期的长短与劳动合同期限长短的关系

劳动合同期限	试用期期限
不满 3 个月	不得约定试用期
以完成一定任务为期限的	不得约定试用期
3 个月以上(含 3 个月)不满 1 年	不得超过 1 个月
1 年以上(含 1 年)不满 3 年	不得超过 2 个月
3 年以上(含 3 年)	不得超过 6 个月
无固定期限	不得超过 6 个月

3. 试用期只能书面约定,不能口头约定。口头约定的试用期无效。

4.《劳动合同法》第 19 条第 2 款明确规定:“同一个劳动者与同一个用人单位只能约定一次试用期。”依据这一款,下列情形都属于违法约定试用期:

(1)劳动者与用人单位原已约定试用期,到期后续签劳动合同时再次约定试用期;

(2)劳动者调整岗位,与用人单位重新约定试用期;

(3)劳动者从用人单位离职若干年后又回到本单位上班,再次约定试用期(这种情形是否属于违法约定试用期,有一定争议);

(4)用人单位改换法定代表人、股东、名称等不影响用人单位主体资格的情况下,与劳动者再次约定试用期。

原来已经约定试用期,后来双方协商将试用期延长,但并未超过法定最长试用期限。如双方签订为期 3 年劳动合同,约定试用期为 3 个月,在到期前双方又书面约定将试用期延长 3 个月。这是否算作再次约定试用期而违法呢?此问题存在争议,一般认为合法,但建议 HR 慎用此种做法。

如果用人单位与劳动者在入职时没有约定试用期,而在劳动关系存续一段时间之后再约定试用期,或者直接在劳动合同期限中约定,从第 3 个月开始履行试用期,这种做法是否可行?从常理来讲,这似乎违背了试用期的通常定义。从效果上看,这种做法相当于用人单位变相延长了试用期。用人单位完全可以通过前几个月的表现考核劳动者,然后在接下来的试用期以劳动者不符合录用条件为由解除劳动关系。因此,若将入职时间作为试用期的起算时间,则单位可能构成试用期超过法定期限的违法情形。

另外,实务中还容易出现的问题是:约定了试用期,但劳动者在试用期生病或因其他原因而不能上班的情形,此时无法对其实行考核。这种情况是否可以与劳动者协商延长试用期?

针对此种问题,法律未明确规定,一般认为可以。此时应有一份书面文件,说明由于劳动者的原因不能上班,劳动者一方同意将试用期顺延至正常上班后的一段时间。某些地方法规规定,试用期内患病的,试用期中止(相当于试用期相应延长)。[1]

---

〔1〕 例如,《江苏省劳动合同条例》第 15 条第 2 款规定:劳动者在试用期内患病或者非因工负伤须停工治疗的,在规定的医疗期内,试用期中止。

案例10:试用期内患病能否延长试用期?

案情简介

张某骋系本市从业人员。2014年7月3日,张某骋进入上海QJIA网信息科技股份有限公司(以下简称QJIA网公司)工作,双方签订期限自2014年7月3日至2017年7月2日的劳动合同,约定张某骋担任技术部门前端开发工程师,试用期自2014年7月3日至2014年10月2日,张某骋基本工资和试用期基本工资均为2800元。2014年11月4日,QJIA网公司沈经理向张某骋发送电子邮件,要求延长张某骋试用期至2015年1月2日。之后,张某骋、QJIA网公司签订《变更协议书》,约定延长试用期为2014年7月2日至2015年1月2日。2014年9月10日至9月15日,张某骋住院治疗花去医疗费4516.15元,其中非医保支付范围项目合计259.24元,个人需承担费用858.89元,属于医保统筹支付范围3398.02元。2014年9月15日,QJIA网公司为张某骋开通社保卡。2014年10月,张某骋全月病假,QJIA网公司支付张某骋病假工资4388.28元。2014年11月20日,张某骋(申请人)向上海市嘉定区劳动人事争议仲裁委员会申请仲裁,要求QJIA网公司(被申请人)支付违法约定试用期的赔偿金30,000元。

裁判要点

本院认为,为防止用人单位反复设定试用期试用劳动者,试用期间任意解除劳动合同等滥用试用期侵害劳动者权益的情形,《劳动合同法》第19条规定,"同一单位与劳动者只能约定一次试用期"。然而,本案实际情况是张某骋在试用期内因患病住院,导致QJIA网公司对张某骋的工作能力等方面没有充分的时间进行考察而延长试用期限,该情形尚难以认定系滥用试用期的行为。

同时,试用期是用人单位和劳动者相互考察的时期,本案双方在劳动合同中约定试用期为2014年7月3日至2014年10月2日,在该段期限内,一方面用人单位可以对劳动者的实际工作能力进行考察,另一方面劳动者也可以考察用人单位提供的工作是否符合自己的要求。然而在本案中,张某骋实际履行了2个多月的试用期后于2014年9月10日因患病住院,出院后又休病假至2014年12月1日,该事实说明张某骋并没有完整地履行试用期职责。在此情形下,QJIA网公司通过与张某骋协商签订书面变更协议书,在《劳动合同法》规定的3年期劳动合同试用期法定期限内,采取延长试用期限的方式,以达到充分考察张某骋的思想品德、劳动态度、实际工作能力和身体状况等综合素质的目的,原审法院对此予以支持,并据此驳回张某聘主张违法约定试用期的赔偿金30,000元之诉讼请求,并无不当,本判决应予维持。[1]

5. 特别提示:在劳务派遣单位不变的情况下,即使用工单位发生变化(由此可能导致岗位与以前完全不同),后面的用工单位也不能再次约定试用期。这可以由《劳动合同法》第19条第2款规定的"同一个劳动者与同一个用人单位只能约定一次试用期"引申而来(劳务派遣的情况下,用人单位是劳务派遣单位而非用工单位)。而且,2014年颁布的《劳务派遣暂行条例》第6条亦强调:"劳务派遣单位与同一被派遣劳动者只能约定一次试用期。"

6. 试用期工资标准。《劳动合同法实施条例》第15条规定:"劳动者在试用期的工资不得低于本单位相同岗位最低档工资的80%或者不得低于劳动合同约定工资的80%,并不得低于用人单位所在地的最低工资标准。"也就是说,试用期的工资标准有两个最低标准需同时符合:①不得低于用人单位所在地的最低工资。即使将劳动者派往外地上班,也要以用人单位所在地的最低工资为准。②不得低于用人单位相同岗位最低档工资的80%或转正后工资的80%,两者可由用人单位任选其一。我们通过下面一个小试题来说明法律对试用期工资标准的要求:

A. 甲公司招入编辑乙,约定转正后月工资为2000元,公司其他编辑月工资均在1500元以上,试用期的月工资为1300元;

B. 甲公司招入编辑乙,约定转正后月工资为2000元,公司其他编辑最低月工资为1700元,试用期的月工资为1400元;

C. 甲公司招入编辑乙,约定转正后月工资为1700元,公司其他编辑最低月工资为2000元以上,试用期的月工资为1400元;

D. 甲公司招入编辑乙,约定转正后月工资为3000元,公司其他编辑最低月工资为5000元以上,试用期的月工资为2000元。

上述情形设定背景为2013年上半年的北京市,当时北京市最低工资标准为1400元/月,请问上述情形中哪些试用期的工资标准合乎法律规定?

答案是BC。AD均违法。A是因为试用期工资低于最低工资标准;D是因为试用期的最低工资既低于用人单位相同岗位最低档工资的80%,也低于劳动

〔1〕(2015)沪二中民三(民)终字第741号。

合同约定工资的 80%。BC 是合法的,试用期工资不低于最低工资,同时,与劳动合同约定工资的 80% 与用人单位相同岗位最低档工资的 80% 这两个标准相比较,至少超出其中之一。

需要注意,按照北京市的规定,用人单位扣除员工个人缴纳的社会保险、住房公积金后向员工发放的工资仍不能低于最低工资标准。

在试用期工资约定违法的情况下,劳动者可以要求补足工资。

二、违法约定试用期的法律责任

试用期约定违法,会导致如下法律风险:

1. 违法约定试用期的赔偿责任。《劳动合同法》相较之前的劳动法规的一个特点是,不仅对用人单位的用工行为提出了更多要求,而且对用人单位的违法行为规定了一系列赔偿责任。这使《劳动合同法》更具有可操作性,不致沦为空文。违法约定试用期的赔偿责任就是其中之一。《劳动合同法》第 83 条规定:"用人单位违反本法规定与劳动者约定试用期的,由劳动行政部门责令改正;违法约定的试用期已经履行的,由用人单位以劳动者试用期满月工资为标准,按已经履行的超过法定试用期的期间向劳动者支付赔偿金。"需要注意的是,其一,必须是违法约定的试用期已经履行,才会引发赔偿责任。假设劳动合同期限为 1 年,约定试用期为 4 个月,而法定最多只能约定 2 个月试用期,因此超出的 2 个月为违法约定的试用期。但是如果双方在第 2 个月已经解除了劳动关系,后面违法约定的 2 个月试用期没有履行,那么就不涉及赔偿责任。其二,赔偿标准是以试用期满后的月工资为标准(通常所谓的转正后工资)。

2. 违法解除的风险。如果约定的试用期是违法的,违法约定的试用期就应该按正常的劳动合同期限来处理,那么用人单位也就不能以试用期内不符合录用条件为由解除劳动合同,而只能适用其他法定的解除劳动关系的理由来解除或终止双方的劳动合同。如果用人单位以试用期内不符合录用条件为由解除劳动合同,而该试用期约定又是违法的,那么用人单位就构成了违法解除。此时,劳动者可以要求撤销违法的解除决定以继续履行劳动合同,还可以要求补发违法解除期之后未再发放的工资,或者劳动者也可以要求用人单位按照双倍的经济补偿金的标准支付赔偿金。

3. 补发工资的风险。如果试用期约定是违法的,劳动者还有权要求用人单位按照正式劳动合同期限的工资标准(所谓转正后工资)补发工资。

4. 试用期工资约定违法的风险。如果仅仅是试用期内的工资约定不符合法律标准,不会构成违法约定试用期,也不会导致赔偿双倍工资的法律责任。但是劳动者可以主张补足工资,并可以以拖欠工资为由要求即时解除劳动合同并要求用人单位支付经济补偿金。

第五节　劳动合同的条款设计

一、工作内容与工作地点

工作内容是指用人单位安排劳动者从事什么工作，是劳动者在劳动合同中确定的应当履行的劳动义务的主要内容。工作地点是指劳动者在用人单位从事劳动合同约定工作的地点。这两者都是《劳动合同法》规定的劳动合同必备条款。

实务中，用人单位大多希望能灵活地调整员工的工作内容与工作地点，而员工必须服从。于是，很多用人单位会在劳动合同中约定类似条款："单位可根据实际经营管理需要，对劳动者的工作岗位、工作内容及工作地点进行调整，劳动者必须服从。"但是一般认为，此类条款赋予了用人单位随意调整劳动者工作内容的无限权利，属于免除自己责任、排除对方权利的条款，效力有限。同时，变更工作内容与工作地点亦属于变更劳动合同，依据《劳动合同法》第35条的规定，变更劳动合同需要员工书面确认。

那么，是不是劳动合同对岗位、工作地点的调整就无所作为了呢？也不完全是。如果确有必要，劳动合同中仍可以约定调整工作内容与工作地点的明确、具体的条件。这里的关键在于要"明确、具体"。这种情况下，用人单位根据约定调整岗位与工作地点不属于劳动合同的变更，而是劳动合同的正常履行。举个例子，劳动合同中约定"2020年工作地点为北京，2021年工作地点调整为上海"。这种情况下，用人单位可以按照约定调整工作地点，这不属于变更劳动合同。

另外，必须特别注意的是：根据2021年1月1日起实施的最高人民法院《关于审理劳动争议案件适用法律问题的解释(一)》第43条的规定："用人单位与劳动者协商一致变更劳动合同,虽未采用书面形式,但已经实际履行了口头变更的劳动合同超过一个月,变更后的劳动合同内容不违反法律、行政法规且不违背公序良俗,当事人以未采用书面形式为由主张劳动合同变更无效的,人民法院不予支持。"这里的"变更劳动合同"当然也包括工作内容与工作地点的变动。

考虑到上述因素,并结合实务中易发生的问题,工作内容与工作地点条款要注意以下方面:

1. 工作地点仅需要明确到市(包括直辖市)一级即可,并不需要具体写明某区某地。

2. 如果有可能将员工调至用人单位的其他分支机构工作,则可以在合同中明确约定。如果可以,甚至可以约定可能调动的时间。

3. 实务中有些员工拒绝接受出差安排,因此也可以考虑在合同中明确约定将会有不定期的出差及可能的出差地点,说明员工同意接受出差的指派。

4. 职位说明中尽量将工作内容列举详尽,并包括兜底性条款,例如,"同时完成甲方或上级安排的其他工作任务"。

5. 至于工作岗位的调整,同样应设计出明确具体且合理的调岗条款,列明调岗的具体条件,才有可能被司法机关支持。用人单位可参考以下劳动合同范本中的条款:

乙方同意按甲方工作需要,在岗位(工种)工作,按时、按质、按量完成该岗位(工种)所承担的各项内容;乙方同意,在下列情况下,甲方可将乙方的工作岗位调整为____________或____________:

(一)连续____个月无法完成月任务业绩指标的;

(二)因公司项目撤销或完成、机构调整、部门撤销、岗位合并、设备更新等发生变化,导致不能安排原岗位工作的;

(三)员工不论何种原因连续____个月以上未到岗上班,公司已安排其他员工替换员工原岗位,员工重新到岗上班的;

(四)员工的父母、配偶、子女、兄弟姐妹在公司工作,公司认为不利于工作需要调岗的;

(五)订立劳动合同时所依据的法律、行政法规、行政规章发生变化,导致岗位必须进行调整的;

(六)根据乙方的工作表现、身体状况以及甲方生产经营的需要等情况,需要调岗的;

(七)绩效考核得分不足60分的;

(八)单位规章制度所规定的应调整岗位的情况的;

(九)其他原因:____________________。

总之,调岗条件越是明确、具体,越有可能得到支持。

根据笔者的实务经验,上述做法仍不能保证这些约定百分之百有效,但已经做到了尽量保证单位的用工自主权。具体而言,在有上述约定的情况下,如果因为员工拒绝出差,或拒绝到合同明确约定的分支机构去工作,则可以认为员工系拒绝履行劳动合同,不服从管理,单位可以按照单位的规章制度进行处理。但是,如果用人单位毫无依据地随意调整员工的工作岗位、工作地点,而被员工拒绝,则不宜简单地按严重违反规章制度或劳动纪律解除劳动合同(即使规章制度中确实有明确规定拒绝调整岗位视为严重违纪),最好具体情况具体分析。

二、劳动报酬

劳动报酬条款的拟订应注意如下问题:

1. 工资数额或工资标准的计算方式应明确

工资应明确,但并不一定要表现为具体的数字金额,也可以表现为明确的计算方式,如计件工资时写明计件定额和计件单价。如果工资约定不明,会有什么后果呢?

《劳动合同法》第18条规定:“劳动合同对劳动报酬和劳动条件等标准约定不明确,引发争议的,用人单位与劳动者可以重新协商;协商不成的,适用集体合同规定;没有集体合同或者集体合同未规定劳动报酬的,实行同工同酬;没有集体合同或者集体合同未规定劳动条件等标准的,适用国家有关规定。”

实务中,可以分为两种情况:其一,没有明确的工资标准,同时缺乏实际工资发放记录。此时依据上述法条处理。如果按同工同酬处理,司法机关一般倾向于认为约定不明是用人单位造成的(一般由用人单位提供劳动合同文本),因此工资会尽量按照较高标准计算。其二,如果劳动关系已经存续一段时间,用人单位已经发放过工资,则实务中一般会将实际发放的工资作为正常的工资标准。对于实际工资发放标准,单位是有举证责任的,因为单位有义务保存工资支付凭证(银行对账凭证或劳动者签字的收据)。

还有某些地方作出了更有利于保护劳动者利益的规定。如《广东省工资支付条例》[1]第 8 条规定:用人单位与劳动者应当在劳动合同中依法约定正常工作时间工资,约定的工资不得低于所在政府公布的本年度最低工资标准。未约定的或者约定不明确的,以用人单位所在地县级人民政府上年度职工月平均工资作为正常工作时间工资;实际支付的工资高于当地政府公布的上年度职工月平均工资的,实际支付的工资视为与劳动者约定的正常工作时间工资。

2. 工资支付周期与时间

工资计算周期和工资支付周期是两个不同的概念。计算周期可以是日薪制、周薪制、月薪制或年薪制,法律并没有限制。实践中,月薪制比较常见。月薪制也可能是按自然月,或是按人为的一个月(例如,上月 5 日到本月 5 日为一个计薪周期)。正常的按月计薪周期无须在劳动合同中约定,甚至无须在规章制度中约定,不涉及法律风险。如果是非按月计薪,则有必要在合同中明确说明,以减少争议。

支付周期受到法律严格限制,原劳动部发布的《工资支付暂行规定》第 7 条规定,工资至少每月支付一次,可见工资支付周期不得长于 1 个月,也就是说,即使采用年薪制,也必须每月至少发放一次工资,且每月发放工资不得低于最低工资。在满足这两个条件的情况下,具体工资奖金如何发放可以由双方约定。比如,年薪 12 万元,可以约定每月支付工资 1 万元,也可以约定每月支付工资 5000 元,年底支付 6 万元奖金(两种支付方式会导致个人所得税的缴纳存在区别)。

工资可以提前支付,也可以延后支付,但是延后最多不得超过 1 个月,也就是说,7 月的工资,最晚也必须在 8 月 31 日之前发放,即使约定 7 月的工资在 9 月发,这也是违法的。

关于工资支付时间还有一点值得注意。原劳动部发布的《工资支付暂行规定》第 7 条还规定,如遇节假日或休息日,则应提前在最近的工作日支付。有些劳动合同中约定,如遇节假日或休息日,则工资延后支付,这种约定是违法无效的。[2]

用人单位需要注意,如果没有在约定的工资支付时间之前支付,则构成拖欠工资。劳动者可以此为由主张解除劳动合同,并要求经济补偿金。总之,提前发工资则没有问题;反之延后发工资,则会产生法律责任。

---

〔1〕 广东省第十届人民代表大会常务委员会第十六次会议于 2005 年 1 月 19 日通过《广东省工资支付条例》,自 2005 年 5 月 1 日起施行。

〔2〕 当然,实务中有不少单位保留了"如遇节假日延后发放"的条款,或者在实际操作时往往延后发放工资。一般认为,由于节假日或休息日的原因延后几天发放工资的,不视为拖欠工资。

因此,从用人单位的角度讲,可以将劳动合同约定的工资发放时间适当延后,给单位留一些宽裕时间,但在实际操作中提前数日计发工资。有些用人单位会在劳动合同中约定一个时间段,例如,约定每月 5 日至 10 日发放工资,这也是可以的。

3. 加班加点工资

加班工资的计算,法律有明确的规定,法律不太明确的是加班工资的计算基数。对加班加点的计算基数,各地规定不一样,有的地方规定应以当月全额工资作为计算基数,有的地方则允许当事人约定,如江苏、上海等。对于允许当事人约定的省市,用人单位在设计劳动报酬条款时,最好与劳动者明确加班加点工资的计算基数,即工资的哪些项目计入加班加点工资的计算基数。

4. 假期工资标准通常无须在劳动合同中作出约定

如果假期工资的发放标准低于法定标准,则是无效的,即使有约定也不行。

如果单位假期工资的发放标准高于法定标准,则可以在规章制度中作出约定,没必要约定在劳动合同中。

5. 工资构成应合理

工资构成分两块:一是基本的固定工资;二是浮动的可调整工资,如绩效工资、效益工资和奖金等。基本的、固定的工资部分可以在劳动合同中约定,浮动部分的工资则可由规章制度明确规定。这样既保证工资标准明确,又能实现用人单位灵活调整薪资,带动员工积极性的目的。

实务中,有些中小企业的做法是,劳动合同约定的工资很低,但实际上发放的工资超过约定工资,且双方都以默认实际发放工资作为真正的工资标准。这样的做法会有什么问题呢?

此时,如果用人单位降低实发工资,主张以劳动合同约定的工资标准作为应发工资标准,显然会对员工不利。不过,按照法律规定,经济补偿金、社会保险缴费基数等均按实发工资计算(且单位对实发工资标准有举证责任),与劳动合同约定的工资标准关系不大。一旦员工对薪酬不满意,就会辞职甚至提起仲裁,对单位而言,也是因小失大。

三、社会保险

按照规定,用人单位与劳动者建立劳动关系的,用人单位与劳动者需要按照法律规定的比例缴纳基本养老保险、医疗保险、失业保险、工伤保险与生育保险(男职工也应办理生育保险)。这5项保险就是平时所说的社会保险。用人单位在设计社会保险条款时,一般也是从简设计,大概的意思无非是表明用人单位按照国家规定为劳动者办理社会保险手续,缴纳社会保险,由劳动者个人缴纳的部分,用人单位可以从劳动者的工资中扣除代缴。

但在目前,社会保险缴纳的水平还参差不齐,有的员工不愿意缴,有的员工愿意自己缴,有的希望在另外的地方缴社会保险。为应对各种各样的现实情况,可以考虑使用如下几种约定之一:

1."甲方为乙方开办社会保险账户,依法参加社会保险,缴纳社保费用。乙方缴纳部分,由甲方在其工资中代为扣缴。"社会保险缴费基数与标准都是法定的,无须在合同中约定,即使作出与法律不一致的约定,也是无效的。

2."鉴于乙方已在其他单位或作为灵活就业人员办理社保开户和缴费,转出不便,经乙方提出,甲方同意为其报销社保缴费,但乙方需提供有关正规票据,且报销金额不得超过在甲方开户缴费时单位应承担社保费用部分的金额。但如甲方已经为乙方缴纳社会保险,则无须继续为其报销社保缴费。无论何种原因导致甲方需要补缴社会保险的,则乙方应将甲方报销的补缴期间对应的社会保险费用返还给甲方。"

根据目前社会保险执法的实际情况,如果员工已经实际缴纳社会保险(可能挂靠在别的单位缴纳,或以个人身份缴纳),则社保机构不会要求单位重复为该员工缴纳另一份社会保险(但不排除责令单位以后开始正常为其缴纳社会保险)。但根据多数的司法判例,此时员工有权要求单位为其报销员工支出的社会保险费用。当然,单位也可以与员工明确约定,单位不为其报销社会保险(此时请预先考虑,员工可能停止在别处缴纳社保,而要求单位为其正常缴纳社会保险,此时单位的成本将增加)。

另外,在这种情况下,员工在其他单位缴纳的工伤保险,无法对员工在本单位所出现的工伤事故提供保障。

3."鉴于乙方因为档案、社保手续转移困难等原因,乙方提出将甲方应承担社保费用每月发放给乙方,由其自行办理社保,甲方同意,每月社保费用按约定发放给乙方。无论何种原因导致甲方需要补缴社会保险的,则乙方应将甲方支付的社会保险费用返还给甲方。"

上述做法严格来说肯定是违反《社会保险法》的。如果乙方未缴社保,无论何种原因,即使双方有上述约定且实际执行,社保机构仍有权责令用人单位补缴社会保险(连同滞纳金)。如发生补缴,则用人单位可依据上述条款要求乙方返还已经支付的社会保险费用。因此,这会对乙方形成一定的制约。

4.“甲方为乙方在其他单位开办社会保险账户,依法承担社会保险费用,乙方缴纳部分,由甲方在其工资中代为扣缴。”

这种做法也不是完全合法的,不过如前所述,目前社会保险执法的实际情况是,如果员工已经实际缴纳社会保险,则社保机构不会要求单位重复为该员工缴纳另一份社会保险。对单位而言,更大的风险是,此时本单位无法得到工伤保险的保障。

住房公积金的情况与社会保险类似,也可以考虑采取上述约定之一。

上述条款可以约定在劳动合同中,也可以单独约定在其他书面文件中,其效力是一样的。

四、劳动保护、劳动纪律

1. 劳动保护、劳动条件和职业病危害防护

劳动保护、劳动条件和职业病危害防护是指在劳动合同中约定,用人单位为员工从事劳动必须提供生产、工作条件和劳动安全卫生保护措施。这些条件与措施都必须符合国家的强制性规定,因此在订立劳动合同时,劳资双方可自主发挥的余地很小,只能根据法律法规作原则性的规定。即使双方作出约定,只要该约定与现行法律法规相冲突,也是无效的,也就是说,劳动保护、劳动条件和职业病危害防护等方面,关键不在于在劳动合同中如何拟订条款,而在于如何依法操作,切实为员工提供有关防护措施。

因此,劳动合同中对这一部分表述可以比较简略。对于一般性的岗位,即使劳动合同中无此条款,也不涉及什么风险。或者也可以考虑约定“甲方依法为乙方提供劳动保护和劳动条件”。

2. 劳动纪律

《劳动法》第19条规定,劳动合同应当以书面形式订立,并具备劳动纪律等条款。第25条规定,劳动者严重违反劳动纪律或者用人单位规章制度,用人单位可以解除劳动合同。可见,在《劳动法》中,劳动纪律是与用人单位规章制度并列的,劳动纪律可以约定在劳动合同或其他文件中。严重违反劳动纪律,和严重违反用人单位规章制度一样,用人单位可以此为由解除劳动关系。

但在《劳动合同法》中,劳动纪律变成了规章制度的一个内容。目前还能否在劳动合同中约定一些劳动纪律条款,并明确如果违反这些劳动纪律即可以解除劳动合同呢?

根据司法实务来看,上述问题的答案是肯定的。劳动合同中的劳动纪律条款相当于用人单位通过劳动合同对规章制度的部分内容进行协商与公示。经协商与公示后,劳动纪律条款即为有效。如果劳动者违反劳动合同中约定的劳动纪律条款,用人单位即可以按照劳动合同约定予以解除劳动合同处理。

对于规模较小的公司,或者新设的公司,在尚未建立较全面的规章制度的情况下,可以考虑在劳动合同中增加劳动纪律条款,规定存在这些违纪行为之一时,单位可以解除劳动合同并不支付任何补偿。这不失为一种可行而有用的做法。当然,在条件成熟时,最好制定包括有劳动纪律、奖惩制度的全面的规章制度,并有效通过(请参见第四章"规章制度与员工手册")。

案例11:劳动合同中约定劳动纪律有效吗?

小刘在一家小公司上班,该公司无任何规章制度,但签订了劳动合同。小刘在3月有5天旷工,公司以此为由将小刘解雇。小刘提起劳动仲裁,认为公司的解除没有规章制度的依据,是违法解除。公司方面承认确实还没有制定规章制度,但公司拿出劳动合同,指出其中约定了"每月旷工超过三天的,公司可以解除劳动合同,且不支付经济补偿金"。小刘认为该约定无效。请问:小刘的主张能够得到支持吗?

分析:这是笔者亲自处理过的一个真实案例,发生在北京。最后法院驳回了小刘的主张,法院认为,原、被告签订的劳动合同系双方真实意思表示,为有效约定,双方均应信守。合同中对旷工的约定并不违法,具有法律效力,因此,公司按劳动合同的约定进行处理并无不当。

严格而言,法院的上述说理不是特别严谨。《劳动合同法实施条例》第13条规定,用人单位与劳动者不得在《劳动合同法》第44条规定的劳动合同终止情形之外约定其他的劳动合同终止条件。从立法本意来说,该条例也禁止用人单位与劳动者约定法定情形之外的解除条件,否则用人单位都将以解除条件代替终止条件,《劳动合同法实施条例》第13条也就成为一纸空文,实现不了立法加强劳动关系长期性、稳定性的目的。"每月旷工超过三天可以解除"并非简单的因为是一种约定而有效,而是作为一种劳动纪律条款而有效。

虽然有这样的案例，我们还是要提醒用人单位，从规范化的角度考虑，制定一份实用的规章制度还是很有必要的。

五、劳动合同其他条款

劳动合同中，还有下列条款也应考虑纳入合同文本之中：

1. 告知条款，请见范例：

乙方确认，甲方已如实告知乙方工作内容、工作条件、用人要求、工作地点、职业危害、安全生产状况、劳动报酬、社会保险等情况，并已将工作过程中可能产生的职业病危害及其后果、职业病防护措施与待遇以及其他乙方要求了解的情况告知乙方。

这是根据《劳动合同法》第8条的规定而制定的，用人单位应当向劳动者履行的告知义务。

2. 通信地址确认条款，请见范例：

甲方通过本协议中列明的乙方联系方式的任何一种（包括电子邮箱），就本合同之履行、变更、解除或终止向乙方发送相关通知、发布规章制度与文件、布置工作等，均视为有效送达与告知乙方。

同时合同的首部可以由乙方填写电子邮箱、邮寄地址等信息。但通信地址的确认也可以通过员工登记表来实现，不一定必须列入劳动合同中。

3. 规章制度的公示条款，请见范例：

乙方确认已认真阅读、理解甲方制定的规章制度，并同意遵守执行。此处的规章制度包括《员工手册》等长期的综合的制度，也包括甲方依照法律程序订立且以书面或内部电子网络等方式向乙方公示的通知、须知、办法和细则等单项规章制度，其中包括但不限于员工手册、职位说明、安全准则等。

甲方规章制度将通过下述方式公示乙方：(a)书面传阅；(b)电子邮件送达；(c)甲方办公网络或公司网页；(d)其他合理可行的方式发布给全体员工或符合该规章制度适用范围的相关员工，乙方确认将随时查收。

4. 录用条件确认条款。录用条件应告知劳动者，告知的方式可以通过规章制度，或通过单独的“录用条件确认函”，也可以通过劳动合同中的录用条件条款。

5. 紧急联系人条款,请见范例:

乙方同时授权,在其处于联系障碍状态(包括但不限于乙方因病住院、丧失人身自由等情形)时,其“紧急联系人”作为乙方的受委托人,该受委托人享有代为进行和解、调解、代领、接受相关通知以及代为变更、解除、终止劳动关系的权利。

同时在合同首部可以列明紧急联系人的相关信息。

将紧急联系人作为乙方代理人的权限扩大到可以代为“变更、解除、终止劳动关系”等,这样有效吗?法律上规定,具有人身性质的事项不能由代理人处理。一般认为劳动合同具有一定的人身依附性,因此这种代理的效力有一定疑问。但无论如何,从单位的角度讲,列明紧急联系人且将其代理权限扩大并无坏处,在实在无法与劳动者取得联系的情况下,与紧急联系人办理相关手续,也是一种选择。

6. 违约责任条款。《劳动合同法》第25条明确规定:“除本法第二十二条和第二十三条规定的情形外,用人单位不得与劳动者约定由劳动者承担违约金。”也就是说除培训服务期和竞业限制的情形外,一律不得约定由劳动者承担违约金,即使劳动者确实构成违约,如擅自离职等。然而,不能约定违约金,不代表不能约定违约的赔偿责任。违约的情况下造成的损失是否由员工全部赔偿,损失包括哪些项目,这些是可以在合同中加以约定的。请参考如下范例:

乙方违反法律法规及本合同约定解除劳动合同,或者违反劳动纪律、规章制度的,或者违反本合同约定的其他义务的,乙方应当赔偿由此造成的全部损失,包括但不限于:

(一)甲方为其支付的培训和招收录用费用;

(二)对甲方生产经营工作造成的直接或间接、有形或无形的经济损失;

(三)诉讼费用、律师费用、调查费用、公证费用等;

(四)本合同约定或规章制度规定的其他赔偿费用。

按前述约定,乙方需对甲方负赔偿责任的,甲方可在乙方工资或经济补偿金中扣除。工资、经济补偿尚不足以弥补损失的,乙方仍需赔偿剩余损失。

文书范本8:通用型劳动合同范本

合同编号:________

劳动合同

甲方(用人单位):

统一社会信用代码:

乙方(劳动者):

身份证号码:

有效联系地址:

电话:

电子邮箱:

紧急联系人及联系方式:

甲乙双方经平等自愿协商,订立本劳动合同,供双方共同遵守。

一、劳动合同期限

双方同意,劳动合同期限采取如下第________种形式:

(1)本合同为固定期限的劳动合同。合同期自________年____月____日起至________年____月____日止。其中试用期从________年____月____日至________年____月____日止。

(2)以完成一定工作任务为期限的劳动合同。工作任务为:________。乙方同意,甲方有权根据工作任务完成及收尾工作的需要安排合同终止的具体时间。

(3)无固定期限劳动合同。其中试用期从________年____月____日至________年____月____日止。

二、工作内容和工作地点

1. 乙方同意在________岗位(工种)工作,按时、按质、按量完成该岗位(工种)所承担的各项内容,同时应完成公司或上级交代的其他任务。

乙方同意接受甲方按照制度进行绩效考核,认可考核结果将作为调整乙方岗位、薪酬及判定乙方是否胜任工作的依据。

2. 甲乙双方确认工作地点为________________。

甲方在上述工作地点的其他门店、分支机构有需要时,乙方同意服从甲方安排到其他门店或分支机构工作。

如甲方的经营机构搬迁，乙方同意相应变更工作地点。

乙方同意，根据岗位及甲方的经营需要接受到外地出差的安排。

3. 乙方同意，有下列情况之一时，甲方可将乙方的工作岗位进行调整：

(1)连续两个月无法完成月任务业绩指标的；

(2)因公司项目撤销或完成、机构调整、部门撤销、岗位合并、设备更新等发生变化，导致不能安排原岗位工作的；

(3)员工不论何种原因连续__一__个月以上未到岗上班，公司已安排其他员工替换员工原岗位，员工重新到岗上班的；

(4)员工的父母、配偶、子女、兄弟姐妹在公司工作，公司认为不利于工作需要调岗的；

(5)订立劳动合同时所依据的法律、行政法规、行政规章发生变化，导致岗位必须进行调整的；

(6)根据乙方的工作表现、身体状况以及甲方生产经营的需要等情况，需要调岗的；

(7)绩效考核结果为不合格或不胜任工作的；

(8)单位规章制度所规定的应调整岗位的情况的；

(9)其他原因：________________。

乙方同意，薪酬标准参照调整后的岗位薪酬标准进行相应调整。

三、劳动报酬

1. 甲乙双方协商确定，工资标准按下列标准执行：________________。

试用期工资标准：上述工资标准的80%，并不得低于本市最低工资标准。

2. 甲方于每月____日左右发放工资。乙方同意，如遇客观情况变化、生产经营困难等，甲方可告知乙方适当推迟工资发放时间，但延迟发放不得超过一个月。

3. 乙方同意，甲方有权根据经营情况、甲方规章制度和乙方的工作内容、工作岗位、工作职务、工作地点、工作业绩、工作表现等因素，调整乙方的劳动报酬，但数额不得低于实际工作所在地的最低工资标准。

4. 乙方同意计算加班工资的计算基数按本条第1款约定的月工资标准计算。甲方在该月工资标准之外另外发放的津贴、补贴、奖金等项目不计算在加班工资的计算基数之内。

5. 乙方若对某月工资、奖金或福利待遇有异议，应在发放之日起三日内向甲方书面提出，逾期未提出的，视为对该月工资、奖金及福利待遇没有异议。

四、工作时间、休息休假

1. 乙方所在岗位执行标准工时制；如所在岗位有申报特殊工时制，则以申报的工时制度为准。

2. 在公司规定的工作时间之外，乙方因完成工作任务的需要，确需加班的，应当填写加班申请单，经主管领导批准后，方视为加班，享受加班待遇。加班时间以实际发生的时间为准。

五、劳动保护和劳动条件

甲方为乙方提供符合国家规定的安全、卫生的工作环境和工作条件，为乙方配备必要的安全防护措施，发放必要的劳动保护用品，加强职业危害防护。

六、劳动纪律

1. 乙方应自觉遵守甲方依法制定的规章制度及劳动纪律。乙方违反劳动纪律，甲方可给予纪律处分，直至解除劳动合同；乙方同意甲方可对乙方履行制度的情况进行检查、督促、考核和奖惩。

2. 乙方有以下情形之一时，属于严重违纪行为，甲方有权解除本合同，并不给予任何经济补偿：

(1)严重违反甲方规章制度，影响经营、工作秩序的，或给甲方造成经济损失5000元以上的；

(2)未经甲方同意在其他单位从事兼职工作；

(3)自营、从事经营或投资与甲方竞争企业、竞争性业务或与甲方相关联的业务的；

(4)与跟甲方有竞争关系或商业往来关系的个人或组织存在业务关联关系，有可能导致利益冲突的；

(5)挪用或侵占公司财物，或私自接受客户、供应商及利害关系方任何好处及报酬的，无论何种金额及手段；

(6)工作中不服从管理，不按领导的正当指令行事的，经再次要求仍不服从的；

(7)不服从工作分配擅自离开岗位的；

(8)违反甲方的保密条款，泄露甲方商业秘密的；

(9)一年内累计旷工5日以上(含5日)或连续旷工3日(含3日)以上的，或一个月内累计迟到或早退五次以上的；

(10)在公司内有任何暴力、胁迫、伤害、赌博或盗窃等不法行为及违反社会公德的行为的；

(11)乙方利用甲方客户、业务渠道,表达谋取私利的交易意向、发生谋取私利的交易行为或结果等;

(12)乙方行为给甲方信誉造成损害的,包括但不限于由于乙方行为被媒体所报道者;

(13)与客户发生肢体冲突或剧烈言辞冲突的,无论何种原因;

(14)提供虚假的票据进行报销,或报销用途与实际用途不相符合的,无论金额多少;

(15)违反法律法规导致被拘留以上处罚的;

(16)其他严重违反劳动纪律行为的。

七、社会保险和福利待遇

1. 乙方应当于办理入职手续时提交参加社会保险所必需的真实、合法、完整的资料,如因乙方拒绝、延迟提交资料或提交资料不真实、不完整所导致的一切后果和责任(包括但不限于不能补缴社会保险及乙方无法享受社会保险利益等一切后果和/或责任、补缴费用和/或滞纳金等)应由乙方承担。

2. 甲方为乙方提供的福利待遇按甲方规章制度执行。

八、劳动合同的变更、解除、中止和终止

1. 经甲乙双方协商一致,本合同可以解除。

2. 乙方有下列情形之一的,甲方可以解除劳动合同:

(1)在试用期间被证明不符合录用条件的;

(2)严重违反用人单位的规章制度或劳动纪律的;

(3)严重失职,营私舞弊,给甲方或客户、合作伙伴造成经济损失10,000元以上或严重损害甲方声誉的;

(4)乙方同时与其他用人单位建立劳动关系,对完成本单位的工作任务造成严重影响,或者经甲方提出,拒不改正的,或构成严重违纪的;

(5)乙方以欺诈、胁迫的手段或者乘人之危,使甲方在违背真实意思的情况下订立或者变更合同,致使本合同无效的;

如乙方被查实向甲方提供虚假的个人资料或隐瞒个人真实情况的,即视为乙方以欺诈的手段使甲方在违背真实意思的情况下订立本合同;

(6)甲方规章制度或国家法律法规政策规定的其他情形。

3. 本合同到期后,如乙方继续在甲方工作而甲方无异议,则视为本劳动合同自动延期一年,并可多次自动延期。但甲方已向乙方发出终止(解除)劳动合同通知或终止(解除)劳动合同证明书,或者确已不再上班时除外。

4. 双方符合依法续签无固定期限劳动合同的条件时，如乙方要求续签无固定期限劳动合同，则乙方应在原劳动合同到期前一个月内，书面向甲方提出申请。未书面提出申请的，视为乙方放弃续签劳动合同。

九、特别约定

1. 乙方应当保守甲方的商业秘密，包括甲方客户、交易对方及其他甲方对其负有保密义务的主体的商业秘密。

出于对商业秘密保护的需要，劳动合同终止前__3__个月内，甲方可以变更乙方的岗位。乙方提出解除劳动合同的，甲方可以在乙方提出后正式解除前变更乙方的岗位。

上述保密义务不仅应在乙方在职期间，而且在乙方离职（不论任何原因）后仍应履行。

2. 乙方应当按照双方约定或甲方的相关规章制度，办理工作交接，包括但不限于乙方应依据甲方要求交接经办的业务工作、归还当时占有的公司财物和文件资料、结清借款以及签署相关工作交接单等其他相关手续。双方同意在签署交接单后方视为办结工作交接。应当支付经济补偿的，甲方在工作交接办理完成时支付。

3. 如经甲方在乙方离职时或提前通知，则乙方在双方关系解除或终止后（无论因何种原因）__两年__内应遵守竞业限制义务，而无须再行约定。

如无其他约定，则竞业限制补偿金按乙方离职前12个月平均工资（不足12个月按实际月份月平均工资）的__30%__按月向乙方支付。但甲方可以随时通知乙方终止竞业限制的履行，同时免除继续支付竞业限制补偿金的义务。

如乙方违反竞业限制义务，应退还甲方支付的全部竞业限制补偿金，并按乙方离职前一年的全部收入的__五倍__为标准向甲方支付违约金，同时仍应继续履行竞业限制义务。

4. 乙方在职期间接受费用超过3000元的专业技能培训后，如乙方提前解除劳动合同，则乙方应按未履行的劳动合同年限折算，向甲方返还相应培训费用。双方另有约定的，按另行约定处理。

十、声明与确认

1. 双方确认，乙方在工作期间所产生的工作成果（包括但不限于技术资料，开发、总结的概念、创意、文件及所出版的书籍，工作日志、培训材料、操作手册、音像资料等），无论何种形态（文字、图画、音像等），其全部知识产权均属于甲方享有。

2. 乙方确认,甲方已如实告知乙方工作内容、工作条件、用人要求、工作地点、职业危害、安全生产状况、劳动报酬、社会保险等情况,并已将工作过程中可能产生的职业病危害及其后果、职业病防护措施和待遇以及乙方要求了解的其他情况告知乙方。

3. 乙方确认,其向甲方提供或填写的入职登记表、履历上的信息完全真实有效。乙方与其他用人单位不存在劳动关系,亦不受其他用人单位竞业限制义务的限制。

4. 甲方通过本协议中列明的乙方联系方式的任何一种(包括电子邮箱),就本合同之履行向乙方发送相关通知、发布规章制度与文件、布置工作等,均视为有效送达与告知乙方。

乙方同时授权,在其处于联系障碍状态(包括但不限于乙方因病住院、丧失人身自由等情形)时,其"紧急联系人"作为乙方的受委托人,该受委托人享有代为进行和解、调解、代领、接受相关通知以及代为变更、解除、终止劳动关系的权利。

5. 乙方确认已认真阅读、理解甲方制定的规章制度,并同意遵守执行。此处的规章制度包括《员工手册》等长期的综合的制度,也包括甲方依照法律程序订立且以书面或内部电子网络等方式向乙方公示的通知、须知、办法和细则等单项规章制度,其中包括但不限于《员工手册》、职位说明、各类行为准则等。

甲方规章制度将通过下述方式公示乙方:(1)书面传阅;(2)电子邮件送达;(3)甲方办公网络或公司网页;(4)其他合理可行的方式发布给全体员工或符合该规章制度适用范围的相关员工,乙方确认将随时查收。

6. 本合同生效前双方已订立的劳动合同自本合同生效之日起失效。

7. 本合同约定之岗位或工种,乙方已知悉其录用条件,包括规章制度里规定的录用条件、岗位录用条件及下列录用条件:

(1)按甲方要求提交入职材料,包括办理社会保险的全部材料,同意将社保关系转入;

(2)工作能力、表现胜任甲方安排的工作和甲方规定的岗位职责;

(3)未患有精神病或按国家法律法规应禁止工作的传染病,且身体健康条件符合工作岗位要求;

(4)与原用人单位已依法解除或终止劳动关系;

(5)与原用人单位不存在竞业限制约定或不在限制范围之内;

(6)未通缉在案或者被取保候审、监视居住;

(7)按本合同约定时间到岗；

(8)入职后不得拒绝按甲方制定的劳动合同版本签订劳动合同，不得拒绝缴纳社会保险；

(9)不应隐瞒曾经受过法律处罚或者纪律处分的事实；

(10)试用期内请假不得超过3天，迟到不得超过5次，不得有旷工；

(11)具备本岗位所要求的各项技能的；

(12)试用期考核应合格；

(13)完成试用期内工作任务：掌握岗位工作技能；

(14)其他：________________。

乙方认可甲方有权对其进行试用期考核，考核可能有相当程度的主观因素。如有异议，仍以甲方的考核结论为准。

试用期内乙方病假时间累计超过3天时，甲方有权通知乙方相应顺延试用期。

十一、违反劳动合同的责任

1. 乙方违反法律法规及本合同约定解除劳动合同，或者违反劳动纪律、规章制度的，或者违反本合同约定的其他义务的，乙方应当赔偿由此造成的全部损失，包括但不限于：

(1)甲方为其支付的培训和招收录用费用；

(2)对甲方生产经营工作造成的直接或间接、有形或无形的经济损失；

(3)诉讼费用、律师费用、调查费用、公证费用等；

(4)本合同约定或规章制度规定的其他赔偿费用。

2. 按前述约定乙方需对甲方负赔偿责任的，甲方可在乙方工资或经济补偿金中扣除。工资、经济补偿尚不足以弥补损失的，乙方仍需赔偿损失。

十二、其他

1. 合同未尽事宜，按照甲方依法制定的规章制度执行；如果甲方的规章制度未作规定，则按国家有关法律法规政策执行。

2. 双方发生劳动争议的，由甲方所在地法院及劳动仲裁机构管辖。

3. 本协议一式两份，甲乙双方各执一份，经双方签署后生效。

签署时间：　　　　年　　月　　日

甲方(盖章)：

乙方(签字)：

文书范本9:劳动合同续订或变更书范本

劳动合同续订或变更书

经甲乙双方平等自愿,协商一致,对原劳动合同作如下续订或变动:

一、双方最近已经签订的一份劳动合同期限为:自________年____月____日起至________年____月____日止。现经乙方提出,本次续订劳动合同期限为下列第________种(均自原劳动合同到期之日起):

1. 无固定期限劳动合同;

2. 固定期限劳动合同,续订至________年____月____日终止;

3. 续订为以完成一定任务为期限的劳动合同。工作任务为:________。乙方同意,甲方有权根据工作任务完成及收尾工作的需要安排合同终止的具体时间。

上述期限到期后,如乙方继续在甲方工作而甲方无异议,则视为本劳动合同自动延期________年,并可多次自动延期。但甲方已向乙方发出终止(解除)劳动合同通知或终止(解除)劳动合同证明书,或者确已不再上班时除外。

二、本协议签署之日以前的劳动关系存续期间,甲方已按照劳动合同和国家法律法规规定履行自己的义务(包括但不限于劳动合同签订、社保、年休假、劳动报酬含加班工资等各方面),乙方对此予以确认。

三、双方同意对原劳动合同作如下变更:

1. 工作岗位、内容:________________。

2. 薪酬:________________。

3. 其他:________________。

四、凡未作变更或其他特别说明的,依原劳动合同继续履行。

五、本协议一式两份,自双方签订之日起生效。

签署时间:　　　　年　　月　　日

甲方(盖章):

乙方(签字):

第六节 培训服务期协议的设计

签订培训协议的目的是什么？用人单位对劳动者进行培训本来是一件双赢的事情。劳动者通过培训学到了本事，实现了自身增值。用人单位通过付出培训费提高了员工的工作效率。但是，如果劳动者接受培训后可随意离职，用人单位便无法得到预期的回报，用人单位也就没有积极性对员工进行培训，这对用人单位与员工都不利。这种情况下，法律允许用人单位与劳动者就培训约定一个服务期，要求劳动者在接受培训后必须为用人单位服务一段时间，否则要承担违约金。这样的协议，大体可以平衡双方利益，促进劳动关系和谐稳定，鼓励用人单位加大劳动者技能培训的资金投入力度，实现用人单位与劳动者双赢。但是，要使培训服务期有效，且符合用人单位的目的，必须注意如下要点。

一、培训的含义

《劳动合同法》第 22 条明文规定，培训是指“专业技术培训”，而非普通的上岗培训、劳动安全培训，也不包括因用人单位经营策略变化而进行的转岗培训。因此，我们有必要在培训协议中明确该培训的性质为“专业技术培训”。

二、培训服务期协议的设计要点

1. 服务期期限的设定

服务期就是双方约定的劳动者为用人单位必须服务的期限。劳动合同期限与服务期限是两个不同的法律概念,服务期可能短于劳动合同期限,也可能长于劳动合同期。一方面,按《劳动合同法实施条例》第17条的规定,如果服务期超过劳动合同期,则劳动合同应当续延至服务期满,除非双方另有约定。另一方面,服务期约定得越长,劳动者辞职时距服务期结束的时间越长,承担的违约金就越高(参见《劳动合同法》第22条第2款最后一句)。综合这两点,我们可以得出:(1)服务期的设定短于劳动合同期对单位没有好处;(2)服务期的设定长于劳动合同期,相当于将劳动合同期限延长了,应考虑不利影响(如终止劳动合同时间延后,又如延长后劳动合同期满时将符合签订无固定期限劳动合同的条件等),但同时会提高违约金责任,有利于留住员工。我们也可以在协议中加入用人单位的选择性条款,即约定"如原劳动合同期限到期,用人单位可以选择将劳动合同期限延长至服务期满,也可以选择原劳动合同到期终止,用人单位放弃服务期权利"。这样便于用人单位灵活处理。

当然,协议得双方自愿才能签署,服务期过长,可能员工不愿意签署。现实生活中,也有很多企业与员工约定的服务期短于劳动合同期限。有的企业会在规章制度中对服务期长短作出规定,一般是将培训费用的多少与服务期限的长短挂钩。这样人力资源部门可以按章办事。

2. 关于培训服务期的违约金

在《劳动合同法》下,培训服务期中的违约金空有违约金之名,而无违约金之实。因为违约金不能超过用人单位付出的培训费用之和,且应根据已履行服务期的时间按比例进行分摊,所以培训服务期中的违约金已经不具备通常违约金所具有的惩罚性了。

因此,培训费用的多少直接关系到违约金的多少,从而直接关系到培训协议的效果。那么哪些项目可以列入培训项目?《劳动合同法实施条例》第16条规定,劳动合同法第22条第2款规定的培训费用,包括用人单位为了对劳动者进行专业技术培训而支付的有凭证的培训费用、培训期间的差旅费用以及因培训产生的用于该劳动者的其他直接费用。从该法条来看,支付给外部培训部门的费用、培训的书籍材料费、相关考试的报名费、培训期间差旅食宿费用是可以计入培训费用的。只是用人单位应注意各种专项培训费用凭证的收集、留存,以避免不能向员工主张相应违约金的不利后果。凭证包括向外部培训机构付费的凭证,也包括员工报销的凭证。在培训服务期纠纷的实务处理中,有有效票据的培训费用应得到认可;没有有效票据的只能由法院根据合理性、类别、员工的认可程度酌情认定。现实中如果确有无法获得有效票据的培训支出,可在培训服务期协议中作出详细说明(费用用途、计费标准),并有“该项支出无正规票据,但乙方对此表示认可”等类似表述。

培训期间发放的工资是否可以计入培训费用?培训期间是可以不发工资的,当然这需要在培训协议上进行约定,否则会对培训期间的工资发放产生争议。如果没有约定,那么仲裁机关及法院极有可能要求用人单位支付工资,因为培训多数是用人单位的安排。如果培训期间发工资,那么工资是否应计入培训费用呢?现行法律法规尚未明确规定,不过从地方规定的裁判口径来看,一般认为培训期间的工资不属于培训费用的组成部分。

如浙江省劳动争议仲裁委员会发布的《关于印发关于劳动争议案件处理若干问题的指导意见(试行)》规定,《劳动合同法》第 22 条中规定的“培训费用”,不包括劳动者接受专项培训期间的基本工资;“专业技术培训”是指为提高劳动者特定技能而提供的培训,不包括上岗前的培训和日常业务培训。

有的单位约定的违约金高于培训费,这种情况下会发生什么法律后果呢?如果发生仲裁与诉讼,司法机关可以将员工应承担的违约金下调到法律许可的标准(与实际培训费用挂钩,且根据未完成服务期的时间按比例分摊),但并不会导致违约金条款完全失效。所以,有的单位认为,可以将违约金约定得高一些,这样可能在心理上会给员工更大的约束力。

3. 因特殊原因提前解除劳动合同时,培训服务期协议的效力

根据《劳动合同法实施条例》第 26 条的规定,约定了服务期,但是因为用人单位过错,劳动者依据《劳动合同法》第 38 条的规定解除劳动合同时(又称劳动者被迫解除劳动合同),劳动者不为违约,即此时培训服务期协议失效。以此推理,则其他情况下劳动者提出解除劳动合同时均属违约,应承担违约金。因此,在签署培训服务期协议的同时,用人单位应做好社会保险的缴纳、工资按时支付等工作,避免发生《劳动合同法》第 38 条所列的六种情形,[1] 否则,即便签有协议,劳动者仍然可以随时离职且无须支付违约金。

---

〔1〕 该法条所列举的用人单位存在过错的六种情形是:(1)未按照劳动合同约定提供劳动保护或者劳动条件的;(2)未及时足额支付劳动报酬的;(3)未依法为劳动者缴纳社会保险费的;(4)用人单位的规章制度违反法律、法规的规定,损害劳动者权益的;(5)因本法第 26 条第 1 款规定的情形致使劳动合同无效的;(6)法律、行政法规规定劳动者可以解除劳动合同的其他情形。

同样,依据《劳动合同法实施条例》第26条第2款的规定,[1]在劳动者有过错的五种情形下,用人单位依据《劳动合同法》的规定开除员工时,员工应支付违约金。换言之,在其他任何情况下开除员工,员工均不承担违约金,即使是以员工不胜任工作为由开除。

4. 如果有多次培训,则可以签署多份培训服务期协议,分别约定不同的服务期。如果发生违约,则可以依据多份协议,分别计算违约金再相加,即为违约的员工一方应当承担的责任。

案例12:单位解除劳动合同,仍可要求员工承担违约金吗?

甲公司派小王参加培训,培训费用为6万元,培训结束后,甲公司与小王签订了培训协议,该培训协议约定:服务期为3年,无论小王在服务期内何时提出辞职,则支付违约金50万元。

后来,甲公司对小王的工作态度与工作纪律不满意,以小王连续旷工超过3天,严重违反单位规章制度为由解除其劳动合同。至解除时为止,小王已经履行了1年的服务期。

双方由此引发争议。甲公司提起劳动仲裁,要求小王支付违约金50万元。小王则提起反诉,要求撤销甲公司的违法解除决定。请问该案应如何处理?

分析:该案至少存在如下争议焦点:

1. 甲公司以小王严重违反规章制度为由解除劳动合同是否合法?如果合法,则甲公司有权要求小王支付违约金(法律依据:《劳动合同法实施条例》第26条);如果违法,则甲公司的违法解除决定应予撤销,同时无权要求支付违约金。

换言之,在员工有过错导致单位解除劳动合同的情况下,单位仍可要求员工支付违约金。

2. 如果应该支付违约金,违约金应该是多少?虽然双方协议对违约金有了明确约定,但该约定并不完全合法。在该协议中,至少有两处不合法:(1)违约金总额大于培训费用;(2)违约金没有按服务期分摊。因此,依法计算的违约金应该是:违约金最多6万元,3年的服务期已经履行了1年,因此,小王只需要再

---

〔1〕 该款列举的五种情形是:(1)劳动者严重违反用人单位的规章制度的;(2)劳动者严重失职,营私舞弊,给用人单位造成重大损害的;(3)劳动者同时与其他用人单位建立劳动关系,对完成本单位的工作任务造成严重影响,或者经用人单位提出,拒不改正的;(4)劳动者以欺诈、胁迫的手段或者乘人之危,使用人单位在违背真实意思的情况下订立或者变更劳动合同的;(5)劳动者被依法追究刑事责任的。

支付2/3的违约金，即4万元，也就是说，违约金数额不符合法律规定时，培训协议仍然有效，只不过在仲裁与诉讼中，司法机关会按法律规定来计算员工应承担的违约金而不会完全依据协议计算违约金。

另外，在实务中，最好在培训开始前即签署培训服务期协议，否则，如果培训完成之后，员工拒绝签署培训服务期协议，单位就很被动了。

文书范本10：培训服务期协议范本

培训服务期协议

甲方(用人单位)：

乙方(员工)：

身份证号码：

根据员工与企业共同生存、共同发展的理念，现就甲方对乙方进行培训的相关事宜，经协商一致，签订如下协议，以兹共同遵守：

第1条　培训情况

1.1　培训性质为专业技术培训，培训内容为：________________。

1.2　培训期限：预计自________年____月____日起至________年____月____日止。以实际培训时间为准。

1.3　培训地点：________。

第2条　培训费用

2.1　甲乙双方确认：培训费用包括但不限于培训费、材料费、课本费、食宿费、交通费、培训期间生活补助等项目，合计人民币________元。

2.2　培训费用负担方式为：________甲方负担________。

第3条　培训期间工资待遇

3.1　双方同意培训期间工资待遇按下列________种方式处理：

3.1.1　原工资待遇不变。

3.1.2　甲方向乙方提供如下待遇：

(1)生活补助：________。

(2)其他福利待遇：________。

(3)其他：________。

(4)培训期间原工资待遇停发。

3.1.3　其他：培训期间发放基本工资与岗位工资，其他奖金、补贴等不再发放。

3.2　培训期间甲方向乙方额外支付的生活补助等计入本协议第2条约定之培训费用中。

第4条　培训要求

4.1　乙方保证在培训期间努力学习,取得优异成绩,保证拿到毕业证书/结业证书/职业资格证书。

4.2　乙方承诺,在培训期间及培训均应遵守甲方有关规章制度,以不亚于正常工作时的态度和纪律参加培训,并遵守培训机构的纪律。如有违反,均视为违反甲方规章制度与劳动纪律。

第5条　服务期

5.1　甲乙双方确定服务期的起始时间为:培训结束。

5.2　服务期的结束时间为下列第________种:

(1)至________年____月____日止;

(2)至劳动合同或聘用合同期满时止。

当服务期的结束时间后于劳动合同期满时间时,甲方可以选择将劳动合同期限顺延至服务期满,也可以选择放弃服务期的权利,劳动合同按原期限终止。

5.3　培训结束后,乙方将按下列第________种条件上岗:

(1)不低于培训结束前的待遇,同时按甲方的正常工资调整制度,优先获得上调薪酬的机会;

(2)不低于如下待遇:________。

如双方另有协议,按另行签订协议执行。

第6条　违约责任

6.1　服务期届满前,无论何种原因乙方提前解除劳动合同时,应向甲方支付违约金。

6.2　服务期届满前,有下列情形之一,甲方提出与乙方解除劳动合同的,乙方仍应支付违约金:

(1)乙方严重违反甲方的规章制度的;

(2)乙方严重失职,营私舞弊,给甲方造成重大损害的;

(3)乙方同时与其他用人单位建立劳动关系,对完成甲方的工作任务造成严重影响,或者经甲方提出,拒不改正的;

(4)乙方以欺诈、胁迫的手段或者乘人之危,使甲方在违背真实意思的情况下订立或者变更劳动合同的;

(5)乙方被依法追究刑事责任的。

6.3　违约金金额为________培训费用金额________,依《劳动合同法》的规定按未履行服务期与全部服务期的比例进行分摊。

6.4　如发生乙方违约事宜,在付清违约金后,甲方将相关培训证书返还于乙方,并办理其他离职手续。否则甲方将依照法律程序追究乙方责任,由此产生的一切后果由乙方负责。

6.5　由于乙方的过错,导致培训不能正常完成,无法实现培训目的的,甲方有权停止培训,并要求乙方支付甲方已经为乙方支付的全部培训费用。

第7条　其他

7.1　培训开始前,甲方有权终止履行本协议,此时本协议不发生效力。

7.2　甲乙双方之间如为非劳动关系,本合同关于服务期、违约责任等条款效力不受影响。

7.3　此协议一式两份,自双方签字或盖章后生效,具同等法律效力。

签署时间:　　　　年　　月　　日

甲方(盖章):

乙方(签字):

乙方确认

甲方已经向乙方详细说明甲方承担的培训费用的构成;鉴于部分费用不一定有正规票据,双方在此明确:

1. 甲方承担的培训费用合计金额为人民币________元,详见下表:

费用类别	金额	备注

(上述金额均指分摊到乙方个人名下的金额)

2. 乙方对培训费用金额无异议,不再要求甲方出示票据;

3. 上述培训费用金额将作为计算违约金的基准。

签署时间:　　　　年　　月　　日

乙方确认签字:

第七节　保密协议与竞业限制协议

一、保密协议

《劳动合同法》第 23 条规定，用人单位与劳动者可以在劳动合同中约定保守用人单位的商业秘密和与知识产权相关的保密事项。

保密协议或保密条款可以有几种表现形式：可以在劳动合同中直接约定保密条款，也可以与有关知识产权权利归属协议或竞业限制协议合并为一个合同，也可以单独签订保密协议。由于保密与竞业限制、知识产权有一定的关系，实务中多数将这几方面的权利义务签署在同一份协议中。

保密协议值得注意的有下列几点：

1. 保密协议能否约定违约金？

综合来看《劳动合同法》第 22 条、第 23 条、第 25 条，对此问题得不出一个准确结论。第 25 条规定，除第 22 条、第 23 条的情形外，用人单位不得约定由劳动者承担违约金。第 22 条规定培训服务期的问题，这没有争议。第 23 条规定保密与竞业限制，但只明确规定违反竞业限制，劳动者应当按照约定向单位支付违约金，却并未提到违反保密义务应当按约定向单位支付违约金。那么能否约定员工违反保密义务应承担违约金呢？没有定论，法条未明确规定，也难以通过其他解释方式下结论。就笔者了解，在实务中该问题也没有定论。

在这种情况下，笔者建议的做法是，可以考虑约定违约金，同时约定“违约金不足以赔偿损失的，应赔偿损失”，明确约定损害赔偿的项目及计算方式，如引发的律师费用、诉讼费用、调查费用、公证费用等都包括在损失之内。

2. 保密义务是员工的法定义务吗？用人单位是否必须向员工支付保密费？

保密义务是员工的法定义务，用人单位不是必须支付保密费。保密是劳动合同的附随义务,用人单位与员工建立了劳动关系后,员工的义务之中就包括了对用人单位商业秘密的保守义务。用人单位即使没有向员工支付保密费,甚至没有与员工签订保密协议,员工也有保密的法定义务。不过在心理上,如果发放保密费,员工会更加认真地履行保密义务。

如果保密协议中约定了用人单位应支付保密费,则该约定有效,单位应当按约定支付。如果规章制度中有规定,同样员工也可以要求按规章制度执行。

有的HR会问,既然保密义务是法定的,也不必须要支付保密费,那么保密协议的签订意义何在呢?我们认为至少有以下四点意义:其一,明确保密的范围,约定一些保密措施。保密性本身就是商业秘密的构成要件之一。如果没有证据表明用人单位对材料或信息采取了一定保密措施,就不能认定其属于商业秘密。而保密协议中的约定就可以作为用人单位采取了保密措施的证据。其二,可约定违反保密义务的责任。如前所述,可以考虑约定违约金以及约定损害赔偿范围,还可以将违反保密义务的行为明确定义为严重违反劳动纪律与规章制度的行为。其三,可以同时就知识产权的归属作出约定。其四,对员工遵守保密义务有一个提醒、警示的心理作用。

3. 保密费能否代替竞业限制补偿金?

答案是否定的。保密与竞业限制是两项不同的义务。保密费与竞业限制补偿金的名义、性质及发放时机都不同。按《劳动合同法》第23条的规定,竞业限制必须由用人单位支付竞业限制补偿金,且该补偿金必须在离职后按月发放。而保密费一般是在职期间发放。因此HR要注意,千万不能想当然地以在职期间的保密费代替竞业限制补偿金,否则到时候单位既出了钱,还起不到预计的竞业限制作用。

4. 保密费是否属于工资?

答案是肯定的。工资包括津贴、补贴,保密费相当于一项员工的特殊津贴或岗位津贴,根据国家统计局发布的《关于工资总额的规定》,保密费属于工资的范围。根据笔者的经验,北京地区的司法实务中,只要对员工现金发放的费用,不是凭票据报销的,都按工资处理,无论是叫保密费、伙食补贴、通信费用,还是其他名称。

这从情理上也很好理解。如果保密费可以不算工资,那么用人单位就很容易以保密费发放的方式来降低工资基数了。降低工资基数就降低了缴税基数,降低了社保缴费基数,降低了经济补偿金的计算基数,降低了加班工资的计算基数,会给用人单位带来一系列的好处,而给劳动者带来损害,也给国家财政带来损失。这显然是不合常理的。

5. 是否可以约定劳动者违约时保密费退回?

答案类似于第 1 个问题。这种约定实质上是一种关于违约金的约定。不论违反保密义务造成的损失多大,保密费均退还,显然是预先约定一个违约的赔偿金额,而非按实际损失进行赔偿,这正是违约金的特点。而违反保密义务的违约金条款是否有效,这是有争议的问题。如果协议中明确约定了保密费,且确实以保密费的名目向员工发放,则笔者认为这种约定被认定为有效的可能性较大。

6. 保密协议可以约定员工在离职之后的保密义务吗?

法律并未禁止,而且有学者认为,离职之后的保密义务是劳动合同的附随义务。所以,约定保密义务直至离职之后若干年内是可以的。

但在实务中,证明员工在离职之后违反了保密义务是比较困难的。因此,如果用人单位确实觉得有必要要求员工在离职之后遵守保密义务,一般同时与员工签订竞业限制协议,直接限制员工从事相关行业。证明离职了的员工在从事相关行业,要比证明他违反了保密义务(要证明有关商业秘密是从离职员工这里泄露出去的)简单得多,因此竞业限制协议更具有可操作性。

7. 没有竞业限制协议,但约定员工离职后不得与原用人单位的客户发生业务,这是否有效?

应该是有效且有必要的。最高人民法院《关于审理不正当竞争民事案件应用法律若干问题的解释》第 13 条规定:客户基于对职工个人的信赖而与职工所在单位进行市场交易,该职工离职后,能够证明客户自愿选择与自己或者其新单位进行市场交易的,应当认定没有采用不正当手段,但职工与原单位另有约定的除外。

不过,这种约定仍是基于对商业保密的保护,如果客户信息并非商业秘密,是可以通过公开渠道获得的(例如,通过招投标),则原单位没有理由禁止职工与客户有业务往来。即使有约定,此约定也是无效的。此时的限制,只能通过竞业限制义务来实现。

二、竞业限制协议

这里所说的竞业限制(也称竞业禁止、竞业避止),是指劳动者不得到与所在用人单位或原用人单位生产或者经营同类产品、从事同类业务的有竞争关系的其他用人单位任职，也不得自己开业生产或者经营同类产品。竞业限制有利于对用人单位商业秘密和核心竞争力的保护，是世界各国在法律及实践中广泛采取的做法。

对于竞业限制，用人单位应注意如下几点：

1. 依据《公司法》第148条的规定，有限责任公司、股份有限公司的董事、高级管理人员“未经股东会或者股东大会同意，利用职务便利为自己或者他人谋取属于公司的商业机会，自营或者为他人经营与所任职公司同类的业务”的，构成违法。违法所得的收入应归公司所有。同时依据《公司法》第216条的规定，高级管理人员，是指公司的经理、副经理、财务负责人，上市公司董事会秘书和公司章程规定的其他人员。

除上述情形外，竞业限制义务并非一种法定义务。在用人单位与劳动者没有事先约定（而且必须满足一些条件）的情况下，劳动者没有义务遵守竞业限制。这与保密义务不同，保密义务是法定的。

2. 可否约定在职期间的竞业限制义务以及违约金

可以且有必要。如前所述，高级管理人员以外员工的竞业限制义务来自约定而非法定，法律上并未禁止一个人在A单位打工的同时又为同行业的B单位工作（不过不得侵犯商业秘密。两边工作不一定就侵犯商业秘密）。为了防止这种情形，用人单位可以做的是：

（1）在规章制度中禁止这种行为，明确列为严重违纪之一种，用人单位可以解除劳动合同，并不支付任何经济补偿金，同时可要求员工赔偿损失。

实际上，用人单位甚至可以规定，凡有兼职行为均为严重违纪，无论是否从事竞争性业务。

不过规章制度中规定的处罚条款或违约金条款是无效的，违约金只能来源于双方的约定而非规章制度。

（2）在双方签署的协议（劳动合同或其他协议类文件）中明确约定竞业限制义务，同时可以约定违反竞业限制义务的违约金。

《劳动合同法》第23条中只允许约定劳动者离职后违反竞业限制义务的违约金，并未提到在职期间违反竞业限制义务的违约金，这一点确实存在争议，也很难通过法条得出答案。笔者倾向于认为约定在职期间的竞业限制违约金是有效的，理由是：《劳动合同法》第23条的条文只说“劳动者违反竞业限制约定的，应当按照约定向用人单位支付违约金”，未明确界定是在职或是离职期间。但从常理上讲，在职期间违反竞业限制义务比离职后的违约更严重，对单位的危害更大,用人单位也在向劳动者支付劳动报酬,没有理由认定在职期间的违约金条款无效。

与之相关的一个问题是:在职期间正常向劳动者支付劳动报酬即可,无须额外支付竞业限制补偿。

3. 竞业限制的人员范围

法律规定,竞业限制限于用人单位的高级管理人员、高级技术人员和其他负有保密义务的人员,即限于知悉用人单位商业秘密和核心技术的人员,并不适用于每个劳动者。同时,由于离职后的竞业限制并非无代价,用人单位要支付竞业限制补偿金,因此用人单位也没必要与每一名员工都签订竞业限制协议。

但一般认为,单位有权在规章制度、劳动纪律中规定员工在职期间违反竞业限制义务的,视为严重违纪,用人单位可解除劳动合同并不支付经济补偿金。这种规定并不限于知悉单位商业秘密的人员。只不过约定违约金与离职后的竞业限制义务却仅限于高级管理人员、高级技术人员和其他负有保密义务的人员。

4. 离职后竞业限制的期限不得超过离职之后两年

如果约定竞业限制期限超过离职后两年,那么超过两年之后的竞业限制期限是无效的。

5. 离职后竞业限制补偿金的支付

2021 年 1 月 1 日起施行的最高人民法院《关于审理劳动争议案件适用法律问题的解释(一)》有若干条规定是针对竞业限制的,其中第 36 条规定:当事人在劳动合同或者保密协议中约定了竞业限制,但未约定解除或者终止劳动合同后给予劳动者经济补偿,劳动者履行了竞业限制义务,要求用人单位按照劳动者在劳动合同解除或者终止前 12 个月平均工资的 30% 按月支付经济补偿的,人民法院应予支持。

前款规定的月平均工资的 30% 低于劳动合同履行地最低工资标准的,按照劳动合同履行地最低工资标准支付。

按上述规定,没有约定竞业限制补偿时,可按照离职前 12 个月平均工资的 30% 且不低于最低工资标准计算。但请注意,法条并未规定,约定的竞业限制补偿金不能低于该标准。同时,全国某些地方法规对竞业限制补偿金的最低标准有规定。例如,2013 年 5 月 1 日起施行的《江苏省劳动合同条例》第 28 条规定,月经济补偿额不得低于该劳动者离开用人单位前 12 个月的月平均工资的 1/3。还有地方规定不得低于离职期工资标准的一半。

司法解释与地方法规出现冲突时如何协调?没有明确做法。笔者的建议是：

（1）在有地方法规明确对竞业限制补偿金的标准作出规定时，应按照地方法规执行；

（2）无地方法规明确规定竞业限制补偿金标准的地方，协议中可自由约定补偿标准，但建议不要低于当地最低工资标准。

注意，竞业限制补偿金的标准与违约金的标准是相联系的。如果违约金相对于竞业限制补偿费用的比例非常之高，则司法机关会适当降低违约金。

支付时间应严格按法律要求，在离职后按月支付。为减少手续上的麻烦，可以在合同里指定收款账户。

离职时一次性支付竞业限制补偿是否有效？一般认为可以，因为对员工并无不利。不过此时补偿金的标准同样应符合法律规定。而且这样对单位来讲有一些不利，对员工少了一些约束。在员工遵守竞业限制义务的前提下单位按月支付补偿，这种做法本身就有利于督促员工履行竞业限制义务。

笔者亦曾看到有少数判决认定：在职期间，如果在协议及工资项目中均明确列出了竞业限制补偿且实际支付了，那么也视为有效的支付了竞业限制补偿。但这并非主流看法。如单位希望竞业限制义务生效，还是应该尽量在离职后支付竞业限制补偿。

6. 用人单位未按约定支付竞业限制补偿金的法律后果是什么

按照最高人民法院《关于审理劳动争议案件适用法律问题的解释（一）》第38条的规定，如果用人单位有3个月未支付竞业限制补偿，则劳动者可以解除竞业限制约定。这里的3个月，可以是累计的，不要求必须是连续的。严格而言，劳动者应该通知用人单位解除约定，但实务中，只要用人单位有3个月未支付，劳动者直接去竞争单位工作，即被视为竞业限制义务已经自然解除。

与此同时，劳动者还可以要求用人单位正常支付解除竞业限制约定应支付的竞业限制补偿金。当然，劳动者也可以不要求解除竞业限制约定而是继续履行，并继续向用人单位索赔竞业限制补偿金。

7. 竞业限制违约金的标准是多少

目前仍无法规或司法解释对竞业限制违约金的金额作出规定。但是竞业限制违约金如果过分高于实际损失，法院与仲裁机构可依法调整。法律依据是《民法典》第585条：约定的违约金低于造成的损失的，当事人可以请求人民法院或者仲裁机构予以增加；约定的违约金过分高于造成的损失的，当事人可以请求人民法院或者仲裁机构予以适当减少。

另外在实务中,违约金是否约定得过高,往往与竞业限制补偿金的标准相联系。

8. 关于提前解除竞业限制协议

在离职前,用人单位解除离职后的竞业限制义务,一般认为有效,因为这对劳动者而言没有太多损害。但为了避免争议,单位仍有必要在协议中明确可以随时通知终止竞业限制义务的履行。

在离职后的竞业限制期间内,用人单位亦可随时通知解除竞业限制义务。但根据最高人民法院《关于审理劳动争议案件适用法律问题的解释(一)》第39条的规定,此时用人单位应额外支付3个月的竞业限制补偿金。为此,用人单位可以考虑在协议中明确约定"甲方有权提前一个月通知乙方终止竞业限制义务,且无需支付额外的竞业限制补偿金"。

9. 在协议签订时间上,法律没有要求

可以在入职前签,入职的同时签,也可以在劳动合同履行当中签,也可以在员工离职的时候签。但根据实务经验,从用人单位的角度来讲最好事先签订,不要等到员工离职时再签订,那时员工掌握着签与不签的主动权,这将增加双方谈判的困难。

10. 离职原因对离职后的竞业限制义务有无影响

没有影响。无论何种原因解除劳动合同,都可以要求履行双方签订的竞业限制协议。

11. 保密与竞业限制的关系

对用人单位而言,保密协议与竞业限制协议的目的很大程度上是一致的,都是为了防止商业机密泄露,保护本单位的核心竞争力。也正因如此,保密义务与竞业限制义务都是针对掌握本单位商业机密的员工,事实上,保密义务与竞业限制义务经常约定在同一份协议中。

保密义务与竞业限制义务的不同在于:

(1)保密义务是法定的,竞业限制义务主要是约定的。

(2)离职后的竞业限制必须要支付补偿,而保密义务则不必须。

(3)保密义务对员工的限制较轻;竞业限制义务对员工的限制较重。由此带来单位的举证责任也不同。单位要证明员工是否违反保密义务比较困难,而要证明员工违反竞业限制义务相对容易一些。

(4)期限不同。保密义务可以是长期的,而竞业限制义务不得超过离职后两年。

(5)违约金的效果有区别。保密协议中的违约金条款效力存在争议,而就竞业限制义务肯定是可以约定违约金的。

一般而言,对于一般的可能接触到保密信息的员工,应签署保密协议;对于掌握公司核心机密,有必要限制其离职后与本单位竞争的人员,则应额外签署竞业限制补偿协议。保密义务与竞业限制义务可以考虑约定在同一份协议中。

12. 竞业限制的连带责任

司法实践中,多数因违反竞业限制约定引发的纠纷都与劳动者在竞业限制期间到同行业或类似行业的新用人单位就业有关。此时,作为原告的用人单位往往以新用人单位与案件有利害关系为由,将其列为共同被告,要求其与劳动者一起承担连带责任。对此,应如何处理,实务中素有争议。第一种观点认为,根据合同相对性原则,既然新用人单位不是竞业限制约定中的订约一方,自然不受竞业限制约定的约束,故不能支持用人单位要求其承担连带责任的主张;第二种观点认为,当新用人单位明知劳动者有竞业限制义务仍与其建立劳动关系,损害用人单位的利益,主观上存在过错,与劳动者一起构成共同侵权,应与劳动者承担连带责任;第三种观点认为,既然《劳动合同法》第 91 条已经规定,用人单位招用与其他用人单位尚未解除或者终止劳动合同的劳动者,给其他用人单位造成损失的,应当承担连带赔偿责任,那么依此类推,在负有竞业限制义务的劳动者已经解除或终止劳动合同后,新用人单位招用该劳动者给原用人单位造成损失的,也应承担连带赔偿责任。

通常认为,劳动者解除或终止劳动合同后,违反竞业限制约定到与原用人单位有竞争关系的新用人单位工作时,新用人单位是否要与劳动者一起对原用人单位承担连带赔偿责任问题,需要区分情况对待:

(1)如果用人单位以劳动者违反竞业限制约定为由,主张适用最高人民法院《关于审理劳动争议案件适用法律问题的解释(一)》第 40 条,要求新用人单位与劳动者一起就违约金承担连带责任时,其显然主张的是违约之诉。此时,由于新用人单位并非竞业限制约定的订约方,不受该约定的约束,自然也就不存在承担违约责任的可能。故应判决驳回原用人单位对新用人单位承担违约责任的主张。

(2)如果用人单位以新用人单位与劳动者构成共同侵权为由,主张新用人单位与劳动者就损失赔偿承担连带责任,则应具体考察其请求权基础。显然,首先,应排除本条的适用,因为本条规范的是违约之诉而非侵权之诉。其次,应排除《劳动合同法》第 91 条的适用。理由是两者规范对象不同。《劳动合同法》第

91 条针对的是与其他用人单位尚未解除或者终止劳动合同的劳动者,而本条所指的劳动者是已经解除或终止劳动合同的劳动者。事实上,就新用人单位与劳动者对原用人单位的共同侵权行为,现实中主要表现为劳动者在新用人单位利诱、教唆下违反竞业限制约定,泄露相关商业秘密给新用人单位或者新用人单位出于取得竞争优势的需要,在明知劳动者还在竞业限制期限内的情况下,仍将其招用至该单位。对此,实务中更多的是适用《侵权责任法》和《反不正当竞争法》来处理。[1]

案例13:劳动者违反竞业限制义务,原用人单位能否要求新用人单位承担连带责任?

案情简介

张某柱于1982年7月大学毕业后到QG集团工作,自2006年9月起担任QG集团技术中心部长。2003年6月6日,双方又订立了期限自2003年7月19日起至2013年7月18日止的劳动合同。2011年1月7日,张某柱(乙方)与QG集团(甲方)订立了核心技术保密协议,约定张某柱在任职期间及离职后,对其所掌握的核心技术、商业秘密负有保密义务及竞业限制的义务,并约定如果张某柱违反上述约定需向QG集团承担的法律后果。上述协议订立后,QG集团先后向张某柱发放了2011年度及2012年度的保密及竞业禁止津贴共计4800元。2012年4月,张某柱未到QG集团处上班,旷工至今。据悉,张某柱系应聘至JB集团处任职。QG集团认为,张某柱作为掌握商业秘密的技术骨干,在劳动合同存续期间,到与QG集团有竞争地位的同行业其他单位任职,违反了双方订立的保密协议,由此QG集团提起诉讼,请求法院判令张某柱履行与QG集团订立的《保密协议》中所负有的保密义务及竞业禁止的义务,并向QG集团支付违约金10万元;JB集团对违约金承担连带责任。

裁判要点

二审法院认为,综合双方的诉辩主张,本案争议的焦点问题是:(1)上诉人张某柱是否违反了其与上诉人QG集团签订的保密协议;(2)被上诉人JB集团应否承担违约金的连带支付责任。

---

[1] 参见最高人民法院民事审判第一庭编著:《最高人民法院劳动争议司法解释(四)理解与适用》,人民法院出版社2013年版,第207~208页。

第一,上诉人张某柱是否违反了其与上诉人 QG 集团签订的保密协议。上诉人 QG 集团一审中提交的影像资料可以证明上诉人张某柱 2012 年 6 月在被上诉人 JB 集团工作的事实,上诉人张某柱、被上诉人 JB 集团对该影像资料不认可,但其在一审中既未申请司法鉴定,亦未提交有效的证据予以推翻,应承担举证不能的法律后果。上述影像以及被上诉人营业资料载明:上诉人张某柱自认在被上诉人 JB 集团轧钢厂工作,而该厂经营范围与在上诉人 QG 集团存在同类或近似的情形,存在竞争关系,因此上诉人张某柱在未履行完毕与 QG 集团签订的核心技术保密协议的情况下到被上诉人 JB 集团处工作,违反了双方保密协议的约定,应承担相应的违约责任。一审判决上诉人张某柱支付上诉人 QG 集团违约金 10 万元正确,本院依法予以维持。

第二,被上诉人 JB 集团应否承担违约金的连带支付责任。根据合同相对性原则,合同关系只能对特定的当事人产生法律约束力,对于合同关系之外的被上诉人 JB 集团不应具有约束力,由于被上诉人 JB 集团并非《保密协议》合同当事人,不受该协议的约束,不能承担违约责任。而上诉人 QG 集团依据《劳动合同法》第 91 条主张被上诉人 JB 集团承担的连带责任,与上诉人张某柱的违约责任属于两个不同性质法律关系。上诉人 QG 集团要求被上诉人 JB 集团承担支付违约金 10 万元的连带责任,缺乏法律依据,故本院对上诉人 QG 集团该项主张不予支持。[1]

案情简介

1995 年 5 月 18 日,陈某苏与其他 10 名股东共同出资设立北京 DY 科技发展有限责任公司(以下简称 DY 公司),陈某苏时任该公司董事、副总经理。2002 年 11 月 21 日,DY 公司改制设立为现在的股份有限公司。陈某苏作为发起人之一参加了成立大会并当选为第一届董事会成员,任期 3 年。同日,陈某苏被聘任为公司常务副总经理。陈某苏多年在公司担任董事、副总经理等高级管理职务,掌握着公司的技术秘密、价格体系、渠道政策、客户关系等商业秘密。DY 公司章程规定了董事和股东不得在工作期间和离开公司后 2 年内从事与公司竞争的行业或营业。陈某苏亦于 2000 年 3 月 31 日书面保证在调离公司两年内不从事与公司相竞争的行业。陈某苏于 2002 年年底以进修为由提出辞职,并于 2003 年年初在未经 DY 公司同意、未进行工作交接、未办理离职手续的情况下离开

[1] (2013)青民一终字第 1616 号。

DY公司,前往DY公司在国内市场的最主要竞争对手之一SOBEI公司工作。SOBEI公司与DY公司同为专业电视多媒体设备开发、生产领域的企业。DY公司认为SOBEI公司利用陈某苏掌握的DY公司商业秘密,在明知陈某苏与DY公司未办理离职手续且负有竞业禁止义务的情况下,采取不正当竞争手段,聘任陈某苏并委任以SOBEI公司副总裁职务,与陈某苏共同对DY公司构成侵权,应依法承担共同侵权责任。DY公司诉至法院,请求判令陈某苏与SOBEI公司连带赔偿DY公司经济损失250万元。

裁判要点

四、SOBEI公司是否构成共同侵权

首先,原、被告双方对DY公司与SOBEI公司之间的竞争关系不持异议。DY公司与SOBEI公司均为专业电视多媒体开发生产企业,在国内同行业中位居前列,属于主要竞争者。2003年4月后由于索尼公司跨国集团的背景,SOBEI公司与DY公司的市场竞争地位更为明确。

其次,本院认定SOBEI公司知晓或应当知晓陈某苏与DY公司之间签订过竞业禁止协议。高科技企业中,约定董事、重要员工离职后的竞业禁止义务的做法和现象比较普遍,SOBEI公司相关人事部门对此应是知道或应当知道的。SOBEI公司承认为了解陈某苏的情况到工商管理部门查询过DY公司的工商登记档案,而这些档案中包含DY公司与陈某苏等之间含有离职后竞业禁止义务约定的章程等材料。SOBEI公司为此辩称,查阅DY公司档案的目的是了解陈某苏是否离任DY公司董事,并未注意和查阅到相关章程等中的竞业禁止约定。本院认为,DY公司的工商档案材料在工商登记部门独立保存,按照查询惯例,DY公司的完整资料会一并提供给SOBEI公司;SOBEI公司是有一定规模的大企业,公司派出的查档人员应具有查阅档案、审查录用人员的专业水准,不会轻易遗漏DY公司档案中与陈某苏有关的事项;SOBEI公司录用DY公司职员并非陈某苏一人,DY公司的多个职员均被SOBEI公司录用,相关的竞业禁止约定不只一处,故SOBEI公司的辩称本院不予采信。

最后,SOBEI公司雇用陈某苏的行为存在主观恶意。SOBEI公司辩称,DY公司与陈某苏签订的竞业禁止合同无效,对陈某苏没有约束力,因而其雇用陈某苏没有过错,不构成侵权。本院认为,DY公司与陈某苏签订竞业禁止合同等材料的情况是真实存在的,在竞业禁止合同未被确认无效或撤销之前,作为DY公司的竞争对手应善意尊重DY公司与陈某苏之间的约定,或建议陈某苏与DY

公司协商采取相关补救措施，而不是利用合同的瑕疵以损害 DY 公司的利益。SOBEI 公司先后聘用陈某苏等 DY 公司职员数人，这不是行业中的偶然现象，应推定 SOBEI 公司与陈某苏等人共同所为，SOBEI 公司在其中起到了一定的引诱或促进作用，并从结果上损害了 DY 公司的竞争优势。陈某苏等数人皆为掌握 DY 公司商业秘密的人员，其从 DY 公司到 SOBEI 公司任职，DY 公司没有提起侵犯商业秘密之诉并不等于侵犯商业秘密的行为不存在，SOBEI 公司与陈某苏应对其不诚信的行为承担共同的侵权责任。

综合考虑，陈某苏应为其不履行竞业禁止义务的行为作出适当赔偿。DY 公司虽然提出了 250 万元的经济损失，但本案纠纷的产生与 DY 公司没有明示竞业禁止补偿费有关，对此，应根据 DY 公司的过错程度酌减赔偿数额。本院考虑本案的情节，包括陈某苏违反竞业禁止义务的持续时间、其在 DY 公司工作时的薪酬水平等因素，将赔偿损失的数额酌定为 50 万元。对于聘任陈某苏成为 SOBEI 公司人员一事，SOBEI 公司由于未尽诚信审查义务，与陈某苏等数人从 DY 公司离职一事存在关联性，具有不正当竞争的共同过错，构成共同侵权，亦应承担连带赔偿责任。[1]

文书范本 11：保密与竞业限制协议范本

保密与竞业限制协议

甲方（用人单位）：

法定代表人：

乙方（员工）：

身份证号：

就保密与竞业限制事宜，甲乙双方本着平等、自愿、公平和诚实信用的原则签订本协议。

第一部分　保　　密

第 1 条　保密内容及范围

1.1　乙方同意对甲方或者虽属于甲方客户（含意向客户）等第三方但甲方负有保密义务的一切保密信息在保密期内予以严格保密。

1.2　本协议中的“保密信息”是指乙方在甲方工作期间接触到的甲方、甲

〔1〕（2005）海民初字第 5106 号。

方客户及甲方关联客户的任何形式的秘密信息,包括但不限于如下所列:

1.2.1 任何甲方、甲方客户及甲方关联客户不欲公开的观点、发现、发明、公式、程序、计划、图表、模型、参数、数据、标准、商业秘密、专有技术以及任何知识产权等;

1.2.2 甲方、甲方客户及甲方关联客户制作或拥有的任何形式的报告、访谈记录、数据、信件、电子邮件、报表、模型以及其他文件的原件或副件;

1.2.3 甲方、甲方客户及甲方关联客户的技术资料或秘密、经营情况、经营策略及经营信息、客户信息、客户经营状况等;

1.2.4 甲方内外部项目的项目建议书、项目计划、报价、合同、项目研究方法和工具、培训资料和工具以及项目成果等;

1.2.5 甲方内部不欲公开或未经公开的公司制度、文件、决议、消息和公司运营情况等;

1.2.6 任何甲方、甲方客户及甲方关联客户不欲公开的关于财务、成本、利润、市场、销售、合同、采购等渠道、客户、经销商信息等。

1.2.7 甲方的客户或潜在客户信息,包括但不限于其身份及其他相关信息、客户联系方式和客户销售策略等;

1.2.8 下列信息亦属于甲方的重要保密信息:________。

1.3 乙方承认,上述"保密信息"均为甲方的保密信息。本协议不仅适用于乙方在本协议签订之后接触的保密信息,也适用于乙方在本协议生效日期前接触的所有保密信息。

1.4 乙方确认,如果对是否属于保密信息存在争议或不太明确,则乙方应按保密信息进行处理,除非得到甲方或乙方上级的明确否认。

第2条 乙方的保密义务

2.1 乙方同意为甲方公司利益尽最大努力,在提供服务或双方合作期间不组织、参加或计划组织、参加任何竞争企业,或从事任何不正当使用甲方商业秘密的行为。

2.2 乙方在为甲方提供服务或双方合作期间,应严格遵守甲方规定的任何成文或不成文的保密规章、制度,履行与其服务内容相应的保密职责;若甲方的保密规章、制度没有规定或者规定不明确之处,乙方亦应本着谨慎、诚实的态度,采取任何必要、合理的措施,维护其于任职期间知悉或者持有的保密信息。

2.3 甲方或乙方上级在职权范围内就保密事宜对乙方提出的要求与指示,乙方应予执行,并作为本合同约定的保密义务的一部分。

2.4　乙方同意对保密信息予以严格保密，承担的保密义务包括但不限于：________。

2.4.1　乙方因某一项目而从甲方、甲方客户或甲方关联客户处获得的保密信息，乙方承诺只在进行该项目或与该项目紧密相关的项目研究时使用，绝不为与该项目无关的目的使用该保密信息；

2.4.2　乙方应对甲方、甲方客户或甲方关联客户交到自己手中的保密信息予以妥善保存，不得泄露或遗失，在未经甲方事先书面许可，不得私自保留或复制、记录；

2.4.3　非经甲方事先书面许可，乙方不得直接或间接地以任何方式或向任何第三方（任何第三方，包括除甲方该项目组人员以外的任何机构和人员）披露或透露保密信息；亦不得依据保密信息，就任何问题，向任何第三方做出任何建议；

2.4.4　当甲方、甲方客户或甲方关联客户要求乙方交回保密信息时（无论出于何种理由），乙方应立即将保密信息（及保密信息的载体、复制品等）完整交回；

2.4.5　根据甲方的要求，如实向甲方提供保密信息的使用记录；

2.4.6　乙方在离职时或任何时候甲方提出要求时，须将一切保密信息（及保密信息的载体、复制品等）在甲方要求的时间内交还甲方；

2.4.7　乙方在离职后，应严格遵守相关法律规定，以及以上各项保密义务，不得以任何方式利用、传播、披露所掌握或知悉的保密信息，不得利用所掌握或知悉的保密信息从事损害甲方利益或可能对甲方利益造成不利影响的活动，包括向乙方之后任职单位披露或使用保密信息，为乙方自营企业利益使用保密信息等；

2.4.8　无论在职期间或离职后，乙方均不得劝诱及参与招聘甲方其他员工到甲方的竞争单位工作。

2.5　在职期间，未经甲方同意，乙方不得与甲方客户有私下交易或金钱往来。

2.6　保密信息的保密期是指：乙方在职或离职后，甲方、甲方客户或甲方关联客户对外公布保密信息，或者保密信息为公众所知之前的任何时间。

2.7　特别是，下列任何一行为均属于违反保密义务之列：________。

2.8　离职后，乙方不得（包括不得自行及不得通过乙方所在单位）与原甲方客户进行与甲方存在竞争的业务或交易；如原甲方客户联系乙方，则乙方应将该信息告知甲方或要求原甲方客户与甲方联系。

第二部分 竞业限制

第3条 定义

3.1 竞业限制或竞业禁止：指用人单位有条件的要求劳动者不能直接或间接从事竞业行为，具体以本合同约定为准。

3.2 甲方公司：包括甲方及其所有分支机构、子公司、办事处和关联单位。

3.3 任职期间：是指乙方与甲方正式签订劳动合同或形成事实劳动合同关系之日开始到双方劳动关系结束（或消灭）为止的期间。如乙方到达退休年龄之后继续为甲方所聘用，则任职期间包括聘用期间，至聘用关系终止之日截止。

3.4 个人或组织：包括任何个人、公司、企业、合伙、协会、事业单位、社会团体或组织，即各类形式的个人或组织。

3.5 竞争性单位：指与甲方公司生产、经营、从事类似产品或提供类似服务的或对甲方公司业务构成现实或潜在竞争的个人或组织，包括但不限于：

（1）从事下列业务的个人或组织：________。

（2）下列公司或与下列公司经营范围存在重合的组织或个人：________。

（3）为上述竞争性单位提供支持，例如提供专业咨询或顾问服务的个人或组织。

（4）上述个人或组织的关联企业及机构。

3.6 竞争性业务：竞争性单位所经营的业务。

3.7 竞业行为：自己或与其他个人或组织合作，直接或间接的从事竞争性业务；或为竞争性单位提供服务或劳务，包括但不限于担任竞争性单位的合伙人、董事、监事、股东、管理人员或一般职员、代理人、顾问等。

上述行为之一即为竞业行为；此外本协议可另外对竞业行为作出补充。

第4条 在职期间的竞业限制

4.1 未经甲方事先书面许可，乙方在甲方任职期间，不得从事竞业行为。

4.2 除本协议中约定的竞业行为以外，在职期间的下列行为将视为乙方从事竞业行为：

从竞争性单位处直接或间接获得好处，包括但不限于财产性利益、旅游、消费、宴请、报销。

4.3 在职期间的竞业限制义务的履行，甲方无须向乙方支付额外补偿。

第5条 离职后的竞业限制

5.1 离职后的竞业限制期间内，乙方不得从事竞业行为。

5.2　离职后竞业限制期间:自乙方离职之日起　两　年。但是,甲方仍可通过下列方式之一缩短竞业限制期间:

(1)离职之日前(含当日),甲方书面通知乙方缩短竞业限制期间,或者取消竞业限制义务;

(2)离职后竞业限制期间内,甲方至少提前一个月通知乙方终止竞业限制义务。

如有多次通知,则以最近的一次通知为准。

竞业限制义务到期或终止后甲方无须再支付竞业限制补偿。

双方同意:甲方无须支付提前终止竞业限制义务的额外补偿。

5.3　竞业限制补偿:每月竞业限制补偿金标准为乙方离职前12个月内的月平均工资的　30%　。

5.3.1　计算月平均工资时,以乙方工资卡或乙方实际收到的货币性质的工资收入为准。与股权激励相关的分红、期权、股权等不计算在内。

5.3.2　发放时间:按月发放,下月底之前发放上月补偿金,如为非整月,则可以与下个月的补偿金一并发放;非整月的补偿金按天折算。例如乙方于2月15日离职,则甲方可以4月底前支付2月、3月的补偿金。

5.3.3　如发放时间有逾期,但逾期不超过3个月的,乙方有权要求甲方补足发放,但不得以此为由要求解除本协议或拒绝履行竞业限制义务。

5.3.4　发放方式:甲方向乙方领取工资的银行卡(或双方书面确认的其他账户)内支付。如因任何原因(包括但不限于储蓄卡被注销、银行系统故障等原因)未支付成功,不视为逾期未支付,乙方不得以此为由主张不再履行竞业限制义务。此时乙方可以到甲方处现金领取竞业限制补偿金,或书面确认乙方名下的其他收款账户之后甲方再行发放。

5.4　在竞业限制期间内具有下列情形之一时,视为乙方从事竞业行为及违反竞业限制义务:

5.4.1　从竞争性单位处领取任何报酬(包括但不限于以薪酬、报酬、劳务费用、分红等任何名义),或获得旅游、实物、购物卡、消费卡、报销等好处;

5.4.2　在竞争性单位缴纳个人所得税,或社会保险,或住房公积金;

5.4.3　乙方近亲属从竞争性单位处领取任何报酬(包括但不限于以薪酬、报酬、劳务费用、分红、报销等任何名义)或获得旅游、实物、购物卡、消费卡、报销等好处,而乙方不能提供合理说明的;

5.4.4　乙方不能按本协议约定向甲方说明当下工作情况或所说明情况与

实际情况不符的;

5.4.5 其他违反竞业限制义务的情形的。

5.5 特别要求:如甲方提出要求,则乙方应在一周内通过电子邮件或其他书面形式向甲方说明当下的工作单位与工作情况。

5.6 无论乙方因何种原因从甲方离职,均不影响本协议约定的竞业限制义务的履行。

5.7 特别说明:有下列情形之一时,甲方可通知乙方暂停支付竞业限制补偿:

(1)乙方从事竞业行为时;

(2)乙方未按本协议要求说明当下工作情况时;

(3)甲方有证据证明乙方有违反竞业限制义务的情形时。

此种情形下,乙方仍应履行竞业限制义务。在上述情形消失或乙方证明并未违反竞业限制义务后,甲方应在一个月内补发竞业限制补偿。

5.8 乙方指定收款账户(如未指定,则以乙方原领取工资的银行卡为准):

指定收款账号:________。

开户行:________。

户名:________。

第三部分　违约责任及其他

第6条　违约责任

6.1 乙方在职期间,如有竞业行为或违反保密义务的行为,均视为严重违反规章制度与劳动纪律。甲方有权同时要求乙方承担下列责任:

(1)解除劳动合同,且无须支付任何补偿;

(2)乙方从事竞业行为或违反保密义务行为所获利益应归甲方所有;

(3)赔偿竞业行为或违反保密义务行为给甲方造成的损失;

(4)乙方应向甲方支付违约金,违约金标准为乙方当时12个月内月平均工资的__二十__倍。

6.2 乙方离职后,未履行双方约定的竞业限制义务的,应向甲方支付违约金。违约金的标准为:双方约定的竞业限制补偿金月标准×双方约定的离职后竞业限制期间的月份数×__五倍__。同时,乙方应将甲方在离职后支付的竞业限制补偿金全部返还给甲方。

如甲方要求乙方改正违反竞业限制的行为,而乙方收到甲方通知后在一个月内仍未改正的,继续从事竞业行为的,则甲方有权再次要求乙方按上款约定承担违约金。

6.3　如果乙方侵犯甲方客户及甲方关联客户相关的保密信息或知识产权，甲方有权代表甲方客户及甲方关联客户追究乙方的法律责任。

6.4　乙方支付的违约金不足以赔偿甲方损失的，还应赔偿甲方损失。甲方损失包括但不限于甲方直接或间接的利润损失、商誉损失、业务机会损失及为制止违约行为所支付的合理费用（律师费、诉讼费、调查费用、公证费用等）。

6.5　本协议约定的违约责任是同时并列的，甲方可以要求乙方承担全部违约责任，同时，甲方向乙方主张其中的部分违约责任的，不视为甲方放弃追究其他违约责任的权利。

6.6　根据本协议，乙方应作出赔偿的，赔偿可以从乙方的服务报酬或劳动报酬中扣除。

第7条　通知

7.1　在职期间，就本协议相关事宜，甲方可通过在劳动合同或其他文件中乙方提供的地址进行送达。

7.2　离职后，甲方可通过下列方式之一向乙方进行通知或送达：

乙方电子邮箱：________________。

通信地址：________________。

手机短信（手机号为：________________）。

无论乙方是否实际查阅或拒收，甲方通过上述方式之一向乙方发出通知时，即视为乙方已经查阅。

7.3　甲方的送达地址为：甲方办公场所。

第8条　其他

8.1　双方同意，与本协议有关的一切纠纷，由双方当事人协商解决，协商不成的，任何一方均可向甲方所在地有管辖权的劳动仲裁机构或人民法院提起诉讼。

8.2　甲乙双方建立的关系性质（劳动关系、劳务关系、劳务派遣关系、聘用关系等）以双方签署的其他协议为准，但无论何种关系性质，本协议一经签署，即发生法律效力。

8.3　本协议一式两份，甲乙双方各执一份。

8.4　本协议自双方签字或盖章之日起开始生效。

签署时间：　　　　年　　月　　日

甲方（盖章）：

乙方（签字）：

第八节　劳动合同及相关协议签订的一些常识

一、怎样签约才是有效的

公司作为签约方时，法定代表人的亲笔签名、法定代表人的印鉴、公司的行政公章、公司的合同专用章只要有其中一种都是有效的，都足以代表公司。后三种材料都在工商注册材料中有留底，法定代表人的签名则可通过鉴定确认真实性，因此无法事后否认。

从劳动者的角度看，如果不是上述四种签名或签章之一，例如，是其他人员的签字，则有一定风险。需要有证据证明，该人员有权代表公司签署合同。

与之类似的，有的单位刻制了“劳动合同专用章”或人事部门专用章，这类印鉴只是单位自己印刻的，并无国家机关存底，因此无法通过鉴定核实其真实性，劳动者只能通过其他的证据来证明该印鉴是否一直被用来代表单位签署合同，使用这类公章会给劳动者带来一些不确定性，但对于单位来讲，并无不可。

个人作为签约方时，一般是签名。签名比印鉴好，印鉴更容易伪造。如果要更多的保障，还可以让个人在合同上亲笔写几句话，如“本人完全同意本合同，系出于本人真实意愿”。同时让签约人摁指印也可以加强签约的有效性。

由于未签订劳动合同会产生一系列的责任，因此建议不要采取由他人代签的方式。如果本人确实无法签署相关文件，则可以由其授权的人（例如，曾经授权的紧急联系人）或其成年直系亲属、配偶代为签署。事后条件允许时，可再由本人补签。

另外，按照习惯，签名与盖章代表对签章之上的内容表示认可，但未必代表认可签章之下的内容。曾有这样的案例，双方在签字之下又加上其他条款，最终该条款未被法院认定为是合同内容。

合同只有对方签字是否有效？答案是有效的。如果对方签字，即代表对方已认可该合同；我方主张有效即代表我方也认可该合同，既然双方均认可该合同，合同即生效。

二、劳动合同、补充协议、变更协议、附件等之间的效力等级

劳动合同、补充协议、变更协议、附件等，都是劳资双方就权利义务作出约定的文件，只要确实是由双方签署，则都有法律效力。如果相互之间没有冲突，那么就都是有效的。如果相互之间有冲突，那么：

1. 以约定为准。如果有约定以哪个文件为准，则该约定有效。

2. 如无约定，则一般后签署的文件视为更改了前面签署的文件，即以后签署的文件为准，但两者不相冲突的部分继续有效。

三、劳动合同的备案

有的地方的劳动行政部门要求劳动合同备案时必须使用统一的、由劳动行政部门监制的劳动合同文本，这种做法没有依据。

首先，法律并不要求劳动合同必须备案。不备案不会导致行政处罚责任，不备案也不会影响双方签署的劳动合同生效。

其次，劳动合同也是合同的一种，双方有权对合同条款进行约定，没有理由一定要适用统一的文本。

面对劳动行政部门的这种要求，一方面可以据理力争，另一方面也可以考虑双方在备案的劳动合同之外，另行签署一份补充协议，同时约定以补充协议为准。

四、合同条款的设计

合同自由是《民法典》合同编的最重要原则，因此《民法典》合同编赋予当事

人自由约定的空间非常大。一般而言,当事人约定的条款均有效。

但是在劳动合同领域,当事人自由约定的空间小了很多。主要是考虑到用人单位相对于员工的强势地位,如果完全遵循合同自由的原则,劳动力市场可能会沦为劳动者的地狱,像资本主义社会早期曾出现的情况一样。

关于违约金,请注意,在劳动合同中,只有培训服务期协议以及竞业限制协议中可以约定违约金(保密协议中能否约定违约金存在争议)。除此之外,其他任何约定劳动者支付违约金的条款都是无效的。

那么,合同条款应如何设计?

西方有一句谚语:"合同是人类最极致的艺术。"可见拟订合同之难。我们认为,拟订合同最重要的是根据交易中可能出现的问题在各个关键环节予以预防。

合同条文应明确具体,尽量量化,不要用含糊的标准表达。

考虑到在合同履行中的各种变数,事先应约定处理措施。签合同就是"先小人,后君子"。先把交易往悲观里想,加以防范,这样才会得到一个乐观的结果。

第四章

规章制度与员工手册

操作指引：了解规章制度的作用；制定合法且符合公司实际需要的规章制度，并按照法规要求的程序使规章制度有效通过并实施。

第一节　规章制度与员工手册的含义

一、规章制度

1. 含义

规章制度的概念,目前还没有一个统一明确的界定。规章制度包含的内容也非常广泛,广义的规章制度既包括经营管理制度,也包括劳动规章制度。狭义的规章制度,仅指用人单位劳动规章制度。

本书所说的规章制度仅指用人单位的劳动规章制度,即用人单位根据国家的法律法规结合本单位自身特点制定的,明确劳动条件、调整劳动关系、规范劳动关系当事人行为的各种规则、规定、规范、规程、标准、纪律等制度的总称,一般表现为管理制度、操作规程、劳动纪律和奖惩办法等。

我国目前尚无专门的关于用人单位规章制度的法律,有关规章制度的内容散见于下列法律法规:《劳动法》《劳动合同法》《工会法》《公司法》等。其中最为重要的是《劳动合同法》第4条:

“用人单位应当依法建立和完善劳动规章制度,保障劳动者享有劳动权利、履行劳动义务。

用人单位在制定、修改或者决定有关劳动报酬、工作时间、休息休假、劳动安全卫生、保险福利、职工培训、劳动纪律以及劳动定额管理等直接涉及劳动者切身利益的规章制度或者重大事项时,应当经职工代表大会或者全体职工讨论,提出方案和意见,与工会或者职工代表平等协商确定。

在规章制度和重大事项决定实施过程中,工会或者职工认为不适当的,有权向用人单位提出,通过协商予以修改完善。

用人单位应当将直接涉及劳动者切身利益的规章制度和重大事项决定公

示,或者告知劳动者。”

2. 规章制度与劳动合同、集体合同的关系

规章制度、劳动合同、集体合同,都是确立劳资双方权利和义务的重要依据,是规范劳动行为的准则,并列成为用人单位调整劳动关系的三大支柱。所以,从三者的目的来看具有一致性,但是其区别也是明显的,主要表现在:

1. 制定的主体不同;

2. 制定的要求不同;

3. 内容侧重不同;

4. 效力范围和效力等级不同。

如果规章制度与劳动合同、集体合同对同一事项作出规定且规定的内容不一致时,哪个效力更高呢?对此,最高人民法院《关于审理劳动争议案件适用法律问题的解释(一)》第50条给出了明确的答案,用人单位制定的内部规章制度与集体合同或者劳动合同约定的内容不一致,劳动者请求优先适用合同约定的,人民法院应予支持。因此,劳动者拥有一个选择的权利,如果规章制度的规定对劳动者更为有利,劳动者当然也可以主张按照规章制度执行。

案例14:劳动合同与规章制度不一样时如何处理?

案情简介

2018年3月22日,任某入职WY公司,担任产品经理,当日双方签订了期限自2018年3月22日至2021年3月21日的劳动合同,约定月工资为20,000元。WY公司(甲方)与任某(乙方)签订的劳动合同第9条第3款载明“乙方每年可获得14个月薪酬”。2019年3月26日,任某以“由于个人职业规划和2019年2月13日公司决定将我的工资调整为每月2120元(该薪资无法满足我的日常生活开销)等客观因素”为由提出离职,2019年4月2日,WY公司回复任某,同意其离职申请。双方均确认劳动关系于2019年4月2日解除,但就薪资问题产生劳动争议,任某主张WY公司向其支付2018年3月22日至2019年3月31日14薪差额40,000元。WY公司则主张2018年7月6日双方将劳动合同约定的14薪变更为13薪,据《员工福利手册》载明:“薪资采用13个月薪水,12个月为正常月薪,1个月均等拆分4部分,为目标季度奖金,按季度发放,入职后的薪金待遇……实际奖金的具体计算和发放办法按公司相关政策执行。同时,公司有权利对所有奖金计划做出调整,并享有最终解释权。”

裁判要点

一审法院认为,最高人民法院《关于审理劳动争议案件适用法律若干问题的解释(二)》第16条规定:“用人单位制定的内部规章制度与集体合同或者劳动合同约定的内容不一致,劳动者请求优先适用合同约定的,人民法院应予支持。”本案中,《员工福利手册》载明执行13薪,且第13薪的获得需要按季度进行考核,属于WY公司单方制定的规章制度,并非针对某一特定人员;劳动合同中约定任某每年可获得14薪,且未设置任何附加条件,属于WY公司与任某基于协商而达成的特别约定。依据前述规定,任某主张优先适用劳动合同约定的情形下,法院予以采纳。此外,依据WY公司自述内容可见,《员工福利手册》的制定未通过职工代表大会或者全体职工讨论,即未经民主程序制定,故对任某缺乏拘束力。经核算,任某按照2个月工资的标准主张2018年3月22日至2019年3月31日14薪差额40,000元,符合双方劳动合同的约定,现WY公司仅支付了5000元,故还应向任某补足差额35,000元。

二审法院认为,就14薪差额一节。WY公司主张任某应当依据《员工福利手册》内容执行13薪标准。对此本院认为,最高人民法院《关于审理劳动争议案件适用法律若干问题的解释(二)》第16条规定:“用人单位制定的内部规章制度与集体合同或者劳动合同约定的内容不一致,劳动者请求优先适用合同约定的,人民法院应予支持。”本案中,用人单位制定的内部规章制度规定了13薪标准,双方之间劳动合同约定了14薪标准,且现有证据不能证明双方按照规章制度内容变更了劳动合同的约定,故任某主张其适用劳动合同约定的14薪标准,具有事实和法律依据,本院对WY公司的该项上诉主张不予支持。[1]

二、员工手册

员工手册或者员工守则并不是一个法律上的概念,劳动法律法规中均没有出现员工手册这一概念,但在实务中,经常将员工手册与用人单位规章制度并举。按通常理解,简言之,员工手册就是单位规章制度的载体,是将规章制度向员工进行公示的一种方式。两者的关系类似于《劳动合同法》法规与法律出版

〔1〕(2020)京01民终8398号。

社出版的《劳动合同法》书籍之间的关系。当然,员工手册不仅只刊载规章制度,还可以包含用人单位文化建设的其他内容,完善规范的员工手册也是公司形象的一部分。但是,本书的主旨是劳动法律风险的防范问题,用人单位的企业文化等部分不属于劳动法律法规所规制的对象。所以,本书所讨论的员工手册,主要是讨论员工手册中的规章制度及相应的法律问题。

第二节 规章制度的作用

规章制度有无作用？用处多大？目前很多用人单位对此认识得并不足够准确。事实上，在劳动新法下，规章制度的重要性越来越凸显。劳动新法要求人力资源管理走向规范化，而规范化的途径之一，就是要制定全面且有效的规章制度，在用人单位的管理中切实地执行。

规章制度的作用，具体来说，主要有下列方面：

一、用人单位用工自主权

劳动法律法规的特点之一就是强制性条款比较多，对劳动报酬、工作时间、劳动保护等诸多直接关系到劳动者权益的很多内容都作出了强制性规定，如最低工资，最高工时等。但不可否认的是，法律也把很多用工自主权的空间留给了用人单位。在劳动法下，用工好比是“戴着镣铐跳舞”。虽然有“镣铐”，但还是有很多活动的空间，这个活动的空间就要由规章制度来细化落实。

如《劳动合同法》第39条第2项明确规定，劳动者严重违反了用人单位的规章制度的，用人单位可以解除劳动合同。那么什么才算严重违反用人单位的规章制度？又如，该条第3项还规定，劳动者严重失职，营私舞弊，给用人单位造成重大损害的，用人单位可以随时解除劳动合同。这其中“重大损害”的标准又是什么？类似这些规定，其实是法律给予用人单位一定的自由制定规则的空间，由用人单位结合本单位的实际情况在规章制度中将法律的授权进行细化、补充。因此，用人单位在制定规章制度时，需要将法律授权给用人单位进一步细化的条款找出来，重点针对这些条款进行细化、补充与完善。而对于劳动法律法规的强制性规定,即使不作规定,用人单位与劳动者也应该按照法律的规定进行操作。如果存在有悖于强制性法律规定的条款,这些条款不仅是无效的,而且还会引发负面效果。

总之,完善规范的规章制度既不是完全重复劳动法律法规,也不是无视劳动法律法规,而是将劳动法律法规赋予用人单位的用工自主权予以落实。只有做好这项工作,用人单位在用工管理中才能达到事半功倍的效果,否则,用人单位的许多管理行为将失去依据,并可能因此承担相应的损失。

二、作为裁判案件的依据

严格而言,规章制度不是法律法规的一种。有人认为规章制度只是劳动争议处理中的一种证据。但无论怎样,合法制定的规章制度是具有法律效力的。2021 年 1 月 1 日实施的最高人民法院《关于审理劳动争议适用法律问题的解释(一)》第 50 条规定,用人单位根据《劳动合同法》第 4 条的规定,通过民主程序制定的规章制度,不违反国家法律、行政法规及政策规定,并已向劳动者公示的,可以作为确定双方权利义务的依据。从这一解释可以看出,司法机关在裁判案件时,用人单位的规章制度也可以作为判案参考的依据。

在下列类型的案件中(非完全列举),规章制度都可能作为审理的依据:

1. 解除劳动合同的争议。例如,是否严重违纪?是否不胜任工作?
2. 调岗调薪引发的争议。
3. 绩效工资、奖金(含年终奖)、提成或其他浮动工资相关争议。
4. 涉及员工福利的争议。
5. 有关保密义务的争议。
6. 与休息、休假、考勤、加班相关的争议。

三、用人单位内部管理有序化

“国有国法,家有家规。”规章制度相当于用人单位的“家规”,可以帮助用人单位的管理规范化。具体表现在:

1. 指引作用

规章制度可以作为全体员工在单位工作期间的行为指引。如何时上班,何时下班,请假应履行何种手续,各部门之间如何衔接等。规章制度把全体员工组合成一个统一整体,实现了“1 +1 >2”的效应。尤其是在劳动关系管理方面,好的规章制度会成为用人单位人力资源部门操作的指引,使劳动关系管理合法而有序。

2. 警示作用

首先,规章制度会规定违反规章制度的后果,使员工能够事先预见到,并在劳动生产过程中自觉抑制违规行为的发生。其次,用人单位运用规章制度对员工作出惩处,既直接警戒了有违规行为的员工,也侧面警示、教育了其他员工。

3. 防止争议的作用

劳动关系的履行过程,是双方不断履行自己的权利和义务的过程。劳资双方的权利和义务内容及实现的方法通过规章制度加以明确、具体后,就可以大幅度避免纠纷的发生,从而有效维护用人单位正常的生产和工作秩序。例如,法律规定了带薪年休假,但带薪年休假如何安排,年休假期间享受什么待遇,如果这些具体细节在规章制度中落实了,就可以避免双方的许多争议。

另外,规章制度与员工手册对建立用人单位文化也有重要作用。完善规范的员工手册,常常成为一部用人单位文化的宣传手册。

第三节　规章制度制定的程序要求

一、规章制度制定程序的法律规定

我们在前面已经说过,规章制度若有效,一是要内容合法,二是要程序合法。实际生活中,用人单位常常只注意到内容,而没有注意规章制度的通过是需要一定程序的。但其实,程序违法的后果比实体内容违法还要严重。因为,若实体内容违法,一般只是违法部分不能适用;若程序违法,则会导致整个规章制度整体不能适用。在司法实务中,用人单位的规章制度如果不能被当作裁判的依据,其多数原因是因为规章制度制定的程序有问题。由此可见,规章制度的制定程序必须给予足够重视。

《劳动合同法》第4条规定:

"用人单位应当依法建立和完善劳动规章制度,保障劳动者享有劳动权利、履行劳动义务。

用人单位在制定、修改或者决定有关劳动报酬、工作时间、休息休假、劳动安全卫生、保险福利、职工培训、劳动纪律以及劳动定额管理等直接涉及劳动者切身利益的规章制度或者重大事项时,应当经职工代表大会或者全体职工讨论,提出方案和意见,与工会或者职工代表平等协商确定。

在规章制度和重大事项决定实施过程中,工会或者职工认为不适当的,有权向用人单位提出,通过协商予以修改完善。

用人单位应当将直接涉及劳动者切身利益的规章制度和重大事项决定公示,或者告知劳动者。"

上述法条便是规章制度关于程序的最主要的法律规范。简言之,"规章制度的程序要求=民主协商+告知"。下面我们分别说明如何具体操作。

二、民主协商程序的操作

如何理解《劳动合同法》第4条,尤其第4条第2款、第3款?实务中出现了两种意见。

第一种观点认为:用人单位在制定涉及劳动者切身利益的规章制度或重大事项时应当与劳动者进行协商,并在协商一致的基础上共同确定,此即所谓的"共决权",即用人单位与劳动者双方共同决定。

第二种观点则认为:用人单位在制定涉及劳动者切身利益的规章制度或重大事项应重在"协商",以便充分体现用人单位在行使其经营自主权时能够尊重劳动者的劳动权。如果劳资双方经过协商仍无法就前述规章制度或重大事项达成一致,则由用人单位行使决定权,即所谓的"单决权",由用人单位单方决定。

是"单决"还是"共决"?是民主还是民主加集中?

实务中一般认为,第二种观点更接近我国现实,较为适度地平衡了用人单位的管理权与劳动者的劳动权。共决的民主虽美好但不切实际。如果说用人单位完全不顾劳动者意愿的规章制度是霸王条款的话,要求规章制度一定要劳动者拥护通过恐怕也是一种"多数人的暴政",并且极难操作。在尊重劳动者的意见的基础上,用人单位有最后决定之权利,这是比较折中也比较合适的做法。

那么怎么操作民主协商程序?在实务中一般有下列方式:

1. 分别向全体员工征集意见,可以赞同规章制度的实施,也可以对规章制度提出异议,但需要员工签名。如前所述,我们需要的是一个协商的程序,但并不意味着一定要完全按员工的意见进行修正。这种情况下,可以使用《职工意见汇总表》(参见本书文书范本《职工意见汇总表》)收集职工意见。同时我们可以使用网站、布告等辅助方式发布公告,向职工征求意见,此时可以使用《规章制度征求意见通知书》(参见本书文书范本《重大事项向全体职工征求意见通知书》)。

2. 通过会议的形式征集意见。此时需要一个会议记录和一个会议签到记录。《会议纪要》里可以记录员工对规章制度的意见。《会议签到表》上写明会议的主题为讨论某某规章制度,让与会职工签名,表明签名职工参与了会议(参见本书文书范本《民主协商会议记录》和《会议签到表》)。

3. 有的用人单位通过电子邮件向员工发布初稿,征求意见,保存电子邮件记录,这也是一种方式,但这要求单位事先就以入职登记表或其他方式确认了员工的联系邮箱。另外,运用此种方式时,将来如果对民主协商程序发生争议,可能需要用人单位请公证机关进行公证,方能作为有力的证据。

请注意,这里所涉及的只是民主协商程序。经过上述程序,用人单位就可以对规章制度草稿进行修正,并颁布正式版本。正式版本如何向员工公示,即公示程序,则是下面要讲述的。

文书范本12:职工意见汇总表范本

职工意见汇总表

<table>
<tr><td>讨论事项</td><td colspan="3"></td></tr>
<tr><td>讨论时间</td><td></td><td>讨论地点</td><td></td></tr>
<tr><td>赞同员工
签名处</td><td colspan="3">同意实施上述规章制度</td></tr>
<tr><td rowspan="8">异议区</td><td colspan="3">注:请说明自己的意见,并签名</td></tr>
<tr><td colspan="3"></td></tr>
<tr><td colspan="3"></td></tr>
<tr><td colspan="3"></td></tr>
<tr><td colspan="3"></td></tr>
<tr><td colspan="3"></td></tr>
<tr><td colspan="3"></td></tr>
<tr><td colspan="3"></td></tr>
<tr><td colspan="4">注:如不够,可复印数份使用</td></tr>
</table>

文书范本13:民主协商会议记录范本

民主协商会议记录

会议时间:

会议地点:

会议主题:　　　　制度(草案)讨论

会议主持人:

会议参与人:

会议记录人:

会议议程及发言纪要:

一、________年____月____日上午____时,________发出通知,就________制度(草案)进行了公示,并连续________日向员工征求意见,与会代表对其向全体员工征求意见的事实予以见证。

二、与会代表认为,该制度(草案)基本合理、符合用工管理需要。并同时指出,希望公司在如下事项上做进一步的改善:

1. ____。
2. ____。
3. ____。

三、公司管理层对以上建议和意见作出如下回应:

1. ____。
2. ____。
3. ____。

四、与会职工代表和公司管理层基于相互理解和员工与企业共同发展的理念就下列问题达成共识:

1. ____。
2. ____。
3. ____。

五、与会职工代表和公司希望在以后的时间内做更进一步的沟通和协商。

签署时间:　　　　年　　月　　日

记录人(签字):

与会代表签字:

文书范本14:会议签到表范本

会议签到表

会议主题			
会议时间		会议地点	
与会人员签到表			

文书范本15:重大事项向全体职工征求意见通知书范本

重大事项向全体职工征求意见的通知

各位同事大家好:

根据《公司法》等有关法律法规和公司章程的相关规定,从公司经营发展的实际出发,公司于________年____月组织修订了"绩效考核办法"(________年版)。就该办法草案,现向全体职工征求意见。

草案请于公司办公平台查阅。

(1)征求意见时间为:自________年____月____日起至________年____月____日止。

(2)意见反馈渠道:

电子邮箱:________________。

联系人:________________。

收件地址:________________。

特此通知。

________公司

年　　月　　日

三、公示或告知程序的操作

公示是现代法律法规生效的一个要件。“法不可知,则威不可测”,那是封建时代的法制观念,应予抛弃。用人单位的规章制度是用人单位内部的行为准则,也应该对适用的对象公示,未经公示或告知,劳动者无所适从,法律也就不认可其约束力。《劳动合同法》第 4 条第 4 款、最高人民法院《关于劳动争议案件适用法律问题的解释》第 50 条都明确规定了规章制度向劳动者公示之后才能作为审理案件的依据。

那么,怎么履行公示或告知程序呢?一般包括如下方法:

1. 会议类方法

如开会讨论,组织规章制度知识考试,组织培训等。注意应保存有关会议或培训的记录,并让员工签字。会议记录可参见前列文书范本《民主协商会议记录》和《会议签到表》。考试可保留员工提交的试卷,请参见文书范本《规章制度考试试卷》,培训可用培训签到表进行记录,请参见文书范本《规章制度培训签到表》。

2. 签收类方法

如发放员工手册,或发放规章制度打印版本,并让员工签字,说明已经收到并阅读相关规章制度,且愿意遵守。请参见下文《员工手册(规章制度)确认函》。

3. 公告方法

在单位的公告栏或者单位网站上公告,公告的形式请参见文书范本《关于公布实施×××制度的公示》。

4. 电子邮件

向每位员工发送电子邮件告知,邮件内容可参考《关于公布实施×××制度的公示》。

5. 作为劳动合同的附件

说明相关规章制度作为劳动合同的附件,员工声明已阅读,规章制度随合同一并生效。

上述方法中,会议类方法与签收类方法风险较小,电子邮件告知的风险较大。不过,在有员工确认其电子邮箱的情况下,或者在某些单位由单位给每个人分配一个独一无二的邮箱并经员工确认的情况下，采取群发电子邮件告知不失为成本低廉的方式，而且如果能保存发送电子邮件的记录，也可以作为相当有力的证据，不过事后在劳动争议程序中，可能要作一个公证。公告方法最难取证，建议只能作为告知与公示的辅助方法，与其他方法配合，不主张仅凭公告方法履行告知程序，否则一旦发生争议，劳动者否认知道规章制度，则面临相当大的风险。

规章制度作为劳动合同的附件，一并由劳动者签收与认可，从告知的角度来看并没有问题，这肯定是一个相当有力的告知的证据。但是这里存在一个问题，既然规章制度成为劳动合同的附件，那也就意味着规章制度的修改和劳动合同的修改一样，必须要经每一名员工同意且分别签订书面变更协议。因此这会给规章制度的修改带来麻烦。所以比较合适的方法，或者说更加准确的表述是，在签订劳动合同时，让员工签字确认，“已收到某某规章制度或员工手册，愿意遵照执行”，但最好不要在劳动合同中加上“规章制度作为劳动合同附件”或“规章制度作为劳动合同的一部分”这样的表述。示例：“乙方确认已收到甲方依法制定的下列规章制度文件，确认已经充分阅读并愿意遵照执行：______________”。

在民主协商与公示告知程序之外，还有一点值得注意，即规章制度的主体问题。规章制度的发布主体肯定只能是用人单位，而不能是用人单位下面某个科室或部门。实务中，很多用人单位委托人力资源部门或其他部门起草制定规章制度，这都是可以的。但请注意，在正式发布时，一定要以用人单位的名义发布。

已通过的规章制度如果要修改，程序与规章制度的制定是一样的，也要经过民主协商和公示告知程序。

《劳动合同法》第 4 条将规章制度与重大事项并提，两者的通过程序与公示程序的要求是一致的。上面所说的适合规章制度的各种方法也都适合于重大事项的通过实施。实务中，重大事项主要是劳动定额、福利发放、员工持股方案等事项。

文书范本 16：规章制度考试试卷范本

________有限公司

规章制度考试试卷（A 卷）

答题人：　　　　部门：　　　　职务：

得分：

本试卷考试内容为：《北京 × × 商贸有限公司员工手册》《 × × 工操作手册》。

总分100分,60分为及格。不及格者将被视为不符合录用条件。

一、填空题(每空2分,计40分)

二、简答题(每题10分,共50分)

三、对公司的建议(10分)

员工承诺

本人已经收到《员工手册》(××年版)一份,并已认真阅读完全部内容,并明白该手册连同经由合法程序修订和补充的本手册相关内容作为公司与本人《劳动合同》的配套文件,与《劳动合同》具有同等法律效力。

我理解遵守《员工手册》是我与公司合作的前提,我将详尽阅读且完全理解手册的各项内容,并谨此声明愿意遵守《员工手册》的所有内容,特别是个人对××公司价值观的承诺、对保密纪律的承诺,并愿意承担违反相关内容的责任。

我明白××公司有权根据法律法规的调整和公司经营发展的需要修改该手册上的有关条款,我愿意接受以书面形式或电子平台形式公布的修改后的手册内容。

我深知良好的价值观是提高个人可雇佣能力的基石,我将遵守公司的价值观并以之作为我在公司工作期间的日常行为的准则依据。

我知道这份承诺书将存放在我在公司的内部档案中,如果我因故离开××公司,我承诺将《员工手册》归还公司。

承诺人签名:　　　所属部门:

年　　月　　日

文书范本17:规章制度培训签到表范本

________有限公司规章制度培训签到表

本人确认参加了________有限公司组织的员工手册(________版)培训课程。本人声明将认真接受培训,仔细了解其全部之内容,并接受公司依据该员工手册对本人进行管理。

部门	姓名	工号	培训日	签字

续表

部门	姓名	工号	培训日	签字

制表：　　　复核：　　　审查：

文书范本18：员工手册（规章制度）确认函范本

确　认　函

致：________公司（下称“公司”）

本人确认已经收到下列文件：

《员工手册》（________年版）

同时本人确认并同意：

1. 上述文件在制定过程中，已经征求包括本人在内的员工意见，经过了民主协商程序。

2. 我已认真阅读并理解了文件全部内容，并得到了公司相关人员的解释。

3. 我同意遵守上述文件的所有内容，特别是个人对公司价值观的承诺、对劳动纪律与行为规范的承诺，并愿意承担违反相关内容的责任。

4. 我明白公司有权根据法律法规的调整和公司经营发展的需要修订、补充上述文件的有关条款，公司将以书面形式、电子邮件、网站等不定期的发布相关通知，我将会及时地接收。

5. 我将妥善保管《员工手册》，如因故导致《员工手册》遗失或损毁，我将及时上报公司。

6. 如果我从公司离职，我承诺将《员工手册》归还公司。

签署时间：　　　年　　月　　日

承诺人签名：

文书范本19:关于公布实施×××制度的公示范本

关于公布实施×××制度的公示

各位同事大家好:

根据《中华人民共和国劳动合同法》《中华人民共和国劳动法》等相关法律法规的要求,公司于________年____月____日召开了职工代表大会,就________制度征询了职工代表的意见,并经讨论协商通过了________制度。现根据该会议精神,公司研究决定:自________年____月____日起开始实施________制度,希望各位同事认真学习并遵照执行。

特此公示!

________公司

年　　月　　日

第四节　规章制度制定的内容要求

一、规章制度的整体要求

规章制度的内容如何起草？首先在整体上应注意如下方面：

1. 逻辑上要严密。对于与法律规定联系紧密的绩效考核、薪资调整、纪律惩处等方面，应特别注意严密性。如绩效考核的两次期限安排、薪资调整的员工确认、违纪行为的累积计算等，通过逻辑上的严密性与合规性，寻求和达成管理与法律上的逻辑协调。

2. 表述上要准确。对于程度的表述用语，尽量客观化、量化，减少主观性。如严重失职，造成公司重大损失的，"重大损失"如何界定？可以通过具体数额的表述予以明确。各类操作规程，要明确谁来做，何时做，做到什么程度等。

3. 内容要合法。程序合法与内容合法两者不可偏废。内容合法尤其要注意劳动关系管理方面，在入职、调岗调薪、离职等关键环节注意合法操作。

4. 适当运用弹性条款。具体有这样几种做法：一是授权条款，如薪资、财务、安全等专门事项，授权相关部门制定细则；二是概括性条款（包括兜底性条款），概括难以穷尽的事项；三是引用性条款，引用有关法律法规，如规定法律法规变化时，按新规定执行。

规章制度必须包括哪些内容，法律并没有作出限制，每个用人单位都可以根据本单位的实际情况制定。但一般来说，用人单位规章制度主要包括劳动关系管理、绩效考核、薪酬福利、考勤休假、商业秘密、奖励惩罚等内容。下文将会分别讲述这些主要版块的重点注意事项。

二、劳动关系管理制度注意事项

劳动关系管理制度这一部分意义重大，对防范用人单位劳动法风险至关重要，该部分制度应当成为人力资源管理部门的操作手册。在劳动法下，劳动关系管理制度至少应达到如下基本要求：

1. 人力资源部统筹所有人员的进出，各部门积极配合；

2. 人力资源管理人员了解劳动法，依法操作；

3. 入职有手续，全部签订合法有效的合同；

4. 劳动合同期满及时续签或终止；

5. 离职依法操作，尽量保证有书面手续；

6. 书面化，给每一名员工都建立员工档案——入职、离职、变更、奖惩的相关材料都要进入档案，并保管至员工离职两年以上。

在上述原则要求指导之下，在劳动关系管理制度的具体细节上，我们还要注意如下关键点：

1. 入职与录用管理制度方面容易出现的问题

(1)录用条件存在就业歧视。存在的风险：导致试用期违法解除，引发劳动争议；可能被劳动行政部门行政处罚。

(2)录用时收取押金、保证金或扣押证件等。存在的风险：引发劳动争议；劳动行政部门可责令退还并处以罚款。

(3)试用期过后再签订劳动合同。存在的风险：口头约定试用期无效，用工超过1个月未签订劳动合同应支付双倍工资。

(4)试用期期限约定违法。存在的风险：违法约定的试用期无效，超过法定试用期的，应按照超过期间以转正后工资为基数向员工支付相关待遇。

(5)单独约定试用期。存在的风险：约定的试用期无效，不能以不符合录用条件为由解除，且签订转正后合同时，构成连续订立两次劳动合同。

(6)试用期工资约定违法。存在的风险：构成拖欠工资，劳动者可要求补发工资，劳动行政部门将责令改正并可要求赔偿。

(7)试用期不上社会保险。存在的风险：被责令补缴，劳动者可随时解除劳动合同并要求经济补偿。

(8)试用期任意延长。存在的风险：延长试用期可能会被认定为再次约定试用期,延长后的试用期超过法律规定的标准的,构成违法约定试用期。

(9)续订劳动合同时再次设定试用期。存在的风险:构成违法约定试用期。

(10)试用期内随意辞退员工。存在的风险:试用期内辞退员工不是无条件的,随意解除可能构成违法解除。

2. 劳动合同变更制度容易出现的问题

(1)随意调岗调薪。存在的风险:变更劳动合同应当经双方协商一致,或有法定的理由。随意调岗调薪,员工可以要求用人单位继续按原劳动合同约定的岗位和薪资履行。

(2)随意调整工作地点。存在的风险:变更工作地点也属于变更劳动合同,需双方协商一致或有法定理由。随意调整工作地点,员工可以要求用人单位继续按原劳动合同约定的工作地点履行。

(3)调岗调薪或劳动合同有其他变动后未及时通知或未办理书面手续。存在的风险:变更劳动合同应当采取书面手续,至少应该通知到员工,否则存在员工主张未变更的风险。因此,调岗调薪应更多地在劳动合同中约定。

3. 离职管理制度容易出现的问题

(1)未依地方法规要求提前通知终止劳动合同。存在的风险:某些地方性法规(例如,北京)规定劳动合同到期终止时,用人单位需提前通知,否则可能引发赔偿责任。

(2)要求员工提前超过30日通知辞职。存在的风险:法律规定员工提前30日书面通知即可辞职,要求超过30日辞职属于违法。而规章制度违法时,员工可以随时解除劳动合同,并要求支付经济补偿。[1]

(3)不及时办理退工手续。存在的风险:单位应当在解除或终止劳动合同时出具相关证明,并在15日内为员工办理档案和社会保险关系转移手续。违法不及时办理退工,对员工造成损失的,应当承担损害赔偿责任。

(4)离职交接手续不明确。存在的风险:员工离职是劳动法律风险控制的重要一环,如果不明确,容易使员工的离职管理缺乏把控,易生风险。有些单位,员工何时离职的?什么原因离职的?有没有交接清楚?离职手续中都不明确,这是风险很大的。

〔1〕 这个例子在实务中有争议,详见本章第五节“规章制度内容违法的后果”中的相关内容。

三、培训管理制度注意事项

1. 培训类型

按照《劳动合同法》的规定，培训类型可以分为三种：一是入职培训。入职培训的内容，一般主要是用人单位的企业文化、组织结构、用人单位的规章制度以及其他与工作有关的要求等。入职培训不能签订培训服务期协议。如果是在试用期内，可以将培训是否合格与员工是否符合录用条件相挂钩。二是因员工不能胜任工作而进行的培训。在用人单位通过员工的表现或考核确认员工不胜任工作时，不能直接解除劳动合同，必须先进行调岗或培训，再次考核不合格时方可解除。因此用人单位可以在培训制度中约定此种情形下培训的具体内容、操作方法、如何保留培训记录等。三是专业技术培训。就此用人单位可以与员工订立培训服务期协议，员工违反服务期约定，提前解除劳动合同的，需要向用人单位支付经济补偿金。用人单位需要在制度中规定此种培训下的具体操作方法、流程，何时签订培训服务期协议，由哪个部门负责签订，协议的保管等。

2. 培训纪律

对接受外部培训的员工而言，由于其培训所在地并不一定在公司日常管理的范围内，所以对接受外部培训员工的培训纪律要严格要求。公司对于出现无故不参加培训，或者培训不尽心导致培训考核不合格等情形的，应结合公司的惩处制度，管控和约束培训期间员工的态度与行为。

3. 培训期间有关待遇

如果是员工受单位指派参加培训，双方没有特别约定，则单位仍应向员工支付工资。但在培训期间的浮动工资、奖金、福利等如何发放，规章制度可以对此进行约定，以免争议。当然，也可以在培训协议中予以明确约定。

四、绩效考核制度注意事项

1. 绩效考核与调岗调薪

在劳动法强调劳动关系长期化的局势下，通过绩效考核等制度来对员工的岗位薪资进行调整，成为规章制度的重要目的。用人单位可以建立以岗位胜任为标准的绩效考核制度，考核不合格则可直接调岗，这是合法的。也可以在劳动合同中将合同期限与岗位期限分开，岗位期限届满时，通过绩效考核来决定是否继续在原岗位聘用。绩效可以与薪资挂钩，绩效考核不佳时，薪资也降低。这不是变更劳动合同，而是劳动合同的具体履行问题，是合法的。

2. 绩效考核与非过错解除

首先绩效考核结果应与是否胜任工作挂钩，要在规章制度中明确，考核低于什么标准时，认定为不胜任工作。员工经考核认定为不胜任工作的，公司在对其进行调岗或培训后，考核仍然不合格的，可以在提前通知和支付员工经济补偿金的前提下，进行淘汰，解除劳动合同，也就是说，此种情形下至少需要两次考核。这就需要用人单位设定合适的绩效考核周期，可以将短期的简易考核（如月、季度）与年度的考核相结合，或者单独设计一种不胜任工作的跟踪考核，如在确定不胜任工作并进行培训或调岗后，1 个月后再进行一次跟踪考核，考核仍不合格的，解除劳动合同。

3. 绩效考核与法律认可

对于绩效考核，尤其是不利的绩效考核结果，员工不接受是常见的。员工不接受是否就会影响考核结果的有效性呢？通常认为，绩效考核管理属于用人单位经营自主权的范围，只要依法制定，通过了民主程序与公示程序，司法机关一般会认可。至于考核的实质标准是否公平合理，实务中没有明确标准，毕竟司法机关也不是绩效考核专家。一般来说，具有较强客观性（考核项目、考核因子中客观因素比重较大）、针对岗位特别设计、考核内容较细致较全面的考核更能被认为是公平合理的。另外，员工事前或事后的同意也是很重要的考量因素。

五、薪酬福利制度注意事项

1. 工资结构

首先，工资与福利应作合理区分。降低工资基数，而设置更多福利，对用人单位来说有不少好处：能帮助员工减少个人所得税，有利于留住员工，而且福利的调整是可以由用人单位自主决定和安排的。其次，工资结构应尽量采用复合结构而非单一结构型，即工资构成应分为两大块：固定部分与浮动部分。工资调整时，尽量调整浮动部分，以此减少风险。

2. 工资的支付

规章制度可以规定发薪日。如果该日期同时是节假日或休息日,则应当提前在最近的工作日支付。

3. 工资的变动和扣减

依据规章制度的规定,用人单位适当调整浮动工资或奖金不应被认定为工资约定的单方变更。另外,在员工出现违纪、过错造成用人单位损害时,用人单位可以扣减员工的工资。但无论如何,只要员工提供了正常劳动,用人单位都不得低于最低工资标准支付劳动报酬。

4. 工资保密制度

规章制度可以规定工资保密制度,违反工资保密制度的行为可以定性为违反规章制度的行为而予以相应处分。

5. 奖金发放制度

如果用人单位希望保持奖金发放的灵活性与自主性,则必须在制度中明确表明,“奖金发放的金额与时间由用人单位根据经营效益与员工表现自主决定”,并可以明确表明,“奖金实际发放日之前已经离职(无论何种原因离职)的员工,不再享受奖金”。

六、考勤休假制度注意事项

1. 工作时间

对于标准工时制和综合计算工时制,要注意用餐时间的规定,防止劳资双方就用餐时间是否计入工作时间产生不必要的争议。对于不定时工作制而言,应通过定期会议制度和绩效考核制度来保障不定时工作制的员工的工作秩序和效率。

2. 迟到、早退与旷工

三者应有清晰的定义,出现这些情况时如何惩罚应明确(惩罚应合理),可以引入阶梯型的惩罚机制。

3. 加班、值班

加班审批制度应建立,休息日加班如何调休应明确,值班可以不按加班处理,但对值班的安排、内容、待遇应有明确规定。

4. 各种假期的管理

对于法定假期，如年休假、婚假、丧假等，用人单位应当保障员工在实体上的休假权，但可以对请假程序作必要的制约。如请事假的，用人单位可安排年休假；婚假应该在领取结婚证后一定期限内休假，且应一次性休完，等等。对于非法定休假，用人单位可以在兼顾用人单位利益和员工利益的基础上自主设定和安排。

七、商业秘密制度注意事项

1. 商业秘密的范围、密级、保密措施，属于商业秘密的具体文件、信息等，应予明确；划分一定密级，可实行更有效的管理；对各种商业秘密应采取何种保密措施，各部门、各层级的人员负有何种责任，规章制度均可予以明确。

2. 知识产权的归属。规定员工在工作期间形成的有关知识产权，包括商业秘密，属于职务技术成果还是非职务技术成果。前者使用权、转让权属于用人单位，员工只享有技术成果的署名权。非职务技术成果的使用权和转让权则属于完成该技术成果的个人。

3. 保密待遇。一般认为，用人单位要求员工保密并非必须要支付保密费。但如果支付，则可以在规章制度中予以明确。

4. 违反保密义务的责任。规章制度中可以对员工违反保密制度的行为进行惩戒，可将比较严重的行为界定为严重违反规章制度的行为，用人单位可与之解除劳动关系。

八、奖惩制度注意事项

1. 奖励。奖励的种类法律没有明确规定，用人单位可自主设定，但为了便于执行，奖励条件应明确具体。

2. 惩处。一是要注意哪些违规行为应受到什么惩处，要明确具体，同时又要有概括性的、兜底性的条款；二是实施惩处应有一定程序，应有一个惩处之前违纪事实搜集、保留证据、听取员工申辩的过程。

用人单位能否设置经济处罚，这在《企业职工奖惩条例》废止后成为一个问题。目前的主流观点是,经济处罚制度如果经合法的民主与公示程序通过,且处罚金额相对合理,则应该是有效的。不过,如果用人单位想保证其合法性,则最好采取根据规章制度扣减奖金或降低考核工资等方式。另外根据《工资支付暂行规定》第16条的相关规定,每月扣除的部分不得超过劳动者当月工资的20%。若扣除后的剩余工资部分低于当地月最低工资标准,则按最低工资标准支付。

文书范本20:适合中小企业的员工手册范本

员工手册

前　言

尊敬的各位员工:

您好!为健全管理制度和组织功能,规范员工行为,提升员工队伍整体素质,明确公司和员工双方的权利和义务,________公司(以下简称公司)特地制定本手册。

本手册是公司对员工管理的基本准则,它介绍了公司的基本情况,解释了公司的规章制度以及其他相关规定,包括员工聘用与工作职责、工作时间与休假、考核与奖惩、薪资与福利、培训与发展、环境安全与卫生等信息,是与每一位员工在公司的工作、生活息息相关的综合性手册。

本手册可以帮助您迅速适应工作环境,请您务必仔细阅读,经常重温本手册会有助于您在公司充分发挥自己的才能并获得职业生涯的成功。本手册适用于公司全体员工,它不仅是一本指南或者参考,而且是公司全体员工必须严格遵守的行为规范。

本手册由公司人力资源部编写,已经过协商程序,并经公司最高管理层批准并实施。本手册自实施之日起替代了之前所有旧版本手册。

本手册及相应的规章制度将根据公司的生产经营的情况进行不定期的修订或补充,员工应及时通过电子邮件、公司办公平台查阅了解公司颁布的最新制度,并按最新的制度执行。

本手册内容如与国家或地方法律法规相违背,则以国家或地方法律、法规和规定为准。

公司人力资源部保留本手册内容的最终解释权。

________公司

第一章 公司介绍

一、公司简介(略)

二、公司使命(略)

三、公司发展战略(略)

四、公司文化(略)

五、公司组织架构(略)

第二章 劳动关系管理制度

第1条 适用范围

本制度适用于公司所有部门(包括生产、销售、财务等各部分,以下简称各部门),适用于所有与公司建立全日制劳动关系员工。

公司的劳务派遣用工、退休返聘员工、实习学生、非全日制用工等,应参照适用规章制度中关于员工行为规范、劳动纪律、考勤等方面制度。

第2条 风险防范

人力资源部是公司用工管理的负责部门。人力资源部门应提高风险防范意识,对公司所有部门的所有用工均按本制度进行有效管理,建立完善的职工档案,保留相关书面材料。各部门亦应加强用工规范化,配合人力资源部门进行劳动关系管理。

公司任何部门有任何员工入职,无论是短期用工还是长期用工,无论是农村用工还是城镇户口用工,部门主管均应通知人力资源部门,并通过人力资源部门办理有关入职手续。

公司任何部门的任何形式用工,在发生劳动合同到期、终止、辞职或辞退、员工私自离职等情形而导致终止用工时,部门主管均应与人力资源部门联系,并配合人力资源部门办理有关离职手续。

第3条 职工档案

人力资源部门应建立每一位员工的档案,并妥善保管。档案中应存入下列材料:

1. 员工身份材料;

2. 员工入职时提交的学历、学位证书,入职登记表,履历,专业技能证书,离职证明等;

3. 劳动合同、保密协议、竞业限制协议等有关劳动关系协议;

4. 有关考核材料、职务变动材料、奖励或处罚材料;

5. 辞职报告、解除劳动合同通知书、离职交接单、离职审批单等有关离职手续。

职工档案不同于职工人事档案,属公司所有,职工离职后亦由公司保存。人力资源部门应至少保存职工档案至员工离职后两年以上。

第4条　用人原则

公司在用人方面遵循下列原则:

1. 公开招聘、择优录用的原则。公司员工在被聘用及晋升方面享有均等的机会,不会因员工的民族、种族年龄、性别等状况以及宗教不同而给予不同的待遇。

2. "德才兼备"的招用原则。公司每一个工作岗位均应招聘具有良好道德素质和胜任该岗位的才能的员工。

3. 计划控制原则。各部门根据公司下发的各部门设置及人员编制,于每年年底协助人力资源部,制订下一年度本部门的人员配备需求增补计划上报总经理批准。经总经理批准后,作为该年度人员配备增补的依据。

各部门因特殊情况需要超年度计划增加人员编制时,必须向人力资源部提交超计划增员申请报告,经总经理批准后方可实施。

第5条　不得聘用情形

有下列情形之一者,不得聘用为本公司员工:

1. 被剥夺政治权利者;

2. 通缉在案未撤销者;

3. 受管制、拘役、有期徒刑、无期徒刑等刑罚尚未期满者;

4. 曾经被本公司开除或未经核准而擅自离职者;

5. 曾因贪污、挪用公款或单位款物受刑罚者;

6. 经指定医院体检不合格者;

7. 患有精神病或传染病者;

8. 吸用毒品者;

9. 未满16周岁者;

10. 外国人、我国港澳台地区居民未办理在我国大陆地区用工手续者;

11. 法律法规规定的其他情形者。

第6条　招聘审批权限

审批权限(副总以下人员任免)	权限对应职位
建议权	用人部门主管副总经理、人力资源部长、总经理
确定、否决权	总经理

第7条　招聘流程

员工招聘流程如下:

1. 本公司各部门出现岗位空缺时,应由部门主管提出申请,经人力资源部核准,总经理批准后,由人力资源部办理聘用事宜;

2. 人力资源部根据领导招聘决策作出招聘计划和方案;

3. 人力资源部根据招聘计划和方案招募应聘者并进行初步筛选;

4. 根据岗位的具体信息和重要性确定考官;

5. 通过考试、面试等方式进行甄选;

6. 通过体检、背景调查等方式作出聘用决策;

7. 人力资源部通知员工入职并办理入职手续。

第8条　自主招聘

实行承包责任制的部门可自主招聘,但同样应严格按公司的招聘标准进行,并在确定录用后通知人力资源部门,按照本办法规定到人力资源部门办理报到和入职手续,签订有关协议。部门不得自行与拟招聘人员签订劳动合同或其他协议,也不得向拟招聘人员发出有签字或盖章的录用通知书等文件。

第9条　录用通知

经招聘程序决定录用之人员,由人力资源部负责通知其报到时间与地点。通知方式采取电话或电子邮件方式,不采取加盖公章的书面形式。

第10条　报到手续

应聘人员,应当按照录用通知所确定的日期、时间、地点,亲自办理报到手续。

员工在报到当天应缴验下列证件:

1. 学历、学位、职称、专业技能证件,身份证和户籍证明(正本核对后返还,复印件留存);

2. 本人最近一寸免冠证件照片各4张;

3. 原服务单位的离职证明(解除劳动关系证明和退工单);

4. 已就业者须提交社会保险关系与住房公积金转移手续;

5. 应届毕业生需提供高校就业指导中心规定的有关证件材料;

6. 通知提交的其他材料及证明。

应聘人员，未于通知时间、地点办理报到手续者，视为拒绝接受本公司聘用，该通知自动失效。

第11条 入职登记

被公司录用的员工在报到时必须亲自认真填写公司《入职登记表》，《入职登记表》包括以下资料：

1. 相对固定信息：员工的姓名、性别、出生日期、国籍、民族、籍贯、血型、身份证号码护照号码、入职本公司之前的工作经历和奖惩记录；

2. 相对可变信息：手机号码、电子邮箱、联系地址、邮政编码、联系电话、紧急联系人信息、教育背景、培训和进修记录、婚姻状况、家庭成员和主要社会关系及其相关信息；

3. 其他入职登记表上要求阐明的各类事宜。

员工应确保所填写资料正确属实，并经员工本人签名确认，作为公司保存的员工个人聘用记录。员工所提交信息均作为公司聘用的依据，如果员工提供不正确的或虚假的信息并与公司建立了劳动关系，公司有权单方面决定解除与其签订的劳动合同。

《员工登记表》中所登记的信息如果有所变动，自变更发生之日起30日内员工有责任书面通知公司人力资源部，在未收到书面通知之前，公司仍将认定原信息真实有效，由此而产生的一切后果由员工本人承担。

第12条 领用物品

入职员工应签收领取员工手册或公司规章制度，领用有关证件及工作用具，填写办公室用品配备明细表。如无特别说明，领用材料仍属公司所有，员工应妥善使用和保管，离职时应归还。

第13条 入职手续

人力资源部应在入职时办妥如下手续：

1. 审核新入职员工的各类证件的原件，并复印存档；人力资源部应经过审核后，应要求员工在复印件上加注“复印件与原件一致”并由员工本人签名；

2. 审阅入职员工与原单位的离职手续，并存档，必要时与员工原单位核实有关离职情况，确保不会招用未与原单位解除劳动关系的员工；必要时还应审查该员工是否与原单位存在竞业限制义务；

3. 协助员工填写有关入职登记表；

4. 协助员工签收并讲解公司规章制度，以及其他物品的签收手续；

5. 签订有关劳动关系书面协议。

如员工报到材料不全,应督促员工事后补全材料。

所有入职材料均应存入职工档案。

第 14 条　合同签订

人力资源部应督促所有用工均在入职时签订有关协议。

通过劳务派遣到公司来工作的派遣员工无须签订劳动合同。全日制学校学生来公司实习应签订《实习合同》,已达退休年龄(男满 60 周岁,女满 50 周岁,女干部满 55 周岁)的聘用员工应签订《退休返聘协议》,非全日制用工应签订《非全日制用工合同》。

其他所有员工在入职前或入职同时,即应与公司签订正式书面劳动合同。

第 15 条　拒签处理

如果员工拒绝当场签订书面劳动合同,则应由人力资源部向其发出《催签劳动合同通知》,督促其在入职 1 个月内签订劳动合同。如该员工仍拒绝签订,则人力资源部应与其办理劳动关系终止手续,终止其用工。

第 16 条　劳动合同期限

劳动合同的期限有以下三种形式:有固定期限的劳动合同、无固定期限的劳动合同和以完成一定工作为期限的劳动合同。

人力资源部应根据员工工作的实际情况,选择其中的一种形式与员工签订劳动合同,并在劳动合同中明确合同期限和相应的试用期。

第 17 条　试用期

新员工被录用后,一律实行试用期。试用期时间具体规定如下:劳动合同期限 3 个月以上不满 1 年的,试用期为 1 个月;劳动合同期限 1 年以上不满 3 年的,试用期为 2 个月;3 年以上固定期限和无固定期限的劳动合同,试用期为 6 个月。

以完成一定工作任务为期限的劳动合同或者劳动合同期限不满 3 个月的,不应约定试用期。员工已过试用期后换岗或者续签劳动合同者,不应重新约定试用期。

公司禁止使用单独的试用期合同。

新员工试用期满 15 日前,人力资源部门应当询问有关部门,是否决定将其转正,如果准备不予转正,则人力资源部门应组织作出试用期考核,评定其是否符合录用条件,并交由总经理审定。评定不符合录用条件的,公司可解除劳动合同,并不予支付经济补偿金。

试用期间内，因员工的原因请假超过10日的，试用期相应顺延不视为变更劳动合同。

第18条　录用条件

录用条件包括通用条件（适合公司招聘的所有员工）与专门条件（适合各个岗位的员工）。试用期内发现或发生下列情形之一者，视为不符合通用录用条件：

1. 用工就业手续不完备；

2. 员工未完成所担任岗位的指标或者任务，或者不胜任甲方安排的工作和甲方规定的岗位职责；

3. 试用期内请事假及病假超过3日，或迟到及早退超过4次，或有旷工现象的；

4. 员工所提供信息有弄虚作假或隐瞒的；

5. 有顶撞上司的行为；

6. 试用期内与其他员工发生激烈争吵或肢体冲突者；

7. 不能够提供办理录用、社会保险等所需要的证明材料的，或者不能按公司要求提供真实人事档案的；

8. 患精神病或按国家法律法规应禁止工作的传染病，或身体健康条件不符合工作岗位要求的；

9. 与原用人单位未依法解除、终止劳动关系的；

10. 与原用人单位存在竞业限制约定且在竞业限制范围之内的；

11. 试用期内被通缉或被取保候审、监视居住的；

12. 入职后不同意购买社会保险或者不按甲方制定的劳动合同版本签订劳动合同的；

13. 隐瞒曾经受过法律处罚或者纪律处分的事实的；

14. 未通过试用期内考试的；

15. 试用期考核得分不满60分或不合格者。

公司将参考同事评价、上级评价、业绩表现、出勤状况等各方面因素对员工进行试用期考核，该考核可能有相当程度的主观因素，员工应予理解。如有争议，仍以公司的考核结论为准。

第19条　新员工培训

试用人员应接受新员工培训。新员工培训由人力资源部与用人部门共同组织实施。

培训结束后,公司将组织考试。考试不合格者将被视为试用期内不符合录用条件,请员工慎重对待。

第20条　工作内容

员工的工作内容及要求以劳动合同和公司规章制度为准。

公司要求员工在工作时全身心地投入到工作中去,员工应按公司的工作要求和考核目标,按时、按质、按量地完成其工作内容,并力争达到最佳工作表现。

部门经理或者员工的直接上级有责任向员工解释其工作范围、责任及要求。员工有权向所属部门经理或者上级清楚地了解其工作范围、责任及要求。

第21条　调岗

各部门主管应按其直接管辖人员的个性、知识、技能等因素,调配适当工作,以做到人职匹配、人尽其才、才尽其用。员工也可以根据公司人力资源部公布的空缺职位申请调动。

公司将视员工在本岗位的工作年限及工作表现来决定是否同意员工的转岗申请。一般情况下,新员工在试用期内不得申请调职。员工转岗必须报人力资源部,由人力资源部核准,公司最高管理层批准生效,并由人力资源部出具调岗通知书。

员工接到调岗通知书后,管理人员应于7日内、一般员工应于5日内办妥移交手续,前往新岗位报到,具体报到时间以通知为准。调任员工在接任者到职前,其所任职务由原属主管指派适合人选暂行代理。

当出现下列情况之一时,公司可调整员工岗位:

1. 连续2个月无法完成月任务业绩指标的;

2. 因公司项目撤销或完成、机构调整、部门撤销、岗位合并、设备更新等发生变化,导致不能安排原岗位工作的;

3. 员工不论何种原因连续1个月以上未到岗上班,公司已安排其他员工替换员工原岗位,员工重新到岗上班的;

4. 员工的父母、配偶、子女、兄弟姐妹在公司工作,公司认为不利于工作需要调岗的;

5. 订立劳动合同时所依据的法律、行政法规、行政规章发生变化,导致岗位必须进行调整的;

6. 根据员工的工作表现、身体状况以及甲方生产经营的需要等情况,需要调岗的;

7. 绩效考核不合格的。

调岗后，相应的薪资级别也将随岗位的变化而变化。

第22条　劳动合同的变更

在薪资、岗位、工作地点等重要条款或条件发生时，人力资源部应负责与员工签订书面《劳动合同变更协议》。

经公司审批与员工签字认可的调岗手续，等同于书面的劳动合同变更协议。

第23条　劳动合同的终止

出现下列情形之一的，劳动合同终止：

1. 劳动合同期满不再续签；

2. 员工已达退休年龄或开始享受基本养老保险待遇的；

3. 员工死亡，或者被人民法院宣告死亡或者宣告失踪的；

4. 公司被依法宣告破产的；

5. 公司解散、被吊销营业执照或者责令关闭的。

第24条　劳动合同到期

劳动合同到期40日前，人力资源部门应征询相关部门及公司领导意见，确定是否续签劳动合同，并在劳动合同到期________日前书面通知员工合同终止或续签。续签的，应于劳动合同终止前办妥有关续签劳动合同手续。

禁止在劳动合同到期后不办理续签手续，继续用工。各部门应配合人力资源部门办理续签手续。

第25条　协商解除劳动合同

经公司和员工双方协商一致，可解除劳动合同。协商解除劳动合同的，人力资源部门应负责与员工签订《协商解除劳动关系协议》。

第26条　员工过错时解除

员工出现下列情况之一的，公司可以即时解除劳动合同且无须给予员工任何经济补偿：

1. 在试用期间被证明不符合录用条件的；

2. 严重违反公司规章制度的；

3. 严重失职，营私舞弊，对公司利益造成5000元以上损失的；

4. 员工同时与其他用人单位建立劳动关系，对完成公司的工作造成严重影响，或者经公司提出，拒不改正的；

5. 以欺诈、胁迫的手段或者乘人之危，使公司在违背真实意思的情况下订立或者变更劳动合同的；

6. 被依法追究刑事责任的。

员工未办理任何请假或离职手续不再上班者，以旷工处理，在构成严重违反公司规章制度的条件下，公司应以严重违反公司规章为由通知其解除劳动关系。

第27条　员工无过错时解除

员工有下列情况之一的，公司可以提前30日以书面形式通知员工本人或者额外再支付1个月工资后，解除劳动合同：

1. 员工患病或非因工负伤，医疗期满后不能从事原工作，也不能从事由公司另行安排的工作的；

2. 员工不胜任工作，经过培训或调整工作岗位，仍不能胜任工作的；

3. 劳动合同订立时所依据的客观情况发生重大变化（包括但不限于因公司项目撤销或完成、机构调整、部门撤销、岗位合并、设备更新导致人员编制与岗位调整），致使无法履行本合同，经双方协商不能就变更合同达成协议的。客观情况的。

第28条　经济性裁员

有下列情况之一的，公司需要裁减人员________人以上或者不裁减不足________人但占据公司职工总数________%以上的，公司提前________日向工会或者全体职工说明情况，听取工会或者职工的意见并向劳动保障行政部门报告后，可以裁减人员：

1. 依照用人单位破产法的规定进行重整的；

2. 生产经营发生严重困难的；

3. 用人单位转产、重大技术革新或者经营方式调整，经变更劳动合同后，仍然需裁减人员的；

4. 其他因劳动合同订立时的所依据的客观经济情况发生重大变化，致使劳动合同无法履行的。

第29条　员工辞职

员工提前________日以书面形式通知人力资源部门，可以解除劳动合同，但双方有服务期约定的除外。

第30条　自动离职

员工未履行请假手续连续旷工超过7日以上，或经公司通知仍不来出勤的，视为员工自动离职。由此造成公司损失的，公司有权要求赔偿。

第31条　员工离职工作流程

离职事由出现→人力资源部门与员工部门领导组织进行离职面谈→人力资源部门与员工就违约金、经济补偿金、工资结算、竞业限制等相关事宜与员工沟通并达成初步一致→员工填写人力资源部门制作《离职审批表》报公司领导批示→人力资源部门与员工签署有关文件→员工按《离职交接单》办理离职手续→人力资源部门出具《解除/终止劳动合同证明书》及声明并办理有关档案与社保转移手续。

所有员工的离职均应经过总经理审阅。

第32条　离职面谈

对离职员工，该部门领导及人力资源部应与离职员工进行谈话，谈话应包括下列内容：

1. 了解员工辞职缘由；

2. 回答员工可能有的问题；

3. 征求对公司的评价及建议。

对离职谈话内容应做详细记录，经员工和谈话人共同签字，并存入员工档案。

人力资源部应定期对员工离职原因进行统计分析，并撰写相关报告交公司最高管理层参考。

第33条　离职手续

离职员工都应当按照《离职交接单》及其相关要求，认真进行工作移交，向相关部门归还属于公司的财物。

相关部门（车间或班组）负责人，应当认真查验离职员工归还的财物或者相关资料。发现问题应当及时向离职员工指出，并认真做好记录；重大问题需及时报告公司领导。

离职员工未按照规定进行工作移交和财物归还的，或者在移交或归还中发现给公司已造成损失的，公司可要求该员工进行合理的赔偿。相关金额由公司从该离职员工的结算工资中扣除；若无工资结算的，该员工应当以现金一次性赔偿给公司，公司应出具相关收据。员工拒不赔偿的，公司可通过法律途径追索。

离职员工移交或者归还财物或者相关资料无误，相关部门（车间或班组）负责人应在《离职交接单》相关位置签名确认。

办理员工辞职事宜以保密方式处理，并保持工作连贯、顺利进行。

第34条　移交物品

辞职员工应移交物品包括但不限于下列物品：

1. 公司的文件资料、电脑磁片；

2. 公司的项目资料、客户资料；

3. 公司价值在30元以上的办公用品；

4. 公司工作证、名片、识别证、钥匙；

5. 辞职员工负责的电脑设备、电话等；

6. 其他属于公司的财物。

第35条　款项结算

办妥有关交接手续后，辞职员工可到公司财务结算下列款项：

1. 工资；

2. 应付未付的奖金、佣金；

3. 其他依法应向员工支付的款项。

结算上述款项时须扣除以下项目：

1. 员工拖欠未付的公司借款、罚金；

2. 员工未依规定办理交接手续的赔偿金；

3. 员工因其他违反劳动合同约定或规章制度规定而应对公司承担的赔偿金；

4. 原承诺培训服务期未满的违约金。

第36条　离职文件

在任何员工离职时，人力资源部门均应督促办理下列书面手续，具体包括如下：

1. 员工自动辞职的，应有书面辞职信。

2. 双方协商解除的，应有书面解除劳动合同协议书。

3. 公司单方面解除的，应有员工签收《解除劳动合同通知书》的书面记录。如果员工私自离职或有其他下落不明的情况，应通过邮寄送达至员工认可的通信地址，且保留邮寄回执（回执上应写明送达文件为《解除劳动合同通知书》）存入员工档案。

4. 劳动合同到期终止的，人力资源部应提前30日书面通知员工，并保留员工签收通知的书面记录。

员工辞职的，人力资源部门应督促其签署离职声明或离职协议。

以上书面文件均应存入职工档案。

第37条　离职管理部门

公司任何部门发生任何形式的用工终止事宜（包括员工私自离职或下落不明）时，均应由部门主管及时通知人力资源部，并配合人力资源部办妥有关离职手续。

人力资源部应审查离职风险,确保有关手续完备。人力资源部应尽量使用员工主动离职以及协商一致离职的方法。

全体公司员工均有义务配合人力资源部及相关部门办理有关离职手续。

第38条　离职表示有效性

员工离职时未完全按照规章制度的流程操作,但员工已经提出离职或者确认离职的,不影响员工离职表示的有效性。

第39条　档案转出

员工离职后15日内需自行办理档案转出手续,逾期公司将不再履行有关保管义务。

第三章　员工行为规范

第1条　行为准则

员工在工作中应当遵守以下行为准则:

1.严格遵守公司一切规章制度及工作守则;

2.工作中尽忠职守,服从领导,团结同事,保守业务秘密;

3.平时爱护公司财物,不浪费,公私分明;

4.不做任何有损公司声誉的行为。

第2条　行为细则

员工务必仔细阅读以下行为细则并严格遵守:

1.员工应按规定时间上下班,不得无故迟到、早退;

2.员工在工作时间内不得随意离开工作岗位,如需离开应向主管请示;

3.员工在工作时间内,未经核准不可接见亲友或与来宾谈话,如确实因重要原因必须会客时,应经主管人员核准,在指定时间、指定地点进行;

4.员工每天应注意保护自身和同事的安全与健康,维持作业、办公等区域的清洁和秩序;

5.员工不得携带违禁品、危险品或者与工作无关的物品进入工作场所;

6.员工不得私自携带公物离开公司,如因工作原因确须携带,须征得主管人员的同意;

7.员工在工作时应尽忠职守,服从上级安排,听从上级的工作批示和指导;

8.员工对工作的汇报应遵循逐级向上报告的原则,不宜越级呈报,但紧要或特殊情况不在此限;

9.员工在工作时间应全神贯注,努力提高工作效率,严禁看与工作无关的书籍、报纸、杂志;

10. 员工在上班时间内禁止打电话聊天、上网聊天、玩游戏、看电影、听音乐、吃零食或做其他一切与工作无关的事情；

11. 员工不得在办公场所大声喧哗，打电话时声音应尽量不影响其他人工作；

12. 同事之间应通力合作，同舟共济，不得吵闹、斗殴，不得聊天闲谈甚至串岗聊天，搬弄是非，以维护正常的工作秩序；

13. 员工无论在上班或休息时间都应尊重其他同事，未经许可不得翻阅或挪用他人的物品和文件（特殊工作、紧急情况除外）；

14. 未经主管或部门负责人的允许，员工不得进入变电室、质量管理室、仓库及其他重地；

15. 员工不得经营与本公司类似及职务上有关联的业务，或兼任其他同业用人单位的职务；

16. 员工应严格遵守公司的制度规定、办事程序，绝不泄露公司的机密；

17. 员工不得借职务之便，贪污舞弊，接受招待，或以公司名义在外招摇撞骗；

18. 员工不得打听同事的考绩结果和薪酬收入；

19. 员工应爱惜并节约使用公司的一切财产物品。

第3条　着装

有公司统一制服的，上班时间应着统一制服；无统一制服的，着装应相对正式，不得太花哨或太透、太露。

男士不得穿背心、无领衫、沙滩裤、凉鞋或拖鞋上班。女士不得穿背心、吊带装、无袖衫、超短裙、休闲短裤或拖鞋上班。

第4条　员工礼仪

员工礼仪应符合通常公共场合之礼仪规范。

员工接听外部电话时，应用普通话主动应答："您好，某某公司……"

员工在处理对外事务中，应用普通话，使用"您好、欢迎、请、谢谢、对不起、再见、请走好"等礼貌用语。

对来访公司的任何客人，每个员工都有接待之职，都必须用主动热情的态度做好接待或解释工作，无论何种原因，都不得与外来客人大声争吵，影响工作秩序。遇到委屈之事，应采取暂时回避态度，并通过正常渠道向上反映。

第5条　防盗意识

员工下班时，必须关闭其所使用的电器和门窗，锁好抽屉，以防有关文件及其他物品遗失或被盗。公司不希望员工将贵重的私人物品、钱财带入公司，以免发生不必要的麻烦。

第四章　工作时间、考勤与休假

第 1 条　总则

为了规范公司考勤管理，严肃工作纪律，有效提升员工的敬业精神，并使员工的工资核算做到有法可依，结合我公司实际情况，特制定本规定。

第 2 条　适用范围

本制度适用于本公司全体员工。

在本公司工作的劳务派遣人员应遵守本制度。

在本公司工作的退休返聘人员、实习人员在工作时间、请假流程方面应遵守本制度。

第 3 条　工作时间与打卡

1. 工作时间：周一至周五

上午 9:00 ~ 12:00

下午 13:00 ~ 18:00

中间作为午餐、休息时间，不作为工作时间。

2. 因工作需要，公司可将正常工作日与公休日调换，员工应予服从。如果员工未履行请假手续而无故不上班的，作“旷工”处理。

因工作需要，公司安排员工在休息日工作，公司可先行安排补休，员工应当服从公司的补休安排；如无法安排补休的，公司按 2 倍工资支付报酬。

3. 公司实行上、下班指纹录入打卡制度。全体员工都必须自觉遵守工作时间，实行不定时工作制的员工不必打卡。

4. 打卡次数：一日两次，即早上上班打卡一次，下午下班打卡一次。

(1) 打卡时间：打卡时间为上班到岗时间和下班离岗时间；

(2) 因公外出不能打卡：因公外出不能打卡应填写《外勤登记表》，注明外出日期、事由、外勤起止时间。因公外出需事先申请，如因特殊情况不能事先申请，应在事毕到岗当日完成申请、审批手续，否则按旷工处理。因停电、卡钟(工卡)故障未打卡的员工，上班前、下班后要及时到行政人事助理处填写《未打卡补签申请表》，由直接主管签字证明当日的出勤状况，月底由行政人事助理据此上报考勤。上述情况考勤由行政人事助理进行管理。

5. 行政人事助理负责检查、复核确认考勤记录的真实有效性并在每月 5 日前汇总交财务部。

6. 员工倒休需提前申请，并以不影响部门工作为前提下当月完成，跨月作废且以往年度的不再做继续累计。倒休需填写《倒休申请表》，由行政人事助理确认签字后，部门经理签批。

7. 员工不得自行倒休，未经批准自行倒休的按旷工处理。

第4条　加班管理

1. 对于因工作需要，部门负责人安排在日常工作时间以外加班的，应尽量安排员工按实际加班时间在当月补休。因工作原因不能当月安排补休的，经部门负责人同意可适当推迟。如确实不能安排补休的，公司根据有关规定支付员工加班工资。

2. 公司总部员工因工作需要加班，应通过OA流程进行审批，未经批准的，不作为加班。

总部员工加班由部门负责人进行审批；分支机构员工需要加班的，由所在分支机构负责人审批。

3. 下列情形不视为加班：

(1)未按规定进行加班审批而自愿在正常工作时间之外工作的；

(2)出差时路途上花费的时间；

(3)非工作时间出差在外，但并未安排正常工作或未经加班审批的；

(4)公司或部门组织的旅游、娱乐、体育、聚餐及其他娱乐活动；

(5)公司在非工作时间组织的培训；

(6)在正常工作时间内因个人原因未完成本职工作而延长工作时间的；

(7)公司在非工作时间安排与本职工作不同的值班的。

第5条　各类假期规定

病假

1. 员工休病假需提供一级以上医院或社区医疗服务机构(市医保定点)开具的病假条或诊断证明；连续休病假3日以上的，须提供个人医保定点或三级医院开具的病假条或诊断证明，否则按事假处理。

2. 员工休病假必须提前申请。如因情况紧急或突发而无法提前请假，应在休假当天上午8:00前通过电话向部门经理请假，并在上班后第一天完成请假审批手续，否则按旷工处理。

3. 连续请病假超过5日的，或者当月累计请病假超过10日的，公司有权要求员工到公司指定的三级甲等医院进行复查，并以该医院出具的假条作为请假依据。

4. 员工休病假期间的工资,按以下标准计发:

(1)当月病假累计5日内的,或年度病假在20日以内的,扣发日工资的50%,但不低于最低工资标准的80%;

(2)病假超过上述天数的,按最低工资标准的80%发放病假工资。

5. 下列情形按旷工处理:

(1)员工自称"病假",但在事前或事后均不提交有效病假证明的,缺勤当日按旷工处理。

(2)员工制造虚假病假证明或者通过欺诈、威胁、利诱等不当手段骗取病假证明的,缺勤当日按旷工处理,同时应按公司奖惩办法处理。

(3)员工出现病假期间外出旅游或在外兼职等情形的,视为职工欺诈取得病假处理。

6. 根据法律规定:员工因患病或非因工负伤,需要停止工作医疗时,根据本人实际参加工作年限和在本单位工作年限,给予3个月到24个月的医疗期。

医疗期满后,如职工仍继续请假或不能到公司报到的,将视为"在规定的医疗期满后不能从事原工作,也不能从事由用人单位另行安排的工作",公司有权予以解除劳动合同处理,并依法支付经济补偿。

7. 病假与考核、奖金的关联:

(1)本月内病假超过10个工作日时,月度考核评为c或c以下;

(2)本年内病假超过50个工作日时,年度考核评为c或c以下;

(3)本月内病假超过10个工作日时,不予发放月度奖金;

(4)本年内病假超过50个工作日时,不予发放该年年度奖金。

事假

1. 因私事而不能正常出勤的,须请事假,完成审批程序后方可休假。未办理请假手续擅自离开岗位、或请假期满未来上班也未续假者,按旷工处理。

2. 休事假需按公司规定提前填写《请假申请单》,员工休事假3日以上的,需提前3日申请。

3. 员工请事假在3日以内的(含3日),由部门负责人审批。3日以上的由部门负责人签字同意后报总经理批准。

4. 每次批准事假原则上不超过3日,全年累计原则上不超过15日。超过上述标准的,公司原则上不予批准。

未达到上述标准,但无正当事由的,公司亦有权不予批准。

5. 员工请事假时,公司有权优先安排年休假。

6. 事假为无薪假期,每天扣除日工资的100%。

婚假

1. 符合法定结婚年龄的职工在本公司入职后结婚的,持有结婚证明,给予婚假10日。

2. 婚假应在办理结婚登记后的6个月休完,超期的单位不再批准。

3. 婚假需提前两周提出书面申请,出具结婚证,部门经理、总经理批准后交行政人事助理备案并一次性连续休完。

4. 本规定中的婚假天数不包括公休假和法定节假日在内。

5. 婚假应一次性休完。

6. 婚假为有薪假别,休假期间固定工资部分正常发放。

但是,与实际上岗相关的津贴、交通补助、餐饮补助、绩效工资、提成工资、奖金等,休假期间不再享受。

丧假

1. 凡与公司签订了正式合同的员工,其直系亲属(父母、配偶、子女、岳父母或公婆)去世的,可休丧假3日。

2. 员工请丧假要求提供相关证明,应在亲属去世1个月内使用,申请丧假最迟应于休假当天提出申请。

3. 丧假为有薪假别,休假期间固定工资正常发放。

但是,与实际上岗相关的津贴、交通补助、餐饮补助、绩效工资、提成工资、奖金等,休假期间不再享受。

产假及相关生育假期

1. 女职工产假为128日,其中产前可以休假15日。

难产的,增加产假15日(需持有医院开具的证明)。多胞胎生育的,每多1个婴儿,增加产假15日。

2. 女职工怀孕未满4个月流产的,享受15日产假;怀孕满4个月流产的,享受42日产假。

3. 男职工配偶生育的,享受15日陪产假。

4. 女职工生育婴儿后至婴儿一周岁内为哺乳期,每天有两次哺乳时间,每次30分钟。多胞胎生育的,每多哺乳一个婴儿,每次哺乳时间增加30分钟。每天的两次哺乳时间也可以合并使用。女职工哺乳婴儿满一周岁后,一般不得延长哺乳期。

5. 产假天数包括其中的公休假和法定假日天数。

6. 孕检假：

怀孕女职工，进行产前检查的，按公假计算。

7. 计划生育假：

(1) 女职工放置宫内节育器，凭医院证明休假算公假。

(2) 已婚育龄男女职工，自愿做绝育手术的，凭医院证明其检查时间和休假算公假。

8. 产假期间工资、福利待遇：

(1) 符合领取生育津贴条件的女职工，生育津贴为女职工产假期间的工资，计入个人账户。产假期间停发各项工资补贴奖金，生育津贴低于本人正常工资标准的，差额部分由公司补足。

(2) 不符合领取生育津贴条件的女职工，产假期间的工资待遇按下列处理：

因女职工自身的原因（包括但不限于违反计划生育规定）不能领取生育津贴的，公司不予发放产假期间工资或其他补偿。

非因女职工自身的原因不能领取生育津贴的（如公司未缴纳生育保险），在国家规定的产假期间，公司按劳动合同约定的工资发放工资。

(3) 其他未作说明的产假期间，享受正常工资。

(4) 如公司正常给职工发放产假工资，之后又申领了生育津贴的，公司有权从生育津贴中扣除公司已经发放的工资。

年休假

1. 年休假天数按以下标准计算：

(1) 累计工作年限为 1 年以上，不满 10 年者，假期为 5 日。

(2) 累计工作年限为 10 年以上，不满 20 年者，假期为 10 日。

(3) 工作年限满 20 年者，假期为 15 日。

2. 职工有下列情形之一的，不享受当年的年休假：

职工请事假累计 20 日以上且单位按照规定不扣工资的；累计工作满 1 年不满 10 年的职工，请病假累计 2 个月以上的；累计工作满 10 年不满 20 年的职工，请病假累计 3 个月以上的；累计工作满 20 年以上的职工，请病假累计 4 个月以上的。

职工在享受年休假后，出现上述情形的，则下年度不得休年休假。

3. 国家法定休假日、休息日不计入年休假的假期。

4. 员工入职本公司后连续工作满 1 年的，可开始享受年休假。

5. 公司有权根据经营情况，统筹安排年休假。公司安排职工休年休假，或发出休假通知,而职工自愿上班的,视为公司已经相应安排年休假。

6. 员工未申请当年年休假的,可于次年6月30日前申请休完。逾期仍未休完的,视为员工自动放弃该年休假。

7. 公司给员工的年休假超过法定标准的,超出部分作为福利年假。福利年假未休的,员工不得要求公司作出补偿。

员工所休年假,首先应视为法定年假。

8. 年休假为带薪假期,按正常工资标准发放。

第6条　请假制度

1. 员工请假,均应在办公平台提前提交《请假申请单》。

2. 员工休假必须提前申请。如因紧急情况或突发急病而无法提前请假时,应在休假当天上午8:00通过电话向部门经理请假,并在上班后第一天完成请假审批手续,否则按旷工处理。

3. 请假必须由本人亲自办理有关手续,电话请假或委托他人代理手续的视为无效,将按旷工或自动离职处理。

4. 请假的核决权限

	3日以内	3日(含)以上
员工请假时	部门经理	总经理
部门经理以上请假时	上级	总经理

注:如因主管/经理外出,无法在规定期限内审批签字,可在得到主管本人电话许可后,交由行政人事助理代为处理,事后补齐书面审批签字。

5. 对病假、产假、计划生育假、婚假、丧假等需提供相应有效证明的假别,请假时不能提供有效证明的,可先请事假,但必须在事后2日内补齐有效证明后再作相应处理。

6. 本制度其他条款对请假有特殊规定的,优先执行特殊规定;没有特殊规定的,按此一般规定处理。

7. 下列情形按旷工处理:

(1)休假超期而未另行办理请假手续的;

(2)以欺骗方式,或以不真实的请假理由取得批假的;

(3)请假未获得批准而自行休假的;

(4)制度规定的其他情形。

第7条　违纪处理

1.在规定时间未打卡或未到岗者,视为迟到;超过30分钟者视为旷工(最小按旷工半天计算)。

未经许可在规定下班时间前离开者,视为早退;早退超过30分钟者,视为旷工(最小按旷工半天计算)。

有正当理由且经核实者,或因公外出者,不按迟到、早退或旷工处理。

2.迟到或早退者,每次扣处全勤奖金或工资50元;旷工者,每次(一天为一次)扣处全勤奖金或工资200元,同时还应按公司奖惩办法进行处理。

3.考勤全勤奖励

员工在一个自然月里无请假、迟到、早退等事项者,视为全勤,公司给予全勤奖励。

4.考勤与绩效奖金

有下列情形时,不再享受年度绩效奖金:

(1)当年度旷工超过10日的;

(2)病假、事假或其他非正常上岗天数(带薪假期除外)超过60个工作日的。

第五章　薪酬管理

第1条　薪酬构成

员工的薪酬由五部分组成:

1.岗位基本工资,实行"以岗定薪",以员工的学历、经验、技能及其工作性质予以确定,每月固定发放;

2.绩效工资,与绩效考核挂钩;

3.效益奖金,根据公司经济效益浮动发放;

4.计件或提成工资,根据计件或提成办法发放;

5.年终奖,由公司依据取得的实际经济效益决定发放标准及何时发放。在实际计发时,结合员工全年实际出勤率和考核结果。

在发放年终奖金前的任何时候,本人辞职或者因故被公司解除劳动合同的员工,均不可享受公司当年发放的年终奖。

每一位员工的具体工资构成,不必然包括上述项目,应以劳动合同约定为准。

第2条　工资发放

公司严格执行国家和本市规定的最低工资标准政策规定。只要员工在当月提供了正常劳动的,其当月应得最低工资不低于本市公布的当年职工最低工资标准。但因员工本人请假、事假、旷工等个人原因被扣发工资的,其当月工资收入不受最低标准保护。

员工应在每月薪酬发放当时,或之后10个工作日内到人力资源部领取并签收当月工资单。如有异议,应及时到人力资源部进行查询。逾期未来领取工资单或在上述10个工作日中未提出异议者,视作放弃领取工资单并认可所收到的薪资。若公司薪资计算有误多支付给了员工,公司可在下期的薪资发放中直接作相应扣减,并在工资清单上明确告知员工。

第3条　加班

公司不鼓励员工加班,各岗位所安排的工作任务,均可在正常工作时间内完成。

员工如需延长工作时间,应填写加班审批单,并得到部门主管的同意,否则不视为加班,公司将不予以支付加班工资。仅打卡下班时间超过了规定时间,不视为加班。

实行不定时工时制的岗位员工,公司已在其职位工资标准中考虑了其工作时间的不确定性,故此类员工不再享受加班工资待遇。

非上班时间参加公司组织或外派的培训、旅游、聚会等活动不计算为加班。

非上班时间在外出差但没有工作安排、出差途中等不计为加班。

第4条　出差费用

出差员工应对其出差可能产生的费用作出预算,经由部门主管初审,呈请总经理核准后,由出差员工至公司财务部门预支出差款。各项出差费用标准如下:

1. 交通费:在出差途中以及出差期间,员工应根据业务需要选择最为经济实惠而又切实可行的交通工作。

部门经理以上的员工可乘坐商务舱及火车软卧。

2. 住宿费:部门经理以上的员工每晚房费应不超过500元。

其他员工每晚房费不应超过300元。

员工在酒店入住期间,公司仅承担基本的每日房费。其他酒店内的额外支出,例如,房间内其他收费食品和饮料,均由员工本人承担。

3. 餐费:通常情况下依据不同的城市或地区来选择餐费标准,即国内出差日餐费为30~100元/餐;国外出差日餐费为10~30欧元/餐或15~40美元/餐。

4. 招待费:所谓招待费是指员工在出差期间因业务需要而发生的商务应酬的开支招待费,可与差旅费一起实报实销。

招待费之支出应事先得到批准。招待费的报销必须提供所有参加招待者的姓名与身份。

员工出差回来后3个工作日内,根据出差实际发生的费用,凭真实有效发票实报实销。负责出差批示的部门主管应负责审核每一项差旅开支是否必要、合理,然后再考虑是否批准。员工凭部门主管签字的发票,填制《出差报销单》至财务部门办理报销业务。

第六章　绩效考核

第1条　绩效管理

员工工作绩效是指员工在工作岗位上的工作行为表现与工作结果,它体现了员工对组织的贡献大小、价值大小。

绩效管理是指管理者与员工之间在工作目标与如何实现该目标上所达成共识的过程,以及增强员工成功地达到目标的管理方法和促进员工取得优异绩效的管理过程。绩效管理的目的在于提高员工的能力和素质,改进并提高公司绩效水平。

绩效考核是绩效管理的主要环节和手段,是指公司对员工的工作行为与工作结果全面地、系统地、科学地进行考察、分析、评估与传递的过程。

第2条　考核方法

考核工作必须以客观事实、行为和数据为依据,以公平、公正、公开的态度进行,确保考核评估的客观性、合理性和有效性。

考核将根据员工的出勤情况、工作态度、工作技能、完成工作任务的情况以及奖惩情况作出,客观评价与主观评价相结合,主观评价以同事评价、上级评价为主。

公司可按月、季度、年进行考核,并可根据绩效管理的需要不定时的开展考核工作。

第3条　考核结果

考核满分为100分,得分低于60分者,将被视为不胜任工作,公司将安排其调整岗位或培训。调岗或培训后仍不胜任工作者,公司将依法解除劳动关系。

公司将另行制定绩效工资计发办法,将考核得分与绩效工资挂钩。

公司将以考核结果作为调整岗位、晋升员工、续签劳动合同的主要依据。

第4条　不胜任工作

员工出现下列情形之一,将被认为属于不胜任工作:

1. 绩效考核得分低于60分或不合格者;

2. 连续的一个月内在本职工作中出现两次以上错误，而该错误一般可以避免者；

3. 未完成工作任务，而该工作任务同岗位大部分员工均可完成者；

4. 其他表明员工不胜任本职工作的情况。

第七章　知识产权和保密义务

第1条　知识产权

员工的职务发明或职务作品，或在业余时间，利用公司提供的资金、技术、信息或其他条件完成的有关新产品开发研制的产品、论文、图纸稿件、书籍、专利等产权都属于公司所有。员工无权占有，无权对外提供。

在员工与公司劳动合同终止或解除或因其他原因离开公司后，员工应向公司交还其公司的全部技术文档、备忘录、客户名单、财务报表或推销资料等，且不得在其他场合传播和使用。

第2条　保密义务

由于竞争的存在以及员工对公司的责任，公司任何员工都不应将有关公司的任何情报泄露给任何人（公司授权者除外）。对于个人的工资、其他工作伙伴的信息、公司的财务经营数据、人事政策等，员工都有义务保密。这既是一种良好的工作作风，同时也是对别人尊重的道德表现。这种保密的义务，不仅限于员工在公司工作期间内，在员工离开公司后，都应承担这种义务。

第3条　保密范围

公司商业机密和保密资料见下表：

经营信息	公司重大决策中的秘密事项
	公司尚未付诸实施的经营战略、经营方向、经营规划、经营项目及经营决策
	公司内部掌握的合同、协议、意向书及可行性报告、主要会议记录
市场信息	供销情报及客户信息
	市场及销售的预测、计划及其他信息
	公司所掌握的尚未进入市场或尚未公开的各类信息
财务信息	公司财务预决算报告及各类财务报表、统计报表
	公司的资金筹措渠道和银行借贷情况
人事信息	公司人力资源管理制度和规划等
	公司职员人事档案、工资、劳务性收入等资料

第4条　保密措施

对于公司的商业机密和保密资料，公司采取保密措施如下：

1. 属于公司商业机密和保密资料的相关文件、资料和其他物品的制作、收发、传递、使用、复制、摘抄、保存和销毁，由专人负责执行。

2. 公司的商业机密和保密资料应在设备完善的保险装置中保存，由专人负责执行。

3. 未经总经理或主管副总经理批准，不得复制和摘抄。

4. 收发、传递和外出携带，由指定人员负责，并采取必要的安全措施。

5. 属于公司秘密的设备或产品的研制、使用、保存、维修销毁，由公司指定专门部门负责执行，并采用相应的保密措施。

6. 当公司外部的人员或机构向员工要求提供有关公司资料，对于其中涉及商业机密和保密资料的部分，一般情况下员工应告知无授权并拒绝提供。在对外交往与合作中确需提供公司秘密事项的，应当事先经总经理批准。

7. 不准在私人交往和通信中泄露公司秘密，不准在公共场所谈论公司秘密，不准通过其他方式传递公司秘密。

8. 员工发现公司秘密已经泄露或者可能泄露时，应当立即采取补救措施并及时报告公司。

9. 若员工对信息的保密程度无法确定，应先视其为保密信息直至被公司管理层或上级确定为可以对外透露的信息。

第八章　员工档案

第1条　人事档案

人事档案是指员工在进入公司工作前，由国家事业单位、机关、学校或用人单位办理的个人历史记录材料。基于以下原因，公司可以要求员工将人事档案转入公司：

1. 人事档案转入公司属全职员工，享受全职员工有关待遇；

2. 公司为员工安排有关的养老保险、失业保险、医疗保险、工伤保险等相关事宜；

3. 公司为员工出国接受培训做政审、护照及提供有关的担保和材料；

4. 为保障员工和公司的双方利益。

对公司要求员工将人事档案转入公司的，员工应在被录用或被通知后1个月内将人事档案转至本公司或公司指定的档案管理机构。

第2条　工作档案

在员工进入本公司后，由公司人力资源部负责建立和保管员工的工作档案，其主要内容包括劳动合同、培训合同、个人资料表、升迁记录、工资福利、表彰及处分记录等。

本档案归公司所有，当员工离职后，此档案留存本公司。

第3条　离职档案办理

员工应当自离职生效之日起15日内将本人档案从公司转出，转入新单位、人力交流中心、劳务市场或退回街道等。

员工过期不到公司人力资源部办理档案转出手续的，本人将负责档案的保存费。

公司自员工离职生效之日起将不负责为员工支付任何保险及出具任何与调动档案无关的证明。

第九章　奖惩规定

第1条　主旨

为加强公司管理，教育员工遵守国家法律法规，遵守社会公德、职业道德以及公司各项规章制度，维护正常工作程序，保障公司各项制度的执行，促进全体员工奋发上进，根据国家有关规定并结合公司实际情况，制定本奖惩规定。

第2条　奖惩原则

制定奖惩规定的原则是：

1. 有章可依，有章必依，违章必惩，奖惩严明，赏罚有度；

2. 精神鼓励与物质鼓励相结合，教育与惩罚相结合。

第3条　负责部门

奖惩规定由公司行政人力资源部负责贯彻并督察实施情况。

第4条　奖励种类

本公司员工之奖励分为嘉奖、记功、晋级、奖金、总经理特别奖励五种。

1. 员工具有下列情况之一者，可予嘉奖：

(1) 品德优良、技术超群、工作认真、恪尽职守者；

(2) 领导有方，使业务工作拓展有相当成效者；

(3) 品行端正，遵守规章、服从领导，堪为全体员工楷模者；

(4) 厉行节约，或利用废料有显著成绩者；

(5) 工作积极、忠于职守、遵纪守法、文明礼貌、模范执行公司各项规章制度，全年未出现事故者。

2. 员工有下述情况之一者,可酌予记功:

(1)超额完成公司利润计划指标,经济效益显著者;

(2)对于主办业务有重大拓展或改革并有实效者;

(3)积极向公司提出合理化建议,其建议被公司所采纳者;

(4)敢于制止、揭发各种侵害公司利益之行为者;

(5)执行临时紧急任务能依限完成者;

(6)维护公司利益和荣誉,保护公司财产,防止事故发生与挽回经济损失有功者;

(7)维护公司的规章制度,对各种违纪行为敢于制止、批评、揭发者;

(8)对社会做出贡献,使公司获得社会荣誉者;

(9)具有其他功绩,总经理认为应给予奖励者。

3. 员工有下述情况之一者,可酌予晋级:

(1)对主办业务有重大革新,提出具体方案,经实行确有成效者;

(2)办理重要业务成绩特优、产生重大利润或有特殊成绩者;

(3)适时消灭意外事件或重大变故,使公司免遭损害者;

(4)在恶劣环境下,不顾个人危险尽力职守者;

(5)坚持业余自学,不断提高业务水平,在公司任职期间,获取硕士以上文凭或其他专业高级以上职称和证书者;

(6)具有其他功绩,总经理认为应给予晋级者。

4. 其他维护公司利益和名誉,为公司创造利润和价值的行为,有事实证明者,亦予以奖励。

5. 公司员工具有上述各项情况并取得相应奖励时,经公司经理办公会议批准,可单独或同时给予100~1000元人民币奖金。

6. 总经理特别奖励,由总经理根据公司员工的功绩确定,给予不同程度奖励。

第5条　奖励换算

员工一年内累计嘉奖3次等于记功1次,累计记功3次可奖励晋级一档工资。

第6条　奖励流程

员工的奖励,由员工所在部门或主管领导向公司行政人力资源部推荐,并按人事管理权限划分进行审核批准,由行政人力资源部落实执行。

第7条　其他奖励待遇

事迹突出的员工除给予奖励外，公司还将在学习、休假等方面给予优先考虑。

第8条　违纪处分

本公司之处分为下述几种：

警告、记过、解除劳动关系，并配合扣款措施。

8.1　警告处分

员工有下列情形之一的，给予警告处分，并从工资中扣款50元：

(1)工作上消极怠工者；

(2)因工作失误导致过失，情节轻微者；

(3)不服从上级安排或指示者(初次)；

(4)代人刷卡或委托他人刷卡者(初次)；

(5)工作时间内短期(10分钟内)无故脱离工作岗位者，未造成严重后果者；

(6)浪费公物，情节轻微者；

(7)在公司随地吐痰、乱扔烟头或其他废弃物者；

(8)利用公司车辆办理私人业务者；

(9)值班、检查、管理或监督人员管理疏忽及不认真履行职务者；

(10)出入厂区时拒绝管理人员检查、询问者；

(11)未遵守就餐时间及餐厅秩序者；

(12)品行不端正、谩骂或辱骂他人者；

(13)工作场所喧哗、嬉戏、吵闹，妨害他人工作者；

(14)不按公司规定着装及佩戴劳保用品者；

(15)个人发型不符合公司规定者；

(16)拒绝公司因工作需要为其安排的健康体检的；

(17)指定受培训人员无故不参加培训学习者；

(18)未经组织者批准不参加公司、部门或班组会议者；

(19)在公司组织的会议、活动中不遵守秩序者；

(20)妨害现场工作秩序或违反安全生产规定者；

(21)不履行请假手续而缺勤者；

(22)不按照公司规定使用浴室、足球场、篮球场、体育器材及各种生活、体育设施者；

(23)一个月内(从第一次发生之日计算)迟到、早退、不按时到岗累计3次以上者；

(24)旷工1日者；

(25)其他有上述类似情况行为者。

8.2　记过处分

员工有下列情形之一的，给予记过处分，并从工资中扣款200元：

(1)对上级指示或有期限之命令，无正当理由未如期完成者；

(2)工作上消极怠工，情节较为严重者；

(3)在公司规定的禁烟区内吸烟者；

(4)工作时间内无故脱岗超过10分钟以上者，或者虽未超过10分钟，但造成一定影响或损失者；

(5)在工作时间内从事与本职工作无关活动(包含玩手机或电脑游戏，看电影、小说，听音乐等)者；

(6)未经许可擅自带外人进入公司者；

(7)值班、检查、管理或监督人员管理疏忽或未认真履行职务，影响较轻者；

(8)因工作疏忽或失误，导致机器设备或物品资材遭受损害，或对本人、他人造成伤害者；

(9)违反安全生产管理操作流程、规定，对本人或他人造成人身伤害者；

(10)利用职务之便谋取私利(投机取巧)情节较轻者；

(11)携带危险物品进入公司者；

(12)中伤、挑拨、诽谤同事者；

(13)未做好上下班次交接工作者；

(14)累计旷工2日者；

(15)代替他人刷卡或委托他人刷卡，超过(并包括)2次者；

(16)1个月内(从第一次迟到、早退、不按时到岗之日计算)迟到、早退、不按时到岗累计5次(含5次)以上者；

(17)擅离职守导致发生事故使公司蒙受损失，情节较轻者；

(18)泄露生产经营或业务上机密，影响较轻者；

(19)遗失所管之重要文件、机件、物件或工具者；

(20)恶意撕毁公文或公告文件者(初次)；

(21)擅自变更作业方法者；

(22)其他被公司认定为具备上述类似行为者。

8.3 解除劳动关系

员工有下列情况之一的,属于严重违反规章制度与劳动纪律,解除劳动关系并不支付任何经济补偿金:

8.3.1 有以下利用职务便利谋取私利或未经许可从事和公司利益关联的行为之一者:

(1)收受他人或其他公司贿赂、以不正当手段谋取私利(包含回扣等)的;

(2)私自占用公司财物或擅自将公司财物授予他人的;

(3)贪污、挪用公款的;

(4)通过虚假发票或与实际用途不符的发票报销的;

上述行为,均无论金额大小,且无论是否已经实际取得利益。

8.3.2 扰乱公司秩序或破坏工作风气的行为:

(1)工作时间内睡觉,情节严重的;

(2)公司内玩牌、赌博的;

(3)工作时间内在公司饮酒或酗酒后上班的;

(4)工作时间内无故脱岗超过30分钟以上者,或脱岗影响生产的;

(5)在工作场所及工作时间内利用公司材料或设备制造私人物品者;

(6)以暴力威胁、恐吓他人或严重侮辱、攻击、诋毁他人的;

(7)打架斗殴的,无论起因为何;

(8)寻衅滋事、聚众结伙或指使外公司人员到公司闹事的;

(9)对上级指示不执行或延误执行,情节严重的;

(10)拒不接受公司工作调派或命令,经教育后仍不悔改的;

(11)工作态度恶劣,经教育后仍不改正的;

(12)张贴或散发传单、图片,或本人参与、教唆、怂恿他人罢工、停工、怠工的;

(13)盗窃公司或他人财物的;

(14)故意损毁公司公文、重要文件或损毁公司印章的。

(15)过失或故意损坏公司财产、设备、器材、材料,或泄露公司机密,造成公司损失金额达5000元以上的。

8.3.3 违反国家相关法律法规的行为:

(1)因违法被拘留的;

(2)被追究刑事责任的;

(3)吸食毒品(含麻醉剂等)的;

(4)隐瞒传染病或其他病史,危害其他员工健康的;

(5)参加非法组织、游行示威、集会,经劝告仍不悔改者;

(6)违反国家或本市计划生育管理规定超生超育的;

(7)违反法律法规,影响公司名誉的。

8.3.4　违反公司安全管理行为的:

(1)在公司禁烟区域内吸烟,造成任何安全事故的;

(2)未经许可携带危险或违禁物品进入公司,经劝说后仍不改正的;

(3)出入公司拒不接受检查,经教育后仍不改正的;

(4)损坏、占用、挪动公司安全管理设施(含消防设施),引发安全事故的;

(5)未遵守公司安全操作管理流程、规定,造成公司损失5000元以上的。

8.3.5　违反考勤管理规定的行为:

(1)累计旷工5日,或连续旷工3日以上的;

(2)一个考勤月内迟到、早退、不按时到岗累计10次以上或全年迟到、早退、不按时到岗20次以上的;

(3)捏造虚假事实骗取休假或虚报生病、伪造证明请假缺勤的。

8.3.6　泄露公司机密、违反信息管理规定、损害公司声誉及形象的行为:

(1)未经公司许可,将公司信息、文件、账簿带出公司或利用邮件发送给外人,对公司造成严重损失的;

(2)故意销毁、隐藏公司重要文件、资料、信息的;

(3)未经许可,偷阅、窃取、销毁公司或个人文件、资料的;

(4)使用非本人电脑ID号码、IP地址等,对公司正常生产或他人工作造成严重影响的;

(5)因个人故意或过失行为,对公司的形象及声誉造成严重影响的。

8.3.7　虚假行为方面:

(1)入职时提供、填写虚假材料、信息的;

(2)提供虚假出勤、加班记录的;

(3)编制、捏造虚假数据、报告的;

(4)隐瞒事实不报,对公司造成严重影响的;

(5)包庇他人错误行为,或作伪证的。

8.3.8　履行职务不良的行为:

(1)不遵守工作规定和流程,造成公司损失金额5000元以上的;

(2)盗用公司名义,造成公司损失金额5000元以上的;

(3)本公司工作期间,在其他公司、单位兼职或提供劳务的;

(4)自行注册、参股同行业公司或在职期间参与其他公司经营的;

(5)对公司安全管理规定履行懈怠或疏忽,对公司造成损失金额5000元以上的;

(6)值班、检查、管理或监督人员管理疏忽及不认真履行职务,给公司造成严重损失的。

8.3.9 在职期间被警告处分3次及以上的;或被警告处分后,又被处以其他处罚一次的;或被处以记过处分2次及以上的。

8.3.10 其他规章制度规定的严重违纪行为。

8.3.11 被公司认定的严重违反公司规章制度或严重紊乱公司正常生产秩序的行为。

第9条 从重处理

如员工的违纪行为同时符合本规定中两种处罚标准,则应按较重的处罚标准进行处理。

第10条 赔偿经济损失

对造成经济损失的责任人,除按本规定第7条、第8条进行惩处外,还应按以下规定赔偿公司损失:

(1)造成公司经济损失5万元以下者(含5万元)责任人应赔偿损失的30%至50%;

(2)造成公司损失5万元以上者,由部门主管和法律顾问提出索赔处理意见,报公司总经理批准后,由行政人力资源部监督执行,情节严重者上报司法机关依法处理。

第11条 权责分配

员工的奖励或惩处由各部门、各主管领导提供材料,由行政人力资源部负责调查落实,审核批准权限按人事管理责权划分执行。

第12条 经济处罚

公司员工具有上述各项情况并被处以相应处罚时,经公司经理办公会议批准,可单独或同时给予100~1000元人民币罚款。

第13条 记入档案

员工受奖惩情况记入人事考核档案中,处罚情况由行政人力资源部每月统计。

第 14 条　将功补过

为使受到惩处的员工将功补过，在同一年度中，功过可以相抵和转换，方法如下：

(1)1 次嘉奖可与 1 次警告相抵；

(2)1 次记功可与 1 次记过相抵；

(3)同年中功过抵消后，对年终评比、提薪、晋级等不发生影响。

第 15 条　其他处理

当年内受过警告处分以上惩处的员工若功过未抵消或连续 3 个月考核均为本部门最后三名者不得参与晋级和职务升迁。

第十章　附　　则

第 1 条　说明

本手册所称“以上”“以下”，均包括本数；“不满”不包括本数。

本手册属内部资料，请员工注意妥善保存，如若不慎遗失，请及时向公司人力资源部申报，补领并补交相应的工本费。员工在离职时，请将此手册主动交还公司人力资源部。

本员工手册与劳动合同具有同等效力。对本手册内容，如有不甚详尽或有使员工感到疑惑之处，请随时向人力资源部咨询，以确保理解无误。

本手册如需修正，公司将向员工提供最新修正本，并回收旧手册以防混淆。本手册的修改权和解释权归属于公司人力资源部。

本手册未尽事宜，均按政府有关法律、法规和本公司相关规章制度处理。国务院、地方政府或本公司有新颁布的政策规定与本手册则相悖时，以前者为准。

第 2 条　生效

本手册已经民主协商程序，并经总经理批准，于公布之日起施行。

________公司

年　　月　　日

第五节　规章制度内容违法的后果

规章制度生效的条件包括程序和内容两方面：一是程序上合法通过并公示；二是内容上不违反法律的强制性规定。本节讨论规章制度在内容上也就是实体上的合法性问题。

首先我们来看用人单位规章制度违法会引发哪些法律后果：

一、行政责任

《劳动合同法》第 80 条规定，用人单位直接涉及劳动者切身利益的劳动规章制度违反法律、法规规定的，由劳动行政部门责令改正，给予警告。

《劳动保障监察条例》第 30 条规定，经劳动保障行政部门责令改正拒不改正，或者拒不履行劳动保障行政部门的行政处理决定的，可处以 2000 元以上 2 万元以下的罚款。

二、判定无效

规章制度内容违法的情况下，违法部分的内容无效，相应地，此部分内容不能作为裁判案件的依据，起不到厘清双方权利义务、定分止争的作用。

三、解除劳动合同并要求经济补偿金

《劳动合同法》第38条规定，用人单位的规章制度违反法律、行政法规的规定，损害劳动者权益的，劳动者可以通知用人单位解除劳动合同。而且按《劳动合同法》第46条的规定，此种情况下，即便是由劳动者主动解除劳动合同，用人单位仍然需要向劳动者支付经济补偿。

实务中，劳动者以规章制度违反法律为由提出辞职并要求经济补偿金的案例还比较少，一般认为，除此之外还应要求违反法律的规章制度已经实际对劳动者权益造成了损害，如人身自由的限制、劳动报酬的减少等。但无论如何，对用人单位而言存在这种风险。

四、民事责任

《劳动合同法》第80条规定，用人单位直接涉及劳动者切身利益的规章制度违反法律法规规定，给劳动者造成损害的，应当承担赔偿责任。例如，规章制度规定扣押员工证件，则劳动者可以索赔由此带来的损害。

由此可见，规章制度本来是用人单位的管理工具，但制定得违法，反而伤害了用人单位自身的利益。那么内容制度的合“法”，是指哪些“法”呢？应该是指广义的法律，包括所有的法律、法规和规章。

合法性要求规章制度不得违反法律的强行性要求，如“不得结婚”“不得与同事恋爱”“上下班要搜身检查”，这类制度侵害了人身自由，违反了法律规定。如规定实行不定时工作制的员工无年休假，这也违反了《职工带薪年休假条例》。

广义的合法性要求还包括合理性，合乎公序良俗。例如，“迟到一次即解除劳动关系”，就会因不合理而无效。

第五章

休息、休假与薪酬

操作指引： 了解劳动法对工作时间、休息、休假的要求；了解法律对薪酬制度的要求。根据法律要求规范用人单位的相关管理制度。

第一节　工时制度

根据有关法律规定，职工工时制度划分为标准工时制度和特殊工时制度。现分述如下：

一、标准工时制度

标准工时制是指每日工作 8 小时、每周工作 40 小时的工时制度。它是一般职工在正常情况下普遍适用的工时制度。适用的条件为一般工种或工作岗位。

标准工时制度有下列几点值得注意：

1. 双休日必须是星期六和星期日吗？不一定。按国务院规定，企业和不能实行统一工作时间的事业单位，可以根据实际情况灵活安排休息日。实际生活中，某些大型厂矿就有意与其他单位的工作时间错开，将周一到周五中的某两天作为休息日，以错开上班或休息的高峰期。这种做法是合法的。

2. 每周上 6 天班，但每天工作不超过 8 小时，每周不超过 40 小时，需要支付加班费吗？不需要。原劳动部《〈国务院关于职工工作时间的规定〉问题解答》中提道，……有些企业因工作性质和生产特点不能实行标准工时制度的，应将贯彻《关于职工工作时间的规定》和贯彻《劳动法》结合起来，保证职工每周工作时间不超过 40 小时，每周至少休息 1 天；有些企业还可以实行不定时工作制、综合计算工时工作制等其他工作和休息办法。因此，只要保证每周工作不超过 40 小时，每日工作不超过 8 小时，每周至少全休 1 天，则仍可视为标准工时制，无须支付加班费。

所以，虽然通常人们所说的标准工作时间，一般是指每天早出晚归，每天工作 8 小时，周六、周日休息，但其实从法律的角度来讲，并不完全如此。只要满足以下三个条件，均可以理解为标准工作时间：(1)每天工作不超过 8 小时，但这 8 小时可以是 1 天内的任意 1 个或几个时间段(但孕妇有禁止安排晚班的限制)；(2)每周至少休息 1 整天(24 小时)，但这天可以是 1 周内的任何一天；(3)每周总的工作时间不超过 40 小时。

但是，在这种情况下，有这么两点值得 HR 注意：

1. 每周上 6 天班时，用人单位一方应有证据证明每周的工作时间不超过 40 小时。如在劳动合同里约定，或在规章制度中规定该岗位的工作时间为每天 6 小时，或者在考勤记录中记录每天工作几小时。如果用人单位没有证据，则可能被推定为每天上班 8 小时，这样就构成了加班。而在每周工作 5 天时，一般可推定每天上班即为 8 小时，用人单位并不需要举证证明每天只工作 8 小时。

2. 同样的道理，如果安排周六、周日上班，而周一到周五的某两天休息，则用人单位同样要有证据，证明每周确实安排了休息日，否则就可能被推定为是周六、周日加班。证据可以是劳动合同中对工作时间的约定，或规章制度中对休息日的规定，也可以是考勤中对每周休息日的记录。

二、特殊工时制度

1. 缩短工时制

缩短工时制是指工作时间少于标准工作日长度的一种工时制度。因工作性质或者特点的限制，不能实行每日工作 8 小时、每周工作 40 小时标准工作工时制度的，按照国家有关规定，可以实行其他工作和休息办法，如每天工作 7 小时甚至更短。

缩短工时制的适用范围只限于在特殊条件下从事劳动或者有特殊情况的职工，具体包括哪些行业或者岗位的职工，只能由国务院或者国务院劳动人事行政主管部门规定，其他任何部门的规定均无效。就现阶段而言，主要包括：(1)从事矿山井下、高山、有毒、有害、特别繁重或者过度紧张的体力劳动职工，以及纺织、化工、煤矿井下、建筑冶炼、地质勘探、森林采伐、装卸搬运等行业或者岗位的职工；(2)从事夜班工作的职工；(3)在哺乳期工作的女职工；(4)其他依法可以实行缩短工时制的职工。

2. 综合计算工时制度

综合计算工时制，是针对因工作性质特殊，需连续作业或受季节及自然条件限制的用人单位的部分职工，采用以周、月、季、年等为周期综合计算工作时间的一种工时制度，但其平均日工作时间和平均周工作时间应与法定标准工作时间基本相同。主要是指交通、铁路、邮电等行业中因工作性质特殊，需要连续作业的职工；地质、石油及资源勘探、建筑等受季节和自然条件限制的行业的部分职工。对此，原劳动部《关于企业实行不定时工作制和综合计算工时工作制的审批办法》有明确规定。

需要用人单位注意的是，实行综合计算工时制度需要报劳动行政部门审批才有效，仅仅在劳动合同中进行约定，或者在规章制度中进行规定都是不够的。用人单位既需要在劳动合同中对劳动者所在岗位实行综合计算工时制度进行约定，同时也需要进行审批。[1]

审批针对的是岗位，因此同一个岗位，换了员工，审批还是有效的。但审批有期限限制，一般为 1～3 年，实践中很多劳动行政部门一次只批准 1 年。期满后需再次进行审批。

实行综合计算工时制的员工，在综合计算工时周期内，员工实际工作时间达到正常工作时间后，用人单位仍安排员工工作的，视为延长工作时间，应按照不低于员工本人标准工资或者计件工资的 150% 支付员工加班工资。

用人单位安排实行综合计算工时工作制的员工在法定节假日工作的，按照不低于员工本人标准工资或者计件工资的 300% 支付员工加班工资。

实行综合计算工时制时，一个计算周期内，工作时间应该是多少？可根据原劳动和社会保障部 2008 年实施的《关于职工全年月平均工作时间和工资折算问题的通知》确定。

（1）年工作日：365 天 － 104 天（休息日）－ 11 天（法定节假日）＝ 250 天

以 1 年为周期综合计算工作时间时，1 年内的工作小时数如不超过 250 × 8 ＝ 2000 小时，则无须支付延长工作时间的加班费，但在法定节假日上班的应支付法定节假日加班费。

（2）季工作日：250 天 ÷ 4 季 ＝ 62.5 天/季

以 1 个季度为周期综合计算工作时间时，1 个季度内的工作小时数如不超过 62.5 × 8 ＝ 500 小时，则无须支付延长工作时间的加班费，但在法定节假日上

[1] 如果两者有冲突，实务中多数以审批所实行的特殊工时制为准。

班的应支付法定节假日加班费。

(3)月工作日:250 天 ÷ 12 月 = 20.83 天/月

以 1 个月为周期综合计算工作时间时,1 个月内的工作小时数如不超过 20.83 × 8 = 166.64 小时,则无须支付延长工作时间的加班费,但在法定节假日上班的应支付法定节假日加班费。

举例来说,张某为某啤酒厂员工,每年六七月为该啤酒厂生产、销售旺季,工厂安排工人每天工作 10 小时,每周休息 1 天;其他月份为啤酒生产、销售淡季,工人每天工作 5 小时,每周休息 2 天。此外,啤酒厂还申请了半年期综合计算工时工作制,并得到劳动部门的审批,也在厂内进行了公示。在此背景下,该厂已经申请半年期综合计算工时工作制,并得到劳动行政部门的审批,也在厂内进行了公示,因而是合法有效的。只要其职工的半年总工作时间不高于半年法定总标准时间,该厂就无须向员工支付延长工作时间的加班费。我们计算一下半年内员工的总工作时间。半年内旺季 2 个月的工作时间为 10 小时 × 6 天 × 9 周 = 540 小时(约),淡季 4 个月的工作时间为 5 小时 × 5 天 × 17 周 = 425 小时(约),半年工作总时间为 540 小时 + 425 小时 = 965 小时;而标准半年工作时间为 1000 小时,可见该公司的工时制度并未超过半年标准工作时间,因此并不存在超出正常工作时间的加班。但需要注意的是,即使该厂实行综合计算工时工作制是合法的,经过审批的,如果安排了劳动者在法定节假日上班,仍应支付劳动者不低于正常工作时间工资的 300% 的加班工资。

3. 不定时工作制

不定时工作制是指工作日的起点、终点及连续性不作固定的工时制度。

不定时工作制是对因生产特点、工作特殊需要或职责范围的关系,无法按标准工作时间衡量或需要机动作业的职工所采用的一种工时制度。其适用范围包括无法用标准工时衡量工作的人员;工作性质特殊,机动作业的人员;其他不适合定时工作的人员。例如,从事高级管理、推销、货运、装卸、长途运输驾驶、押运、非生产性值班和特殊工作形式的个体工作岗位的职工,出租车驾驶员等,可实行不定时工作制。

鉴于每个企业的情况不同,企业可依据上述原则结合企业的实际情况,确定适合不定时工作制的岗位,并按有关规定报劳动行政部门审批。对于因工作性质或生产特点的限制,实行不定时工作制或综合计算工时制等其他工作和休息办法的职工,用人单位应根据《劳动法》和《关于职工工作时间的规定》的有关条款,在保障职工身体健康并充分听取职工意见的基础上,采取集中工作、集中休息、轮休调休、弹性工作时间等适当的工作和休息方式,确保职工的休息休假权利和生产、工作任务的完成。

不定时工作制主要注意如下几点:

(1)必须经过审批。仅在劳动合同中约定实行不定时工作制是无济于事的。但是某些地方,如北京,规定对高管实行不定时工作制无须进行审批。[1]此时,何谓"高管"又成了问题。如果法规没有特别规定,在实务中一般可参考《公司法》第216条的规定:高级管理人员,是指公司的经理、副经理、财务负责人,上市公司董事会秘书和公司章程规定的其他人员。

(2)按原劳动部的规定,实行不定时工作制时不存在平时加班费与休息日的加班费,也不存在法定节假日的加班费。但在少数地区,如上海,[2]规定在实行不定时工作制时,如果员工在法定节假日有出勤,则用人单位仍需支付法定节假日的加班费。这需要HR了解用工当地的特殊规定。

(3)不定时工作制最本质的特点是工作时间起点、终点及连续性不能固定,劳动者可自主安排时间,符合这一条件的方能申请不定时工作制。但鉴于特殊工时制的审批主要是对用人单位提交的文件进行形式审批,一般不进行事实核查,因此不排除用人单位将某些实际上不符合不定时工作制条件的岗位,也申请了不定时工作制。如果因此发生争议,实务中的处理是:员工需要先通过劳动行政部门撤销该不定时工作制,法院才能认定该不定时工作制是无效的。这对员工而言,比较困难。

(4)如何在劳动合同中约定特殊工时制度?可以采取一种灵活的约定方式,以避免审批了特殊工时制度却没有在劳动合同中作相应约定。其表述可参考下文:

"乙方工作实行的工时制度根据其岗位确定。如就该岗位甲方已向劳动部门申请了特殊工时制,则乙方的工作时间实行特殊工时制;如该岗位未申请特殊工时制,则实行标准工时制。"

---

〔1〕《北京市企业实行综合计算工时工作制和不定时工作制的办法》第16条第2款规定:"企业中的高级管理人员实行不定时工作制,不办理审批手续。"

〔2〕《上海市企业工资支付办法》第13条第4款规定:"经人力资源社会保障行政部门批准实行不定时工时制的劳动者,在法定休假节日由企业安排工作的,按本条第(三)项的规定支付加班工资。"

案例15:不定时工作制能够大大减少加班的认定

案情简介

陈某波于1993年4月5日应聘到NY宾馆工程部工作,2002年1月1日单位改制后,继续保持与陈某波的劳动关系。陈某波称从2002年1月NY宾馆改制后,在2007年以前,未依法安排带薪年休假,除2005年、2006年春节和2006年劳动节、国庆节、2007年春节值班,NY宾馆按24小时计发加班费30元,2007年劳动节、国庆节、2008年春节值班,NY宾馆按12小时计发加班费30元外,其他双休日加班、法定节假日加班、正常工作日严重超时加班,NY宾馆从未依法安排补休或发放加班费,要求NY宾馆支付加班费及拖欠加班工资的经济补偿金。NY宾馆称因陈某波从事的是特殊工种,实行的是不定时工作制和综合计算工时制,陈某波的工作时间并没有超过劳动法规定的工作时间,NY宾馆已支付节假日的加班费,故陈某波的该项请求不能成立。

裁判要点

再审法院认为,……(2)关于陈某波主张的加班费问题。首先,《劳动法》第39条规定,"企业因生产特点不能实行本法第三十六条、第三十八条规定的,经劳动行政部门批准,可以实行其他工作和休息办法"。NY宾馆根据企业自身工作性质向泸州市劳动局报批了部分职位适用不定时工作制,陈某波所属的工程维修班属于报批的适用不定时工作制的工种之一,所以陈某波工作时间适用不定时工作制。根据原劳动部《工资支付暂行规定》第13条第1款第3项"实行不定时工时制度的劳动者,不执行上述规定"的规定,不定时工作制的劳动者不属于法定标准工作时间外延长工作时间支付工资的劳动者范畴。其次,根据最高人民法院《关于审理劳动争议案件适用法律若干问题的解释(三)》第9条"劳动者主张加班费的,应当就加班事实的存在承担举证责任"的规定,原二审判决对举证责任的分配并无不当。本案中,陈某波针对该项诉讼所提供证据不足以支持其主张,原二审判决认定正确,应予维持。[1]

---

〔1〕(2013)川民提字第35号。

第二节　各类休息、休假及其他法定待遇

休息时间是劳动者依国家法律规定，在企业、事业单位，国家机关等单位享有的不必从事生产和劳动，自行支配的时间。休息、休假权是职工的基本权利之一，但在现实生活中职工的休息、休假权屡屡受到侵犯，从而影响了劳动关系的协调，产生了不少劳动纠纷。随着社会经济的发展，随着《职工带薪年休假条例》等法规的颁布，我国劳动者享有的休息时间的种类和内容也在不断变化之中，这就对用人单位人力资源管理提出了新的要求。规范的休息休假管理是既不影响员工法定的休息休假权利，又不影响公司的生产经营活动的重要保障。因此，用人单位必须熟知有关休息休假的规定，规范休息休假管理。

下面我们根据休息休假的种类，分别讲述其要点。

一、工作日的休息时间

按照标准工时制，职工每天的工作时间是 8 小时，一般每工作 4 小时中间要有一个间歇时间，这个间歇时间主要是用于用餐和休息。间歇时间一般不少于半小时，一般是 1 ~2 小时。这样的间歇时间，是不记入工作时间的，算纯粹的休息时间，不计算工资。有些用人单位还在上下午的各 4 小时之间，大概是工作 2 小时后，安排员工做工间操。做工间操的时间则需要记入工作时间，需要支付给员工工资，因为工间操也是出于单位安排，是为了更好地工作。

实务中要注意的是，无论是在劳动合同中，还是在规章制度中，最好不要使用“工作时间 8 时 30 分至 17 时 30 分，中间 1 小时午餐时间”这样的表述，这容易被人误以为中间午餐时间也属于工作时间，因而构成加班。应该表述为“工

作时间:上午 8 时 30 分至 12 时,下午 13 时至 17 时 30 分”。

另外在前文已经提到,每天的 8 小时具体怎么安排,法律没有规定。从理论上说,每天从凌晨 2 时工作到 10 时下班,这也不构成加班。

前一个工作日结束至下一个工作日开始,这也是一个不计入工作时间,不计工资报酬的,完全由劳动者自己支配的正常的休息时间,一般是 16 小时。

二、休息日

休息日又称为公休假日,一般为周六和周日。根据生产经营的需要,或根据当地的用电、交通等方面的需要,把公休假日安排在周六、周日之外的日子,也是允许的。

休息日安排劳动者加班后,可安排补休而不用支付加班工资,而如果不能安排补休,则需向劳动者支付 2 倍的加班工资。

关于补休,用人单位在实务操作中应注意:

1. 补休应当在多长时间内进行安排?目前法律没有明确规定,但在某些地方性法规中有限制。如《江苏省工资支付条例》中规定必须在休息日上班后 6 个月内安排补休,否则将视为加班。

从单位的角度来看,如果补休的周期安排得较长,导致员工积压相当多的休息日加班未补休,则一旦发生员工辞职等情形,单位就必须支付较多的加班费。而且长时间未安排补休的,员工还有可能以单位拖欠加班费为由提出辞职,索赔经济补偿金并主张与单位签署的培训服务期协议(如有)失效。

2. 员工离职而尚有休息日加班尚未补休的处理。员工离职分为劳动合同终止(如劳动合同到期)和劳动合同解除(员工辞职和单位解除)。如果是合同到期和员工辞职,那么用人单位可以安排员工在单位的最后一段日期内将所有补休休完(未休完的年休假也可以作如此安排)。如果是单位解除,则可以将员工离职的时间往后推,将推后的日期安排为补休。当然,不安排补休,直接给员工发放加班费也可以。此时最好在离职的相关文件表示明确,双方对加班费的计算不存在争议。

一般认为,加班费的权利也是可以放弃的。因此只要员工接受,即使存在未补休的加班,双方也仍然可以在离职文件中明确约定员工放弃加班费或者加班费已经结清等。[1]

实务中，有些单位这样操作：员工休息日加班，则给员工发放调休单。员工可持调休单要求调休。但如果员工在一定期限内未要求调休，则视为员工放弃调休，单位将不再安排调休，也不支付休息日加班费。这种规定的有效性如何？

据笔者的经验，单位的这种做法并没有法律依据，很难得到支持。如果员工要求支付加班费，应该能得到支持。员工手里的调休单还可以作为加班的证据。

三、法定节假日

法定节假日是法律规定全体公民及部分公民享有的除休息日之外的假期。具体日期参考国务院颁布的《全国年节及纪念日放假办法》（2013 年 12 月 11 日第三次修订）：[2]

“第二条：全体公民放假的节日：

（一）新年，放假 1 天（1 月 1 日）；

（二）春节，放假 3 天（农历正月初一、初二、初三）；

（三）清明节，放假 1 天（农历清明当日）；

（四）劳动节，放假 1 天（5 月 1 日）；

（五）端午节，放假 1 天（农历端午当日）；

（六）中秋节，放假 1 天（农历中秋当口）；

（七）国庆节，放假 3 天（10 月 1 日、2 日、3 日）。

第三条：部分公民放假的节日及纪念日：

（一）妇女节（3 月 8 日），妇女放假半天；

（二）青年节（5 月 4 日），14 周岁以上的青年放假半天；

（三）儿童节（6 月 1 日），不满 14 周岁的少年儿童放假 1 天；

（四）中国人民解放军建军纪念日（8 月 1 日），现役军人放假半天。

第五条：二七纪念日、五卅纪念日、七七抗战纪念日、九三抗战胜利纪念日、

---

〔1〕 最高人民法院《关于审理劳动争议案件适用法律问题的解释（一）》第 35 条规定：“劳动者与用人单位就解除或者终止劳动合同办理相关手续、支付工资报酬、加班费、经济补偿或者赔偿金等达成的协议，不违反法律、行政法规的强制性规定，且不存在欺诈、胁迫或者乘人之危情形的，应当认定有效。前款协议存在重大误解或者显失公平情形，当事人请求撤销的，人民法院应予支持。”

〔2〕 2013 年年底的修订主要是将原来除夕的放假挪到了正月初三。

九一八纪念日、教师节、护士节、记者节、植树节等其他节日、纪念日,均不放假。

第六条:全体公民放假的假日,如果适逢星期六、星期日,应当在工作日补假。部分公民放假的假日,如果适逢星期六、星期日,则不补假。"

关于法定休假日有如下几点值得注意:

1. 根据《劳动法》第44条第3项的规定:"法定休假日安排劳动者工作的,支付不低于工资的百分之三百的工资报酬。"如果劳动者在法定休假日加班,不管单位是否安排了补休,都应支付不低于300%的加班工资。这是法定休假日与休息日的不同之处,休息日加班可安排补休不再支付加班费,而法定节假日加班,无论是否安排补休都必须支付300%的加班费。

2. 根据原劳动和社会保障部办公厅《关于部分公民放假有关工资问题的函》,在部分公民放假的节日期间,如妇女节、青年节,对于放假或参加社会及单位组织的庆祝活动的职工,应当正常支付工资;对于照常工作的职工,单位也只需要支付正常工资,而无须支付加班工资。如果该节日恰逢星期六、星期日,单位安排职工加班工作,则应当依法支付休息日的加班工资。

3. 有的单位在法定节假日安排员工值班。值班是否属于加班?一般认为,值班的工作内容如果与员工的正常工作内容不一致,更多的是值守、看护性质,则不属于加班。不过,如果在劳动合同中有约定,或规章制度中有规定应支付值班津贴时,应予支付。

四、婚假与丧假

婚假的有关规定:

1. 按法定结婚年龄(女20周岁,男22周岁)结婚的,可享受1~3天婚假。具体天数由地方人口与计划生育条例确定,各地的时间并不统一。如《山西省人口与计划生育条例》第25条规定,依法办理结婚登记的夫妻可以享受婚假30日;而《上海市人口与计划生育条例》第31条规定,符合法律规定结婚的公民,除享受国家规定的婚假外,增加婚假7天。

2. 结婚时男女双方不在一地工作的,可视路程远近,另给予路程假。

3. 再婚的仍然享受法定婚假。

4. 于2015年修正的《人口与计划生育法》删除了关于晚婚假的相关规定,因此员工对于晚婚假的请求将不再得到支持。

婚假期间工资待遇：在婚假和路程假期间，工资照发。

丧假：职工的直系亲属（父母、配偶、子女算，岳父岳母、公公婆婆、儿媳女婿不算）死亡，可给予3天以内的丧假。

注意，婚丧假是有薪假，如果员工请的确实是婚丧假，却又不计发工资，就构成了克扣工资。

婚丧假是否含休息日与节假日？国家层面的法律法规无明确规定，而各地出台的地方性规定中对于是否包含休息日与法定节假日的规定也各有不同，需依据当地的《人口与计划生育条例》的规定，并结合用人单位自己的规章制度来确定。[1]

五、女职工生育假

产假：从2012年4月28日起，依据《女职工劳动保护特别规定》，女职工生育享受产假提高至98天，其中产前休假15天；难产的增加产假15天；多胞胎生育的，每多生育一个婴儿增加产假15天。这几项是全国统一的规定。地方性规定中还有补充：如《上海市人口与计划生育条例》第31条规定，符合法律法规规定生育的夫妻，女方除享受国家规定的产假外，还可以再享受生育假30天。

流产也是有产假的。《女职工劳动保护特别规定》第7条第2款规定：女职工怀孕未满4个月流产的，享受15天产假；怀孕满4个月流产的，享受42天产假。

女职工产假期间（包括流产而享受的产假），如已经参加生育保险的，则生育保险期间由生育保险基金发放生育津贴，生育津贴就是女职工产假期间的工资收入。发放标准为用人单位上年度职工月平均工资的标准（实际上就是用人单位上年度的职工平均社会保险缴费基数，该标准很可能低于用人单位上年度的实际职工月平均工资标准）。于是这里产生了一个问题，生育津贴的标准可能高于女职工产前工资，也可能低于女职工的产前工资。生育津贴高于产前工资时，用人单位不能扣除，因为生育津贴是发给女职工的（但用人单位可以正常

---

〔1〕 事实上，在国家层面目前没有关于婚丧假的统一规定。1980年2月20日原国家劳动总局、财政部发布的《关于国营企业职工请婚丧假和路程假问题的通知》，也仅针对“国营企业”，且为“根据具体情况，由本单位行政领导批准，酌情给予1～3天的婚丧假”。

代扣个税与社会保险个人承担部分)。但生育津贴低于产前工资时,用人单位是否应该补发差额?国家没有统一规定,具体适用时需要结合当地的政策执行。目前,北京、广东、上海、江苏、河南等地方性法规都明文规定了用人单位补差的义务,而有的地方则不强制补差,例如,浙江省。

如果未参加生育保险,则产假期间的工资由用人单位按照女职工产假前工资的标准由用人单位支付。

哺乳期假:见于地方性规定,如《广州市女职工劳动保护实施办法》规定,女职工假期满后,若有实际困难,经本人申请,领导批准的,可请哺乳假至婴儿一周岁。哺乳假期间,由所在单位发给本人标准工资的75%作为工资性补贴。上海、浙江、天津、江苏、辽宁、海南、陕西、广西等地也有类似规定。

现实生活中,还有下列几个与产假相关的问题经常被问道:

1. 违反计划生育规定的还享受产假吗?答案是仍有产假,但不享受产假津贴与产假工资。如果是流产,根据《女职工劳动保护特别规定》可以享受15天或42天产假,这部分产假也是可以享受产假津贴或产假工资的,并且流产不会存在违反计划生育的情形。

2. 用人单位与女职工都愿意少休产假,多上一些天班,应如何处理?

(1)即使女职工愿意,实际休的产假也不应低于98天,否则可能导致劳动保障行政部门的处罚。下面几点说的都是休假不低于98天的情况下放弃了其他产假的处理。

(2)在有生育津贴的情况下,女职工上班期间单位应正常发放工资。这样,女职工可能同时享受生育津贴与工资。

(3)在没有生育津贴的情况下,女职工上班期间单位当然也应正常发放工资。但女职工是否能另外要求一份产假工资?没有依据。

(4)为了避免争议,可以考虑拟定一份简单的文件,说明工资待遇以及女职工要求少休假多上班。

3. 现实中女职工想超出法定的产假天数休假,则一般有如下几种处理方式:

(1)如果医疗机构开出假条,则可享受病假,用人单位应予准假。

(2)如果没有假条,又超出法定天数,则只能按事假处理。严格来讲,没有正当事由的事假,用人单位可以不予准假。如女职工强行休假,可能构成旷工,属于严重违反规章制度时,用人单位可按规章制度解除劳动合同。但考虑到女职工的特殊性,作此类操作时必须特别谨慎,可咨询当地的律师。

(3)双方也可以签署简单的协议,明确女职工可以休多长时间的假。在超出法定假期标准的部分，双方可以对工资待遇作出约定，可以是完全无薪的。协议中最好明确是由女职工一方提出来的。

六、病假

对于病假期间的工资，目前主要是根据各地的地方法规来操作，而各地规定不一。

如上海规定病假工资与工龄挂钩，病假工资为本人工资的一定比例。

《上海市劳动保障局关于病假工资计算的公告》（节选）：疾病休假工资标准：职工疾病或非因工负伤连续休假在 6 个月以内的，企业应按下列标准支付疾病休假工资：

1. 连续工龄不满 2 年的，按本人工资的 60% 计发；
2. 连续工龄满 2 年不满 4 年的，按本人工资 70% 计发；
3. 连续工龄满 4 年不满 6 年的，按本人工资的 80% 计发；
4. 连续工龄满 6 年不满 8 年的，按本人工资的 90% 计发；
5. 连续工龄满 8 年及以上的，按本人工资的 100% 计发。

其他地方则规定病假工资按合同约定，同时对病假工资的下限有要求。下限一般是不低于最低工资标准的 80%，也有规定不低于本人工资的 60% 的。

如《北京市工资支付规定》第 21 条规定：劳动者患病或者非因工负伤的，在病休期间，用人单位应当根据劳动合同或集体合同的约定支付病假工资。用人单位支付病假工资不得低于本市最低工资标准的 80%。

用人单位应根据当地的规定发放病假期间的工资。

病假应以医疗机构出具的假条或诊断证明书为准。员工仅声称有病，但不能提供医疗机构证明的，单位有权不批准病假或不按病假处理。

七、带薪年休假

国务院《职工带薪年休假条例》自 2008 年 1 月 1 日起施行，与之配套的《企业职工带薪年休假实施办法》自 2008 年 9 月 18 日起施行。随着两部法规的生效，带薪年休假已成为用人单位人力资源管理方面流程再造的重要内容。

在带薪年休假方面,用人单位需要注意以下问题:

1. 探亲假等假期不计入年休假

探亲假的法律依据来自国务院 1981 年制定的《关于职工探亲待遇的规定》,适用于在国家机关、人民团体和全民所有制企业、事业单位工作的职工。探亲假的天数在 20 天以上,超过年休假。目前社会上已经有舆论在讨论,随着交通条件日趋便利,随着带薪年休假的实施,探亲假还有无存在的必要。

无论如何,探亲假与年休假的法律依据不同,不能互相取代。但我们要注意,2008 年后,年休假已经是法定的假期,如果用人单位不依法安排休年休假,会面临类似于加班的法律责任;而探亲假的规定只对全民所有制企业等部分用人单位有效,而且法规并未规定如果不休探亲假会有什么法律责任。所以,用人单位应及时调整相关规定,优先安排年休假,非全民所有制的企业可以年休假取代探亲假,以免出现违法情形。

另外,休息日、法定节假日、婚丧假、产假及因工伤停工留薪期间、病假等均不计入年休假期间。

2. 跳槽的员工工龄可累计计算,按累计的工龄享受年休假

员工享受法定年休假的天数与工龄相关:职工累计工作已满 1 年不满 10 年的,年休假 5 天;已满 10 年不满 20 年的,年休假 10 天;已满 20 年的,年休假 15 天。有 HR 有疑问,如何理解"职工累计工作"年限,员工在本单位上班之前在其他单位的工作年限是否也计入该累计工作年限内?答案是肯定的。《企业职工带薪年休假实施办法》第 4 条规定,年休假天数根据职工累计工作时间确定。职工在同一或者不同用人单位工作期间,以及依照法律法规或者国务院规定视同工作期间,应当计为累计工作时间。因此对于员工来说,即使有过多次跳槽经历,即使中间曾经中断上班,计算年休假时工作时间均应累计计算。

在实务中值得注意的一点是:累计工作时间(俗称工龄)由职工一方举证,证据通常有档案记录、社会保险缴费记录、离职证明等。如果职工不能举出证据证明其实际工龄,则单位有理由按照职工在本单位的工作时间计算应休年休假天数。

实务中还有这种情形:职工原来未提供证明累计工龄的证据,导致用人单位按本单位的工作年限来为其安排年休假。到仲裁与诉讼时,员工又拿出证明之前工龄的证据。这种情形下,司法机关一般会按证据所显示的累计工龄来计算员工应休年休假,未休的年休假用人单位应支付 300% 的工资。为避免这种不利局面,用人单位也可以在入职环节中由员工书面确认在入职本单位之前的累

计工作年限,同意以此作为安排年休假与医疗期的依据。

3. 中途跳槽的员工可折算享受年休假

这里面有两个问题。其一,《企业职工带薪年休假实施办法》第 3 条规定,职工连续工作满 12 个月以上的,享受带薪年休假。连续工作满 12 个月,包括在前一单位的工作时间(但必须是连续的)。其二,如果员工已连续工作 1 年,但该年的剩余天数不满 1 年,则该年应休的年休假应按比例折算。

例如,2018 年 10 月 6 日,高某毕业后在 A 单位刚好工作了 1 年,随即跳槽到 B 公司工作。B 公司陆续安排员工休年假,但未安排高某休年假,高某找 B 公司人事部要求休年假,公司人事部认为,高某刚刚跳槽进公司,还没有工作满 1 年,故 2008 年度不享受年休假。那么高某在 B 单位应该享受年休假吗?如果应该享受,应该是多少天呢?

首先,所谓连续工作满 1 年,不要求必须是在一个单位工作满 1 年,只要求是连续工作 1 年。那么何谓连续工作?一般认为,如果中间中断不超过 1 个月,社会保险一直处于连续缴费状态,则可视为连续工作。从叙述的情形来看,虽然高某有跳槽,但仍应该是连续工作。到 2018 年 10 月 6 日高某连续工作满了 1 年,便可以要求在 B 公司享受年休假。

那么高某可在 B 公司享受多少天年休假呢?高某在 B 公司的当年剩余天数已不足 1 年,故应折算。2018 年剩余天数为 87 天,故高某应享受年休假天数折算公式为:(87/365) ×5 天 =1. 19 天。折算后不足 1 整天的部分不享受年休假。因此结论是高某 2018 年度在 B 公司应享受年休假 1 天。

4. 未休年休假应支付 300% 工资

用人单位经职工同意不安排年休假或者安排职工年休假天数少于法定天数的,应当在本年度内对职工应休未休年休假天数,按照其日工资收入的 300% 支付未休年休假工资报酬。这里要注意以下几点:

(1)日工资按月工资标准除以 21. 75 计算,而月工资标准按照用人单位支付其未休年休假工资报酬前 12 个月剔除加班工资后的月平均工资计算。在用人单位工作时间不满 12 个月的,按实际月份计算月平均工资。

(2)由于用人单位已经支付职工正常工作期间的工资收入,因此只需另外赔付日工资收入的 200% 。

(3)员工未休年假也不是全部都得支付 3 倍工资。实务中,不排除有的职工不愿意休年休假,甚至可能有的职工希望不休年休假而拿 3 倍的劳动报酬。对此,《企业职工带薪年休假实施办法》第 10 条第 2 款规定,用人单位安排职工休年休假,但是职工因本人原因且书面提出不休年休假的,用人单位可以只支付其正常工作期间的工资收入。

但是在这种情况下,用人单位需保留相关证据,以证明单位有安排,是职工本人自愿不休。此时,可参考本书文书范本《年休假安排通知书》。

举例来说,齐某在某公司已工作满 3 年,符合享受带薪年休假条件,但公司一直以业务忙为由,未安排齐某休假,齐某要求按照其日工资收入的 300% 支付未休年休假的工资报酬,公司表示愿意支付,但双方对计算基数产生争议。齐某月工资 2000 元,岗位津贴 200 元,奖金 300 元,加班工资 150 元,那么年休假工资应该怎么计算呢?

齐某年休假工资基数应该是日工资,日工资应按照仅仅剔除加班工资外的工资报酬来折算,即奖金、津贴等都应该算进去(奖金津贴也是工资),因此齐某的日工资 =(2000 元 +200 元 +300 元)/21.75 天。根据《企业职工带薪年休假实施办法》第 11 条的规定,计算未休年休假工资报酬的日工资收入按照职工本人的月工资除以月计薪天数(21.75 天)进行折算。前款所称月工资是指职工在用人单位支付其未休年休假工资报酬前 12 个月剔除加班工资后的月平均工资。在本用人单位工作时间不满 12 个月的,按实际月份计算月平均工资。

但公司只需要另外补发 200% 的工资即可,另外 100% 的工资就是用人单位已经正常发放了的工资。根据《企业职工带薪年休假实施办法》第 10 条的规定,用人单位对职工应休而未休的年休假天数,按照其日工资收入的 300% 支付未休年休假工资报酬,其中包含用人单位支付职工正常工作期间的工资收入。

5. 解除或终止劳动合同后未休年假可折算工资

用人单位与职工解除或者终止劳动合同时,当年度未安排职工休满应休年休假的,应折算未休年休假的工资报酬。此时,应休而未休的年休假天数折算方法为:(当年度在本单位已过日历天数/365 天)×职工本人全年应当享受的年休假天数(去掉余数)-当年度已安排年休假天数。

例如,某公司与方某某于 2020 年 12 月 11 日解除劳动合同时,当年只休了一天年休假,方某工龄为 3 年左右。那么,当年方某某应休年假为:(345 天/365 天)×5 天 =4.73 天。不足 1 整天的略去,即当年方某某应休年假为 4 天,已休 1 天,则应休而未休的年休假为 3 天。就这 3 天应按 300% 发工资,即需另外补发 200% 的 3 天工资。

在实务中,如果职工离职或劳动合同将终止,而尚有未休年休假,则用人单位可以在职工离职前安排将未休年休假休掉,再办理离职手续,以避免3倍的劳动报酬,这是合法的,因为法律规定年休假由用人单位安排。

法律上也不禁止离职时双方就未休年休假问题进行协商,即使员工未休年休假且公司未严格按法律规定支付未休年休假报酬,如果离职文件中已经明确表示员工不得再主张未休年休假报酬,则员工也不得主张该部分权利。

反过来讲,如果用人单位与职工未解除或终止劳动关系,则职工不能主张当年未休年休假的报酬。如职工2020年应休年休假为10天,职工在2020年10月提起劳动争议仲裁,要求公司支付拖欠的工资,并要求支付2020年未休年休假的报酬,则未休年休假报酬不能得到支持。因为2020年尚未结束,职工又未离职,公司完全可以在2020年的剩余日期中安排年休假。

文书范本21:年休假安排通知书范本

年休假安排通知书

________先生/女士(身份证号:________________):

因新型冠状病毒肺炎疫情原因及本公司的实际情况,根据公司规章制度,经核算您________年可享受法定年休假天数为________天、公司福利年休假天数为________天(如有),剩余年休假天数共计________天。在春节假期延长期满后,公司将安排您优先休法定年休假,待法定年休假休完后继续休福利年休假(如有)。假期结束返岗上班,如公司有其他安排,将提前与您沟通。

如有疑问,可联系:

联系人:________________。

电话:________________。

电子邮箱:________________。

联系地址:________________。

特此通知。

________公司

年　　月　　日

回执:

年休假安排确认书

________公司:

本人已经收到公司作出的《年休假安排通知书》,本人知悉并同意该通知的全部内容。

员工：________

年　　月　　日

附录：操作指引

1. 本文书用于公司通知员工年休假安排时使用。

2. 休假的期间及休假的年度需要根据员工实际情况填写。

3. 年休假的法律规定：职工累计工作已满1年不满10年的，年休假5天；已满10年不满20年的，年休假10天；已满20年的，年休假15天。国家法定休假日、休息日不计入年休假的假期。但职工部分情形不享受当年的年休假。

注：《职工带薪年休假条例》第4条规定：职工有下列情形之一的，不享受当年的年休假：(1)职工依法享受寒暑假，其休假天数多于年休假天数的；(2)职工请事假累计20天以上且单位按照规定不扣工资的；(3)累计工作满1年不满10年的职工，请病假累计2个月以上的；(4)累计工作满10年不满20年的职工，请病假累计3个月以上的；(5)累计工作满20年以上的职工，请病假累计4个月以上的。

4. 通知应加盖公司公章并向员工送达。因疫情不宜直接送达通知的，可采用企业OA系统、微信、电子邮箱、钉钉、短信等多种方式发送，并要求员工回复"本人已经收到公司作出的《年休假安排通知书》，本人知悉并同意该通知的全部内容"，并保留相关凭证。待条件允许时，应补签纸质文本。

该通知书的作用主要有两个：

(1)证明用人单位已经安排员工休年休假，对休息时间及上班时间已明确告知。如果员工没有准时来上班，则构成旷工。

(2)如果用人单位安排员工休年休假，而员工不愿意休，那么员工应该在通知书所附的回执上签字。则这种情况下，用人单位可以让员工正常上班，不休年休假，且用人单位无须支付300%的未休年休假报酬。

6. 年休假安排的主动权是在用人单位一方还是在员工一方

答案是在用人单位一方。《企业职工带薪年休假实施办法》第9条规定，用人单位根据生产、工作的具体情况，并考虑职工本人意愿，统筹安排年休假。用人单位确因工作需要不能安排职工年休假或者跨1个年度安排年休假的，应征得职工本人同意。总体来说，对于年休假的安排，用人单位有如下主动权：

（1）自主安排何时让员工休年休假。当然实际操作中，用人单位也会考虑员工的意向。

（2）自主安排是分段休，还是一次休完。

（3）员工请事假时，优先安排年休假。

但如果用人单位需要跨年度安排年休假，则应征得职工同意。请参见文书范本《年休假跨年度安排征求意见表》。

文书范本22：年休假跨年度安排征求意见表范本

年休假跨年度安排征求意见表

事项	因公司生产经营的需要，无法在本年度（　　　　年度）给全部员工安排年休假，需要跨年度统筹安排年休假，现征求员工意见。
签名区	本人同意公司跨年度安排年休假。 （请同意者在下方签名区签名）　　　　时间：　　　　年　　月

7. 某些不需安排年休假的情况

《职工带薪年休假条例》第4条规定，职工有下列情形之一的，不享受当年的年休假：（1）职工依法享受寒暑假，其休假天数多于年休假天数的；（2）职工请事假累计20天以上且单位按照规定不扣工资的；（3）累计工作满1年不满10年的职工，请病假累计2个月以上的；（4）累计工作满10年不满20年的职工，请病假累计3个月以上的；（5）累计工作满20年以上的职工，请病假累计4个月以上的。注意：其一，寒暑假天数多于法定年休假天数时，可不再安排年休假，但如果寒暑假天数少于年休假天数，则仍需补足；其二，请事假只有累计超过20天，且不扣工资时，才不享受当年的年休假。事假天数不到20天，或者事假期间未发全部工资时，均应正常享受年休假。

如果职工已经享受当年的年休假，又出现可以不安排年休假的情况，应如何处理？按《企业职工带薪年休假实施办法》第8条规定，职工已享受当年年休假,又出现了《职工带薪年休假条例》第4条第2、3、4、5项的情况时,用人单位可以不安排下一年度的年休假。但是请注意,职工享受了年休假,又享受寒暑假的,不能因此不安排下一年度年休假,除非该职工下一年度又享受了天数超过法定年休假天数的寒暑假。

8. 总经理等自主安排工作时间的人员仍需要安排年休假

实务中,总经理等高级管理人员,或者是实行不定时工作制的人员,往往可以自己自主安排工作时间,这种情形下,是否仍需要用人单位为其安排年休假呢?答案是肯定的。

实务中有不少这样的案例:总经理向公司索赔未休年休假的报酬,公司抗辩,总经理可以自己决定是否休假,自主安排工作时间,因此不能支持总经理的索赔。这种抗辩一般得不到法律支持。这确实有些不太合乎情理,一般的考勤休假工作由总经理或其下属部门负责安排,总经理自己也好,下属部门也好,不太可能主动为总经理去安排年休假。也有可能总经理实际休了年休假,但并未像普通员工那样请假记入考勤。因此总经理的休假确实有其特殊性。但实务中的多数判例是:一旦发生争议,只要公司无证据证明总经理已经休了年休假,则应该支付未休年休假的300%的劳动报酬。

9. 年休假安排的实务操作

从用人单位的角度,年休假的实务操作应注意如下几点:

(1)用年休假代替探亲假等非法定假期(或不休也没有什么法律责任的其他假期);

(2)单位可自主安排年休假,如在春节前后多放几天假作为年休假;

(3)员工请事假,单位可优先安排年休假;

(4)员工离职时如尚有未休年休假,用人单位可在离职之前集中安排休完,休完再办理离职;

(5)如需跨年度安排年休假,需征求员工意见,并保留证据;

(6)安排员工休年休假最好有书面通知,如果员工不愿休,应留下员工签字的回执;

(7)在考勤表中体现出已休年休假天数,且由员工确认。

第三节 薪酬管理制度

一、工资范围

工资由哪些项目构成,或者说用人单位支付给劳动者的报酬中哪些可以列入工资的范畴,这是用人单位经常询问的问题。目前一般适用1990年国家统计局颁布的《关于工资总额组成的规定》以及1995年原劳动部发布的《关于贯彻执行〈中华人民共和国劳动法〉若干问题的意见》。

《关于工资总额组成的规定》第4条规定,工资总额由下列六个部分组成:

1. 计时工资;

2. 计件工资;

3. 奖金;

4. 津贴和补贴;

5. 加班加点工资;

6. 特殊情况下支付的工资。

《关于工资总额组成的规定》第11条规定,下列项目则不属于工资:

1. 根据国务院发布的有关规定颁发的发明创造奖、自然科学奖、科学技术进步奖和支付的合理化建议与技术改进奖以及支付给运动员、教练员的奖金;

2. 有关劳动保险和职工福利方面的各项费用;

3. 有关离休、退休、退职人员待遇的各项支出;

4. 劳动保护的各项支出;

5. 稿费、讲课费及其他专门工作报酬;

6. 出差伙食补助费、误餐补助、调动工作的旅费和安家费;

7. 对自带工具、牲畜来企业工作职工所支付的工具、牲畜等的补偿费用;

8. 实行租赁经营单位的承租人的风险性补偿收入;

9. 对购买本企业股票和债券的职工所支付的股息(包括股金分红)和利息;

10. 劳动合同制职工解除劳动合同时由企业支付的医疗补助费、生活补助费等;

11. 因录用临时工而在工资以外向提供劳动力单位支付的手续费或管理费;

12. 支付给家庭工人的加工费和按加工订货办法支付给承包单位的发包费用;

13. 支付给参加企业劳动的在校学生的补贴;

14. 计划生育独生子女补贴。

2009 年 11 月 12 日,财政部下发《关于企业加强职工福利费财务管理的通知》,该通知进一步明确:企业为职工提供的交通、住房、通信待遇,已经实行货币化改革的,按月按标准发放或支付的住房补贴、交通补贴或者车改补贴、通信补贴,应当纳入职工工资总额,不再纳入职工福利费管理;尚未实行货币化改革的,企业发生的相关支出作为职工福利费管理。职工福利费具体有如下项目:

1. 为职工卫生保健、生活等发放或支付的各项现金补贴和非货币性福利,包括职工因公外地就医费用、暂未实行医疗统筹企业职工医疗费用、职工供养直系亲属医疗补贴、职工疗养费用、自办职工食堂经费补贴或未办职工食堂统一供应午餐支出、符合国家有关财务规定的供暖费补贴、防暑降温费等。

2. 企业尚未分离的内设集体福利部门所发生的设备、设施和人员费用,包括职工食堂、职工浴室、理发室、医务所、托儿所、疗养院、集体宿舍等集体福利部门设备、设施的折旧、维修保养费用以及集体福利部门工作人员的工资薪金、社会保险费、住房公积金、劳务费等人工费用。

3. 职工困难补助,或者企业统筹建立和管理的专门用于帮助、救济困难职工的基金支出。

4. 离退休人员统筹外费用,包括离休人员的医疗费及离退休人员其他统筹外费用。企业重组涉及的离退休人员统筹外费用,按照财政部《关于企业重组有关职工安置费用财务管理问题的通知》(财企〔2009〕117 号)执行。国家另有规定的,从其规定。

5. 按规定发生的其他职工福利费,包括丧葬补助费、抚恤费、职工异地安家费、独生子女费、探亲假路费,以及符合企业职工福利费定义但没有包括在本通知各条款项目中的其他支出。

也就是说,上述职工福利费项目依法是不作为工资的。除了上述列举的项目以外,无论其名称是奖金、津贴、补贴、提成或绩效工资,只要是以货币形式发到员工手里的都会被当作工资,都应该作为缴纳个人所得税和社会保险的基数。

实务中,要减少工资数额,应注意如下几点:

1. 提供实物性的福利。如提供住宿,伙食,旅游,发物质奖励等。这些不会被当作工资。[1]

2. 员工提供发票报销,单位按非工资的成本支出列支,这不属于工资。但实务中,有些单位存在名为报销,实为工资的情形。如果税务机关有足够证据证明发票与单位列支并不相符,实为员工的工资收入,是可以要求补缴个人所得税的。

3. 有的用人单位通过银行发放部分工资,再以现金发放部分工资。劳动合同中只约定银行发放的部分工资标准。发生仲裁或诉讼时,单位也不承认现金部分工资的存在。这种情形下,如果劳动者无其他证据,则往往以银行发放的工资作为工资标准。但假如劳动者有证据能证明还存在现金发放的工资,则应该将两部分均作为工资收入。

二、工资标准

(一)最低工资标准

最低工资标准是劳动者提供了正常劳动的前提下,用人单位应依法支付的最低劳动报酬。换言之,如果劳动者有病假、事假等情况,没有提供正常劳动,则用人单位支付的劳动报酬可低于最低工资标准。但注意,劳动者依法享受法定节假日、带薪年休假、探亲假、婚丧假、生育假、计划生育手术假等国家规定的假期期间,以及法定工作时间内依法参与社会活动,均应视为劳动者提供了正常劳动。

有一些项目是需要剔除在最低工资之外的,也就是说,并不是说劳动者到手的收入不低于最低工资标准就可以了,劳动者的收入中必须先剔除一些项目之后,再看是否符合最低工资标准。这些剔除项目包括加班工资、特殊岗位津贴(中班、夜班、高温、低温、井下、有毒有害等特殊工作环境、条件下的津贴)、用人

〔1〕 但有可能要缴纳个人所得税,即税法上的"个人所得"的范围大于劳动法上的"工资"。

单位缴纳的社会保险与住房公积金等。但对于社会保险与住房公积金的个人缴费部分,还有交通补贴等是否包含在最低工资里,各地有差异,主要有以下几种情况:

1. 最低工资包含职工个人缴纳的社会保险费和住房公积金,也就是说,员工的收入扣除社会保险费和住房公积金的个人缴纳部分之后,可能会低于最低工资。如浙江省原劳动和社会保障厅《关于贯彻执行最低工资规定有关事项的通知》(浙劳社劳薪〔2004〕40 号)中规定:"……(一)我省的最低工资标准包含职工个人缴纳的社会保险费(养老、医疗、失业保险费)和住房公积金……"

2. 最低工资不包含住房公积金的个人缴费部分,但包含社会保险费部分,即员工收到的工资如扣除社会保险费,可能低于最低工资,如江苏省有类似规定。

3. 社会保险费与住房公积金的个人缴费部分均应扣除在最低工资之外,即劳动者的工资在扣除个人承担的社会保险费用和住房公积金的个人缴费部分后,仍不得低于最低工资,如上海市人力资源和社会保障局《关于调整本市最低工资标准的通知》规定:"一、下列项目不作为月最低工资的组成部分,由用人单位另行支付:(一)延长工作时间的工资。(二)中夜班津贴、夏季高温津贴及有毒有害等特殊工作环境下的岗位津贴。(三)伙食补贴、上下班交通费补贴、住房补贴。(四)个人依法缴纳的社会保险费和住房公积金。"

4. 扣除其他项目。原劳动部《关于贯彻执行〈中华人民共和国劳动法〉若干问题的意见》第 54 条规定:"……最低工资不包括延长工作时间的工资报酬,以货币形式支付的住房和用人单位支付的伙食补贴。上海市则规定:下列项目不作为月最低工资的组成部分,单位应按规定另行支付:四、伙食补贴(饭贴)、上下班交通费补贴、住房补贴。"

所以,要比较各地的最低工资标准,首先要了解各地最低工资包含的项目。请 HR 了解各地的地方规定。

用人单位违反最低工资规定会导致一系列风险:

1. 面临查处和处罚。这是较严重的违法用工行为,劳动行政部门可对用人单位处以罚款。罚款金额各地规定不一,多者可达数万元。

2. 劳动行政部门可责令补发工资,并按拖欠金额的 1 ~ 5 倍责令向劳动者支付赔偿金。

3. 此时劳动者可以拖欠工资为由随时解除劳动关系,并要求用人单位支付经济补偿金。如双方签订有培训服务期协议,则服务期的约定将失效。

(二)患病在职工医疗期内的工资标准

原劳动部《关于贯彻执行〈中华人民共和国劳动法〉若干问题的意见》第59条规定:"职工患病或非因工负伤治疗期间,在规定的医疗期间内由企业按有关规定支付其病假工资或疾病救济费,病假工资或疾病救济费可以低于当地最低工资标准支付,但不得低于最低工资标准的80%。"但对此有很多地方性规定,地方性规定一般比上述劳动部的规定标准要高一些,至少也是同等标准。HR应当了解地方的规定,按地方规定执行。

上述法定标准是最低标准。如果在劳动合同,或者规章制度中对病假期间的工资有更高标准的约定或规定,则应按劳动合同或规章制度执行。

另外,医疗费用的支付与病假工资是两回事。在缴纳了医疗保险,医疗费由医疗保险基金依规定报销的情况下,病假工资仍应由用人单位支付。如果没有缴纳医疗保险,则用人单位除了应该支付病假工资的情况下,还应该赔偿劳动者医疗费用的损失(一般参照医疗保险报销的标准)。

(三)事假工资标准

事假可不支付工资。但如果双方另有约定,或者在规章制度中另有约定,则按约定或规章制度规定执行。

被依法限制人身自由,无法正常提供劳动期间,用人单位可不支付期间工资。有些单位在规章制度中规定,此时按事假处理。这是可以的。

如果劳动者受到处罚(如被处以缓刑),但并未被限制人身自由,劳动关系也未解除,也正常提供了劳动,则用人单位应正常支付工资。

(四)停工停产期间工资标准

由于非劳动者的原因,用人单位暂停生产时,《工资支付暂行规定》第12条规定,非因劳动者原因造成单位停工、停产在一个工资支付周期内的,用人单位应按劳动合同规定的标准支付劳动者工资。超过一个工资支付周期的,若劳动者提供了正常劳动,则支付给劳动者的劳动报酬不得低于当地的最低工资标准;若劳动者没有提供正常劳动,应按国家有关规定办理。对此,各地方一般还有补充性规定,用人单位应按地方规定执行。

如《广东省工资支付条例》第39条规定,非因劳动者原因造成用人单位停工、停产,未超过一个工资支付周期(最长30日)的,用人单位应当按照正常工作时间支付工资。超过一个工资支付周期的,可以根据劳动者提供的劳动,按照双方新约定的标准支付工资;用人单位没有安排劳动者工作的,应当按照不低于当地最低工资标准的80%支付劳动者生活费,生活费发放至企业复工、复产或者解除劳动关系。

《北京市工资支付规定》第27条规定,非因劳动者本人原因造成用人单位停工、停业的,在一个工资支付周期内,用人单位应当按照提供正常劳动支付劳动者工资;超过一个工资支付周期的,可以根据劳动者提供的劳动,按照双方新约定的标准支付工资,但不得低于本市最低工资标准;用人单位没有安排劳动者工作的,应当按照不低于本市最低工资标准的70%支付劳动者基本生活费。国家或者本市另有规定的从其规定。

(五)其他带薪假期工资标准

其他年休假、探亲假、婚丧假等法定的有薪假期,一般应按正常工作的工资标准发放。有的用人单位可能会在规章制度中对绩效工资等浮动工资部分在带薪假期内的发放标准作出特殊规定,这种做法在法律上存疑。但一般认为,基本工资及固定工资部分在有薪假期内是应该发放的。

如果地方性规定对带薪假期有特殊规定,则用人单位需要遵守地方性规定的要求。

(六)其他

目前实务中还有学徒工、熟练工以及学习期、熟练期、见习期等概念,但这些都不影响双方建立劳动关系,并应该按照劳动法规约定双方的工资,不应违反试用期工资的法律规定,不应违反最低工资标准,除此之外可以由双方自主协商确定。

新就业复员军人的工资标准,同上。

三、工资的调整

工资即薪酬的调整通常有如下几个关键知识点:

1. 很多用人单位在劳动合同中约定,员工的薪酬随着岗位的变化而相应变化。这种条款有效吗?

一般认为,薪随岗变条款的有效性,首先取决于调岗的有效性。如果调岗有效,那么一般随之调整薪水也是有效的。

对此,需要在劳动合同中明确约定岗位调整的条件。请参见本书第三章中“工作内容与工作地点”的说明。同时,用人单位应能通过薪酬体系制度或其他文件证明调整后岗位的薪酬标准。

2. 调整工资是否一定要有书面协议?

《劳动合同法》第 35 条规定,变更劳动合同,应当采用书面形式。因此从防范争议的角度出发,在取得员工同意的情况下,用人单位应当与员工签订一个变更合同的书面协议。

不过,2021 年 1 月 1 日起实施的最高人民法院《关于审理劳动争议案件适用法律问题的解释(一)》第 43 条规定,用人单位与劳动者协商一致变更劳动合同,虽未采用书面形式,但已经实际履行了口头变更的劳动合同超过 1 个月,变更后的劳动合同内容不违反法律、行政法规且不违背公序良俗,当事人以未采用书面形式为由主张劳动合同变更无效的,人民法院不予支持。

依据上述规定,调整岗位及工资时,应尽量协商一致,争取签订书面的变更合同的手续。可以参见使用文书范本《调岗调薪通知书》,或者签署《劳动合同变更协议书》(可参见文书范本《劳动合同续签通知书》)。如果员工不能签字,则单位应该向员工发出通知或者送达工资条。这种情况下,如果员工不能证明自己在工资标准变更且实际发放后的 1 个月内提出了异议,则视为该员工已经接受工资标准的变更。

最高人民法院的上述规定也可以从另一个角度理解:假如劳动合同中的工资标准未变,而事实上工资标准已经提高,则超过 1 个月后,相当于双方事实上已经变更劳动合同中约定的工资标准。

3. 合理配置薪资构成,设置浮动的与绩效或效益挂钩的部分,配合规章制度的有效规定,通过调整可浮动部分的工资,实现对薪资的调整,这是更合理的办法。

4. 实务中,有的用人单位在劳动合同中约定的工资标准较低,实际发放的工资标准较高。如果用人单位降低实际发放的工资标准,但又不低于劳动合同约定的工资标准(也不违反规章制度、其他文件),劳动者提出异议,此时司法实务如何处理?没有确定结论。用人单位似乎不违反约定也不违反法律规定。但也有仲裁委及法院认为,实际发放的工资标准如果稳定地超出劳动合同约定的工资标准的,则应以实际发放的工资为准。

5. 理论上，如果在劳动合同中对将来一段时间内的工资调整已经有了明确约定，即使是降薪的约定，如约定 2013 年月工资为 5000 元，2014 年为 4000 元基本工资（或另加提成），这种约定都是有效的。届时用人单位可直接按合同约定调整工资，而无须签署变更协议。因为这种调薪并非变更原来的劳动合同，而恰恰是对原来劳动合同约定的履行。当然，这种情形在实务中并不多见。

文书范本 23：调岗调薪通知书范本

调岗调薪通知书

<table>
<tr><td>姓名</td><td colspan="2"></td><td>编号</td><td></td></tr>
<tr><td rowspan="4">原任</td><td colspan="2">部门：</td><td rowspan="4">调任</td><td>部门：</td></tr>
<tr><td colspan="2">职务：</td><td>职务：</td></tr>
<tr><td colspan="2">工资：</td><td>工资：</td></tr>
<tr><td colspan="2">工作时间：</td><td>工作时间：</td></tr>
<tr><td>相关说明</td><td colspan="4"></td></tr>
<tr><td colspan="5">到新岗位报到时间：________年____月____日
调整生效时间：________年____月____日</td></tr>
<tr><td rowspan="2">批示</td><td>调出部门意见</td><td>调入部门意见</td><td>人力资源部意见</td><td>分管领导意见</td></tr>
<tr><td></td><td></td><td></td><td></td></tr>
<tr><td>本人意见</td><td colspan="4">本人同意变更劳动合同，对工作内容、岗位和工资作上述变更，将按时赴新岗位工作，认真完成新工作岗位上的任务。
________年____月____日
签名：</td></tr>
</table>

注：如有工作地点的变动，可在此增加一行，或在“相关说明”中说明。

本人签字后调整生效，等于已经变更劳动合同，可不用另外签订书面协议或变更劳动合同。

四、工资的常见争议

1. 年薪的问题

（1）在约定年薪的情况下，每月必须发放部分工资，且该部分工资不得低于最低工资。其他部分可以作为奖金按季度、半年或按一年发放。实务中，年薪多适用于较高岗位人员，不太可能存在每月低于最低工资的情况。

（2）每月发放多少，浮动工资部分的计算标准，如何结算，如何调整，等等，都需要通过协议约定清楚。

（3）劳动者工作未满 1 年或未满 1 个结算周期时，如何结算？这也需要明确约定。否则仲裁委与法院一般会支持按照实际工作时间来折算。

2. 薪酬保密制度

法律没有禁止保密，也没有规定必须保密。对此用人单位可自主设定薪酬保密制度。薪酬保密制度作为规章制度的一种，应该按照《劳动合同法》第 4 条的规定依法通过实施（请参见本书第四章“规章制度与员工手册”）。实施后一旦员工违反，即构成违反规章制度。

3. 工资的发放

如果是采取现金发放的形式，应该制作工资表，让员工在领取工资时签字。是否已支付工资由用人单位举证，因此在现金发放时，用人单位一定要有员工已经领取工资的签字记录。

如果是通过银行向劳动者本人姓名开具的账户发放工资，则是否已经支付工资这一点不会产生什么争议。但也需要制作工资表。

工资表上应列明各种项目，包括基本工资、奖金、津贴，尤其是加班工资应单独列明。还可以标明：工资已收到，对工资计算、考勤、加班费的计算及有关扣款无异议，并交由员工签字认可。笔者建议，用人单位可考虑同时将简单而重要的考勤信息（如加班情况、休假情况）列入工资表，由员工一并签字确认。

4. 工资支付凭证的保存期限与举证责任

《工资支付暂行规定》要求用人单位将工资支付凭证保存 2 年以上备查。据此，司法实务中常常要求用人单位提供最近 2 年的工资支付凭证，如果用人单位无法提供，则可能会被要求补发工资。而 2 年以前的补发工资请求，用人单位可以以工资支付凭证未保存为由抗辩。这与仲裁时效是两回事。2008 年 5 月 1

日起实施的《劳动争议调解仲裁法》将劳动报酬的时效大大延长，只要不超过劳动者离职后的1年时间，均未过时效（超过1年也有可能存在时效中止、中断等情形）。如劳动者于2010年8月离职后，在2011年6月申请仲裁，主张用人单位拖欠2008年6月的工资，时效仍然没有过。但此时，用人单位可以主张工资已支付，只是工资支付凭证由于超过保存期限已无保存，因此员工方需举证证明确实未支付工资。员工如果不能举出有利证据证明确实未发放工资（不但要证明2年前的工资支付金额，还要证明其应发工资标准），此种情况则很难胜诉。

文书范本24：工资确认单范本

工资确认单

<table>
<tr><td>姓名</td><td></td><td>计薪周期</td><td colspan="3">月　　日至　　月　　日</td></tr>
<tr><td>缺勤天数/事由</td><td></td><td rowspan="2">加班小时</td><td colspan="3" rowspan="2">平时加班：
法定节假日加班：
休息日加班：</td></tr>
<tr><td>补休天数</td><td></td></tr>
<tr><td>工资</td><td></td><td>加班费</td><td></td><td>绩效奖金</td><td></td></tr>
<tr><td>其他</td><td colspan="5"></td></tr>
<tr><td>扣款项目</td><td>社保</td><td colspan="2"></td><td>其他</td><td></td></tr>
<tr><td>应发总额</td><td colspan="2"></td><td>扣款总额</td><td colspan="2"></td></tr>
<tr><td>实发共计</td><td colspan="5"></td></tr>
<tr><td colspan="6">注：款项将直接汇入工资卡中。
如对上述金额或考勤有异议，请在收到本工资确认单后3个工作日内向公司人事发出邮件提出异议，否则即视为认可无异议</td></tr>
</table>

5. 可以扣发工资的情形

下面这几种情形下，用人单位从员工的工资中进行扣款是合法的：

（1）代扣个人所得税；

（2）代缴社会保险的个人缴费部分和住房公积金的个人缴费部分；

（3）协助执行法院判决、裁定及其他生效的法律文书；

（4）抵扣用人单位的损失。按《工资支付暂行规定》第16条的规定，因劳动者本人原因给用人单位造成经济损失的，用人单位可按照劳动合同的约定要求其赔偿经济损失。经济损失的赔偿,可从劳动者本人的工资中扣除,需要注意的是,这种情况下的扣发,有两个限制:一是每月扣除的部分不能超过劳动者当月工资的20%;二是扣除后剩余的工资不能低于当地的最低工资,若扣除后低于最低工资标准,则应按最低工资标准支付。符合这两个限制时,可以多次扣发。当然,对于劳动者给用人单位造成损失的,也可以选择让劳动者另行一次性全部赔偿单位损失,但从工资中直接扣发的话,不能违反上述规定。

在劳动者有缺勤的情况下,如病假或事假,用人单位按照法律规定和规章制度规定,对缺勤期间的工资另行计算,比正常上班工资要低,这不是扣发工资,而是缺勤期间本来就该少拿或不拿工资,是合法的。

用人单位在规章制度中规定,如果劳动者违反规章制度,就要进行经济性的处罚,如扣工资或者罚款,这是否合法呢?

《企业职工奖惩条例》(已失效)规定了企业对违纪职工有一定的处罚权利,但现在《企业职工奖惩条例》已经失效(参见2008年1月15日国务院公布的《关于废止部分行政法规的决定》),目前就全国层面而言,没有法律法规对用人单位的处罚权明文禁止,同时也没有明文许可。

某些地方规定,如深圳是认可用人单位可根据有效的规章制度对员工进行一定的经济处罚;[1]如果没有地方规定,实务中一般也认为,依据有效的规章制度对员工的违纪行为进行一定的经济处罚,处罚金额相对合理,从工资中扣款,是不违法的。当然,用人单位应证明,员工确实有违纪行为。这里的"处罚金额相对合理"难以界定。一般认为,像"旷工一天扣罚3天工资"就属于不合理。

从风险防范的角度来看,建议用人单位最好不要采取对员工的处罚措施,而改成浮动工资的办法。如设立全勤奖金,将考勤与全勤奖金联系起来;设立绩效奖金,将员工的表现与绩效奖金挂钩。这样虽然不是罚款,但同样能达到罚款的法律效果,而且肯定是合法有效的。

除上述情况之外,扣发员工工资均属于克扣工资,将面临一定的法律责任。

这里要注意,原劳动部《关于印发对〈工资支付暂行规定〉有关问题的补充规定》中规定了两种例外情况不属于无故拖欠工资:(1)用人单位遇到非人力所能抗拒的自然灾害、战争等原因,无法按时支付工资;(2)用人单位确因生产经

〔1〕《深圳经济特区和谐劳动关系促进条例》第16条规定:"用人单位依照规章制度对劳动者实施经济处分的,单项和当月累计处分金额不得超过该劳动者当月工资的百分之三十,且对同一违纪行为不得重复处分。实施处分后的月工资不得低于市政府公布的特区最低工资标准。"

营困难、资金周转受到影响，在征得本单位工会同意后，可暂行延期劳动者工资，延期时间的最长限制可由各省、自治区、直辖市劳动行政部门根据各地情况确定。

五、未依法支付工资的法律后果

1. 行政责任。用人单位克扣或者无故拖欠劳动者工资报酬的，由劳动保障行政部门责令限期支付劳动者的工资报酬。逾期不支付的，责令用人单位按照应付金额50%以上1倍以下的标准计算，向劳动者加付赔偿金。另外，如果用人单位没有按照劳动监察部门的要求限期改正，可能还会导致2000元以上2万元以下的罚款。

2. 民事责任。劳动者可以用人单位未及时足额支付工资为由，通知用人单位解除劳动合同，并要求支付经济补偿金。此时，还会导致双方签署的培训服务期的约定失效。

3. 刑事责任。2011年5月1日《刑法修正案(八)》施行后，恶意欠薪有可能构成“拒不支付劳动报酬罪”，但只有同时具备下列三个条件时才可能构成该罪：

(1)以转移财产、逃匿等方法逃避支付劳动者的劳动报酬或者有能力支付而不支付劳动者的劳动报酬。也就是说，如果确实无能力支付则不构成该罪。

(2)数额较大。根据最高人民法院《关于审理拒不支付劳动报酬刑事案件适用法律若干问题的解释》，应为“拒不支付一名劳动者三个月以上的劳动报酬且数额在五千元至二万元以上”或“拒不支付十名以上劳动者的劳动报酬且数额累计在三万元至十万元以上”。数额不足的不构成该罪。

(3)经政府有关部门责令支付而不支付。只有经政府部门(不含法院与劳动仲裁部门)处理，责令企业限期支付而企业仍拒绝支付时，才构成犯罪。

第四节 加班费的支付与风险防范

加班费是劳动争议案件中最常见的索赔项目，据统计，劳动争议案件中有1/3左右的案件涉及加班费。在法律延长了劳动仲裁的申请时效的情况下，有可能支持多年的加班费，且数目不小。

一、加班的相关规定

加班，即延长工作时间，是指用人单位由于生产经营需要，经与工会和劳动者协商后，延长劳动者的工作时间。《劳动法》第41条规定，用人单位由于生产经营需要，经与工会和劳动者协商后可以延长工作时间，一般每日不得超过1小时；因特殊原因需要延长工作时间的，在保障劳动者身体健康的条件下延长工作时间每日不得超过3小时，但是每月不得超过36小时。

但根据《劳动法》第42条的规定，有下列情形之一的，延长工作时间不受《劳动法》第41条规定的限制：(1)发生自然灾害、事故或者因其他原因，威胁劳动者生命健康和财产安全，需要紧急处理的；(2)生产设备、交通运输线路、公共设施发生故障，影响生产和公众利益，必须及时抢修的；(3)法律、行政法规规定的其他情形。

二、加班费的计算

加班费计算通常的步骤是：

1. 确定加班费的计算基数。如正常工资为2175元每月，将其作为计算加班工资的基数，则正常日工资为2175元/21.75=100元，正常小时工资为100/8=12.5元。

2. 分别确定平时加班时间、休息日加班时间、法定节假日加班时间。如平时加班30小时，休息日加班4天，法定节假日加班2天。如果休息日、法定节假日有准确的考勤证明加班时间不是8小时，也可以精确到小时。如无相反的证据，则一般推定每天工作时间为8小时。

3. 分别计算加班费。《劳动法》第44条规定："有下列情形之一的，用人单位应当按照下列标准支付高于劳动者正常工作时间工资的工资报酬：(一)安排劳动者延长工作时间的，支付不低于工资的百分之一百五十的工资报酬；(二)休息日安排劳动者工作又不能安排补休的，支付不低于工资的百分之二百的工资报酬；(三)法定休假日安排劳动者工作的，支付不低于工资的百分之三百的工资报酬。"

如果按前面列出的工资基数与加班时间，那么可算出：平时加班费=30×12.5×150%=562.5元；休息日加班费=4×100×200%=800元；法定节假日加班费=2×100×300%=600元，三项共计1962.5元。

三、加班的实务操作

从用人单位的角度考虑，合法地降低加班费的支付，避免加班费争议，其意图无可厚非。那么，在实务操作中主要可从以下几个方面着手：

1. 申报特殊工时制度，就企业内不能实行标准工时制的岗位申请综合计算工时制或不定时工作制。这可以有效降低特殊岗位的加班费支出。如前所述，在劳动合同里也要相应地约定特殊工时制。

例如，某超市促销员，上1天班休息1天，每天12小时，月工资1740元。2008年11月共计上班15天，休息15天，请为其计算该月加班费数额。

答：如未申请特殊工时制，则每天超过8小时的工作时间均属于加班。因为每周至少休息3天，周六、周日即使上班，也等于是有了补休，所以只有平时加班。11月加班小时共计4小时×15天=60小时，每小时工资为1740/21.75/8=10元，因此11月的加班工资共计60×10×150%=900元，相当于正常工资的一半。

在申请了综合计算工时制，而且在劳动合同里也约定了综合计算工时制的情况下，又应该支付多少加班费呢？如以月综合计算工作时间，则每月工作时间总共为 12×15=180 小时，而法定制度月工作时间为 20.83×8=166.64 小时，故超出制度工作时间仅 14 小时不到，按 14 小时计，则加班费应为 14×10×150%=210 元。

两相比较，应支付的加班费大大减少了。

2. 在劳动合同与规章制度中规定加班审批制度并加以运用，这样可以避免员工一些不必要的加班。因为，公司安排员工延长工作时间才叫作加班，员工自愿的、未经公司安排的延长工作时间不算加班。但是公司必须有一定的制度和一定的证据来证明员工延长工作时间并非公司的安排，并未履行相应的手续。

如规章制度中可以作下列规定：

公司不鼓励员工加班，各岗位所安排的工作任务，均可在正常工作时间内完成。员工如需延长工作时间，应填写加班审批单，并得到部门主管的同意，否则不视为加班，公司将不予以支付加班工资。仅打卡下班时间超过了规定时间，不视为加班。

文书范本 25：加班审批单范本

加班审批单

所属部门：__________

加班起始日期：_____年___月___日(含当日)

加班截止日期：_____年___月___日(含当日)

姓名	预定加班时间			加班事由
	起	止	小时数	

注：1. 如有加班，应先申请，经审批后方视为加班。

2. 实际加班时间短于申请时间时，应以实际加班时间为准。

3. 该申请单一式两份，由员工和人力资源部门各留一份。

申请人签字：

审批人意见：

用人单位应同时在考勤相关制度中规定加班审批的流程、负责人等。

3. 将工资划分为正常工资与加班工资，在劳动合同中写明，在工资条项目中列明。实践中有的单位加班时间比较固定，便与员工口头约定在工资里面包含一定的加班费，但该加班费并没有在劳动合同中体现，也没有在工资条里单独列明。一旦发生争议，员工完全可以主张单位没有支付加班费，单位很可能败诉。

另外，实务中，有些单位安排员工在法定节假日加班，并向员工额外支付一些费用，名为“节日补助”“节日福利”“过节费”等，但却没有另外支付加班工资，这也是容易引发争议的做法。如果是按照加班费的本意给的，在工资条里面就应该列明为“加班费”或“加班工资”“法定节假日加班费”等。

同理，出差是工作的一种形式，出差也可能构成加班，但出差补贴不能代替出差时间的加班费。

4. 采取计件工资也能在一定程度上避免加班工资。按照《工资支付暂行规定》，采用计件工资的情况下，在“完成计件定额任务后”，用人单位安排其延长工作时间的，才需支付加班费，换言之，如果在计件定额任务之内，劳动者在法定工作时间之外延长工作时间，不视为加班。因此这可以在一定程度上避免员工“磨洋工”，却要求支付加班费的问题。

但这里有个关键问题，必须制定合理的劳动定额。该劳动定额必须同岗位的大多数员工能完成。按照《劳动合同法》第 4 条关于规章制度制定的要求，劳动定额作为规章制度的一部分时，应该通过民主程序制定，并采取一定的公示手段。对此，请参考本书第四章“规章制度与员工手册”。

5. 在劳动合同中约定加班工资的计算基数。劳动者的工资一般分为很多项目，如基本工资、工龄工资、奖金、津贴、绩效工资等，哪些项目应当计入加班费的计算基数呢？加班工资的计算基数能不能约定呢？

对这两个问题，目前还没有全国统一的明确规定。各地规定也不尽相同。如《北京市工资支付规定》（2007 年修订）第 44 条规定：“根据本规定第十四条计算加班工资的日或者小时工资基数、根据第十九条支付劳动者休假期间工资，以及根据第二十三条第一款支付劳动者产假、计划生育手术假期间工资，应当按照下列原则确定：（一）按照劳动合同约定的劳动者本人工资标准确定；（二）劳动合同没有约定的，按照集体合同约定的加班工资基数以及休假期间工资标准确定；（三）劳动合同、集体合同均未约定的，按照劳动者本人正常劳动应得的工资确定。依照前款确定的加班工资基数以及各种假期工资不得低于本市规定的最低工资标准。”

随后2017年4月24日生效的北京市高级人民法院、北京市劳动人事争议仲裁委员会《关于印发〈审理劳动争议案件法律适用问题的解答〉的通知》第22条又对该问题进行了更详细的规定（节选如下）：

“劳动者加班费计算基数，应当按照法定工作时间内劳动者提供正常劳动应得工资确定，劳动者每月加班费不计到下月加班费计算基数中。具体情况如下：（1）用人单位与劳动者在劳动合同中约定了加班费计算基数的，以该约定为准；双方同时又约定以本市规定的最低工资标准或低于劳动合同约定的工资标准作为加班费计算基数，劳动者主张以劳动合同约定的工资标准作为加班费计算基数的，应予支持。（2）劳动者正常提供劳动的情况下，双方实际发放的工资标准高于原约定工资标准的，可以视为双方变更了合同约定的工资标准，以实际发放的工资标准作为计算加班费计算基数。实际发放的工资标准低于合同约定的工资标准，能够认定为双方变更了合同约定的工资标准的，以实际发放的工资标准作为计算加班费的计算基数。（3）劳动合同没有明确约定工资数额，或者合同约定不明确时，应当以实际发放的工资作为计算基数。用人单位按月直接支付给职工的工资、奖金、津贴、补贴等都属于实际发放的工资，具体包括国家统计局《〈关于工资总额组成的规定〉若干具体范围的解释》中规定‘工资总额’的几个组成部分。加班费计算基数应包括‘基本工资’、‘岗位津贴’等所有工资项目。不能以‘基本工资’、‘岗位工资’或‘职务工资’单独一项作为计算基数。在以实际发放的工资作为加班费计算基数时，加班费（前月）、伙食补助等应当扣除，不能列入计算基数范围。国家相关部门对工资组成规定有调整的，按调整的规定执行。”

对于与北京地方规定类似的区域，一般的操作是：

（1）严格来说，用人单位应以劳动者当月的全部工资性收入（包括基本工资、奖金、津贴、补贴等）作为加班费的计算基数，因为工资、奖金、津贴、补贴按照国家统计局《关于工资总额组成的规定》，都属于工资的组成部分。所以，如果劳动合同没有对加班费的基数作出约定，那么，司法实务中会以劳动者的实际所得全部工资性收入作为计算加班费的基数。

（2）如果劳动合同约定把每月固定的工资部分，如岗位工资、基本工资、津贴等，作为加班费的基数，而把浮动的、不固定的绩效奖金、提成奖金剔除在加班费的计算基数之外,效力如何?存在一定的争议,但司法实务中多数能得到支持。因为从用人单位的管理来看,加班费的基数如果总是变动,计算是很困难的。不过此时有一点要注意,无论如何,加班费的计算基数不得低于最低工资,否则是无效的。

注意按《北京市工资支付规定》,仅在规章制度中对加班费计算基数作出规定是不合法的。但是可以考虑在集体合同中对计算基数作出规定。

(3)如果有些奖金是按季度,或按半年、一年的周期进行发放,那么一般认为,这些奖金无须计入计算加班费的基数中。

所以综上所述,HR 必须了解关于加班费的地方性规定,并根据规定改良单位的工资构成,增加浮动性的工资项目,并在劳动合同里对加班费的计算基数作相应约定。

6. 工资与福利的调整。工资与福利的性质不同。工资需缴纳个人所得税,作为计算社会保险缴费与加班费的基数;而福利是用人单位的一种经营成本支出,无须缴纳个人所得税,也不作为计算加班费的基数。所以,从降低加班费计算基数的目的出发,可以考虑适当增加员工的福利,如提供宿舍、伙食等,而降低工资性收入,从而降低加班费。

但是我们要注意,并非把一项收入命名为“福利”就不算工资,必须是通过合乎规定的财务手续处理(一般应有正规发票报销),把该项支出作为用人单位的非工资性经营成本支出,方可被认定为福利而非工资。

7. 做好考勤记录。2021 年 1 月 1 日起施行的最高人民法院《关于审理劳动争议案件适用法律问题的解释(一)》第 42 条明确规定,劳动者主张加班费的,应当就加班事实的存在承担举证责任。但劳动者有证据证明用人单位掌握加班事实存在的证据,用人单位不提供的,由用人单位承担不利后果。

根据该司法解释,同时结合当前关于加班费的司法实务,笔者就用人单位的考勤问题做如下提示:

(1)用人单位是否需要做考勤?笔者认为还是有必要的:其一,考勤不仅是为了防范加班,也是日常管理之需,对于很多单位来讲,没有任何考勤是不可想象的。考勤不仅关系到加班,也关系到年休假等假期安排及工资计算。其二,没有考勤,不代表劳动者不能提出别的证明加班的证据,如证人证言。这种情况下,单位如有考勤,可提出来作为抗辩。

如果一个用人单位加班很少,员工手中也不太可能存在证明加班的有力证据,那么这个单位不做加班考勤也是可以的(年休假等可通过请假单来统计)。

反过来,如果一个单位加班比较常见,也经常给员工计算加班费,那么有考勤统计(且必须与加班费的计发一致),就是很重要的了。

(2)对单位而言,如果不是要计算工作日的延时加班费,那么考勤统计无须精确到小时,只需精确到上班天数,包括工作天数和各种假期的天数,并让员工确认即可。

(3)实务中,可以考虑将工资发放表与考勤表合二为一,让员工签字确认。

8.关于加班费包干的问题。实务中,因为很多用人单位存在固定的加班,便与员工在劳动合同中约定每月多少加班费包干,超出不补,多发不退。这种约定有没有效呢?不能说完全有效,也不能说完全无效。如果按实际加班时间计算的加班费金额超出了约定的金额,那么劳动者仍然可以要求用人单位补足加班费差额;但如果按实际加班时间计算的实际加班费少于约定的金额,则用人单位还是应该按约定的加班费发放。所以,这一包干条款只能说是部分有效。

另外,两点注意事项:其一,在工资条中同样要列明加班费,否则可能不被当作加班费;其二,扣除加班费之后的正常工资不能低于最低工资。

9.出差期间的加班时间计算是个问题,在实务中也有些争议,一般而言:

(1)并非"只要出差在外就算是在工作",员工周六、周日出差在外,但并未工作,则不视为加班。

(2)本应休息的时间却在出差的路上,是否构成加班?法律未明确规定。为避免争议,单位可以考虑在规章制度中对这种情形是否构成加班作出明确规定。

文书范本26:员工考勤统计表范本

员工考勤统计表

编号:________________

填表日期:________年____月____日

姓名	所属部门	出勤天数	应出勤天数	请假					迟到早退		备注
				事假	病假	婚假	产假	其他	迟到累计时间	早退累计时间	

第六章

灵活用工模式的选择

操作指引：了解各种用工模式的特点；灵活运用各种用工模式以降低用人单位用工成本，防范用工风险；根据用工模式不同，准备和签署不同的协议及文件。

第一节　用工模式概述

一、各种用工模式法律要点

用人单位需要招聘员工,意味着它有某种用工或服务的需求,需要他人提供服务来予以满足。然而有用工的需求,却不一定要通过招聘一个或更多的员工来解决。各种不同的解决人力需求的方法,我们这里通称为“用工模式”。作为HR,需要了解多种用工模式。

例如,基本上每个用人单位都需要人来打扫卫生,那么就有如下方法可供选择:

1. 与保洁公司合作,由他们负责清洁事宜;
2. 聘请一名非全日制用工;
3. 聘请一名退休职工;
4. 请劳务派遣公司派遣一名职工;
5. 聘请一名全日制用工专门做清洁工作;
6. 由公司的全日制员工兼做清洁工作,如轮流值日,或分管不同区域。

上述几种方法,分别代表着几种用工模式,也代表着不同的法律关系,适用不同的法律法规(见表6-1)。

表6-1　各种用工关系法律要点

用工关系	经济关系	民事聘用关系	非全日制用工关系	劳务派遣关系	标准劳动关系
合同	民事合同	聘用合同	非全日制用工合同	劳务派遣合同	劳动合同

续表

用工关系	经济关系	民事聘用关系	非全日制用工关系	劳务派遣关系	标准劳动关系
社会保险	由承包方负责	无须缴纳	可以缴纳	必须缴纳且由劳务派遣单位缴纳	必须缴纳
终止用工时间	合同约定	合同约定	随时	合同约定	严格限制
劳动法上的义务	无	基本没有	较轻	较重	最重
弊端	双方关系松散	需承担人身损害赔偿	工资要求半月一发；可能会形成事实劳动关系	员工缺乏归属感；直接支出增大；有一定风险	劳动法上的义务最重，解除困难
适用范围	适用范围窄，包括 IT、保洁、厨房、单独项目或工程、公司非主流业务	适用范围窄： 1. 学生； 2. 退休职工	适用范围窄，工作时间较短的工种： 1. 保洁； 2. 厨房； 3. 定时维护等	适用范围窄，一般在辅助性、替代性、临时性岗位	适用范围最宽，几乎适合于所有用工

注：

1. 标准劳动关系也不是一个标准的劳动法律用语。我们在这里用来指全日制的劳动用工关系。而标准劳动关系、非全日制用工关系、劳务派遣关系均属于劳动用工关系。

2. 民事聘用关系，是指类似于劳动关系（提供劳动，获取报酬），但由于主体的特殊性而导致双方不能按劳动关系处理的一类特殊关系。此时，双方签署聘用合同适用《民法典》的调整。

3. 经济关系也不是一个准确的法律术语，笔者这里用来指代外包、承揽等非民事聘用关系亦非劳动关系的一种法律关系。

二、用工模式的特点

在本章中，我们将分别讲述标准劳动关系之外的其他用工模式的特点。在具体介绍各种用工模式之前，有必要了解最新的一些跟用工模式有关的经济背景材料，以便更能理解各种用工模式在现今经济环境下的利弊。

首先,交易成本大幅降低。交易成本,通常将其定义为达成一笔交易所要花费的成本。交易成本降低,意味着用人单位可以在市场上更加方便地购买自己所需要的服务。阿里巴巴网、淘宝网、京东网,各种各样的网上交易平台发展迅速,更多的交易可以直接通过互联网完成,支付宝、微信等第三方支付平台也迅速发展,物流成本不断下降。以前为了完成某项工作任务,用人单位传统的做法是:招用一名或多名员工,把他/他们安置在办公室里,指示他/他们完成该项任务。但现在,用人单位可以尝试另外的方法:与千里之外的某个人或某个公司,通过互联网或其他现代通信方式进行联系,交代任务。承包的个人或公司根据指示完成任务,交付工作成果。委托、指示、付款均可以通过网络完成。整个过程甚至无须见面,这就大大降低了交易成本。由此,用人单位可以更方便地、更灵活地、在更大范围内选择自己所需要的服务,包括提供劳务的服务。

其次,专业分工不断深化。经济效率的提升来自专业分工的深化,这一点在现代体现得尤其明显。温州的打火机占领了全世界百分之七八十的市场份额,创造出了巨大的经济效益。就是这样一个小小的打火机,也是不同企业专业分工的产物。有专门制作外壳的,有专门制作电子点火器的,有专门生产密封圈的。这些细化的分工合作极大降低了打火机的生产成本,加上温州的其他优势,使得温州的打火机以其物美价廉的特点占领了市场。在其他任何一个领域,我们都可以看到这种专业分工带来的优势。而且,现代的专业分工往往是在全球范围内进行分工。一项产品,设计是在欧洲,生产是在亚洲,组装在美国,这样的组合搭配到处可见。在这种情况下,用人单位是自己组织生产,还是外包给他人生产,都可以进行灵活选择。

最后,对于 2008 年后的用人单位来说,标准劳动关系模式下的劳动法律风险加大也是不得不应对的一个变化。《劳动合同法》《劳动争议调解仲裁法》等一系列劳动法律法规的出台,表明立法者对标准劳动关系的调控力度大大加强。这一系列劳法律法规追求劳动关系的稳定性、长期性,对劳动者实施倾斜保护,并且采取了一系列与经济赔偿直接挂钩的措施。如不签订劳动合同,用人单位应赔偿双倍工资,违法解除劳动合同,用人单位应按双倍经济补偿金的标准赔偿等,同时劳动争议程序也有很大调整,便利了劳动者通过法律程序维护权利。这些措施大大增加了用人单位的劳动法律风险。用人单位如果未依法操作,则可能面临劳动者的劳动仲裁与诉讼。这些现实或潜在的法律风险,也不得不成为用人单位在考虑用工模式时必须要考量的因素。

在上述背景下,用人单位应该以跟原来不一样的眼光来打量各种用工模式。

HR 应该明确:用人单位可以在更大的范围内使用人力资源;用人单位可以以更灵活的方式使用人力资源;在选择各种用工模式时应贯穿成本收益的考量,同时考虑法律风险。

我们希望 HR 在了解和学习下面介绍的各种用工模式时,始终保持上述认识。

第二节　外包关系或经济关系

在劳动关系中,双方的地位存在从属性,有一种管理与被管理的关系。而一般的民事关系,是建立在平等主体之间的关系。[1] 在这里所要讨论的外包关系或者说经济关系,就是一种典型的建立于平等主体之间的民事关系。例如,A 公司与 B 公司签订合同,约定由 B 公司负责 A 公司的 IT 维护,由 B 公司派人上门提供服务,又或者 A 公司将其内部食堂承包给某餐饮服务公司,由后者派厨师与服务员来,根据 A 公司要求提供餐饮服务。这中间,发包的公司与承包的公司是两个公司之间建立的平等关系。当然,提供服务的人员还是劳动者,与所在的公司有一种从属的、非完全平等的关系,但他们是承包公司的劳动者,而不是发包公司的劳动者。它实际上体现的是图 6-1 所示的一种关系:

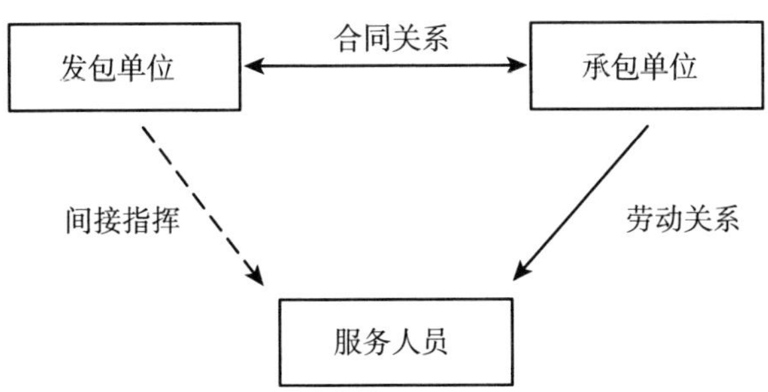

图 6-1　发包单位、承包单位、服务人员之间的法律关系

上述关系中,提供服务的人员是别的用人单位的员工,与别的用人单位形成劳动关系,即我们用的是“别人的人”,体现了一种“不求所有,但求所用”的思路。从劳动法的角度讲,既然用的是“别人的人”,也就无须在劳动关系管理上

[1] 参见毛成章:《浅谈劳动关系和民事关系的界定》,载《宁波论坛》2002 年第 3 期。

花费过多的精力，无须对“别人的人”承担劳动法的权利义务，只需从合同法的角度对承包的公司承担合同义务。这样，在满足用工需求的情况下，劳动法上的风险相应降低或者说负担减轻。另外从专业化的角度讲，用人单位把非核心业务外包给其他用人单位，这可以使自己轻装上阵，专注于自己最擅长的领域，提高经济效率。从承包企业的角度来看，承包企业对该外包领域比较专业，有专业优势，或者对劳动法的风险控制较为成熟，或者两者兼而有之，总之在承包中，承包企业也有利润空间。因此，有效的外包，体现的是一种分工合作的深化，是一件互惠互利的事情。

外包关系下，两个公司之间签订的是民事合同，依据是《民法典》。《民法典》强调意思自治，即只要双方出于自愿所约定的条款，在不违反法律法规的强制性规定的前提下均为有效。[1] 从一般的法律风险防范来讲，寻找或接受外包服务时，要注意对方是否有实力履行合同，注意违约责任，注意权利义务明确具体，等等，必要时可以咨询专业律师。但这是另外一个部门法的内容，在此不多作阐述。作为一本关注劳动法律风险防范的书籍，这里仅从劳动法的风险防范着眼，对以下几点进行分析。

一、个人承包是否可行

一般而言，合格的劳务外包对象应该是具有相应证照的组织。如果是企业，应该在工商行政管理部门有登记，有工商局颁发的营业执照，包括公司、企业、个体经济组织（个体工商户）等。如果是非企业单位，虽不在工商局注册，但是也有相应的证照，也是用人单位，能承担其经营范围内的业务外包。例如，在司法局注册的律师事务所，可以承接法律事务的外包工作，也就是说，发包单位将某些事务包给某个用人单位，由该用人单位安排其员工提供服务，这在法律上是没有问题的。必要的时候，发包单位甚至可以主动帮助承包方成立一个企业或者注册一个个体工商户的执照。

实务中经常被问到的一个问题是：从发包单位的角度讲，将某些业务外包给某个个人或某几个人，承包人再自己雇佣员工干活（承包人自己也可能干活），这是否可行？发包单位与承包人及承包人自己雇佣的员工形成何种关系？例

〔1〕 参见王泽鉴：《民法概要》，中国政法大学出版社2003年版，第78页。

如，某些餐饮公司将厨房承包给一个人或几个人，由承包人自行负责厨房人员的招聘和日常管理，人员的招聘、解聘由承包人说了算，工资也由承包人发放，餐饮公司只向其支付固定的承包费用。

这一问题很难回答，因为在理论上与实务中均存在争议。笔者试图依据现行的法律法规与实务经验，尽量全面地回答这一问题：

（为表述方便，下面分别用发包单位、个人承包者、劳动者指代三方。劳动者即个人承包者雇佣的员工。）

第一种，如果这种承包发生在建筑施工企业、矿山企业（常见的包工头现象），则发包单位应对劳动者承担劳动报酬、工伤待遇、赔偿等责任。主要是因为这是违法且无资质分包、转包，因此发包方应承担责任。即使是个人承包者雇佣并管理的人出了事，发包单位仍脱不了干系。

但此时，是否认定发包单位与劳动者直接建立劳动关系仍有争议。支持认定为劳动关系的法规有：

原劳动与社会保障部于 2005 年颁布的《关于确立劳动关系有关事项的通知》第 4 条规定，建筑施工、矿山企业等用人单位将工程（业务）或经营权发包给不具备用工主体资格的组织或自然人，对该组织或自然人招用的劳动者，由具备用工主体资格的发包方承担用工主体责任。人力资源和社会保障部《关于执行〈工伤保险条例〉若干问题的意见》第 7 条规定，具备用工主体资格的承包单位违反法律、法规规定，将承包业务转包、分包给不具备用工主体资格的组织或者自然人，该组织或者自然人招用的劳动者从事承包业务时因工伤亡的，由该具备用工主体资格的承包单位承担用人单位依法应承担的工伤保险责任。根据这些法规，似乎应该直接认定为劳动关系。

但是，这些法规都是部门规章，在全国人民代表大会及其常务委员会的法律以及司法解释中，都未对此问题明确规定。《劳动合同法》第 94 条〔1〕也只是提到发包的组织与个人承包者承担连带责任，但并未明确劳动关系。因此现实中，有直接认定为发包组织与劳动者成立劳动关系（个人承包者也承担连带责任）的判例，但也有很多判例认为，这种情况下，发包单位应与个人承包者一起对劳动者承担连带责任，但是发包单位并不与劳动者直接建立劳动关系。而且此类诉讼，可以直接到法院起诉，无须经过仲裁。发包单位与个人承包者对劳动者所

〔1〕《劳动合同法》第 94 条规定："个人承包经营违反本法规定招用劳动者，给劳动者造成损害的，发包的组织与个人承包经营者承担连带赔偿责任。"

承担的责任与私人雇佣(个人雇佣个人)是一致的,也就是说,法院仍认可个人承包者雇用了劳动者。

第二种,如果这种承包发生在建筑施工企业、矿山企业之外的领域(例如,单位内部的食堂承包),且确实发包方不对劳动者进行管理,个人承包者自己经营,则发包方与劳动者不建立劳动关系,发包方也不承担连带责任。仅仅在发包方有过错,且导致人身伤害事故时,需要对劳动者承担赔偿责任(但一般限于人身损害赔偿方面)。

根据笔者的经验,如果发包方与劳动者签订劳动合同,无疑是劳动关系;如果发包方为劳动者缴纳了社会保险,则应当认定为劳动关系;如果发包方直接向劳动者发放工资,也应当认定为劳动关系;如果发包方直接对劳动者进行管理,或者指派发包方员工进行管理,则也应当认定为劳动关系。

此时唯一有可能不被认定为劳动关系的是:承包方自主经营,自负盈亏,发包方不对承包方招募的劳动者进行管理。

或许有人提出疑问,那岂不是鼓励包工头现象?私人承包,也没有营业执照,怎么能是合法的呢?

笔者认为,法律并未完全禁止个人承包。即使没有营业执照,每个人仍是一个独立的法律主体,能从事法律许可的经营活动,就像一个人到另外一个家庭去做保姆,这并不需要营业执照。法规对建筑施工、矿山企业的包工头现象作出规定与限制,但仍有相当多的领域并无法律禁止个人承包。例如,单位的食堂、澡堂、后勤、IT与电脑维护、设计等各种各样的劳务都有可能由个人承包。

这种情况下的法律风险主要是:

(1)这种承包从表面上看,仍然是发包方(作为一个单位)与一些劳动者建立关系(提供劳务,获得报酬等),如果约定不明,或者证据不清(不能证明确实是由承包方自主经营,自行雇佣,自主管理),则很有可能被仲裁委或法院认定为存在事实上的劳动关系。因此,发包给个人时,尽量签署书面协议。如有必要,可寻求专业律师的意见。

(2)如果发包方对承包方的指示、要求不合理,导致承包方人员受到人身损害,则发包方也需要承担赔偿责任,但这不表明建立劳动关系。

(3)如果有些业务有法定的资质要求,而发包方将此类业务交由没有资质的人承包,此时发包方有选任上的过失,如果承包方人员受到人身损害,发包方也需要承担赔偿责任。

司法实务中有一些案例显示,即使法律上并没有资质、许可的特殊要求,发包方仍有可能承担法律责任。法律依据是《民法典》第 1165 条:行为人因过错侵害他人民事权益造成损害的,应当承担侵权责任。

例如,某单位由于搬迁与装修,产生了很多垃圾、杂物等需要清理。于是该单位找了一个人,约定给他 5000 元,由其找人(他自己可能也亲自参与)处理掉,所有费用、人工、管理均由该人负责。后该负责人雇佣的人在搬运物品的过程中摔伤。请问:某单位是否应对该摔伤人员承担赔偿责任?

答:这种劳务承包谈不上什么资质。如果该单位应承担赔偿责任,则有可能是下列两种理解之一:其一,该单位的指挥、要求不合理;其二,该单位没有提供安全生产条件。如果没有这两方面的过错,那么该单位就不应该承担任何责任。

另外请注意:即使发包单位存在上面列举的几类过错,也未必承担全责,还要考虑各方(包括劳动者本人)的过错程度。

第三种,与第二种类似又不太相同的问题是:用人单位能否将某些业务交给某个个人完成,向其支付劳务或承揽费用,但双方并不建立劳动关系? 此时这个个人不是“包工头”,而是自己完成劳务。

答:可以,但双方的权利义务必须符合非劳动关系的特征,且有足够证据证明此点,否则倾向于认定为双方构成劳动关系。

典型的劳动关系的特征,现行的劳动法规中只有原劳动和社会保障部颁布的《关于确立劳动关系有关事项的通知》中有描述,该通知第 1 条这样规定:

“用人单位招用劳动者未订立书面劳动合同,但同时具备下列情形的,劳动关系成立。(一)用人单位和劳动者符合法律、法规规定的主体资格;(二)用人单位依法制定的各项劳动规章制度适用于劳动者,劳动者受用人单位的劳动管理,从事用人单位安排的有报酬的劳动;(三)劳动者提供的劳动是用人单位业务的组成部分。”

简单地说,劳动关系相对于非劳动关系的区别就是:劳动关系强调一种管理与被管理的特点。如果要界定为非劳动关系,则必须使双方的关系体现为一种平等合作的关系,而非管理与被管理的关系,也就是说,个人与单位之间不是不能形成外包、承揽之类的非劳动关系,但前提是,双方的权利义务必须符合非劳动关系的特征。

一般来说,双方的关系如果具备下列特征,“事务是短期完成的(一次性的更好);双方的联系是松散的;基本上单位一方只需要出钱,交代任务,具体工作由承揽方自行去完成,自担经营风险”,那么这种关系,应该是一种合同法上的承揽关系或合作关系,而不是劳动关系。例如,单位交由某个人制作一个网站,网站做好任务即完成,这应该属于一种承揽合同。

反过来,如果双方关系具备下列特点之一,基本上就属于劳动关系:

(1)个人需要朝九晚五地出勤或出勤有要求(个人接受单位的管理,关系并不松散);

(2)单位为个人缴纳社会保险(因为法定只有用人单位有义务为其员工缴纳社会保险);

(3)单位为个人每月固定发放一定报酬(承揽者不自担风险。同时,在固定发放报酬的情况下,一般单位的管理也会相对严格)。

上述特征正是劳动关系下的典型表现,也就是说,单位如果与个人形成了管理与被管理的关系,基本上就属于劳动关系了。

下面一些情形是实务中能够见到的单位与个人之间建立的承揽或其他非劳动关系的例子:

(1)与公司有业务关系的自由设计师、翻译人员、撰稿人、讲师,无须坐班,按工作量计酬。

(2)公司的兼职销售人员,无须坐班,完全按销售量提成。

(3)为公司发放传单、发放会员卡,无须坐班,完全按工作量计酬。

(4)为公司提供咨询、顾问等服务的人员(一般为兼职),无须坐班,基本自主安排工作时间的人员。

(5)实务中,自主安排工作时间、按业绩取得报酬的保险代理人、直销人员一般不认定是劳动关系。主要是因为此类人员的工作性质为一般人所了解。即使如此,仲裁与诉讼中,仍需要参考他们与单位签署的协议。

必须提示的是,由于用人单位与劳动者在发生提供劳务并支付报酬之类关系时,司法机关倾向于认定为劳动关系,因此,凡是涉及此类承揽或劳务关系,最好签署书面协议,并明确双方并非劳动关系,且具有前述非劳动关系的特征。

无论如何,用人单位与个人在建立此类关系时,都有存在争议的可能。需要注意的是,如果个人是已经到了退休年龄的人员,或是全日制的学生,或是已经跟其他单位建立了全日制劳动关系、只是利用业余时间打打工的人员(但并非其他单位的下岗、内退、停薪留职等非在岗人员),那么用人单位不会与其发生劳动关系。

案例16:律师与律师事务所之间是劳动关系吗?

“因为不同意劳动仲裁的结果,某律师事务所将律师李某诉至法院,请求法院判令原告不支付被告未签订劳动合同的双倍工资。日前,北京市西城区人民法院已受理此案。

律师李某曾在某律师事务所工作,但是双方未签订劳动合同,后来,该律师事务所要求李某转所,李某提起了劳动仲裁。劳动仲裁结果为某律师事务所应该按双倍工资支付律师李某3150元。原告某律师事务所不服,提起诉讼。

原告某律师事务所(原劳动仲裁被申请人)指出,首先,律师李某(原劳动仲裁申请人)并未向原告提供劳动,亦不用接受原告的监督管理,原告也无须向被告支付报酬,双方之间不是劳动者与用人单位的关系。其次,从双方的实际工作情况来看,原告仅仅为被告提供工作场所,双方之间的关系实际上是一种挂靠关系,是由原告提供场所,被告向委托人提供法律服务的一种关系,而非提成。

原告指出,本案原告与被告之间是一种平等关系,并不具有劳动法立法旨意所体现的劳动者和用人单位之间的管理和被管理,雇佣和被雇佣的关系,双方之间不属于劳动关系。同时,原告认为律师个人才是依法获准为社会提供法律服务的市场主体,是独立的劳动个人,而非律师事务所的雇员。因而原告与被告之间的关系适用《律师法》,而不适用《劳动法》。

综上,原告某律师事务所请求法院判令原告不支付被告未签订劳动合同的双倍工资3150元。”[1]

分析:律师与律师事务所之间到底是什么关系?目前这是一个在理论上和司法实践中都没有统一的问题。一般认为,律师事务所拿工资的行政人员、会计等与律师事务所之间是劳动关系无疑;律师事务所与拿工资的律师之间符合劳动关系的实质(可参见前引原劳动和社会保障部《关于确立劳动关系有关事项的通知》),也应该是劳动关系;律师事务所与合伙人之间的关系则类似于公司与股东之间的关系,不是管理和被管理的关系,因此不是劳动关系。最难以下结论的是,律师事务所与提成律师之间是什么关系?

了解律师业的人都知道:律师必须注册在律师事务所,否则不能执业,提成

〔1〕 张爽:《解聘律师赢了劳动仲裁获赔偿律所起诉寻说法》,载中国法院网2009年1月23日,https://www.chinacourt.org/article/detail/2009/01/id/342634.shtml。

律师也不例外;提成律师一般自由度很大,自己接案,接案收入与所里分成,一般律师个人得大头,律师事务所的分成主要是用于负担税费和一定的管理费用。提成律师基本上不用坐班,自行安排工作时间。所以在上述案例中,律师事务所的主张并非没有道理。

与之类似的还有会计师事务所与会计师之间的关系,合伙企业与合伙人之间的关系等,这些用人单位与个人之间的关系都难以定性。

在司法实务中,面对这种模糊不清的关系时,司法机关将其认定为属于劳动关系的案例较多。如果HR发现自己的单位有类似情形,应注意其中蕴含的劳动法风险,并加以避免。具体做法无非两条:其一,界定为劳动关系。双方签订劳动合同,用人单位依照劳动法规承担社会保险、加班、最低工资等法定义务。其二,界定为非劳动关系。双方也应签订相关协议,表明双方之间的权利义务关系,如说明个人一方自行承担经营风险,不需要接受单位具体的管理。但这种情况下,如前所述,仍然有可能被认定为劳动关系。

二、外包的法律责任与注意事项

这里所说的外包,既包括外包给某个具备用工主体资格的单位,也包括有效的外包给个人。在有效的外包下提供服务的是“别人的人”,发包方基本上不需要承担劳动法上的权利义务。具体说明如下:

1. 承包方应对其员工的社会保险、工资发放、劳动合同签订与解除等承担用人单位的义务。发包方不对此承担连带责任。承包方有可能再次转包或分包,甚至有可能违法转包或分包,但对此发包方都不再承担责任。

不过,建筑施工领域稍有特殊。根据最高人民法院《关于审理建设工程施工合同纠纷案件适用法律问题的解释(一)》第43条[1]的规定,发包方如果欠付工程款的,应在欠付工程款范围内对实际施工人承担责任。即使是这样,发包方也只是支付本应支付的工程款,并没有额外承担其他责任。

2. 承包方的员工在提供服务时如受到人身损害,应为工伤。承包方承担用

〔1〕 最高人民法院《关于审理建设工程施工合同纠纷案件适用法律问题的解释(一)》第43条第2款规定:“实际施工人以发包人为被告主张权利的,人民法院应当追加转包人或者违法分包人为本案第三人,在查明发包人欠付转包人或者违法分包人建设工程价款的数额后,判决发包人在欠付建设工程价款范围内对实际施工人承担责任。”

人单位的责任。如果承包方是个人,则承包方个人承担雇主责任。发包方不对此承担责任,除非发包方对此有过错。

《民法典》第1193条规定:“承揽人在完成工作过程中造成第三人损害或者自己损害的,定作人不承担侵权责任。但定作人对定作、指示或者选任有过错的,应当承担相应的责任。”此时发包方的责任是一种过错责任。如果要避免这种责任,则发包方应该选聘具有资质的承包单位(如果法律规定该类项目需要有资质),同时,在承包合同中可以约定:承包方应根据自己的经验和能力独立完成承揽任务,发包方不对其具体事务进行指挥,如在完成服务时发生人身伤害,由承包方自行负责。

3. 发包方如果存在以下情形,且导致承包方人员的财产或人身受损时,则应该依法承担赔偿等法律责任:

(1)发包方的人员有过错时;

(2)发包方的要求、指示有过错,或者发包方提供的安全生产条件(设备、场地、管理等)有过错时;

(3)发包方选择的是不符合法定资质要求的承包方时;

(4)如果双方名为外包,实为劳务派遣,则也会被要求按照劳务派遣的相关规定承担连带责任。

如果双方实际上是外包,但是由于权利义务不清,也可能导致不必要的风险。因此有必要在下列方面加以注意:

1. 回避与承包方人员直接建立劳动关系

避免对方上门服务的人员办理能够体现劳动关系的手续,如应避免向其他公司的员工发放员工手册、工作证等。如果我们需要向对方人员发放出入门卡,也应该在相关手续标明其所属单位为承包方。

如有必要,在外包合同中或附件中可列明外包服务公司拟派驻服务人员姓名。同时合同中可加入声明与确认条款,如外包企业确认,所有派驻服务人员属于外包服务企业员工,且已与派驻服务人员签订劳动合同。必要时,还可以审查服务人员的劳动合同,并保留复印件。

现实生活中我们常常看到这种情况:很多商场里的促销人员是由别的公司派过来的,商场往往要求派驻的促销员交纳一份与派出公司签署的劳动合同备份,或者干脆要求派出公司与促销员按商场提供的劳动合同版本签字盖章,商场留存一份。这就是出于避免劳动法律风险的考虑。

2. 协议及具体操作中均体现出由承包方自主组织管理，自行承担风险

协议中以下几点有必要考虑列入：

(1)承包方保证具备相关资质。

(2)承包方确认自行对员工进行组织、管理、培训、安全教育，自行要求员工以符合安全规范和技术规范的方式施工。发包方声明不对具体的施工过程进行指导，承包方应自行对施工过程、方案的安全性承担责任。

(3)在服务过程中，承包方及其人员应自行准备并保管工具或其他财物。

(4)如有必要，要求承包方为其人员购买相应保险。

(5)在发包方提供某些设备、设施的情况下，要求承包方自行核实设备与设施是否适用于该次承包。

(6)承包方确认，对承包过程中发生的人员与财产损失承担全部责任。如承包方人员对发包方进行索赔，承包方应协助解决，并对发包方由此造成的任何损失进行补偿。

实施过程中，发包方应避免直接对承包方的业务进行指导。如有要求，可让承包方提供承包方案/施工方案(或类似文件)，由发包方批准。这样可表明是由承包方自己提供的方案。

只要 HR 注意上述方面，外包模式的劳动法风险是最小的。从经济角度考虑，如果用人单位觉得外包的费用可以接受，则外包模式不失为人力资源管理中值得多加使用的用工模式。实际上，外包产业正在迅速发展，在劳动法的限制下，利用外包模式的必要性将进一步增大。正如美国著名管理学者德鲁克在 1994 年所做的预言：在 10 年至 15 年之内，任何企业中仅做后台支持而不创造营业额的工作都应该外包出去。HR 也应该高屋建瓴，了解这一趋势，并在工作中运用好外包模式。

文书范本 27：外包服务合同范本

外包服务合同

甲方(发包方)：

乙方(承包方)：

就乙方承包甲方项目事宜，为明确双方的权利和义务，根据《中华人民共和国民法典》，经双方协商同意签订本合同并共同遵照执行。

第1条　项目目的

项目目的：满足甲方________等需求。

第2条　承包范围

乙方为甲方提供下列范围内的服务(具体见附件承包方案)：

2.1　______________________________。

2.2　______________________________。

2.3　______________________________。

第3条　承包期间

3.1　自________年____月____日起至________年____月____日止。

3.2　甲方有权提前____个月通知乙方解除本合同。除正常结算费用外，甲方不承担其他责任。

第4条　服务要求

4.1　服务质量要求：安全、高效、服务态度好。具体见附件“外包服务方案”。

4.2　工作沟通要求：甲方向乙方提出的工作要求或整改要求，乙方必须在________小时内提供解决方案。对于紧急的要求，必须立即作出反馈。

4.3　安全生产要求：见双方签署的安全生产管理合同。

4.4　响应时间要求：甲方向乙方发出需求后，乙方必须在________小时内响应并进入工作状态。

4.5　如因第三方的原因导致未能满足服务要求，仍视为乙方未能满足服务要求。

4.6　其他要求：

4.6.1　乙方的服务应尽量满足项目目的。

4.6.2　为满足本项目目的，甲方在履行过程中提出的要求且乙方能够达到的，乙方应予执行。

4.6.3　除双方约定的以外，乙方的服务同时应满足法律法规要求，满足行业操作规范，达到该领域专业企业的水准。

4.6.4　如乙方同时自营或为其他第三方经营同类业务，则乙方服务水准不得低于自营或为第三方经营的服务水准。

4.6.5　双方约定或乙方承诺的其他要求。

第5条　甲方权利义务

5.1　甲方有权随时对乙方的服务场所、工作设备、工作台账、日志及其他与乙方履行合同相关的材料等进行检查,并复制相关材料。但不得影响乙方的正常管理与经营。

5.2 甲方有权要求乙方按照适当的方式维护、保养、操作甲方或客户提供的设备,如甲方提出要求,乙方应予改正。

5.3 甲方应按照本合同约定向乙方支付费用。

5.4 本合同约定的其他权利与义务。

第6条 乙方权利义务

6.1 乙方有权利自行安排人员、班次、工作时间,自行负责人员的招聘、入职、薪资、离职事宜,自行对员工进行管理、发布相关管理制度。

6.2 乙方应按专业服务企业的水准对其员工进行管理、培训。

6.3 乙方应与其员工签署劳动合同,依法缴纳社会保险,对员工承担用人单位的全部法定责任。

6.4 乙方人员进入甲方场所作业的,必须按照要求统一穿戴工作制服及劳动保护用品,严格执行安全作业规程,不得携带或帮助无关人员进入甲方场所。

6.5 乙方服务过程中造成自身的人身或财产损害,应由乙方自行承担全部责任,不得向甲方索赔。

6.6 督促、管理乙方人员安全地提供服务。

6.7 乙方及乙方全部上岗人员应具有相应资质。

6.8 乙方及乙方人员均不得以甲方或甲方职工的名义活动。

6.9 乙方不得将甲方提供的设备(如有)用于本合同目的以外的用途。

6.10 乙方及乙方人员应保守甲方的商业秘密。

6.11 乙方保证向甲方提供的所有材料真实有效。

6.12 本合同约定的其他权利义务。

第7条 承包费用

7.1 承包费用经双方协商,按如下处理:

7.1.1 承包费用标准为:每月人民币(大写)________(¥________),承包期内费用合计为人民币(大写)________(¥________)。

7.1.2 乙方同意:为提高服务质量,甲方有权对乙方履行本合同的情况进行考核,并按考核结果进行。

7.2 费用支付方式:所有费用均为按月支付,每月________日之前支付上月费用。支付款项前,乙方应向甲方提供足额的正规发票。

7.3　合同履行保证金的缴纳

7.3.1　为更好地保障安全生产,双方约定共同建立合同履行保证金制度。合同履行保证金为________万元。乙方应于本合同签订后5日内缴纳至甲方指定账户。

7.3.2　发生如下情形之一,合同履行保证金将赔付甲方因此遭受的损失。

(1)在合同履行期间,甲方因乙方人员伤亡而承担的经济损失。

(2)在合同履行期间,甲方因乙方的违约及违反安全生产的行为而遭受的经济损失(含向第三方的赔付、罚款等)。

(3)根据本合同约定,乙方应承担的赔偿、费用。

(4)其他因乙方违约导致甲方遭受的损失。

如发生赔付的,甲方有权直接从合同履行保证金中抵扣;不足以抵扣的,乙方仍需进行赔偿。

合同履行保证金抵扣(全部或部分)以后,甲方有权从后续承包费用中进行抵扣,直至预留的合同履行保证金继续达到本合同约定的标准。

7.3.3　合同履行保证金的返还

合同到期或解除、终止后10个工作日内,甲方将合同履行保证金的剩余款项一次性返还给乙方。

第8条　解除与终止

8.1　如出现下列情形之一,甲方有权立即解除本合同:

8.1.1　乙方私自将甲方设备用于合同目的以外的用途时。

8.1.2　乙方或乙方人员造成人身伤害事故时。

8.1.3　乙方或乙方人员造成甲方财产损失超过30,000元时。

8.1.4　乙方拒绝甲方的工作指示时。

8.1.5　甲方的生产设备需要转让给第三方,导致承包目的不再存在时。

8.1.6　乙方有违反双方约定的情形,经甲方指出后在5个工作日内仍未改正时。

8.2　如出现下列情形之一,乙方有权立即解除本合同:

8.2.1　甲方逾期付款,超过30个工作日时。

8.2.2　甲方提供的设备或支持无法满足项目要求,经乙方提出,在30个工作日内仍无法改正时。

8.3　下列情形下,本合同可解除或终止:

8.3.1　双方协商一致时。

8.3.2　任何一方进入破产整顿,或有重大的生产经营的困难时。

8.4　无论何种原因发生解除或终止时,应按如下条款处理:

8.4.1　甲方向乙方交付的相关物品设备应归还。如有不一致或损坏,甲方有权自行或委托第三方进行维修或恢复原状,由此支出的费用由乙方承担。如设备不能再正常使用,甲方有权要求乙方按账面价值进行赔偿。

8.4.2　解除或终止前应结算支付,不足一个月的,按天折算。双方如有其他约定,按其他约定处理。

8.4.3　解除或终止不影响双方按照本合同约定要求对方承担相应违约责任。

第9条　确认与声明

9.1　乙方确认:具有履行本合同的能力与资质。

9.2　乙方确认:双方不建立劳务派遣关系或类似关系,乙方应向其员工承担用人单位的全部责任。甲方不对乙方员工承担任何用人单位或用工单位的责任。

9.3　甲乙双方不构成代理关系,乙方不得以甲方名义对外签署或发布任何文件、制度等。

第10条　通知与送达

10.1　为更好地履行本合同,双方提供如下联系方式:

10.1.1　甲方联系方式

邮寄地址:______________________________。

联系人:________________________________。

电话:__________________________________。

电子邮箱:______________________________。

10.1.2　乙方联系方式

邮寄地址:______________________________。

联系人:________________________________。

电话:__________________________________。

电子邮箱:______________________________。

双方通过上述联系方式之任何一种(包括电子邮箱),就本合同有关事项向对方发送相关通知等,均视为有效送达与告知对方,无论对方是否实际查阅。上述邮寄送达地址同时作为有效司法送达地址。

一方变更通知或通信地址,应自变更之日起3日内,以书面形式通知对方;

否则,由未通知方承担由此而引起的相关责任。

10.2 同时,甲方仍可通过其管理人员向乙方发布有关工作安排。

第11条 反商业贿赂

双方均不得向对方或对方经办人、工作人员或其他相关人员索要、收受、提供、给予合同约定外的任何利益,包括但不限于明扣、暗扣、现金、购物卡、实物、有价证券、旅游或其他非物质性利益等,否则构成重大违约。如该等利益属于行业惯例或通常做法,则须在本合同中明示,否则亦为重大违约。

如有上述违约情形,违约方应向对方支付违约金________万元,并赔偿对方损失。

第12条 违约责任

12.1 任何一方违反本合同约定,造成对方的损失,应予全部赔偿。损失赔偿的范围包括但不限于直接损失、间接损失、向客户或第三方支付的赔偿/违约金、所遭受的行政处罚、可预期利益的损失以及守约方为此而支出的律师费、调查费、公证费、诉讼与仲裁费用等。

一方违约造成对方员工人身损害同时构成工伤,导致对方向员工支付的工伤待遇,应作为对方损失,由违约方予以赔偿。

12.2 如本合同或双方对违约责任另有约定的,守约方可同时向对方主张另外约定的违约责任。

12.3 如乙方未能按本合同约定提供服务,未造成甲方其他损失的,甲方可在考核中相应扣分,同时甲方可要求乙方承担每人次200~2000元的违约金(具体由甲方根据违约情形酌定),并要求乙方改正。双方另有约定的,按另外的约定处理。

12.4 如乙方员工向甲方提起索赔(无论是连带责任还是补充责任),则乙方应尽量协调。无论何种原因,如导致甲方需要向乙方员工承担任何法律责任,乙方均负责向甲方进行赔偿,甲方有权从乙方的承包费用中扣除相应损失。

12.5 甲方逾期付款的,每逾期一天,应按逾期金额的千分之一向乙方支付违约金,同时仍应履行付款义务。

12.6 一方违约应向对方赔偿的,另一方有权在应向违约方支付的款项直接扣除应赔偿的金额。

12.7 任何一方就对方针对本合同项下任何条款的违约行为的自动弃权或重复性弃权,不应被视为是对下一次针对同一条款的违约行为、或针对其他条款的违约行为的弃权。

12.8 任何一方员工的违约或不当行为,均视为该方的违约或不当行为。

第13条 管辖条款

因本合同引起的或与本合同有关的任何争议,由合同各方协商解决,也可由有关部门调解。协商或调解不成的,按下列第________种方式解决:

13.1 提交位于________(地点)的________仲裁委员会仲裁。仲裁裁决是终局的,对各方均有约束力。

13.2 依法向________所在地有管辖权的人民法院起诉。

第14条 其他

14.1 本合同未尽事宜或与国家有关法律、法规、规定相悖的,均按国家有关法律、法规、规定执行。

14.2 本合同一式二份,甲乙双方各执一份,具有同等法律效力。

本合同附件________与本合同具有同等法律效力。

14.3 本合同自双方签署后生效。

签署时间:　　　年　　月　　日

甲方(盖章):

法定代表人或授权代表(签字):

乙方(盖章):

法定代表人或授权代表(签字):

附件:外包服务方案

一、服务目的

二、服务内容

三、人员安排

四、其他安排

甲方确认:

乙方确认:

文书范本28:通用型承揽合同范本[1]

承 揽 合 同

甲方(委托方):

乙方(承揽方):

身份证号:

依照《中华人民共和国民法典》以及相关规定,甲乙双方经平等自愿协商,签订本合同:

一、承揽事项

1. 乙方按甲方要求提供服务,甲方向乙方支付报酬。

2. 乙方服务内容:________。

3. 乙方应自主完成相关服务,不得转委托他人。

二、合同期限

1. 合同期限为:自________年____月____日起至________年____月____日止。

2. 如在合同期限届满后,乙方仍为甲方提供本合同约定之服务,则视为本合同顺延为不定期合同。

3. 甲乙双方任何一方提前________日通知对方,可解除本合同。除正常结算费用外,无须承担其他违约责任。

三、承揽费用

1. 计费标准:按下列第________种方式计费:

(1)每月人民币________元。

(2)计件付费。计件标准为:________。

2. 结算及付款时间:每月________日前结算支付上月费用。

3. 本条约定之费用已包括全部成本费用及报酬,除此之外,甲方无须再向乙方支付其他任何费用。

四、知识产权与保密

1. 乙方履行本合同而产生的任何形态的作品(包括但不限于文字作品、图

[1] 该外包合同之所以为“通用”,是因为:(1)有较多选项空白,可根据具体情况填写,因此适用于各类项目的外包;(2)外包给单位或外包给个人,均可使用该合同文本。

画作品、音像资料、课件等),其全部知识产权均归甲方所有,包括但不限于著作权、专利权、商标权及商业秘密方面的权利。

2. 乙方承诺保守在履行本合同过程中得知的甲方商业秘密。

五、确认与声明

1. 乙方应自行安排工作时间,无须到甲方处坐班,乙方自担风险,自负盈亏,自行以符合安全规范和技术规范的方式履行合同。

2. 乙方在提供承揽服务过程中受到人身损害或财产损失的,由乙方自行负责,甲方对此不承担任何责任。

3. 甲方与乙方之间不建立劳动关系、雇佣关系、劳务派遣关系或类似关系,不对乙方进行管理,不对乙方承担劳动法上的义务,不适用《劳动法》《劳动合同法》等劳动法规。

如因服务需要乙方需佩戴甲方标志、办理员工卡或办理与甲方员工类似的手续,亦不代表双方建立劳动关系。

4. 乙方确认,如乙方有所在单位,则已经获得所在单位的许可签署与履行本合同。履行本合同的过程中,不得侵犯所在单位(如有)及任何第三方的商业秘密、知识产权及其他合法权利。

5. 如甲方为乙方出资购买了保险(包括但不限于意外伤害保险、医疗保险等),则一旦发生应由甲方承担责任的事宜,保险赔付金额应计算在甲方的赔偿金额之中。

六、合同联系方式

为更好地履行本合同,双方提供如下联系方式:

(1)甲方联系方式

邮寄地址:________________________________。

联系人:__________________________________。

电话:____________________________________。

电子邮箱:________________________________。

(2)乙方联系方式

邮寄地址:________________________________。

联系人:__________________________________。

电话:____________________________________。

电子邮箱:________________________________。

双方通过上述联系方式之任何一种(包括电子邮箱),就本合同有关事项向对方发送相关通知等,均视为有效送达与告知对方,无论对方是否实际查阅。上述邮寄送达地址同时作为有效司法送达地址。

一方变更通知或通信地址,应自变更之日起 3 日内,以书面形式通知对方;否则,由未通知方承担由此而引起的相关责任。

七、争议解决方式

合同履行中若发生争议,由双方自行协商解决;协商不成时,合同双方均可将争议提交________仲裁委员会管辖。

八、附则

1. 本合同一式两份,双方各执一份,具有同等法律效力。

2. 本合同自双方签署之日起生效。

签署时间:　　　　年　　月　　日

甲方(盖章):

乙方(签字):

乙方特别声明

乙方确认:

1. 甲乙双方为本合同约定的承揽合同关系,不构成劳动关系或雇佣关系、劳务关系,乙方不得向甲方主张劳动法上的任何权利、待遇、赔偿;

2. 甲方无须为乙方缴纳社保、公积金,乙方不得向甲方要求工伤等任何社保待遇;

3. 乙方提供承揽服务期间如发生人身或财产损害,应由乙方自行承担责任,甲方不承担工伤、雇主责任或其他赔偿责任(甲方过错造成的,甲方另外承担侵权责任);

4. 乙方已经详细阅读并同意履行本合同。

乙方(签字):

签署时间:　　　　年　　月　　日

第三节 民事聘用关系

本节中的民事聘用关系并非一个法律条文中有明确界定的概念，在本节中仅仅指这样一种情形：

用人单位与员工之间的所有关系（提供劳动，接受管理，发放薪酬等）都符合劳动关系的特征，员工全职工作。但是由于员工一方不符合劳动者的主体资格，因此双方关系作特殊处理。

实务中对此类关系也没有统一的概念，被用来指称这一特殊关系的还有"劳务关系"或"雇佣关系"等类似概念。如果双方发生争议需要进行诉讼，则案由应该为"劳务合同纠纷"。

既然双方不是劳动关系，那么使用"用人单位"与"劳动者"的称呼也就不太准确，因此在本节中使用了雇主、雇员等称呼，但为行文方便计，本节中有时也继续使用"用人单位""劳动者"这一称呼。请读者注意。

民事聘用关系主要针对的是两种人：在校学生、退休职工。

一、在校实习生

原劳动部《关于贯彻执行〈中华人民共和国劳动法〉若干问题的意见》第12条规定："在校生利用业余时间勤工助学，不视为就业，未建立劳动关系，可以不签订劳动合同。"这一规定是目前法律法规中对学生的劳动关系问题的最直接规定。值得注意的是，该规定仅指"在校生利用业余时间勤工助学"这种情形。

实务中，学生参与劳动已经远远超出了"利用业余时间勤工助学"这一范围。很多职业院校与很多劳动力密集型企业紧密合作（有时会通过中介机构），学生会到企业进行数个月甚至超过 1 年的“实习”,而且实习学生所从事的工种、劳动时间等与正式劳动者几无区别。这种“实习”也成了用工模式之一种,它是否建立了劳动关系呢?

这是一个有争议的问题。最高人民法院公报 2010 年第 6 期曾经刊登过“郭某诉江苏益丰大药房连锁有限公司劳动争议案”,该案件就是一个未毕业学生与用人单位之间的争议,该案劳动仲裁结果认定双方不是劳动关系,但法院一审、二审均认定为双方存在劳动关系。本案存在特殊之处是:双方已经签署了劳动合同,争议焦点是双方签署的劳动合同是否有效?由于双方签署的合同并不存在违法或欺诈等意思表示不真实的情形,因此法院判决合同有效是有理有据的。但如果双方未签署劳动合同,双方未必建立劳动关系。

目前实务中多数的判例仍显示:一般的司法实践中认为,学生不具备建立劳动关系的主体资格,故不能与用人单位形成劳动关系,其打工行为只能按一般民事关系处理。本着合同自由的原则,劳动报酬等不受劳动法规定的最低工资的约束,也无须为其缴纳社会保险。从用人单位的角度来讲,使用学生可合法降低用工成本,这也无可厚非。关键是接收学生实习之前核查其学生身份。最好能请校方出具有关同意实习的声明。另外注意,应该是全日制学制的在校学生。

二、退休返聘人员

退休人员分为两类,一类是已经办理退休手续享受退休待遇的人员;另一类是虽达到退休年龄(通常为男满 60 周岁,女满 50 周岁,女干部满 55 周岁,特殊岗位可提前),但因各种原因未能享受退休待遇的人员。

一般认为,已享受退休待遇的人员不属于《劳动法》所规定的劳动者,其退休后被返聘而与用人单位形成的关系不是劳动关系,而只是民事聘用关系,不受劳动法律法规的调整。这一点基本上不存在争议。2021 年 1 月 1 日起施行的最高人民法院《关于审理劳动争议案件适用法律问题的解释(一)》中的第 32 条也明确指出:用人单位与其招用的已经依法享受养老保险待遇或领取退休金的人员发生用工争议而提起诉讼的,人民法院应当按劳务关系处理。

争议点在于:如果已经到了退休年龄,但是并不享受养老保险或其他退休待遇的人员被聘用,是否属于劳动关系?对此最高人民法院司法解释也没有作出规定。但 2008 年 9 月 18 日生效的国务院《劳动合同法实施条例》第 21 条提及:

劳动者达到法定退休年龄的,劳动合同终止。请注意,该条规定对《劳动合同法》作出了修正,把后者所规定的"劳动者开始依法享受基本养老保险待遇"时劳动关系终止修改为"劳动者达到法定退休年龄的,劳动合同终止",即不论劳动者是否享受养老保险待遇,一到退休年龄,劳动者与用人单位之间的劳动关系即为终止。所以,根据《劳动合同法实施条例》的规定可以作出推断,劳动关系终止之后,如劳动者继续在单位上班,那么所形成的关系自然也就不是劳动关系,而只是民事聘用关系。

但是,这并不排除各地高级人民法院对此问题有自己的理解,如《上海市高级人民法院民事法律适用问答》(2012 年第 1 期)中提及:"……四、关于已届退休年龄人员与用人单位的关系认定问题……我们认为,对于劳动者开始依法享受基本养老待遇的,严格按前述司法解释的规定,劳动者与用工单位发生争议,按劳务关系处理;对于达到法定退休年龄,用人单位又未与其解除劳动合同继续留用,未办理退休手续的,按劳动关系处理;对于达到法定退休年龄的,用人单位与其解除劳动合同,因缴费年限不够,而未享受养老保险待遇,应根据《社会保险法》的规定,劳动者只要补缴社保费就可享受养老保险待遇,其与再就业用工单位发生争议的,按劳务关系处理。"

因此对于退休返聘人员到底是否与用人单位构成劳动关系要视具体情况与当地裁判尺度而定,HR 应谨慎录用并做好相关"功课"。

案例 17:内退职工再就业,索赔未签订劳动合同双倍工资能否获支持?

2018 年 10 月,50 岁的王某(男)从某金融机构办理了内退手续。原单位为其发放内退工资,继续为其缴纳社会保险。内退后,王某应聘到北京某科技企业,未再签订劳动合同,工作至 2019 年 7 月。由于该公司效益不佳,拖欠了数月工资,王某以公司拖欠工资为由辞职,并索赔经济补偿金、未签订劳动合同的双倍工资等。王某的请求是否可得到支持?

分析:除学生、退休职工之外,还有一类特殊的职工值得注意,即与原单位未完全脱离关系,又在其他单位上班的员工,这包括:

1. 下岗职工。下岗职工是现阶段我国的一种特殊现象,一般情况下只见于效益不太好的国有企、事业单位,但不排除民营企业也可以与职工办理下岗的手续。

2. 停薪留职人员。停发工资,保留职位,停薪留职期满后可回原单位上班。

这种情况一般是双方自愿，签署协议。单位一般继续为其缴纳社会保险与住房公积金（但费用可能由职工自己全部承担）。有时候原单位还给该职工发放一些生活补助。

3. 内退人员。尚未到正式退休年龄，先在单位办理内部退休，发放退休工资（实为停岗期间工资），继续缴纳社会保险，到正式退休年龄时，再到社会保险机构办理正式退休手续，享受养老保险待遇。

4. 其他形式的停岗、放长假人员等。

上面这些职工既未到退休年龄，更非学生。其特殊性在于，他跟原来的单位并未解除劳动关系或人事关系。一般而言，档案等人事关系都还在原单位，原单位还在给其缴纳社保，有的还发放一定的生活费。我国传统的劳动法理论认为，一个劳动者只能与一个用人单位形成劳动关系，即所谓劳动法上的"一夫一妻制"。在这种情况下，下岗职工再就业，与新的单位形成的关系也是一种民事聘用关系而非劳动关系，不受劳动法律法规调整。可以说，在2010年9月14日之前，无论是在理论上，还是在司法实践中，基本上都是持这种观点的。但是，2021年1月1日起生效的最高人民法院《关于审理劳动争议案件适用法律问题的解释（一）》中的第32条改变了这种做法。该条规定，企业停薪留职人员、未达到法定退休年龄的内退人员、下岗待岗人员以及企业经营性停产放长假人员，因与新的用人单位发生用工争议而提起诉讼的，人民法院应当按劳动关系处理。

这意味着，在聘用这些特殊的职工时：

1. 应签订合同，否则可能承担未签订劳动合同的双倍工资。如果签订的是劳务合同、聘用合同等，也将会按劳动合同处理。

2. 加班、工资、休假等应按劳动关系处理，即与其他普通全日制劳动者一致。

3. 解除、终止时应慎重，应按《劳动合同法》等劳动法规操作，并支付相应经济补偿或赔偿金。当然，计算经济补偿金时，应以在本单位的工资标准为计算基数，其他单位向其发放的生活费等不应计入。

4. 社会保险如在原单位缴纳，则新的用人单位可不再重复缴纳。如原单位不再缴纳，则新的用人单位应当为该员工缴纳。如果在原单位缴纳的社会保险系由员工自费缴纳的，则员工有权要求新的用人单位予以报销，除非双方另有约定。另外，按某些地方的做法，如果原单位为员工继续缴纳社会保险，新单位仍可为员工另外缴纳一份工伤保险。这样员工在新单位工作时，并可受到工伤保险的保障（否则，员工在新单位发生工伤时，是不能靠在其他单位所上的工伤保险来获得保障的）。

从上面的分析可以看出，本案中王某与该公司构成劳动关系，应当适用《劳动合同法》等法规。王某的请求由于符合《劳动合同法》的规定，故应当予以支持。

三、民事聘用关系下的法律责任与注意事项

从前文可以看出，是否形成聘用关系，起决定作用的是身份而非契约。所以这就要求 HR 在聘用时注意核查应聘者的身份、年龄。对于学生，可以要求学校出具证明，或者与学校签订实习协议，列出实习学生名单，或者要求学校在实习协议上盖章（请参见文书范本《实习协议范本》）；对于退休人员或已届退休年龄的人员，要核查其退休证件，或核查其年龄。

关于学生实习，用人单位要考虑以下几点法律的特殊要求：

1. 即使是学生以实习的名义，未满 16 周岁的未成年人也是不能雇佣工作的，否则将会面临严厉的处罚。[1]

2. 超过 16 周岁未满 18 周岁的人员，用人单位在岗位、劳动强度安排方面受到限制。如有违反，可被责令改正与处罚。

3. 学生实习在现实中有被滥用之势。为此，某些地方作出了一些限制。例如，《江苏省劳动合同条例》第 42 条规定，安排学生顶岗实习不得超过 12 个月；不得加班；不得通过中介或劳务派遣形式使用实习生。

就民事责任方面，学生实习与退休返聘基本类似，大致注意以下几点：

1. 在聘用上列两种人员时，形成的关系不是劳动关系，不受劳动法律法规约束，在社会保险、最低工资、加班、聘用期限等方面均不受劳动法律法规的调整。例如，聘用在校学生实习可以不支付工资，双方可以约定随时终止聘用。但在某些地区也有特殊规定，如上海，有所谓“特殊劳动关系”的说法，在特殊劳动关系下，劳动保护、工作时间（包括加班费）、最低工资这三个方面还是受劳动法规调整，[2]但在其他方面不受劳动法律法规的要求。

在上海以外的地方，加班费的请求没有法律依据，但仍有少数判例可能支持

---

〔1〕 国务院《禁止使用童工规定》第 6 条规定：“用人单位使用童工的，由劳动保障行政部门按照每使用一名童工每月处 5000 元罚款的标准给予处罚。”这是最轻的，还有加重处罚情形，甚至可能构成犯罪。严格来讲，如果确实是与学习相结合的短期临时实习，明显区别于正常劳动的，不属于“使用”童工。

〔2〕 上海市劳动和社会保障局《关于特殊劳动关系有关问题的通知》第 3 条。

加班的补偿。其支持的理由是:法院有理由认定双方约定的工资指的是正常工作所应得的工资,既然有加班,就应该有额外的工资。这就好比双方约定了买100瓶水,共200元,但现在实际交付了150瓶水,则卖方有理由要求支付多余的货款。为避免这种争议,用人单位可以考虑在协议中明确约定,劳动报酬标准中已经包括超时工作的报酬。

2. 双方可以不签订合同,不会产生双倍工资的赔偿责任。但用人单位从预防争议的角度出发,可以签署一份合同,对实习或雇佣期限、工资福利等加以明确。

3. 一般认为,即使双方约定了雇佣期限,雇主与雇员仍可以随时终止雇佣关系。不过,如果双方在协议中约定了提前终止雇佣的违约责任,该约定也是有效的。

4. 如果聘用人员在工作过程中受伤怎么办?

《民法典》第1165条规定,行为人因过错侵害他人民事权益造成损害的,应当承担侵权责任。

可见,虽然不是劳动关系,但作为雇佣关系,雇员在工作中受到伤害的仍可向有过错的雇主或第三人主张赔偿。雇主同样要对雇员在工作受到的人身损害承担责任(按照最高人民法院的案由规定,此类争议为"提供劳务者受害责任纠纷")。这里姑且称为雇主责任,笔者认为雇主责任与一般的工伤责任的区别在于:

(1)雇主责任下一般没有工伤保险。对于已经到了退休年龄的人员,无法缴纳社会保险;学生是可以缴纳社会保险的(因为现在缴纳社会保险跟人事档案等没有直接关系),但一般雇主不会为实习学生缴纳社会保险。

(2)雇主责任的范围与工伤的范围不太一致,总体上工伤的范围更大。实务中相当一部分的工伤是由于上下班途中的交通事故导致的,但这类事故并不属于雇主责任的范围。

(3)雇主责任的赔偿标准与工伤赔偿标准不太一致。雇主责任中要区别受害者的身份,城镇户口与农村户口的赔偿标准不一样;而工伤赔偿标准没有户口之别。如果按照农村户口的赔偿标准,则会比工伤赔偿标准低;如果按照城镇户口的赔偿标准,则与工伤赔偿标准大致相当(目前全国部分区域已推行统一城乡居民赔偿标准试点工作)。

(4)雇主责任的争议直接向人民法院起诉即可。工伤责任首先要通过工伤认定,并作出劳动能力鉴定,才能获得相应的工伤保险待遇。若用人单位拒绝支付相关待遇,可以向劳动争议仲裁委员会申请仲裁,对于裁决不服的,则可以向法院起诉。

(5)雇主责任与侵权责任竞合时,是不存在双份赔偿的。如果雇主作出了赔偿,有权向侵权人追偿。

(6)雇主责任下的伤残程度鉴定标准、鉴定机构与工伤不一致。同样的伤情,工伤时的伤残程度级别可能会高一些。

那么,雇主如何防范雇主责任的风险?很多雇主会选择购买保险。那应该购买什么样的保险?很多雇主为员工购买的是意外伤害保险或类似商业保险。但请注意,意外伤害保险并不能完全避免雇主的责任。对于医疗费等有形的支出,保险公司赔付后,员工不能再要求单位赔偿,但对其他针对人身伤害的无形损害的赔偿,因为是“无价”的,不存在员工获取超额利益的情况,所以员工依据意外伤害保险向保险公司索赔之后,仍然可以向雇主要求赔偿。即使意外伤害保险是由雇主出资购买的,也仍然如此。这是因为,这种保险的被保险人是员工而非雇主。

要完全避免雇主的责任,应当购买雇主责任保险,将雇主对员工的赔偿责任转移给保险公司,这样才能真正地避免风险。至于保险限额、保险的范围,请雇主根据雇员从事工作的风险程度、过去事故发生的情况等进行选择。

然而,根据笔者的观察,市场上没有合适的雇主责任保险可供选择(原因可能在于这种临时的、分散的雇佣,保险公司不便于测算风险)。作为替代方案,笔者建议用人单位在草拟的合同中约定,“如甲方(雇主)为乙方(雇员)购买了保险(包括但不限于意外伤害保险、医疗保险等),则一旦发生应由甲方承担责任的事宜,保险赔付金额应计算在甲方的赔偿金额之中”,通过约定的形式使意外伤害保险起到雇主责任保险的作用。

实务中,还会有用人单位咨询:在针对退休人员、实习学生的聘用协议或实习协议中约定“工作过程中发生人身损害,单位一律不承担责任”之类的条款效力如何?答案是无效的,因为这违反法律的强制性规定,且显失公平。

5. 聘用人员在聘用期间,但不是在雇佣活动中发生的医疗、伤害费用,包括女性的生育等费用,用人单位无须承担责任。当然,如果在合同中另有约定,则从其约定。

文书范本29:实习协议范本

实习协议

甲方(实习单位):

乙方(实习学生):

所在学校及院系:

所在专业年级:

性别:

年龄:

学生证号码:

身份证号:

有效联系地址:

联系电话:

电子邮箱:

甲乙双方经平等协商同意,自愿签订如下实习协议以共同遵守:

一、实习期限:自________年____月____日起至________年____月____日止。

甲方可提前一周通知乙方终止实习。

二、实习内容:乙方同意在________岗位进行实习。乙方应服从甲方的实习岗位安排,以确保整个实习工作的顺利进行。

三、实习期间的劳动保护和劳动条件

1.甲方为乙方在实习期间提供必要的劳动条件和劳动工具,建立健全生产工艺流程,制定操作规程、工作规范和劳动安全卫生制度及其标准。在乙方实习期间,甲方享有对乙方在安全、卫生生产方面进行管理、保护的权利、义务。

2.甲方负责对乙方在正式实习前进行政治思想、职业道德、业务技术、劳动安全卫生及有关规章制度的教育和培训。

3.如甲方为乙方出资购买了保险(包括但不限于意外伤害保险、医疗保险等),则一旦发生应由甲方承担责任的事宜,保险赔付金额应计算在甲方的赔偿金额之中。

四、实习期间的劳动报酬按如下方式确定:________________。

五、乙方在实习期间应遵守甲方依法制定的规章制度;严格遵守劳动安全卫生、生产工艺、操作规程和工作规范;爱护甲方的财产,遵守职业道德;积极参加甲方组织的培训,提高思想觉悟和职业技能。

六、其他

1. 乙方确认本合同中所填写的身份信息均真实有效,并已征得所在院校及家长的同意来实习,如有变化应及时通知甲方。否则,乙方应赔偿甲方全部损失。

2. 甲方与乙方不存在劳动关系。双方之间发生的任何纠纷均不按劳动争议方式处理。因履行本协议而发生的争议,双方应本着平等互利的精神进行协商解决,协商不成,均可向甲方所在地的人民法院起诉。

3. 本合同自双方签署后生效。

签署时间:　　　　年　　月　　日

甲方(签章):

乙方(签字):

附:学生证复印件

文书范本30:退休人员返聘合同范本

退休人员返聘合同

甲方:

统一社会信用代码:

乙方:

身份证号:

鉴于:

乙方已达退休年龄,甲乙双方经平等自愿协商,根据《中华人民共和国民法典》订立本合同,供双方共同遵守。

一、聘用期限

自________年____月____日起至________年____月____日止。

二、工作岗位和工作地点

1. 工作岗位:________________________________。

2. 工作地点:________________________________。

三、劳动报酬

1. 甲乙双方协商确定实行以下每月劳动报酬按以下标准结算:________。

2. 甲方于每月____日左右发放上月劳动报酬。乙方同意,甲方可根据企业的经营状况对工资的发放时间作一定的调整,但延迟发放不得超过一个月。

3. 甲方不承担有关缴纳社会保险的义务,也无须向乙方返还有关社会保险费用。

4. 甲方已经向乙方说明其工作时间,并已经告知其岗位可能有不定时的加班(以甲方通知为准)。本合同约定的劳动报酬中已经包含乙方超出一般工作时间(例如,每天超过8小时,每周超过40小时)的报酬,乙方不得再向甲方要求加班费或其他额外报酬。

四、聘用合同的变更、解除、中止和终止

1. 经甲乙双方协商一致,本合同可以解除。

2. 甲乙双方均可提前7日通知对方,解除本合同,无须向对方支付经济补偿。但合同解除前的劳动报酬应据实结算。

3. 乙方在本合同解除或终止后3日内,应当按照诚实信用原则办理工作交接手续,归还甲方所有财产。

五、声明与确认

1. 乙方确认,甲方已如实告知乙方工作内容、工作条件、工作地点、职业危害、安全生产状况、劳动报酬,以及乙方要求了解的其他情况。

2. 乙方确认,本合同上填写的乙方信息,以及向甲方提供或填写的履历材料上的信息完全真实有效。

3. 为更好地履行本合同,乙方提供如下联系方式:

(1)邮寄地址:________________________________。

收件人:________________________________。

邮编:________________________________。

(2)电子邮箱:________________________________。

(3)电话:________________________________。

甲方通过上述联系方式之任何一种(包括电子邮箱),就本合同之履行向乙方发送相关通知、布置工作等,均视为有效送达与告知乙方。上述电子邮箱发出的邮件,视为代表乙方之意思表示。乙方联系方式有变动的,应书面告知甲方。

4. 甲方依法制定的规章制度(包括员工手册),乙方确认已充分阅读甲方规章制度并愿意遵照执行。

5. 乙方确认已到退休年龄。

6. 双方同意双方关系按非劳动关系处理，双方互相不承担劳动法律规定的权利义务。

7. 如甲方为乙方出资购买了保险（包括但不限于意外伤害保险、医疗保险等），则一旦发生应由甲方承担责任的事宜，保险赔付金额应计算在甲方的赔偿金额之中。

六、违反聘用合同的责任

1. 聘用期间乙方非因工作原因发生人身损害或疾病，乙方应自行负责，甲方依法不承担报销、赔偿或补偿责任。

2. 因本合同导致之争议，应协商解决。协商不成的，应提交甲方所在地有管辖权的人民法院诉讼解决。

七、其他

1. 合同未尽事宜，按照甲方依法制定的规章制度执行；如果甲方的规章制度未作规定，则按国家有关法律法规政策执行。

2. 本合同一式两份，双方各执一份，自双方签署后生效。

签署时间：　　　　年　　月　　日

甲方（盖章）：

乙方（签字）：

第四节　非全日制用工

2008 年 1 月 1 日起实施的《劳动合同法》[1]正式将非全日制用工关系纳入调整范围。该法第 68 条规定，非全日制用工，是指以小时计酬为主，劳动者在同一用人单位一般平均每日工作时间不超过 4 小时，每周工作时间累计不超过 24 小时的用工形式。

一、非全日制用工的利弊

1. 非全日制用工的好处

(1)用人单位可以随时终止非全日制用工关系，且无须支付经济补偿金。

《劳动合同法》下，用人单位解除劳动关系的条件受到了严格限制，但非全日制用工则大不一样。《劳动合同法》第 71 条明确规定，非全日制用工双方当事人任何一方都可以随时通知对方终止用工。终止用工，用人单位不向劳动者支付经济补偿。

注意，即使双方约定了非全日制用工期限，也是可以随时通知终止的。不过如果双方就提前终止约定了违约责任，那也是有效的。如果未约定违约责任，则提前终止无须承担任何责任。

(2)非全日制用工下，双方可以订立口头协议。

全日制用工而不签订劳动合同，已经被《劳动合同法》当成一种违法用工的形式，用人单位将承担双倍工资的赔偿责任。但非全日制用工可以不签订书面

---

〔1〕 该法已于 2012 年修正。

合同。

虽然如此,从劳动法律风险防范的角度出发,使用非全日制用工最好还是签订一份书面的合同。一方面,双方可就工资等权利义务作出约定,避免发生争议;另一方面,书面合同还可起到一个重要作用:作为双方非全日制用工关系的有力证据。否则,一旦劳动者起诉,认为双方属于全日制用工,且没有签订劳动合同,要求支付双倍工资,缴纳社会保险等,用人单位将很难举证推翻,风险极大。

(3)用人单位可以不用缴纳养老、失业、医疗、生育保险等,不用缴纳住房公积金,但仍然有缴纳工伤保险的必要。否则一旦发生工伤事故,用人单位将承担全部责任。

2. 非全日制用工的弊端

(1)由于双方都可以随时终止用工,劳动者在心理上也就不会把非全日制用工当作一个固定的职业,这会使非全日制用工流动性大,不稳定。

(2)不能与员工约定试用期。既然随时可以终止,试用期的意义也不大。

(3)劳动报酬支付周期最长不得超过15天,否则会被当作拖欠工资处理。这会给财务结算带来一定麻烦,因为用人单位一般是按月支付工资。那么,能不能按月支付,但提前支付下月工资呢?从法条的文义上来看,这仍然是违法的。但此时,应该不构成拖欠工资,因此也就没有什么法律责任。

另外,单位使用了非全日制用工,工作时间完全符合《劳动合同法》的要求,就是工资是按月支付的,是否会因为这一点而被认定为全日制用工呢?

答:根据《劳动合同法》第68条的规定,非全日制用工的定义取决于工作时间,并不取决于工资支付周期。因此,只要有证据表明其工作时间符合非全日制用工的定义,那么就是非全日制用工,即使工资支付周期上不合法。不过,假如工作时间不明,按月支付工资这一事实会使仲裁员或法官更倾向于认定为全日制用工。

(4)员工缺乏归属感,不利于用人单位凝聚力的形成。非全日制劳动者同时与几家用人单位建立非全日制用工关系是合法的,也是很常见的。

(5)非全日制用工每天工作不得超过4小时,每周不得超过24小时。所以并不适合于大多数岗位。偶尔超出上述标准影响不大,但如果经常超时,员工可能会主张按照全日制用工处理,单位就可能承担社会保险、签订劳动合同等一系列责任。

问:我单位有一个岗位,每天工作5~6小时,能否使用非全日制用工呢?

答:由于超出法定非全日制用工的标准,存在风险。如果要使用,一定要签署合同,以避免未签订合同的双倍工资的赔偿责任。在签订用工合同的情况下,如果被认定为全日制用工,主要风险是导致补缴社保。

实务中,有的单位会采取约定的表面工作时间与实际工作时间不完全一致的情况。例如,协议或者考勤上显示为每天4小时,并由员工确认,但实际上超过该标准。由于事先已与员工沟通好,员工往往也无异议。发生争议的情况下,如果员工无法举出更有利的证据证明工作时间(必须证明长期的超过非全日制的工作小时标准),也难以推翻非全日制用工关系。这种做法笔者并不提倡,实际上是以证据来掩盖真实情况。

二、非全日制用工的最低工资标准

各地对非全日制用工有最低小时工资,一般还另外有一个法定节假日小时最低工资。例如,北京市人力资源和社会保障局《关于调整北京市2019年最低工资标准的通知》(京人社劳发〔2019〕71号)规定,北京市2019年非全日制从业人员小时最低工资标准为24元/小时;非全日制从业人员法定节假日小时最低工资标准为56元/小时。以上标准包括用人单位及劳动者本人应缴纳的养老、医疗、失业保险费。请注意,非全日制用工如在周六周日工作,无须支付加班费,也无须按200%计酬。

三、非全日制用工的保险问题

目前法律法规未强求用人单位一定要为非全日制用工缴纳社会保险。由于非全日制用工可能同时有数家用人单位,因此要求必须缴纳社会保险会导致冲突。但是,如果非全日制用工在工作期间发生工伤,则所在单位必须按照《工伤保险条例》承担用人单位的全部责任。为了化解这一风险,用人单位可能采取的做法有:

1. 缴纳包括工伤保险在内的全部社会保险。但这样成本较高,而且如果有单位已经缴纳了五险,则其他单位也不可能再缴纳五险了。

请注意:在A单位缴纳的工伤保险,并不能保障在B单位发生的工伤。医疗保险可以发挥一些作用,但仅限于报销一些医疗费用。

2. 为非全日制劳动者单独缴纳一份工伤保险。这还要取决于各地社保机构是否允许这样操作。

3. 为非全日制劳动者缴纳一份商业保险。但这需要考虑与员工约定类似条款:

“如甲方(雇主)为乙方(雇员)购买了保险(包括但不限于意外伤害保险、医疗保险等),则一旦发生应由甲方承担责任的事宜,保险赔付金额应计算在甲方的赔偿金额之中。”

案例18:非全日制用工还是全日制用工,谁来举证?

某物业公司被一名厨师提起了劳动仲裁,该厨师声称每天上班时间长达8小时,因此与物业公司构成事实劳动关系,要求赔偿未签订劳动合同的双倍工资。物业公司承认该厨师确实为物业公司做饭,但他每天只来物业公司做两顿饭,工作时间不超过4小时,每周只来5天。因此该厨师属于非全日制用工,可以不签劳动合同。关于工作时间,双方都没有有力证据。请问,仲裁委及法院会如何认定双方的关系?

分析:此时,一般会认定,由于物业公司无法证明厨师属于非全日制用工,应按全日制用工处理。未签订劳动合同的,应依法赔偿双倍工资。也就是说,证明是全日制劳动关系还是非全日制劳动关系,这个举证责任在用人单位一方。这就提醒用人单位及HR在使用非全日制用工时,一定要用证据把双方的关系和工作时间明确下来。这个证据可以是双方签订的合同,也可以是双方认可的考勤记录或其他证明上班时间的文件等。

文书范本31:非全日制用工劳动合同范本

非全日制用工劳动合同

甲方:

乙方:

身份证件类型及号码:

甲乙双方经平等自愿协商,根据《劳动合同法》订立本合同,供双方共同遵守。

一、合同期限

自________年____月____日起至________年____月____日止。

二、工作内容和工作地点

1. 乙方同意按甲方工作需要，在________岗位（工种）工作，按时、按质、按量完成该岗位（工种）所承担的各项内容。

2. 甲乙双方确认工作地点为________________________________。

3. 乙方每天工作时间不超过 4 小时（上午________至________，下午________至________），每周不超过 6 天，双方关系为非全日制劳动关系。

三、劳动报酬与其他待遇

1. 乙方劳动报酬按如下标准：________________________________。

2. 双方同意选择以下第________种劳动报酬结算方式：

(1) 乙方同意劳动报酬按月结算。甲方于每月________日左右发放上月劳动报酬。

(2) 每月结算两次。

(3) 每________天结算。

3. 甲方不承担有关缴纳社会保险的义务，也无须向乙方返还有关社会保险费用。

四、劳动合同的变更、解除、中止和终止

1. 经甲乙双方协商一致，本合同可以解除。

2. 甲乙双方均可提前 7 日通知对方，解除本合同，无须向对方支付经济补偿。但合同解除前的劳动报酬应据实结算。

3. 乙方在本合同解除或终止后 3 日内，应当按照诚实信用原则办理工作交接手续，归还甲方所有财产。

五、声明与确认

1. 乙方确认，甲方已如实告知乙方工作内容、工作条件、工作地点、职业危害、安全生产状况、劳动报酬，以及乙方要求了解的其他情况。

2. 乙方确认，本合同之签订与履行不会损害任何第三方利益，已经得到乙方原受聘单位的同意。如由此导致纠纷，由乙方完全负责。

3. 乙方确认，甲方有关文书（包括有关聘用关系变更和解除的通知）在无法直接送达给乙方的情形下（包括但不限于乙方拒收、下落不明等情形），乙方在本合同中填写的通信地址为甲方邮寄送达地址，甲方以 EMS 或挂号信邮寄至地址的，视为送达。

4. 为更好地履行本合同,乙方提供如下联系方式:

(1)邮寄地址:________________________________。

收件人:________________________________。

邮编:________________________________。

(2)电子邮箱:________________________________。

(3)电话:________________________________。

甲方通过上述联系方式之任何一种(包括电子邮箱),就本合同之履行向乙方发送相关通知等,均视为有效送达与告知乙方。上述电子邮箱发出的邮件,视为代表乙方之意思表示。

5. 甲方依法制定的规章制度(包括《员工手册》),乙方确认已充分阅读甲方规章制度并愿意遵照执行。

六、违反劳动合同的责任

1. 聘用期间乙方非因工作原因发生人身损害或疾病,乙方应自行负责,甲方依法不承担报销、赔偿或补偿责任。

2. 如甲方为乙方购买了保险(包括但不限于意外伤害保险、医疗保险等),则一旦发生应由甲方承担责任的事宜,保险赔付金额应计算在甲方的赔偿金额之中。

七、其他

1. 合同未尽事宜,按照甲方依法制定的规章制度执行;如果甲方的规章制度未作规定,则按国家有关法律法规政策执行。

2. 本合同一式二份,双方各执一份,具有同等法律效力。

3. 本合同自双方签署后生效。

签署时间:　　　　年　　月　　日

甲方(盖章):

乙方(签字):

第五节　劳务派遣

一、劳务派遣的由来

劳务派遣又称人才派遣、人才租赁、劳动派遣、劳动力租赁等，是指由劳务派遣单位与被派遣员工订立劳动合同，劳务派遣单位将被派遣员工派至实际用工单位，由被派遣员工向实际用工单位提供劳动。劳务派遣下，劳动合同关系存在于劳务派遣机构与被派遣员工之间，用工的事实则发生于被派遣员工与用工单位之间。简单地说，劳务派遣企业“招人不用人”，用工单位“用人不招人”，招人和用人相分离。其大概关系如图 6－2 所示。

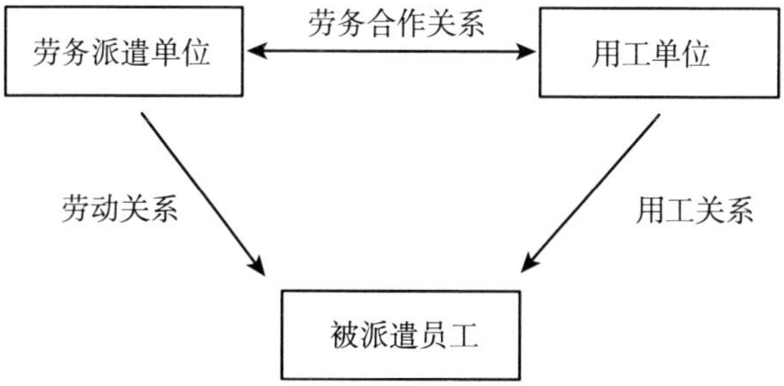

图 6－2　劳务派遣单位、用工单位与被派遣员工的关系

注：

1. 劳务派遣单位与劳动者之间的关系——劳动关系；
2. 用工单位与劳动者之间的关系——用工关系；
3. 用工单位与劳务派遣单位之间的关系——劳务合作关系，是一种合同关系，同时受《劳动合同法》与《合同法》调整；
4. 劳务派遣单位与用工单位均需对被派遣员工承担责任，故两个单位与劳动者之间的箭头都是实箭头。

劳务派遣的起源有两种说法。一种说法是劳务派遣源于1920年美国Samuel Workman开创的租赁支援服务。它雇用了一批已婚妇女,在夜间处理盘点工作,稍后又训练妇女操作计算器,满足企业当时的临时或短期用工需求。另一种说法是源于英国。[1]

大概从20世纪70年代末开始,劳务派遣业在中国逐渐形成,直至现在,其发展阶段大致可分为三个阶段:

1. 从20世纪70年代末开始,到2008年《劳动合同法》实施前

中国的劳务派遣始于对外国企业在华代表处的派遣用工,因为法律规定必须要采取派遣的形式用工。随后其他领域也慢慢使用了劳务派遣用工:建筑领域;外企中的助理、秘书等比较低级的职位;用人单位为解决下岗、富余员工的再就业而开展的劳务派遣。

这一阶段的特点是:缺少全国层面的法律规范,各地有一些地方规定,很多地方规定了劳务派遣企业的资质审批制度;劳务派遣业呈正常增长态势。出现了一些劳务派遣下的纠纷,反映出有一些用工单位利用劳务派遣规避责任,使劳务派遣工索赔无门。但总体来讲,笔者认为,2008年前的劳务派遣,并不是特别被公众所关注,也没有成为主流的用工形态。

2. 2008年《劳动合同法》实施,至2012年《劳动合同法》修订案出台

这一阶段的特点是:劳务派遣呈“井喷式”的发展,出现被“滥用”之势。

2008年出台的《劳动合同法》专门对劳务派遣作出了规定。这些规定的本意是对劳务派遣进行约束,使其规范化发展,有法可依。但是出乎意料的是,2008年《劳动合同法》后,劳务派遣反而有了“井喷式”的增长,劳务派遣遍地皆是。据报道,到2010年年底,全国总工会经过广泛调查统计获得的数据是,国内劳务派遣职工已经达到6000万,按照国内职工总人数大约3亿来计算,劳务派遣职工达到职工总人数的20%。[2] 这一数据当然也有争议。由于劳务派遣无须许可,没有哪个机关有劳务派遣公司以及劳务派遣用工数量的准确数据。但无论如何,劳务派遣的广泛使用是一般人都可以看见的。在生活中,银行、加油站、酒店、电信部门,到处可以见到劳务派遣员工的身影。

劳务派遣“井喷”的原因可能有:2008年《劳动合同法》的颁布使很多用人

---

〔1〕 参见郑东亮主编:《劳务派遣的发展与规制:来自国际经验和国内实践的调查研究》,中国劳动社会保障出版社2010年版,第1页。

〔2〕 参见降蕴彰:《权威报告称“劳务派遣”达6000万人全总建议修改〈劳动合同法〉》,载经济观察网2011年2月25日,http://www.eeo.com.cn/2011/0225/194384.shtml。

单位注意到了原本不是那么普及的“劳务派遣”这种用工形式,很多国企想到利用劳务派遣解决用工编制问题;2008 年的《劳动合同法》取消了从事劳务派遣业务审批要求,只要注册资金 50 万元以上的公司即可从事劳务派遣业务;对劳务派遣岗位的要求是“软性的”;同时大大加强了对劳动合同用工的约束,导致用人单位更多地倾向于选择劳务派遣用工,以减轻用人单位的责任。

这种情况下,劳务派遣并没有按照立法者的想法成为一种“辅助性、替代性、临时性”的用工模式。笔者就曾见过,有企业从总经理到底层员工,全部是劳务派遣。与之相关,劳务派遣用工与正式用工同工不同酬的事例也屡见不鲜。劳务派遣的种种现状,也越来越受到舆论关注与指摘。

虽然《劳动合同法》从 2008 年实施后收到了很多方面的批评与修改建议,原双倍工资条款、无固定期限劳动合同条款等无不饱受指摘,但全国人大常委会仍然决定将劳务派遣的问题作为首先要解决的问题。

3. 2013 年 7 月《劳动合同法》修订案生效后至今

《劳动合同法》修订案于 2013 年 7 月 1 日起施行。为配合《劳动合同法》修订案,《劳务派遣行政许可实施办法》于 2013 年 7 月 1 日起实施,《劳务派遣暂行规定》于 2014 年 1 月 24 日公布,2014 年 3 月 1 日起实施。这些立法中贯穿的基本原则是:(对劳务派遣)增量控制,存量容忍,逐步降低。

也就是说这一阶段的特点是:法律强力管制,劳务派遣受到严格的约束。因此劳务派遣业面临整体的调整,并且可以预见的是,相对于 2013 年前,劳务派遣业将在很大程度上被压缩与调整。

目前与劳务派遣相关的法规主要有:《劳动合同法》《劳动合同法实施条例》《劳务派遣行政许可实施办法》《劳务派遣暂行规定》,另外其他法律、司法解释、部门规章也零散分布着与劳务派遣相关的规定。各地也出台了一些与劳务派遣有关的法规,例如,《吉林省劳务派遣管理办法》《天津市劳务派遣管理办法》《广东省劳务派遣管理办法》《河北省劳务派遣企业管理暂行办法》等。[1] 下文将重点依据这些法律法规,并结合实务对劳务派遣的操作进行解读。

---

〔1〕 按照《立法法》第 91 条的规定,地方性法规与人力资源和社会保障部制定的《劳务派遣暂行规定》之间并无高下之分。

二、劳务派遣的适用范围

第一类:不属于劳务派遣,无须适用所有法规对劳务派遣的规定。但是其中如果构成劳动关系的,应符合劳动法规对劳动关系的规定。

这一类情形主要有:

1. 用人单位将本单位劳动者派往境外的工程、项目上工作。

这种情况下,仅仅是工作地点的变化,与用人单位将员工派往国内另外一个城市出差没有本质的区别,并不属于劳务派遣。

当然,如果是国内的 A 单位将员工派遣到 B 单位,B 单位将员工派往境外工作,则仍属于劳务派遣。

2. 用人单位将劳动者派到境外、我国港澳台地区的单位去工作。

即使形式上与劳务派遣类似,这种操作也不适用我国大陆地区劳务派遣的规定,因为"用工单位"不是我国大陆地区单位,无法受我国大陆地区法律约束。但我国大陆地区单位将劳动者派出的行为,应当符合《对外劳务合作管理条例》[1]等相关法规规定。

3. 用人单位将劳动者派往家庭、自然人处提供劳动。

现实中最常见的就是家政服务。有的时候,不排除劳动者在家庭或自然人也像在单位一样从事商业性的全日制的工作,但由于家庭、自然人不是劳动法上的用人单位或用工单位,因此无法受到劳务派遣法规的约束。但是用人单位与其员工之间的劳动关系,仍受劳动法调整。

4. 本身不会构成劳动关系,自然也就不会构成劳务派遣。

例如,招用实习学生、[2]招用已经享受养老保险待遇的人员等;录用未取得就业许可的外国人或我国港澳台地区的居民。即使将招用的这些人员派遣至其他单位,表面上与正常的劳务派遣一样,但实质上仍不是劳务派遣,各方的关系应按《民法典》调整。

另外,下列形式也不是劳务派遣,不受劳务派遣法规的约束:

---

〔1〕 经 2012 年 5 月 16 日中华人民共和国国务院第 203 次常务会议通过《对外劳务合作管理条例》,2012 年 6 月 4 日公布,2012 年 8 月 1 日起施行。

〔2〕 请注意,某些地方法规如《江苏省劳动合同条例》第 42 条明确禁止通过劳务派遣的形式招用实习学生。

1. 外包(含承揽、合作、劳务关系等)；

2. 借调；

3. 职业介绍；

4. 人事代理。

第二类：属于劳务派遣，但不适用《劳务派遣暂行规定》，无须遵守劳务派遣用工比例的限制。但理论上仍需要遵守《劳动合同法》及其他法律法规的规定(除非明确排除适用)。

这一类主要是国家机关、事业单位的劳务派遣用工。《劳务派遣暂行规定》第2条规定，劳务派遣单位经营劳务派遣业务，企业(以下称用工单位)使用被派遣劳动者，适用本规定。依法成立的会计师事务所、律师事务所等合伙组织和基金会以及民办非企业单位等组织使用被派遣劳动者，依照本规定执行。因此国家机关、事业单位不在主体范围之内，事业单位即使不享受国家拨款，从事营利性事业，仍无须遵守《劳务派遣暂行规定》，不受劳务派遣用工比例的限制。

那么，国家机关、事业单位的劳务派遣是否仍受到"三性"岗位的限制呢?根据《劳动合同法》，应该是受到限制的。但现实中，国家机关、事业单位的派遣用工多数用于相对次要的岗位，所以"三性"的限制形同虚设。

第三类：属于劳务派遣，但无须遵守用工比例与"三性"岗位限制，即可以在任何岗位使用任何比例的劳务派遣用工。但在其他方面应遵守《劳务派遣暂行规定》及所有劳务派遣的现行法律法规。

1. 外国企业常驻代表机构和外国金融机构驻华代表机构等使用被派遣劳动者。

按照1980年国务院颁布的《关于管理外国企业常驻代表机构的暂行规定》以及各地以此为依据制定的地方法规，外国企业在中国的办事处用工全部都只能通过当地的外事服务单位派遣。如果不使用劳务派遣即为违法，因此不可能受到岗位或比例的限制。外国金融机构也是外国企业的一种。

2. 船员用人单位以劳务派遣形式使用国际远洋海员。

注意，近海海员、内河船员的劳务派遣均受到比例与岗位的限制。这主要是因为国际远洋海员受到国际公约调整，在用工上有其特殊性，一般采用劳务派遣的方式用工，故有此例外规定。

第四类：一般的劳务派遣，适用《劳务派遣暂行规定》及其他所有劳务派遣法律法规，受到"三性"岗位的限制与劳务派遣用工比例的限制。

这包括下列主体的劳务派遣用工：

1. 企业,即各类公司、合伙企业、经营性组织等,无论国有或私有。

2. 依法成立的会计师事务所、律师事务所等合伙组织。

3. 民办非企业单位等组织,例如,民办学校。这部分组织可能从事非营利性工作,类似于事业单位,但并非由国家拨款,不属于事业单位,不享有例外。

三、劳务派遣的资质许可

2008 年前各地多有地方规定,要求从事劳务派遣业务必须获得审批。2008 年生效的《劳动合同法》大大放宽了从事劳务派遣业务的条件,且无须许可,导致劳务派遣企业数量剧增。2012 年《劳动合同法》修订案则重新提起"行政审批"这一手段,其第 57 条规定:"经营劳务派遣业务应当具备下列条件:(一)注册资本不得少于人民币二百万元;(二)有与开展业务相适应的固定的经营场所和设施;(三)有符合法律、行政法规规定的劳务派遣管理制度;(四)法律、行政法规规定的其他条件。经营劳务派遣业务,应当向劳动行政部门依法申请行政许可;经许可的,依法办理相应的公司登记。未经许可,任何单位和个人不得经营劳务派遣业务。"

人力资源和社会保障部随后出台了《劳务派遣行政许可实施办法》,规定了劳务派遣资质审批的具体办法。

根据上述法规,我们对劳务派遣资质许可的有关事项作一些说明:

1. 关于申请

(1)并非只要具备了上述条件就可以直接从事劳务派遣业务,而是必须要先经过劳动行政部门审批,获得许可证。

(2)劳动行政部门有一定裁量之权,如"与开展业务相适应的固定的经营场所和设施""符合法律、行政法规规定的劳务派遣管理制度"究竟如何定义,这都需要劳动行政部门及其工作人员具体界定。

(3)不排除国务院、人大及其常委会在以后增加劳务派遣许可的条件。

(4)按现行的《公司法》,注册资本改为认缴制,即公司可以将注册资本登记为 500 万元,但公司成立时实缴的注册资本(真正入到公司账上的投资)由股东自行约定。目前法规尚未对"注册资本二百万元是认缴的注册资本还是实缴的注册资本"作出定义。但笔者估计实操中应该是按实缴的注册资本来操作,否则这 200 万元的注册资本就没有什么意义了。

(5)申请时提交的资料可到各地人力资源和社会保障局网站查询,大致包括:劳务派遣经营许可申请书;营业执照或者《企业名称预先核准通知书》;公司章程以及验资机构出具的验资报告或者财务审计报告;经营场所的使用证明以及与开展业务相适应的办公设施设备、信息管理系统等清单;法定代表人的身份证明;劳务派遣管理制度,包括劳动合同、劳动报酬、社会保险、工作时间、休息休假、劳动纪律等与劳动者切身利益相关的规章制度文本;拟与用工单位签订的劳务派遣协议样本。

(6)劳务派遣单位注册地的区县一级人力资源和社会保障局负责审批。

(7)20个工作日内作出是否许可决定,特殊情况可延长10个工作日。

上述时间段自收到齐全的申请材料之日起算。如果材料不齐,则会被要求补足材料。

(8)如果有必要,审批部门会派人上门核查,例如,办公场所、信息管理系统等。

(9)如果未被批准,申请人可以要求复议,或者向人民法院提起行政诉讼。理论上,如果人力资源和社会保障局不批准的决定是错误的,则法院可以责令其重新作出行政行为。

另外,人力资源和社会保障局所作出的其他处罚(责令改正、罚款、吊销等),也都可以要求行政复议或提起行政诉讼。

2. 劳务派遣许可的变更、维护事宜

(1)劳务派遣许可的有效期为3年,届满60日前可申请续延,即一次申请,管用3年。

(2)劳务派遣企业于每年3月31日前提供上一年度劳务派遣经营情况报告。

(3)劳务派遣企业名称、法定代表人、住所或注册资本变更的,应向许可机关提交变更申请。劳务派遣单位分立、合并,但原来有劳务派遣许可证的单位仍继续存在的,仅需向行政机关提出变更申请。

如果劳务派遣单位分立、合并后,原有劳务派遣许可证的主体消灭(注销),重新设立新公司从事劳务派遣业务,则新公司需要重新申请《劳务派遣经营行政许可证》。也就是说,如果劳务派遣企业的股东发生变动,但企业名称、法定代表人、住所或注册资本没有变化,则无须申请变更,只需要在工商局办理相应股东变更登记。

(4)设立子公司从事劳务派遣业务的,子公司需要申请许可;设立分公司经营劳务派遣业务的，由总公司向许可机关书面报告，同时向子公司所在地人力资源社会保障行政部门备案，即分公司不需要另外申请行政许可。

（5）劳务派遣许可在某些情形下将不被批准续延，或可能被吊销，对此请查阅本章其他内容。

四、劳务派遣的用工比例

《劳务派遣暂行规定》出台后，劳务派遣用工比例尘埃落定：10%，即劳务派遣用工数量不得超过其用工总量的10%。该比例的具体理解是：

1. 用工总量中包括所有派遣劳动者，也包括非全日制用工。[1]

2. 注意，“老派遣员工”不在比例限制之内。

举个例子：某单位所有员工（含派遣员工）共100人，到2016年3月1日时，共有派遣员工20人。其中10名派遣员工系于2012年12月27日订立的劳动合同与派遣协议，期限为4年（以下简称老派遣员工）；另外10名派遣员工则是2013年3月1日开始派遣（以下简称新派遣员工）。请问，依据2016年3月1日这一天的状况，这个用工单位是否为超出比例使用劳务派遣用工？

答案是否定的。主要是因为老派遣员工不计入比例限制。《劳动合同法》允许2012年12月28日前订立的劳务派遣合同履行至期满。

3. 劳务派遣用工包括所有岗位、类型的劳务派遣用工。

因此，临时性、替代性的劳务派遣用工同样受到比例限制。《劳务派遣若干规定》征求意见稿中曾经将劳务派遣用工比例定义为“辅助性岗位的劳务派遣用工占用工总量的比例”，但后来被认为是违反上位法即《劳动合同法》的规定作罢。

4. 假设某大型集团公司，旗下有多家子公司甚至“孙公司”，各子公司还有分公司，该如何测量该比例呢？

简单地说，各个有独立法人资格的子公司应单独计算，不能合并计算。这既是由于法律上子公司独立于母公司，也是因为允许集团公司合并计算的话将导致难以监管。因此大型集团公司不能要求以集团公司的全部员工数作为用工

---

〔1〕 这一理解是笔者参加人力资源和社会保障部参与拟定《劳务派遣暂行规定》的负责人所作讲座时，该负责人所表述的。理由是非全日制用工也是《劳动合同法》规定的一种用工形式。

总量。

而分公司(指有营业执照或登记证书的。仅公司内部称其为分公司但未办理分支机构登记的不在此列)是否单独计算,取决于是否以分公司作为用人单位。根据《劳动合同法实施条例》第4条的规定,分公司也属于用人单位,但不必然作为用人单位。这取决于总公司的安排。因此,如果分公司与员工签署劳动合同、缴纳社保,承担了用人单位的角色,那么应以分公司为单位测量其用工总数与劳务派遣工数量。如果是分公司用人,但是由总公司签订劳动合同、缴纳社保的,则应以总公司的用工总数及劳务派遣用工数量来衡量是否超过标准。

5. 用工比例是按一段时间(例如,按年度)的平均值来测量,还是按某个时间点的用工比例来测量?

实践中这一点未达成一致,但按平均值来算难以操作。笔者认为,在实际执法过程中,如果在被检查的时间段,用人单位被发现正在使用的劳务派遣用工比例超过10%,则肯定会被责令改正,难以拿"本年度劳务派遣的平均用工比例不到10%"作为抗辩理由。

从另一个角度,在责令改正的期限届满后,无论什么原因(例如,原劳务派遣用工到期终止),只要劳务派遣的总的用工比例已经降到10%或以下,就不会再受到处罚。

6. 如果超过10%的比例使用劳务派遣用工,法律责任是什么?

如被人力资源和社会保障部门查出超过比例使用劳务派遣用工,则会被责令限期改正。逾期不改正的,以每人(指超过比例的劳务派遣用工)5000元以上10,000元以下的标准处以罚款。这一罚款可同时针对劳务派遣单位与用工单位。对劳务派遣单位,还要吊销其劳务派遣业务经营许可证。反过来说,只要在限期内责令改正,就不会被罚款,也不会被吊销劳务派遣许可证。

如果超比例使用劳务派遣,甚至被责令改正后仍不改正,会不会导致超比例的劳务派遣用工与用工单位直接建立劳动关系?答案是不会。《劳务派遣若干规定》征求意见稿中有"视为直接建立劳动关系"的规定,但后来还是认为此规定不可行。就笔者所了解的,法院系统及人力资源和社会保障部人士均认为,劳动关系的认定必须考虑双方意愿,不便于采取"视为直接建立劳动关系"的做法,那将带来一系列难以解决的问题。

五、劳务派遣岗位的“三性”

按现行法规,用工单位使用劳务派遣既要符合比例限制(不超过10%),还要符合岗位要求。那么,可以使用劳务派遣的岗位究竟是哪些呢?

2008年的《劳动合同法》(已被修改)第66条规定:“劳务派遣一般在临时性、辅助性或者替代性的工作岗位上实施。”其中使用了法律条文中很少使用的一个词“一般”。由于该规定缺乏明确的界定,也缺少违法责任条款,实际上等于未作限定。2012年《劳动合同法》修订案第3条则明确作出了界定:

劳务派遣用工是补充形式,只能在临时性、辅助性或者替代性的工作岗位上实施。

前款规定的临时性工作岗位是指存续时间不超过6个月的岗位;辅助性工作岗位是指为主营业务岗位提供服务的非主营业务岗位;替代性工作岗位是指用工单位的劳动者因脱产学习、休假等原因无法工作的一定期间内,可以由其他劳动者替代工作的岗位。

《劳务派遣暂行规定》又对岗位的要求作出一些补充规定。

1. 临时性工作岗位

存续时间不超过6个月。例如,某个短期项目需要人手,临时性的工作需要人手等。那么,同样的岗位,能否使用不同的劳务派遣用工(甚至不同的劳务派遣单位),每个劳务派遣用工均不超过6个月?答案是不能。因为法条的含义很清楚,只要岗位存续时间超过6个月,就根本不能在该岗位上使用劳务派遣用工,也就是说,这里的“不超过六个月”,是对岗位存续期限的限制,而不是对用工期限的限制。如果同样的岗位,使用劳务派遣超过6个月,则可能被责令改正。

2. 替代性工作岗位

由于正式员工脱产学习、休假而必须有人顶岗的,可使用劳务派遣。可想而知,如果劳动行政部门核查,则单位需要提供被顶岗人员的材料(劳动合同、休假证明等)来证明这是暂时性的替岗,特殊时期过后即会取消劳务派遣。不过,法律并未限制替岗的时间,在替代性岗位上使用数年的劳务派遣用工也是可以的。

3. 辅助性岗位

辅助性岗位是最难界定的。据说在《劳务派遣暂行规定》起草过程中，曾考虑过“重要性标准”“主营业务标准”“劳动行政部门认定”“行业协会认定”等方案，但都难以操作。最后出台的《劳务派遣暂行规定》第3条规定采纳的是“民主协商+公示”的程序性标准，条文如下：

用工单位决定使用被派遣劳动者的辅助性岗位，应当经职工代表大会或者全体职工讨论，提出方案和意见，与工会或者职工代表大会平等协商确定，并在用工单位内公示。

上述要求与规章制度的制定程序是一致的，也就是说，是否是辅助性岗位由一个实体性问题转变为一个程序性问题：只要用人单位内部经过了上述协商与公示程序，就可以视为辅助性岗位而使用劳务派遣。如果未经此程序，则无论什么岗位使用劳务派遣，都涉嫌违法，可被劳动行政部门责令改正。如何改正？措施之一，就是补充通过上述民主协商与公示程序。

这样的规定当然也有争议，却是比较有可操作性的一种做法。即使这样可能会造成辅助性岗位的认定标准被放宽，影响也不大。毕竟劳务派遣用工总量还受到10%的比例限制。

综合上述法条与实务中的情况，笔者认为，在《劳动合同法》的限制下，劳务派遣的主要市场在于辅助性岗位，替代性岗位与临时性岗位的数量都会很少。因为去招聘一个只雇佣几个月的员工，同样要完整地办理入职离职手续，依法缴纳社会保险，同时还要与劳务派遣单位建立三方关系，向劳务派遣公司支付管理费等，这是一件成本不小而收益很小的事情，很难在其中看到用工单位与劳务派遣单位的利益所在。替代性岗位本身也是特殊情况。

对劳务派遣单位而言还有一个问题，法律要求劳务派遣单位必须与劳务派遣用工签署2年以上的固定期限劳动合同（《劳动合同法》第58条），那么用工单位几个月后将劳务派遣用工退回时，还要给劳务派遣用工发放最低工资或另外为其找工作，这更是一件麻烦事。

六、劳务派遣协议的期限

劳务派遣涉及三方关系，至少有两份以上的协议（劳务派遣单位与用工单位签署的派遣协议；劳务派遣单位与被派遣劳动者签订的劳动合同。有时用工

单位还会与被派遣劳动者签署一份用工协议)。这种情况下协议的期限也比较复杂:

(一)劳务派遣单位与被派遣劳动者签订的劳动合同

期限不能短于2年。如果短于2年则为违法,劳动者有权要求延期到2年。当然,在2年的期限内,劳动者可能被派到不同的用工单位工作。

即使劳动者被派往临时性岗位,用工不超过6个月,劳动者与劳务派遣单位签订的劳动合同也不能短于2年。这种情况下,用工单位退回后,劳务派遣单位仍需要继续履行劳动合同。

劳务派遣单位与劳动者也是用人单位与劳动者的关系,在劳动合同的签订上必须符合《劳动合同法》的要求。例如,如果劳动合同到期后没有续签,而劳务派遣的事实在继续,则劳务派遣单位也将像一般的用人单位未续签劳动合同一样产生双倍工资的赔偿责任。

如果符合《劳动合同法》第14条规定的情形,那么劳务派遣单位是否应与劳动者签订无固定期限劳动合同呢?简言之,如果未签订无固定期限劳动合同,是否可能导致双倍工资的赔偿责任呢?

据笔者所了解,这一问题在全国层面仍有争议,暂无定论。肯定一方与否定一方都可以找到一些法条上与法理上的依据,但都不充分。有地方规定对此作出了回应。

能否签订以完成一定任务为期限的劳动合同呢?

首先,即使签订以完成一定任务为期限的劳动合同,如果不到2年即以任务完成为由终止,则肯定是违法的。因为法律要求签订2年以上期限的劳动合同。

其次,如果签订的是以完成一定任务为期限的劳动合同,履行也超过2年,这样似乎对劳动者也谈不上什么损害。但请注意,这种做法是违反法律规定的,因此有可能被人力资源和社会保障部门责令改正。如逾期仍不改正,则将受到处罚。

最后,如果签订以完成一定任务为期限的劳动合同,其实该任务已完成,但仍保持劳动关系。这等于是将以完成一定任务为期限的劳动合同当成了无固定期限劳动合同。这样做是有风险的。这相当于劳动合同到期后未续签而继续保持劳动关系,从而可能导致双倍工资赔偿。

(二)劳务派遣单位与用工单位签署的派遣协议

派遣协议中的期限可能有以下几种做法：

1. 固定期限。

在2012年《劳动合同法》修订案之前，这种做法是最常见的。那个时候的劳务派遣用工不需要考虑无固定期限劳动合同与岗位的要求，用工单位不断地续延派遣协议即可，同时到期如果不想继续使用就终止。因此现实中多数劳务派遣协议就是一年或两年一签，不断续签。无固定期限的长期派遣协议几乎没有。

2. 以完成一定任务为期限，或者约定某个终止条件。

理论上，这是完全可以的。对于临时性岗位与替代性岗位，假如签约时不能完全确定终止派遣的时间，那么可以考虑这种做法。例如，约定本单位休假女职工恢复正常上班时即终止劳务派遣(替代性岗位使用劳务派遣用工时)。

3. 派遣协议中不约定派遣人员的派遣期限，或者只约定部分派遣期限，而以附件及派遣协议履行中的补充文件来确定派遣期限。

下列情形下有可能有这种需要：

(1)某用工单位与某劳务派遣单位有长期合作的需要，希望在派遣协议中对派遣期限以外的其他事项作出约定，例如，服务费用标准、双方责任分担等，而对具体何时派遣哪一类人员、派遣期限等具体再议；

(2)用工单位接受的派遣人员有多种，期限不一，因此以附件等方式来约定；

(3)劳务派遣履行过程中，人员可能发生变动，因此需要对具体人员的用工期限作出单独约定。

上述方式都可以使用，这取决于具体情况，还需要双方来谈判。

关于派遣期限，还需要注意：

(1)劳务派遣到期或者符合终止条件时，用工单位即可将被派遣员工退回到劳务派遣单位。因此，劳务派遣期限与被派遣劳动者的利益直接相关。假如被派遣员工都不知道自己什么时候可能被到期退回，这是不合理的。根据《劳动合同法》第58条、第60条的规定，劳务派遣单位应当通过劳动合同等方式将派遣期限告知员工。如果员工并不知道退回期限，则有可能主张退回违法，不排除是劳务派遣单位与用工单位恶意串通以损害员工利益而无效。

(2)如前所述，派遣期限与劳动合同期限未必一致，只要明确约定了派遣期限，且员工也知情，即为有效。

(3)如果在劳动合同、用工协议等多份文件中均有约定，则员工有理由主张按照对其有利的一份来执行。

(4)如果员工也同意，能否约定派遣期限随时可以终止(但劳动合同并不随时终止)呢？法无明文规定。笔者认为，司法机关很可能将其归于“排除劳动者权利”的条款而认定无效。法律依据是《劳动合同法》第26条第1款第3项。

(5)如果员工也同意，能否将员工派往非全日制的岗位呢？如果可以，用工单位能否随时将非全日制用工退回呢？《劳动合同法》是允许随时终止非全日制用工的。

目前法律未明确回答这一问题，实务中有不同的意见。笔者个人认为应允许这种做法。劳务派遣单位同时将员工派往几个非全日制岗位，有利于充分利用人力资源。并且，此时劳务派遣单位只需要购买一份社会保险，但却可以保障员工在所有单位发生的工伤。不过，现实中这种例子并不多见。如果真有非全日制用工的需要，用人单位往往会自己直接聘用，且非全日制用工是可以随时终止的。

(6)《劳动合同法》第59条第2款规定，用工单位应当根据工作岗位的实际需要与劳务派遣单位确定派遣期限，不得将连续用工期限分割订立数个短期劳务派遣协议。如果有这种情形，劳动者似乎有理由主张约定的劳务派遣期限违法无效。不过现实中笔者尚未看到这样的案例，而且，何为“工作岗位的实际需要”也有很大的解释空间。

(三)试用期

根据《劳务派遣暂行规定》第6条的规定，劳务派遣单位与同一被派遣劳动者只能约定一次试用期。假设有如下情形：

1. A单位与员工签署3年的劳动合同，将其派往B单位，约定了1个月的试用期。后B单位将员工退回，A单位又将员工派往C单位，C单位与员工约定了1个月的试用期。

2. A单位与员工签署2年的劳动合同，将其派往B单位，约定了1个月的试用期。2年后劳动关系、用工关系均终止。2年后A单位再次录用该员工，又将该员工派往C单位，C单位与员工约定了1个月的试用期。

上述第1种情形肯定是违法的，第2种情形存在争议。劳务派遣的实务中，往往存在试工期的约定。如果试工期是在法律许可试用期的范围内约定，当然谈不上违法,也能依照约定发生相当于试用期的法律效果。但是如果依法不能约定试用期,那么约定的试工期还能发生退回的效果吗?这个问题存在争议。

(1)此时的试工期不符合要求被退回,只能理解为劳务派遣三方对退回条件的一种约定。这种约定若有效,必须劳动者知情并同意;约定具体明确;试工期如果太长,可能会被认为对劳动者不公平而无效。能否约定退回条件实际是个有争议的问题。因此,即使有上述明确的约定,目前仍不能保证必然是有效的。因此,最好还是能有效约定试用期。

(2)即使能退回,肯定也不能解除。因为不符合解除的法律规定。

另外,由于劳务派遣下试用期的考核实际上是由用工单位来完成,因此在劳动合同中可以约定"乙方认可由用工单位来进行试用期考核,并以用工单位的考核结论作为是否符合录用条件的依据"或类似表述。

七、劳务派遣下的工伤问题

劳务派遣下的工伤有一定特殊性,说明如下:

1. 工伤保险有关申报手续,一般由劳务派遣单位负责,用工单位协助。

由于社会保险的缴费单位仍是劳务派遣单位,因此由劳务派遣单位去申报工伤保险手续,合法合理。

不过,按照《劳务派遣暂行规定》第19条第2款的规定,劳务派遣单位未在用工单位所在地设立分支机构的,由用工单位代劳务派遣单位为被派遣劳动者办理参保手续,缴纳社会保险费。这种情况下,社会保险的缴费单位是用工单位,因此按理说应由用工单位去办理工伤申报的相关手续。除此之外,工伤的有关责任问题仍与前面说的一致。

另外,职业病的诊断、鉴定需要提供工作场所职业病危害因素相关材料、劳动者的职业危害接触史,这些材料基本上掌握在用工单位手中,因此《劳务派遣暂行规定》要求由用工单位负责进行职业病诊断与鉴定,劳务派遣单位配合。职业病诊断、鉴定之后的工伤申报过程,则按前述做法由劳务派遣单位负责。

2. 按照法律规定,用人单位应承担的责任,由劳务派遣单位与用工单位共同对劳动者承担,此为连带责任,不分先后与主次顺序。

如果没有缴纳工伤保险,则劳务派遣单位与用工单位应承担全部工伤保险待遇。

3. 劳务派遣单位与用工单位之间的责任分担,有约定的按约定,无约定的由劳务派遣单位承担。

例如,A 单位将员工派往 B 单位,发生八级伤残。由于未缴纳工伤保险,依法应向员工承担如下赔偿责任:(1)一次性伤残补助金约 100,000 元;(2)一次性医疗补助金约 35,000 元;(3)一次性就业补助金约 35,000 元;(4)停工留薪期的 5 个月工资约 40,000 元;(5)护理费约 10,000 元;(6)医疗费、交通费、食宿费等 50,000 元。

上述这些费用中,如果有工伤保险,则第(1)、(2)、(5)、(6)项应由工伤保险基金支付,其他项目由用人单位支付。如果没有工伤保险,则上述所有项目均应由用人单位支付。

如果单位拒绝支付,劳动者可以向劳务派遣单位与用工单位同时索赔。如果发生仲裁或诉讼,则应将劳务派遣单位与用工单位共同列为被申请人或被告。

劳务派遣单位或用工单位赔了钱之后,双方如何分摊责任呢?如前所述,有约定的按约定,没有约定的,除停工留薪期工资以及其他劳动报酬外,均由劳务派遣单位承担。停工留薪期工资也可以理解为工资,故应由用工单位支付。

4. 劳务派遣单位必须注意上面这一点,并在劳务派遣协议中予以应对。否则,将有可能导致劳务派遣单位巨额亏损。

例如,在劳务派遣协议中加上如下条款:

派遣员工发生工伤时,由乙方(劳务派遣单位)申请工伤认定,甲方(用工单位)协助配合,提供相关资料。乙方因工伤事故而向派遣员工支出的工伤保险待遇,甲方应补偿给乙方。

原来的劳务派遣实务中,一般认为所有用人单位应承担的责任,最终都是由用工单位承担,所谓“羊毛出在羊身上”,劳务派遣单位仅承担劳动合同签订、社会保险办理等事务性工作,并向用工单位收取管理费或服务费,劳务派遣单位只赚不赔。

但是按现行法律,假如没有上述约定,一旦发生工伤,则劳务派遣单位可能要赔一大笔钱。

5. 工伤保险的费率问题。

工伤保险费率是有一定浮动的,具体的费率调整办法由各地自行规定。大体上,如果用人单位在 1 年或 2 年内有工伤发生,导致工伤保险基金作出赔付,则用人单位下一年的工伤保险费率就有可能提升。反之亦有可能降低。这本是正常的,但在劳务派遣的情况下出现了一个问题:派遣员工发生的工伤,是算劳务派遣单位的工伤事故,还是算用工单位的工伤事故?

如果都算劳务派遣单位的工伤事故,显然不合理,实际用工单位更有责任与条件预防工伤事故;但如果算用工单位的工伤事故,那么工伤保险的缴费单位又是劳务派遣单位。这在实操中并不好区分,据笔者了解,目前各地做法不一,暂无定论。

八、跨地区劳务派遣的社会保险问题

跨地区劳务派遣在实务中很常见,有相当一部分原因就是为了降低社会保险缴费。例如,北京的用工单位,使用四川的劳务派遣单位,在四川上社会保险,由于四川的保险缴费标准低,因此就可以省下不少的社会保险费用。据说有的大型企业通过跨地区的劳务派遣,仅社会保险费用就可以省下数千万元。

其实从企业的角度降低成本也无可厚非。但对员工而言,在社会保险报销、退休、社保转移等方面会遇到一定麻烦。

《劳务派遣暂行规定》第18条、第19条对跨地区的社会保险问题作出全新的规定,按照现行的规定:

1.跨地区劳务派遣的,应在用工单位所在地缴纳社会保险。

值得注意的是,劳动争议案件司法实务中,用工单位所在地常指用工单位注册地址,[1]并非指实际工作地。例如,北京市某劳务派遣公司,与天津市某公司签署派遣协议,将某员工派遣至天津公司的上海办事处工作。此时,用工单位所在地,系指天津,而非上海。

不过,假如天津公司的上海办事处有工商登记,则北京的劳务派遣公司可以与该上海办事处签署派遣协议,此时用工单位所在地就是在上海。

2.如何在用工单位所在地缴纳社会保险?

劳务派遣单位有分支机构的,利用分支机构缴纳;没有分支机构的,由用工单位代为缴纳。

这一规定颇有新意。当然也会引起疑问:用工单位如何代为缴纳?“代为缴纳”的含义是什么?目前缴纳社会保险时,有的社保机构要求提供劳动合同,有的地方不需要。如果要让用工单位代为缴纳,则社保机构的操作流程还需要

〔1〕一般公司法理论认为,单位所在地应以管理机构或办公所在地为准。但实务中多以工商登记注册地址为准,这主要是取证的问题。

作一些特别的改正。

3. 如果员工愿意在劳务派遣单位所在地缴纳社会保险,又如何?

由于该规定是强行性规定,即使员工自己选择在劳务派遣单位所在地缴纳社会保险(可能因为劳务派遣单位所在地的社会保险待遇更好),这种做法也是违法的。

4. 如果没有按上述规定操作,那么法律责任是什么?

首先,从社会保险部门的角度,无论员工是在用工单位缴纳还是在劳务派遣单位缴纳,均属于已经缴纳社会保险,社会保险部门无权亦无法让单位重复再缴纳一份社会保险,也没办法将原来已经缴纳的社会保险取消重新另行缴纳。同时,《社会保险法》亦未规定可以对这种行为进行处罚。

其次,从劳动行政部门的角度,此类做法违反《劳务派遣暂行规定》,是否可以对劳务派遣单位责令改正或进行处罚呢?

现行法规并未直接规定此类行为的违法责任。理论上,劳动监察部门可以对违反部门规章的行为责令限期改正。如果未改正,再依据《劳动保障监察条例》第 30 条第 1 款第 3 项的规定处以罚款。

但另一方面,考虑到《劳务派遣暂行规定》中没有说明此类行为的违法责任,以及笔者所了解的法规起草人士的态度,反映出有关机关对跨地区劳务派遣下社保问题的处理多少有一些观望态度。

九、劳务派遣的同工同酬与福利

劳务派遣同工不同酬问题是现实中公众反响比较大的问题,也是《劳动合同法》及附属法规着力要解决的问题。“同工同酬”是规范劳务派遣的“治本”之策。因为如果真的落实了同工同酬,劳务派遣也就回归了理性与市场,自然也就会大大减少。

《劳动合同法》明确规定了劳务派遣用工与劳动合同用工应该同工同酬。然而同工同酬是个老大难问题,并非简单一句规定就可以解决。《劳动合同法》实际上对同工同酬的原则作出了一些限制。

(一)何为同工

首先,是被派遣劳动者与本单位(用工单位)同岗位的劳动者相比较。如果同岗位全是劳务派遣用工,则应与用工单位所在地相同或相近岗位劳动者的报酬比较。

简单地说,如果某单位同样的岗位中,有劳务派遣用工,有劳动合同用工,则二者的劳动报酬分配办法应一致。但是,假如同样的岗位中全是劳务派遣用工,则劳务派遣用工与用工单位的其他劳动者哪怕工资差距很大,都不能相比较,也不受《劳动合同法》的约束。

问:那我们单位将劳动合同用工与劳务派遣用工的岗位作出区分,哪怕是相同的岗位,我们也在岗位职责与岗位名称上略作调整,使二者有区别,这不就可以规避同工同酬原则了吗?

答:应该说是会起到很大程度上的规避作用。但是,如果劳动监察部门在核查中能搜集到证据表明,两者岗位其实是一致的,则仍可以认定属于实质上违反同工同酬原则。

问:按《劳动合同法》不是还应该与其他单位的相同岗位相比较吗?

答:法律虽如此规定,但笔者以为,不同单位之间的薪酬是不具备可比性的。同为财务人员,一个上市公司的财务与一个小企业的财务,其薪酬能比吗?因此,笔者认为“与用工单位所在地相同或类似岗位的薪酬比较”这一规定基本上沦为空文。

(二)何为同酬

1. 同酬,是指同样的薪酬分配办法,不是指同样的工资标准。

例如,某单位同样的岗位,有劳动合同用工,有劳务派遣用工。劳动合同用工每月 10,000 元,劳务派遣用工每月 5000 元,这是否违法?

不一定违法。法律上要求的是“相同的劳动报酬分配办法”,而非相同的报酬。

因此,用工单位可以设定这样的制度:将职务及工资设定一定的等级,将等级与工作年限、学历、考核等挂钩,达到一定的级别,则对应一定的工资标准。但是,这些工资分配办法中不能与“是否劳务派遣用工”相挂钩。

问:我们单位规模不大,没有这样的工资办法,针对每个人的不同情况分别协商,确定不同的月工资标准,也没有在制度上歧视劳务派遣用工,这有问题吗?特别是劳务派遣用工的工资标准确实都定得比较低,这有问题吗?

答:这种情况不少。很多单位并无完善的薪酬制度,或者无成文的制度。相同的岗位下,具体执行的工资标准因人而异。这种情况下并不一定违反《劳动合同法》的规定。但是如果劳动行政部门来核查,则用工单位需要解释为什么工资标准因人而异。如果用工单位缺少合理的解释,则可能会被责令改正。因此,这样做还是会有一定的风险。

请注意,通常人们所说的福利中,有相当一部分其实属于工资报酬,受到同工同酬规定的约束。

简单地说,企业以现金(包括通过银行)发放给员工个人的款项,均属于工资。只有下列不是工资:

(1)凭票据报销的款项,例如,出差过程中的交通费、住宿费;

(2)实物,例如,宿舍、粮油;

(3)某项具体服务,例如,班车、食堂;

(4)有法律法规规定,一般有特殊管理办法,指定用途的款项。例如,住房补贴、企业年金。可以将此类福利理解为一种特殊的针对部分人的社会保险。

除上述之外,现实中常见的各类津贴、补贴、奖金等,其实均属于劳动报酬,均应该遵守前面所说的同工同酬规定。

2. 同酬,严格而言并不包括福利,但是《劳务派遣暂行规定》中也要求用工单位在福利待遇上不得歧视被派遣劳动者。

《劳动合同法》中的"同工同酬",本意是不包括福利待遇的。有人认为,工资报酬、福利、社会保险,这三者是并列概念,并非包含关系。同时,现实中的"福利"太复杂,据说有数万种。有国家层面的,有企业层面的,有给集体的,有给个人的。有的与岗位、工龄、身份相关,有的无关。有很多涉及国家政策。

也正因如此,2013 年 8 月人力资源和社会保障部相关司局负责人明确表示,"同工同酬不含福利待遇与社会保险",并说"有一家央企集团算账称,其当年全行业利润是 300 多亿元,如把其劳务派遣职工都实行完全意义上的同工同酬,保险和福利就会吃掉近 260 亿元的利润"。[1] 这一表态引起轩然大波,接下来出台的《劳务派遣暂行规定》中对被派遣劳动者的福利待遇作出了"不得歧视"的原则性表态:"用工单位应当按照劳动合同法第六十二条规定,向被派遣劳动者提供与工作岗位相关的福利待遇,不得歧视被派遣劳动者。"

据《劳务派遣暂行规定》参与起草人士解释,此条规定可以从两个角度去理解:

---

〔1〕 赵鹏:《人社部:劳务派遣同工同酬不包括福利和社保》,载中国法院网 2013 年 9 月 1 日,https://www.chinacourt.org/article/detail/2013/09/id/1057400.shtml。

(1)与工作岗位相关的福利待遇,应该提供。例如,劳务派遣员工的岗位是在室外高温环境下作业,如果用工单位有清凉降温物品发放,则劳务派遣员工也应该有此项待遇。但如果某项福利待遇与岗位的工作内容、工作性质相关,而劳务派遣员工的在岗位并不具备该项工作内容或工作性质,则可不予提供。

当然,上述判断的前提都是单位确实提供该项福利。由于福利并非法定必须提供的,如果单位压根就没有某项福利待遇,那就谈不上违法,也谈不上歧视。但如果单位存在某项福利,则与被派遣劳动者工作岗位相关的福利待遇,应该提供。

(2)不得歧视。用工单位的福利政策,不得有歧视含义,简单地说,就是不能以"是否劳务派遣"作为是否提供某项福利的判断依据。

以国企里面常见的企业年金或住房补贴为例,用工单位可以规定,工作年限5年以上,可以加入企业年金计划,或可以享受住房补贴。具体标准可与工作年限、职级等挂钩。但唯独不能将"是否为正式用工"作为考虑因素。

问:被派遣劳动者多数工作年限较长,职级较低,用工单位还是可以通过工作年限、职级等指标对被派遣劳动者区别对待,这样不是规避了法律吗?

答:如果单位的制度表面上是公平的,并非以是否劳务派遣用工作为标准,那么单位的做法在法律上就很难被追究。任何法律都不可能十全十美。

(三)违反同工同酬的法律责任是什么

如有任何违反劳务派遣相关法律的做法,劳务派遣单位与用工单位都有可能被劳动行政部门责令限期改正。如限期内不改正,则有可能面临罚款;同时劳务派遣单位有可能被吊销劳务派遣许可证。

违反同工同酬行为的特点之一,是在下列方面风险更大:

1. 同工同酬直接与员工收入相关,如有争议,员工更有可能投诉,要求劳动行政部门处理。

2. 员工极有可能提起仲裁或诉讼,索要工资差额。

3. 由于往往涉及全部劳务派遣用工,因此有可能引起集体诉讼,有巨额赔偿的风险。

同工同酬在1994年颁布的《劳动法》第46条中即已有规定。但在实务中很少依据该规定作出判决或裁决(例如,补发工资差额),但劳务派遣中的同工同酬规定并不会名存实亡。至少有一点,劳动行政部门(各地人力资源和社会保障部门)可以依据"同工同酬"的规定责令用工单位与劳务派遣单位改正,逾期不改的,可处以罚款,还可以吊销劳务派遣业务许可,也就是说,劳动行政部门的执法可以"激活"同工同酬的规定,可促使劳务派遣单位与用工单位更有动力去执行同工同酬的规定。另外,公众舆论对于同工不同酬等社会不公正现象越来越难以容忍,因此,同工同酬在劳务派遣中也越来越受到重视。

十、劳务派遣的退回和劳动合同的解除

劳务派遣相比较一般劳动关系,多了一个退回环节。退回环节就是:用工单位将被派遣员工退回劳务派遣单位,由劳务派遣单位处理。其处理无非以下几种:重新安排工作;保持劳动关系,但暂无工作安排;解除劳动关系。当然,也有可能退回是违法的,则员工可以要求继续回原用工单位工作,这可能导致补发工资等纠纷。

那么,哪些情形属于可以退回的情形呢?哪些又可以解除劳动关系呢?如表6-2所示。

表6-2　劳务派遣退回与解除事由

类别	具体事由	法律依据	派遣单位是否可以解除劳动合同
劳动者过错	试用期间不符合录用条件[1]	可以退回——《劳动合同法》第65条、第39条	可以解除
劳动者过错	严重违反用人单位的规章制度的	可以退回——《劳动合同法》第65条、第39条	可以解除
劳动者过错	严重失职,营私舞弊,给用人单位造成重大损害的	可以退回——《劳动合同法》第65条、第39条	可以解除
劳动者过错	劳动者同时与其他用人单位建立劳动关系,对完成本单位的工作任务造成严重影响,或者经用人单位提出,拒不改正的	可以退回——《劳动合同法》第65条、第39条	可以解除
劳动者过错	欺诈、胁迫及乘人之危等情形致使劳动合同无效的	可以退回——《劳动合同法》第65条、第39条	可以解除
劳动者过错	劳动者被追究刑事责任的	可以退回——《劳动合同法》第65条、第39条	可以解除

[1]"试用期不符合录用条件"似乎谈不上劳动者过错,但都列在《劳动合同法》第39条无须支付补偿的解除事由中,故都归入一类。

续表

类别	具体事由	法律依据	派遣单位是否可以解除劳动合同
劳动者无过错	劳动者患病或者非因工负伤，医疗期满后不能从事原工作及另行安排的工作的	可以退回——《劳动合同法》第65条、第40条； 劳动者有《劳动合同法》第42条限制解除情形时，不可退回——《劳务派遣暂行规定》第13条	可以解除
	劳动者不能胜任工作，经过培训或调岗，仍不能胜任工作的		可以解除
	用工单位客观情况发生重大变化，致使原合同无法履行，经协商，未能就变更劳动合同内容达成协议的	可以退回——《劳务派遣暂行规定》第12条	不能解除
	用工单位存在下列情形需要经济性裁员的： 1. 依照《企业破产法》规定进行重整的； 2. 生产经营发生严重困难的； 3. 企业转产、重大技术革新或者经营方式调整，经变更劳动合同后，仍需裁减人员的； 4. 其他因劳动合同订立时所依据的客观经济情况发生重大变化，致使劳动合同无法履行的	可以退回——《劳务派遣暂行规定》第12条	不能解除
	劳务派遣单位出现客观情况发生重大变化，或需要经济性裁员的情况	取决于能否解除	有争议，至少必须是确实导致原劳务派遣协议无法履行
主体资格原因	用工单位被依法宣告破产、吊销营业执照、责令关闭、撤销、决定提前解散或者经营期限届满不再继续经营的	可以退回——《劳务派遣暂行规定》第12条	不能解除
	劳务派遣单位被依法宣告破产、吊销营业执照、责令关闭、撤销、决定提前解散或者经营期限届满不再继续经营的	用工单位应与劳务派遣协商妥善安置被派遣劳动者，但并无法律规定必须接收	可以终止

续表

类别	具体事由	法律依据	派遣单位是否可以解除劳动合同
	劳动者到达退休年龄或依法享受养老保险待遇	可以终止，也可以继续派遣（但不再受劳动法约束）	可以终止，也可以继续派遣（但不再受劳动法约束）
	劳动者死亡，或者被人民法院宣告死亡或者宣告失踪的	用工关系终止	劳动关系终止
履行中原因	劳务派遣协议期满终止的	可以退回——《劳务派遣暂行规定》第12条	不能解除；但劳动合同可以到期终止
	约定的退回条件成就时	有争议	不能解除
三方协商或者单方解除	劳务派遣单位、用工单位、员工三方协商退回	可以退回	如员工同意可解除
	劳务派遣单位与用工单位协商终止，员工不同意退回	无明确规定，应为违法	不能解除；但劳动合同可以到期终止
	劳务派遣单位单方面撤回员工	无明确规定，应为违法；且违反与用工单位的协议	不能解除；但劳动合同可以到期终止
	员工提出退回	无明确规定；一般同时视为辞职解除劳动关系	无明确规定；一般视为辞职解除劳动关系
	员工提出解除劳动合同	解除劳动关系与用工关系	解除劳动关系与用工关系
	被退回后，重新派遣，待遇维持或提高劳动合同约定条件，劳动者不同意	无关	可以解除
	被退回后，重新派遣，待遇降低劳动合同约定条件，劳动者不同意	无关	不能解除
	劳务派遣违法，被责令改正	有争议；多数认为不能退回	有争议；在能继续履行情况下，应继续履行

续表

类别	具体事由	法律依据	派遣单位是否可以解除劳动合同
其他	法律法规规定的其他事由（例如，被派遣劳动者违反了《公司法》规定的任职资格）	依照法律	依照法律

1. 表6－2中应注意以下几点：

(1)《劳动合同法》规定的解除劳动合同的情形中，如果是由于劳动者的原因造成的（包括劳动者有过错、试用期不符合录用条件、不能胜任工作、医疗期满等），那么用工单位可以退回，劳务派遣单位也可以同时解除劳动关系。

(2)《劳动合同法》规定的解除或终止劳动合同的情形中，如果是用工单位这方面的原因，那么即使用工单位具备这方面的原因，也仅能退回，而劳务派遣单位并不能解除劳动合同。

(3)《劳动合同法》规定的解除或终止劳动合同的情形中，如果是劳务派遣单位这方面的原因，则能解除劳动关系。不过前提是，这些原因确实导致劳务派遣协议不能再履行。由于劳务派遣单位并不需要为被派遣劳动者提供岗位，因此一般情况下劳务派遣单位的部门调整等并不足以导致劳务派遣协议不能再履行。劳动关系如果能解除，用工关系自然也解除。

2. 劳务派遣协议期满的可以终止，请注意，劳务派遣协议的期限与劳动合同的期限未必一致。

问：劳务派遣单位与用工单位是否可以利用这一点，提前终止劳务派遣将员工退回呢？如果说一定是期满才能终止，那么劳务派遣单位与用工单位是否可以重新签一份劳务派遣协议将期限缩短呢？

答：法律规定的是到期才能退回，并不是劳务派遣单位与用工单位协商终止就能退回。劳务派遣单位与用工单位重新签一份派遣协议时，劳动者可以主张对此协议不知情，且与之前约定的不一致。此时仲裁委或法院可能认定为改签的协议无效。因为根据法律规定，派遣期限、派遣协议的内容是应该告知劳动者的。如果没有事先告知，或与之前约定的不一致，那么就不能排除“劳务派遣单位与用工单位恶意串通损害第三人利益”这种可能。

3. 请注意，有相当多的情形下，虽然用工单位可以退回，但劳务派遣单位并不能解除。因此劳务派遣单位需要另外给员工安排工作，否则应向员工发放最低工资。这也就意味着劳务派遣单位需要考虑这种经营风险,需要在劳务派遣协议中对这种情形下用工单位的补偿作出约定。同时,劳务派遣单位最好有足够多的工作岗位可供派遣。

4. 对于受到解除限制的特殊人员("三期"女职工、医疗期职工、连续工作满 15 年且距法定退休年龄不足 5 年等 6 种情形),用工单位不得以下列情形为由退回:

(1)《劳动合同法》第 40 条第 3 项:客观情况发生重大变化;

(2)《劳动合同法》第 41 条:经济性裁员;

(3)劳务派遣期限届满,即应顺延。

但反过来,有下列情形之一时,即使是受到解除限制的特殊人员("三期"女职工、医疗期职工、连续工作满 15 年且距法定退休年龄不足 5 年等 6 种情形),用工单位也是可以退回的:

(1)《劳动合同法》第 39 条规定的 6 种情形,且此时劳务派遣单位可以解除劳动合同——依据《劳动合同法》第 65 条;

(2)《劳动合同法》第 40 条第 1 项、第 2 项:医疗期满;不能胜任工作,经培训或调岗后仍不能胜任工作的。也就是说,假如怀孕的女职工,休的病假太长超过医疗期满,或者怀孕女职工不能胜任工作且经培训或调岗后仍不能胜任工作,用工单位是可以将其退回的。同样地,劳务派遣单位也可以与劳动者解除劳动合同。

5. 劳务派遣三方能否约定退回的条件?

这是 2008 年《劳动合同法》施行后成为争议的问题,而直至 2014 年《劳务派遣暂行规定》仍未明确。现行法律找不到禁止性的规定,但也找不到许可的规定。因此笔者只能根据法律的精神以及实务经验解答如下:

(1)无论如何,劳务派遣三方不能事先约定解除的条件,解除劳动合同的条件是法定的,即使各方有明显且具体的约定,亦为无效。

但是各方协商解除劳动合同及派遣合同是有效的,这是两回事。一个是事先提前约定,一个是事后协商解决。

(2)如果劳务派遣单位与用工单位自己约定退回条件,而未告知被派遣劳动者,事后劳动者又不认可,则这种退回条件很难说是有效的。

《劳动合同法》亦有要求派遣期限、派遣协议的内容等均应告知被派遣劳动者。因此,如果要约定退回条件,该退回条件应同时通过劳动合同或用工协议告知被派遣劳动者并征得其同意。

(3)如果劳务派遣三方约定的是"任何时候均可提出退回"或类似很宽泛的条件,则这种条件有违反《劳动合同法》第26条第1款第2项之嫌,构成"排除劳动者权利",很有可能被认定为无效条款。

(4)还要考虑劳务派遣单位与用工单位的双方博弈问题。用工单位一旦退回,劳务派遣单位就要承担发放最低工资、另觅用工单位的责任,因此派遣单位也并不会随便同意退回。现实中劳务派遣协议亦多由派遣单位提供,不太可能有允许退回的条款。

综上所述,如果希望约定的退回条件合法有效,笔者认为,该条件必须非常明确具体,有一定合理性,且被派遣劳动者本人亦认可该退回条件。

6. 被责令改正,或者劳务派遣涉嫌违法时,是否有权利退回或解除?

对此法律并无明确规定。起草《劳务派遣暂行规定》时考虑到了这一问题。出于引导用工单位转为合同用工、保障被派遣劳动者权益的考虑,法律中未明确允许用工单位此种情况下的退回,但也不便明确禁止。

在这种情况下,劳务派遣单位与用工单位可以考虑明确约定被责令改正时的退回,甚至考虑明确约定:如果被责令改正,则视为"劳动合同订立时所依据的客观情况发生重大变化,致使劳动合同无法履行,经用人单位与劳动者协商,未能就变更劳动合同内容达成协议的",从而解除劳动合同。当然,这些约定都必须告知被派遣劳动者且由其确认同意。

十一、退回或解除时的经济补偿金

首先,《劳动合同法》第46条规定的应当支付经济补偿的情形,同样适用于劳务派遣下的解除劳动合同:

1. 劳动者依照《劳动合同法》第38条规定解除劳动合同的,即所谓劳动者被迫解除;

2. 用人单位向劳动者提出解除劳动合同并与劳动者协商一致解除劳动合同的;

3. 用人单位依照《劳动合同法》第40条规定解除劳动合同的;

4. 用人单位依照《劳动合同法》第41条第1款规定解除劳动合同的;

5. 除用人单位维持或者提高劳动合同约定条件续订劳动合同,劳动者不同意续订的情形外,依照《劳动合同法》第44条第1项规定终止固定期限劳动合同的；

6. 依照《劳动合同法》第 44 条第 4 项、第 5 项规定终止劳动合同的；

7. 法律、行政法规规定的其他情形。

其次，下列两种情形是劳务派遣独有的支付经济补偿金的情形：

1. 非因被派遣劳动者的过错，被派遣劳动者被退回，劳务派遣单位重新派遣时维持或者提高劳动合同约定条件，被派遣劳动者不同意，劳务派遣单位解除劳动合同。此时应支付经济补偿金。

注意，此时如果被派遣劳动者不同意并提出解除劳动合同，则没有经济补偿金。

2. 非因被派遣劳动者的过错，被派遣劳动者被退回，劳务派遣单位重新派遣时降低劳动合同约定条件，被派遣劳动者不同意并提出解除劳动合同。此时应支付经济补偿金。

注意这种情况下，是被派遣劳动者主动提出解除劳动合同，但劳务派遣单位仍应支付经济补偿金。立法者的理由是：这种情况下相当于用人单位没有按照原来双方约定的条件提供工作岗位。

假设被派遣劳动者被退回，劳务派遣单位未重新派遣，而是让被派遣劳动者处于无工作状态，发放最低工资。这种情况下，被派遣劳动者提出解除劳动合同的，劳务派遣单位应支付经济补偿金吗？

上述问题存在争议。法律未明确规定。但是这种情形与上述第 2 种情形本质是类似的。笔者推断，仲裁委或法院极有可能支持此种情况下的经济补偿金。

最后，在应该支付经济补偿金的情况下，劳务派遣单位与用工单位谁应支付经济补偿金的问题：

1. 劳动者可以要求劳务派遣单位与用工单位承担连带责任。当然，假如解除或终止劳动合同时处在无用工单位的状态下，那么劳动者就只能要求劳务派遣单位承担责任。

2. 劳务派遣单位与用工单位之间，谁应支付经济补偿金，首先取决于双方约定，如果没有明确约定，则参考交易习惯以及哪一方原因导致解除，但在实际操作中仍会存在争议，例如，在劳务派遣单位解散时，经济补偿金应该由谁承担，难下结论。

3. 由于存在退回而不解除的情形，用工单位可能根据劳务派遣协议在退回时应当向劳务派遣单位支付经济补偿。但劳务派遣单位如果不解除劳动关系，则无须向劳动者支付经济补偿金。因此劳务派遣单位等于“赚”了一笔钱。但是,考虑到劳动者的工作年限一直在连续计算,将来在支付补偿时仍需要考虑在原用工单位的工作年限,而且劳务派遣单位需要承担给劳动者另外安排工作或者支付最低工资的责任,也就很难说劳务派遣单位是“赚”了还是“亏”了。

总而言之,在目前的法律法规下,劳务派遣单位与用工单位(特别是劳务派遣单位)有必要了解各种支付经济补偿的情形,并考虑各种情形下的成本与收益,在劳务派遣协议中分别予以应对。

十二、劳务派遣下的民事责任

1. 关于劳务派遣单位与用工单位的连带责任

《劳动合同法》第 92 条规定,“用工单位给被派遣劳动者造成损害的,劳务派遣单位与用工单位承担连带赔偿责任”。

由于劳务派遣法律关系中劳动者存在两个“东家”,两个“东家”之间责任的分担就成为一个问题。根据上述法条,劳务派遣单位与用工单位之间的责任分担以“连带责任为主,各自责任为辅”。

此处的连带责任应注意以下两点:

(1)即使完全是用工单位的过错,例如,加班未支付加班费,强行违法将员工退回,劳务派遣单位也应该承担连带责任。

(2)如果完全是因为劳务派遣单位的行为给劳动者造成过错,则用工单位不承担连带责任。例如,签署劳动合同是劳务派遣单位的职责所在。如未签订劳动合同,则劳务派遣单位应向劳动者承担双倍工资的赔偿责任,用工单位无须承担连带责任。

请注意上述第(1)、(2)点的不同,这种不同是由于现行《劳动合同法》的条文将劳务派遣单位的责任规定得比用工单位的责任要重一些。

另外,仲裁与司法实务中,劳务派遣下一旦发生争议,劳动者均会将劳务派遣单位与用工单位作为共同被申请人或共同被告。[1] 不过在程序上作为共同被申请人或共同被告不意味着实体上必然承担连带责任。

〔1〕 根据笔者的经验,即使劳动者只起诉劳务派遣单位或用工单位一家,劳动仲裁机构也会要求将两家均列为被申请人或追加为共同被申请人。

2. 承担连带责任后，劳务派遣单位与用工单位之间的责任分摊

这个问题比较复杂，大致（但并非绝对准确）如下：

（1）有约定从约定。

（2）如无约定，工资、社会保险费用、住房公积金费用、未休年休假报酬、加班费等与被派遣劳动者的劳动、岗位直接相关的工资、福利待遇，应由用工单位承担。因为这一部分的成本，本来就是由用工单位承担的。

（3）其他情形应看是哪一方的过错与原因。例如，如果用工单位已经支付了社会保险费用，但因劳务派遣单位导致未缴纳，那么由此导致的索赔应由劳务派遣单位最终承担责任。如果因劳务派遣单位的问题导致未续签劳动合同的双倍工资赔偿，也应由劳务派遣单位承担。

3. 违法的劳务派遣可能导致对劳动者承担的责任

这是仅指劳务派遣单位及用工单位违反有关劳务派遣方面的法律时，可能对劳动者承担的责任：

（1）如果被违法退回，劳动者可以要求恢复原岗位工作，并索赔工资损失。也可以以未提供劳动条件、拖欠工资为由解除劳动关系，并要求支付经济补偿金。

（2）如果违反同工同酬的规定，理论上劳动者可以要求补足工资差额，还可以以此为由解除劳动关系，并要求支付经济补偿金。

（3）如果仅仅是违反劳务派遣的岗位限制或用工比例限制本身，或者违反其他劳务派遣法律，尽管可能被劳动行政部门责令改正甚至是处罚，但对于劳动者而言，只有证明自己的利益（工资待遇等）受到损害时，才能索赔。

即使存在违法劳务派遣（例如，超出劳务派遣用工比例或者违反“三性”岗位要求，如劳务派遣单位缺乏资质），劳动者也不会当然地被认定为与用工单位存在劳动关系，对此各地区裁判口径不一。从风险规避的角度，企业 HR 应避免违法劳务派遣并注意当地是否有相关的法律规定。

案例 19：违法劳务派遣是否会导致劳动者与用工单位构成劳动关系？

案情简介

陈某荣称其在广州 GQ 交通运输服务有限公司（以下简称 GQ 公司）工作期间，先后 3 次与广州 HH 人力资源集团股份有限公司（以下简称 HH 公司）签订劳动合同，合同均约定初期暂派驻 GQ 公司从事司机服务的相关工作。6 年来

一直在GQ公司从事司机工作,该工作不属于替代性、辅助性的工作岗位。因此与HH公司签订的劳动合同违反了劳动法规定,损害了其合法权益,应当视为无效,要求确认其与GQ公司从2009年11月建立劳动关系并确认双方存在无固定期限劳动合同,并要求确认陈某荣与HH公司签订的劳动合同无效。

裁判要点

本院认为,关于陈某荣与HH公司之间的劳动合同是否有效的问题,陈某荣以涉案劳务派遣违反劳动法关于劳务派遣的规定为由主张其与HH公司之间的劳动合同无效,该理由并非劳动合同无效的法定理由,原审判决对该主张不予采纳,并无不当,本院予以确认。陈某荣以其在GQ公司的工作岗位不属于辅助性、替代性、临时性的工作岗位为由,主张其与GQ公司存在劳动关系。一方面,该主张与其和HH公司签订劳动合同的事实不符;另一方面,法律也未明确违反劳务派遣用工的法律责任是确认用工单位与劳动者存在劳动关系。原审判决对陈某荣的该请求不予支持,法律适用并无不当,本院亦予维持。至于本案是否因陈某荣在GQ公司的工作岗位不属于辅助性、替代性、临时性的工作岗位而存在违法劳务派遣的问题,陈某荣可依法向劳动行政部门投诉,由劳动行政部门依法予以处理。若陈某荣认为用工单位因违法劳务派遣造成其损害的,可另循法律途径解决。[1]

案情简介

赵某明于2002年3月到夹河煤矿处从事井下采掘工作,夹河煤矿未与其签订书面劳动合同。2007年12月1日,夹河煤矿(乙方)与彭源公司(甲方)签订劳务派遣协议,约定由甲方招用劳动者派遣至乙方从事井下采掘工作。该劳务派遣协议期限届满后,双方又于2009年12月1日、2011年12月1日、2013年12月1日三次续签劳务派遣协议,每份劳务派遣协议期限均为两年,至2015年11月30日终止。上述劳动合同期限届满后,双方未再续订。夹河煤矿于2015年12月安排包括赵某明在内的职工进行离岗时职业病检查,该职业健康检查表载明的信息显示赵某明的工龄为13年9个月。赵某明要求确认夹河煤矿与彭源公司之间签订的劳务派遣协议无效,并要求确认其从2007年12月1日起与夹河煤矿存在劳动关系。

---

〔1〕(2015)穗中法民一终字第4946号。此案例旨在说明劳动者与用工单位之间不构成劳动关系。

裁判要点

一审法院认为……第三,夹河煤矿与彭源公司的劳务派遣关系自2007年12月1日开始,此时《劳动合同法》已经颁布,此后劳动合同法经历了施行及修改,夹河煤矿应当知道其采用的劳务派遣用工形式违反了法律的规定,但依然与彭源公司签订劳务派遣协议,而未按照劳务派遣的硬性规定纠正自身违反劳务派遣协议,可见夹河煤矿违法使用劳务派遣工的意图明显,其主观上存在明显过错;第四,基于以上理由,夹河煤矿与彭源公司的劳务派遣协议无效,那么赵某明与彭源公司的劳动合同亦应该为无效,劳动关系仍应存在于原用工单位与劳动者之间,即赵某明与夹河煤矿存在劳动关系。综上所述,夹河煤矿以合法的劳务派遣用工形式掩盖逃避用工主体责任的非法目的,且违反了法律的强制性规定,其与彭源公司签订的劳务派遣协议应当无效,由此导致赵某明与彭源公司所签订的劳动合同无效,赵某明与夹河煤矿建立劳动关系,因此赵某明要求确认其自从2007年12月起与夹河煤矿存在劳动关系的诉讼请求,符合法律规定,予以支持。

二审法院认为……再次,被上诉人从事的工作内容为采掘,该岗位属于夹河煤矿主营业务的工作岗位,同时结合被上诉人在夹河煤矿的工作时间,可以认定被上诉人所在的工作岗位不符合法律规定的临时性、辅助性及替代性的工作性质。综合上述因素来看,夹河煤矿通过劳务派遣的方式使用被上诉人,在程序及实体上均违反法律规定,应认定夹河煤矿与彭源公司的劳务派遣协议无效,夹河煤矿与被上诉人之间成立事实劳动关系。综上,上诉人夹河煤矿与彭源公司的上诉请求均不能成立,本院不予支持。一审判决认定事实清楚,判决结果并无不当,依法应予维持。依照《民事诉讼法》第170条第1款第1项之规定,判决如下:驳回上诉,维持原判。[1]

十三、劳务派遣下的行政责任

一系列针对劳务派遣的规定实施后,劳务派遣单位与用工单位成为一对“难兄难弟”,受到劳动行政部门的各方面监管。下面仅针对劳务派遣单位与用

〔1〕(2017)苏03民终1656号。此案例旨在说明劳动者与用工单位之间构成劳动关系。

工单位违反劳务派遣方面的法律时的行政责任分析如下(如果是违反其他方面的劳动法规,如加班超时等,不在此列):

1. 用工单位的行政责任

简单地说,用工单位所有违反劳务派遣法规的行为,都只能直接导致被责令改正,而不会被直接处罚(但有可能被劳动者索赔)。只有在被责令改正仍在规定的期限内不改正时,才有可能被罚款。用工单位可能构成违法的情形主要有:

(1)与没有劳务派遣资质的单位从事劳务派遣业务——违反《劳动合同法》第57条;

(2)将被派遣劳动者再派遣到其他单位——违反《劳动合同法》第62条;

(3)使用劳务派遣的岗位不符合《劳动合同法》的规定——违反《劳动合同法》第66条;

(4)劳务派遣用工人数超过法定标准——违反《劳动合同法》第66条;

(5)使用劳务派遣违反同工同酬的规定——违反《劳动合同法》第63条;

(6)违法向被派遣劳动者收取费用——违反《劳动合同法》第60条;

(7)设立劳务派遣单位向本单位或所属单位派遣劳动者——违反《劳动合同法》第67条;

(8)辅助性岗位使用劳务派遣,未经民主协商与公示程序——违反《劳务派遣暂行规定》第3条第3款;

(9)违反法规退回被派遣劳动者——《劳务派遣暂行规定》第24条;

(10)其他违反《劳动合同法》的情形。

上述情形依据《劳动合同法》第92条第2款进行处理:“劳务派遣单位、用工单位违反本法有关劳务派遣规定的,由劳动行政部门责令限期改正;逾期不改正的,以每人五千元以上一万元以下的标准处以罚款……”注意是按涉及的劳务派遣用工人数来处罚,如果有几百名劳务派遣员工,那么处罚金额也是相当巨大的。

其他方面,假如《劳动合同法》《劳务派遣暂行规定》等都没有明确规定处罚标准,而用工单位又有所违反,例如,违反《劳务派遣暂行规定》第18条、第19条的规定,没有在用工单位所在地缴纳社会保险(跨地区用工单位),那么仍可能被责令改正。如果限期内仍不改正,则依照《劳动保障监察条例》第30条的规定处罚:经劳动保障行政部门责令改正拒不改正,或者拒不履行劳动保障行政部门的行政处理决定的,处2000元以上2万元以下的罚款。

2. 劳务派遣单位的行政责任

与用工单位不同,劳务派遣单位违法时,是有可能直接受到处罚的。但多数情况下,也是先被责令改正,逾期不改时,再行处罚。

(1)无劳务派遣许可(含原许可到期后未获得续延),经营劳务派遣业务的,由劳动行政部门责令停止违法行为,没收违法所得,并处违法所得1倍以上5倍以下的罚款;没有违法所得的,可以处5万元以下的罚款。

何谓"违法所得"?行政执法实务中并不是很明确。[1] 如果劳务派遣公司向用工单位收取了100万元,其中80万元是发放给劳动者的工资,10万元是社会保险费用,10万元是劳务派遣公司收取的管理费用,劳务派遣公司收取的管理费用中又有5万元需要作为成本支出,实际上劳务派遣公司从100万元只赚取了5万元利润。那么"违法所得"是哪一块费用呢?笔者认为,将管理费用作为违法所得是比较合适的,但仍然不排除劳动行政部门将100万元视为违法所得,要求没收100万元,且按100万元的1倍以上5倍以下进行罚款,那么这对被处罚对象而言是非常严厉的处罚。因此,无劳务派遣资质而从事劳务派遣业务,其法律风险是非常巨大的。

无劳务派遣资质从事外包业务,但外包业务实质上即为劳务派遣,那么是否也可以适用上述处罚?这是肯定的,这里的关键在于究竟是不是"以外包为名,行劳务派遣之实"。劳动行政部门当然必须严格进行区分认定,但如果认定确实就是事实上的劳务派遣而无资质,则完全可以适用上述处罚。

用工单位与没有劳务派遣资质的单位从事劳务派遣业务,会受到处罚吗?答案是劳动行政部门可以责令用工单位限期改正,逾期不改正的,以每人5000元以上1万元以下的标准处以罚款。但是,对于用工单位不能按适用上述"没收违法所得"及"按违法所得一倍以上五倍以下进行罚款"。

(2)下列几种情形,可以直接处以1万元以下的罚款;情节严重的,处1万元以上3万元以下的罚款:

①涂改、倒卖、出租、出借《劳务派遣经营许可证》,或者以其他形式非法转让《劳务派遣经营许可证》的;

②隐瞒真实情况或者提交虚假材料取得劳务派遣行政许可的;

③以欺骗、贿赂等不正当手段取得劳务派遣行政许可的。

(3)劳务派遣单位有如下情形的,由劳动行政部门责令限期改正;逾期不改

---

〔1〕 参见卢星:《论行政处罚中的违法所得确定》,载《行政法制》2009年第3期。

正的,以每人5000元以上1万元以下的标准处以罚款。同时,劳务派遣单位逾期不改正的,吊销劳务派遣业务经营许可证:

①使用劳务派遣的岗位不符合《劳动合同法》的规定——违反《劳动合同法》第66条;

②违法向被派遣劳动者收取费用或克扣劳动报酬——违反《劳动合同法》第60条;

③设立劳务派遣单位向本单位或者所属单位派遣劳动者——违反《劳动合同法》第67条;

④与被派遣劳动者签订不到2年的固定期限劳动合同——违反《劳动合同法》第58条;

⑤劳务派遣用工人数超过法定标准——违反《劳动合同法》第66条;

⑥使用劳务派遣违反同工同酬的规定——违反《劳动合同法》第63条;

⑦其他违反《劳动合同法》的情形。

注意,同样是先经过限期改正,逾期不改正才能罚款及吊销营业执照,不能直接予以罚款或吊销营业执照。对于劳务派遣单位而言,被吊销营业执照也是一个挺重的处罚。

3. 劳务派遣单位行政许可资质可能受到的影响

(1)下列情形下,劳务派遣许可能被吊销或被撤销:

①许可机关工作人员滥用职权、玩忽职守,给不符合条件的申请人发放《劳务派遣经营许可证》的;

②超越法定职权发放《劳务派遣经营许可证》的;

③违反法定程序发放《劳务派遣经营许可证》的;

④劳务派遣单位以欺骗、贿赂等不正当手段和隐瞒真实情况或者提交虚假材料取得行政许可的;

⑤按照《劳动合同法》第92条的规定,经责令改正,仍逾期不予改正的;

⑥依法可以撤销行政许可的其他情形。

(2)下列情形下,劳务派遣许可不予续延:

①每年3月31日之前不提交上年度劳务派遣经营情况报告或者提交虚假劳务派遣经营情况报告,经责令改正,拒不改正的;

②违反劳动保障法律法规,在一个行政许可期限内受到2次以上行政处罚的。

请注意,第②项情形不限于违反劳务派遣的法规,也可以是在其他方面受到处罚。例如,因收取押金、超时加班等受到 2 次以上行政处罚时,就必须得重新申请劳务派遣许可。如果重新申报不下来,则不得不重新注册一个新公司再申请才能再从事劳务派遣业务。这会严重影响劳务派遣公司的业务。

需要说明的是,一般认为,责令改正不是一种行政处罚,只是一种行政措施,但警告属于行政处罚。

十四、劳务派遣与其他用工方式的区别

实务中有很多与劳务派遣有类似又有区别的几种用工或非用工形式,作为 HR,需要了解并灵活运用。尤其在 2012 年《劳动合同法》修订案出台后,了解与劳务派遣相关的做法,既有利于灵活使用用工形式,也能避免防范法律风险。以免出现"自以为不是劳务派遣,结果被认定为劳务派遣,导致处罚,且被索赔"的现象。

(一)劳务派遣与外包

自从 2012 年《劳动合同法》修订后,外包就成了炙手可热的名词。凡从事劳务派遣业务的人中,不能不对外包有所了解。

外包并不是法律上的术语,《合同法》中并无专门的外包合同。实际生活中外包一词所涵盖的内涵也非常之广,外包双方签署的合同可能有劳务、承揽、软件开发、合作、联营等多种名义与形式。但无论何种名称,都少不了一个要素:一个单位将一部分劳务上的需求交给另一个单位。其法律关系大致如图 6 - 3 所示。

图 6 - 3　发包单位、承包单位与劳动者的法律关系

实务中,很多 HR 难以分辨劳务派遣与外包。确实两者存在模糊之处,至少在下列三个方面两者容易混淆:其一,作为"中间角色",无论是劳务派遣单位还是承包单位,都与所雇佣的劳动者建立了劳动关系;其二,无论是劳务派遣单位还是承包单位,雇佣劳动者的目的都是满足第三方的需求。当然劳务派遣员工同时只为一个用工单位服务,而承包单位的劳动者可能同时为几个单位服务;其

三,无论是被派遣劳动者,还是外包单位中为发包单位服务的劳动者,与接受服务的单位都不建立直接的劳动关系。

《劳动合同法》实施后,劳务派遣的使用范围与劳务派遣用工数量均受到了严格限制。这就使实务中出现一种现象:将劳务派遣转化为外包形式的用工。由此引发的一个问题是:如何区分劳务派遣与外包?特别是如何判定“以外包为名,行劳务派遣之实”的这种现象?

现行的法规回避了对劳务派遣本质特征的定性与判断,把这一问题交给实践去解决。虽然如此,劳务派遣与外包的区别,在理论上是可以说清楚的。简言之,劳务派遣下,合同的标的(或者说是双方交易的对象)是“人”,是“劳动力”,而外包时,合同的标的是“事”,是劳动成果或劳务。在实际操作中,两者最大的区别在于,对提供劳务的人员由谁进行管理(见表6－3)。

表6－3 外包与劳务派遣的对比

对比项	外包	劳务派遣
合同标的	一般是特定工作成果或特定的劳务	供给劳动力,劳动的具体内容并不十分确定,由用工单位确定
对提供劳务人员的管理权	主要由承包单位自行指挥监督,发包单位一般不指挥监督	由用工单位进行管理,劳务派遣单位一般不指挥监督
工作地点	一般在承包单位自己的工作场所,但有时也可能是发包单位提供工作场所	用工单位的工作场所
是否有混岗使用	一般没有	可能会有
工具设备	多数由承包单位自行提供	多数由用工单位提供
是否仅提供劳动力或劳务	可能同时提供劳务以外的资金、技术、设备或其他服务	仅仅提供劳动力
提供劳务人员的招聘选择	一般由承包单位招聘与选择	有的时候,会由用工单位选择好被派遣劳动者,被派遣劳动者与劳务派遣单位办理入职手续

续表

对比项	外包	劳务派遣
工资、费用	承包单位向提供劳务人员发放工资； 提供劳务人员的社保关系在承包单位； 发包单位向承包单位按合同支付承包费，不一定按月支付； 承包费一般不按人头计算	用工单位或劳务派遣单位均可以发放工资，以约定为准； 被派遣劳动者的社保关系有时也可能在用工单位； 用工单位一般按月向劳务派遣单位支付管理费用； 管理费用一般按人头计算
工作内容与方式	承包单位比较自主的安排人员的工作	用工单位自主安排被派遣劳动者的工作
适用法律	发包单位与承包单位之间适用《民法典》等民事法律； 承包单位与其劳动者之间适用《劳动合同法》等劳动法律法规	适用《劳动合同法》《劳务派遣暂行规定》等劳动法律法规
期限	一般以某项任务的完成为期限	一般以固定时间为期限
法律责任	承包单位自行对其劳动者承担全部劳动法上的权利义务	劳务派遣单位与用工单位共同对被派遣劳动者承担劳动法上的权利义务

注：外包中的“承包单位”对应着劳务派遣中的“劳务派遣单位”，而“发包单位”对应着劳务派遣中的“用工单位”，因为所使用的劳动者都是直接与承包单位/劳务派遣单位建立劳动关系，而非与发包单位/用工单位建立劳动关系。

如表6－3所示，合同标的以及对提供劳务人员的管理权这两项是最为关键的区别。笔者归纳如下几个判断标准：

1. 如果人员是安排在发包单位工作，由发包单位管理，由发包单位安排岗位与具体的工作，则这种用工形式，就已经相当接近于劳务派遣。

2. 如果发包单位按照人员“工资＋一定管理费”的形式向承包单位付费，则应倾向于认定是劳务派遣。

3. 如果发包方人员直接指派承包方人员的具体工作，直接对其工作进行考核，甚至直接就是承包方人员的直接上级，则应倾向于认定为是劳务派遣。

与之相关地，如果发包方人员与承包方人员混岗工作，也是一个导致认定为劳务派遣的因素。

4. 能够外包出去的业务，应该是相对独立的一块业务，有特定的范围，从情理上能“切割”开。如同在一条生产线上工作的人员，假如一部分人员是本单位人员,另一部分人员属于外包公司,这就很难说得过去。但如果整条生产线都由某个单位来承包,按照生产量来向承包单位付费,这就能说得通。

在司法实务中,在下列领域的外包一般较为常见:

1. 保洁;

2. 食堂;

3. IT 或电脑维护;

4. 物业、保安;

5. 废品回收处理;

6. 呼叫中心;

7. 招聘、职业介绍、社会保险代理;

8. 本单位幼儿园、职工活动中心;

9. 贴牌生产(代工)。

即使是在上述领域,也要看其用工形式是否究竟为外包。

若要将劳务派遣转外包,无非是要使用工形式符合外包的特点。因此,要采取如下做法:

1. 外包合同中应约定承包方自行管理其员工。例如,"乙方有权利自行安排人员、班次、工作时间,自行负责人员的招聘、入职、薪资、离职事宜,自行对员工进行管理、发布相关管理制度"。

2. 发包方不直接向承包方人员下达具体工作任务,而是由承包方的负责人、管理人等给承包方人员安排具体工作。发包方仅对维修工作进行检查、监督、考核。但考核不针对承包方的每个员工,而是针对整体维修工作。

3. 混岗的现象需要解决,应将维修业务全部外包,本单位不再保留具体维修人员(原本单位维修人员可通过转岗、转劳务派遣、解除等方式处理)。同属于维修工作,很难说一部分是自己员工在做,一部分是外包出去的。

4. 承包方的办公场地最好能与发包方的办公场地有所区别,相对独立。

5. 费用不能按"工资 + 服务费"来结算,应该要整体按维修服务费来结算。最好能够按工作成果计价。

6. 最好能由承包方包工包料,将设备、零部件、燃油等人工以外的成本也一并算入承包费用中。这样承包方提供的服务就不再限于劳务,而不限于劳务服务的承包很难说是劳务派遣。因为劳务派遣是专门提供劳动力而不提供其他服务的。

7. 承包合同履行过程中,应避免在手续、文件上显示由发包方对承包方员工直接进行管理。同时可由承包方员工签署文件,表明承包方员工知晓且认可系接受承包方管理,与发包方不建立劳动关系或劳务派遣关系。

实务中,有的单位会采取"阴阳合同"的做法,即合同签成外包协议,但实际按劳务派遣操作。这种做法的风险是:如果双方发生争议,则有可能各执一词(一方认为应按"阴合同"来履行,一方认为应按"阳合同"来履行)。更重要的是,如果劳动行政部门、仲裁委、法院能根据证据(双方的陈述、证人证言、管理文件等)证明符合劳务派遣的特征,则仍可以认定劳务派遣的存在。如果是被认定"以外包为名,行劳务派遣之实",则可能导致行政处罚责任,尤其是承包单位如果并没有劳务派遣资质,则可能构成"没有许可而违法从事劳务派遣业务",法律责任很严重。

外包情况的税负比劳务派遣更重。设想:A 单位使用劳务派遣员工,每月向劳务派遣公司支付 50 万元,其中 35 万元为工资,10 万元为社会保险费用,5 万元为劳务派遣公司收取的管理费。根据相关法律规定,虽然劳务派遣公司应开出 50 万元的发票,但其中只有 5 万元是应纳税额。[1]

假如通过合理调整为外包关系,则承包单位在同样开具 50 万元的发票的情况下,应按 50 万元的应纳税额纳税,如按 5% 的营业税计算,则相对于劳务派遣,需要多交 2 万元的营业税。

案例 20:承揽施工与劳务派遣的责任承担不同

小文刚进入某个体文印店工作的第二天,就被该店老板派往某学校,为学校安装一块宣传板面。在安装过程中,小文不慎从梯子上摔了下来,造成骨折,花去医疗费 3500 元。小文找文印店老板,老板说,你是为学校干活摔伤的,应该找学校。小文去找学校,校长则说,你是文印店的员工,应该由文印店负责。无奈之下,小文去咨询律师。

分析:从法律关系上分析,小文与文印店建立了劳动关系,文印店与学校则

〔1〕 财政部、国家税务总局《关于营业税若干政策问题的通知》(部分失效)规定:"……三、关于营业额的问题:……(十二)劳务公司接受用工单位的委托,为其安排劳动力,凡用工单位将其应支付给劳动力的工资和为劳动力上交的社会保险(包括养老保险金、医疗保险、失业保险、工伤保险等,下同)以及住房公积金统一交给劳务公司代为发放或办理的,以劳务公司从用工单位收取的全部价款减去代收转付给劳动力的工资和为劳动力办理社会保险及住房公积金后的余额为营业额……"

建立了承揽关系。[1] 为什么是承揽而不是劳务派遣呢？我们可以从上文所介绍的外包与劳务派遣的区别来判断（承揽就是一种最常见的外包形式）。安装板面并非学校的一个固定岗位，而只是一个临时的活，几小时甚至更短即可完成。小文受文印店的指派去完成安装，学校也不直接对小文进行管理。因此这是承揽而非劳务派遣。

既然小文与文印店之间存在劳动关系，文印店自然应当按照劳动法律的规定对小文承担法律责任。学校与小文之间没有劳动关系，也就无须按照劳动法律的规定对小文承担法律责任。那么学校是否应当按照其他民事法律的规定对小文承担法律责任呢？《民法典》第1193条规定："承揽人在完成工作过程中造成第三人损害或者自己损害的，定作人不承担侵权责任。但定作人对定作、指示或者选任有过错的，应当承担相应的责任。"本案中，如果学校作为定作人没有过失，则无须承担任何赔偿责任。

（二）劳务派遣与职业介绍

职业介绍的三方法律关系如图6-4所示：

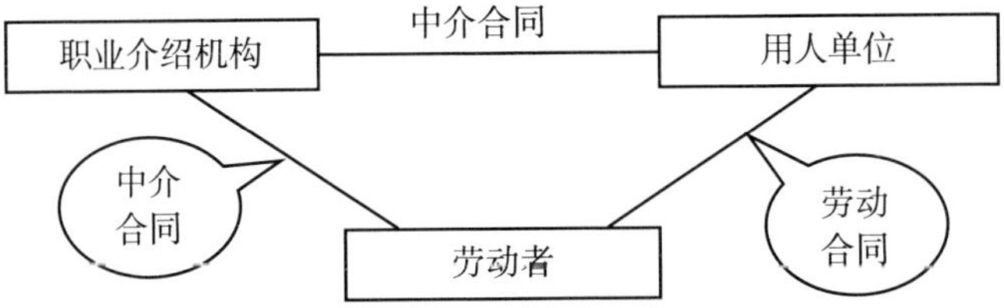

图6-4　职业介绍机构、用人单位、劳动者之间的法律关系

按照我国《民法典》第961条的规定，"中介合同是中介人向委托人报告订立合同的机会或者提供订立合同的媒介服务，委托人支付报酬的合同"。中介人在用人单位与劳动者之间起到一个沟通桥梁作用，但正式的劳动合同关系是在用人单位与劳动者之间建立的（见表6-4）。

---

〔1〕《民法典》第770条规定："承揽合同是承揽人按照定作人的要求完成工作，交付工作成果，定作人给付报酬的合同。承揽包括加工、定作、修理、复制、测试、检验等工作。"

表 6－4　职业介绍与劳务派遣的区别

对比项	职业介绍	劳务派遣
法律关系	中介关系＋中介关系＋劳动关系	劳务派遣合同关系＋劳动关系＋用工关系
对价	用人单位与劳动者（一般由用人单位）向职业介绍机构支付中介费，用人单位向劳动者支付工资	用工单位向劳务派遣单位支付管理费，用工单位向劳动者支付工资（可能是通过劳务派遣单位支付）
签署合同性质	用人单位与职介机构：中介合同； 劳动者与职介机构：中介合同； 用人单位与劳动者：劳动合同	派遣单位与用工单位：派遣协议； 派遣单位与劳动者：劳动合同； 用工单位与劳动者：用工协议
有关法律约束	职介机构不向劳动者承担劳动法上的义务； 接受职介的派遣公司可以派遣该劳动者	派遣公司向劳动者承担劳动法上的义务； 接受派遣的用工单位不得向外再派遣该劳动者

作为HR，我们要明确职业介绍与劳务派遣的区别。在接受职业介绍时，作为用人单位，需要对劳动者承担全部劳动法上的权利义务，这个义务是不能转嫁到职业介绍机构身上的。

（三）劳务派遣与借调

借调在中国产生于20世纪80年代中期。那时候，由于国家机关事业单位普遍进行机构改革，使一些部门原有的行政人员严重减员，为了能正常开展工作，一些部门只得从基层企事业单位调用有特长、懂专业、服从性较好的人员到机关工作，从而形成了“借调”现象。由于存在政企不分的现象，企业之间、企业与机关事业单位之间的借调现象也常有出现。到现今，借调现象逐渐变少，但也没有完全消失。在关联企业之间，有时还存在这种借调形式的用工。

现行国家层面的劳务派遣法规中未明确界定何谓借调。一般认为主要看：是否营利；是否发生在关联单位之间；借出单位是否具备劳务派遣资质（见图6－5、表6－5）。

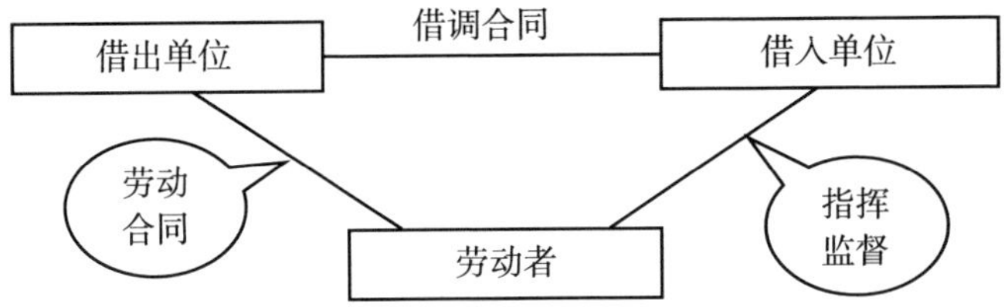

图 6－5 借调中的三方关系

表 6－5 借调与劳务派遣的区别

对比项	借调	劳务派遣
目的	企业间的业务合作、人事交流、学习研修、临时增加人手等	将招人与用人相分离，提高劳务派遣单位与用工单位各自效益
主营业务	借出、借入单位的主营业务都不是派遣或借调	劳务派遣即劳务派遣单位的主营业务
行政许可	无资质、许可的要求	劳务派遣单位应获得许可
使用频率	临时性安排	经常性安排
专业机构	无专业的借调机构	劳务派遣公司一般是专业的
是否营利	通常营利不是借调的目的	以营利为目的，劳务派遣单位收取派遣管理费
法律责任	借出单位应向劳动者承担全部劳动法上的义务； 借入单位不对劳动者承担劳动法上的义务	劳务派遣单位与用工单位共同对劳动者承担劳动法上的义务

借调一般是临时的，社会保险仍然由原单位负责缴纳。《工伤保险条例》第 43 条第 3 款特别规定，借调期间发生工伤的，由原用人单位承担工伤保险责任，但原用人单位与借调单位可以约定补偿办法。工资一般也由原单位发放（但可能是由借入单位实际承担）。如果改由借入单位发放工资，则最好与员工确认“由借入单位代发工资，劳动关系仍在原单位”，以免员工主张与借入单位形成事实劳动关系。

特别是如果借用长期化，工资关系、社会保险关系也发生了变动，则借入单位的 HR 应及时与借出单位和借入人员办理劳动关系的变更手续，明确借入人员的身份归属，该签订劳动合同的应签订劳动合同，以免形成了事实劳动关系而需赔偿未签劳动合同双倍工资。

(四)劳务派遣与人力资源外包

要理解两者的关系,请先看图6－6:

- 外包服务
  - 广义的人力资源外包
    - 劳务派遣
    - 人事代理
    - 其他人力资源方面的服务
  - 其他服务外包

(人事代理、其他人力资源方面的服务:狭义的人力资源外包)

图6－6　劳务派遣与外包的关系

所以,人力资源外包实际上是服务外包的一种,而劳务派遣与人事代理在实质上又相当于广义的人力资源外包的一种。人事代理、劳务派遣走向综合性的人力资源外包,是人力资源服务适应经济社会发展的必然趋势。现在的人力资源外包(狭义),包括如下内容:一是代办员工的录用、调档、退工手续,社会保险相关手续;二是受用人单位委托招聘、培训所需人才;三是代办人才引进、居住证、就业证手续;四是代办户口挂靠及档案委托管理等相关人事手续;五是提供各类商业保险、福利及培训方案,规章制度设计、薪酬设计等;六是提供人事政策、法规咨询,受委托调解劳动争议等;七是受委托调查员工满意度、市场薪资等;八是人力资源规划等。目前用人单位比较感兴趣、采用比较多的人力资源外包服务有:一是人员招聘。高端人才的招聘外包给猎头公司,低端人才的招聘也可外包给人力资源公司。二是养老保险、失业保险、医疗保险、工伤保险、生育保险、住房公积金等社会保障方面的事务性工作。三是员工培训及拓展等。

劳务派遣与狭义的人力资源外包在法律责任承担上最大的区别在于:劳务派遣下,劳务派遣单位与用工单位共同对被派遣劳动者承担劳动法上的义务;狭义的人力资源外包时,外包公司只是受用人单位委托管理其员工的某些事务,但仍由用人单位对其员工承担劳动法上的全部义务。如外包公司提供的服务有瑕疵,则应对用人单位承担合同法上的违约责任。

十五、劳务派遣实操指引

(一)劳务派遣的利弊

像所有事物一样,劳务派遣也是有利有弊。关键在于趋利避害,尽量发挥其长处,避免其弊端,在合适的岗位使用劳务派遣(这里的利弊主要是从用工单位的角度来考虑的)。

1. 优势

(1)降低招工费用。劳务派遣单位化零为整,有自己的长期人才储备和招录渠道,相对于用工单位零散的、不定时的招录员工,劳务派遣单位在这一方面因为专业,成本更低。

(2)降低员工使用和管理成本。社会保险、工资发放甚至员工培训等方面的事务均可交给劳务派遣单位,通常劳务派遣单位在这些方面具有专业优势。

(3)用人方式比较灵活。用工单位可以根据约定将劳务派遣人员退回,而不会承担解除劳动关系的法律责任。

(4)一定程度上规避用工风险和责任。劳务派遣单位以人力资源为专业,在合法性操作方面富有经验,也会帮助用工单位降低法律风险。

(5)有利于用人单位后备员工的筛选。有的用人单位招用员工时,先请劳务派遣公司将其录用,派到本单位来上班。如果发现该名员工符合本单位的用人要求,再将其转为正式用工。

2. 劣势

(1)劳务派遣用工并不适用于所有岗位,比例也受到了限制。

(2)不利于增强用工单位的凝聚力。被派遣劳动者常常有一种身份上的迷茫感,不知道自己是属于劳务派遣单位还是用工单位的员工。当然,在法律上,被派遣劳动者与劳务派遣单位建立劳动关系,这是很清楚的。但在现实中,被派遣劳动者与劳务派遣单位的接触较少,与用工单位的接触更多,但却并非用工单位的正式员工,待遇也多有不同,这显然不利于被派遣劳动者身份归属感的建立,也不利于用工单位凝聚力的加强。

(3)增加直接成本的支出。由于需要向劳务派遣单位支付管理费用,因此直接的成本增加了。当然,劳务派遣单位提供相应的服务,可能间接地降低了用工单位的成本。

(4)对于用工单位而言,使用劳务派遣会带来某些正常用工所没有的法律风险。如同工同酬的要求、劳务派遣单位不具备资质或不规范带来的法律风险等。

(二)用工单位劳务派遣实操指引

1. 劳务派遣与其他用工模式的选择

劳务派遣的法律风险与法律责任仅次于全日制劳动合同用工(某些方面甚

至重于全日制劳动合同用工,例如,在同工同酬方面)。单纯从法律风险与法律责任的减轻的目的出发,用人单位首先要尽量选择如下用工方式:

(1)外包;

(2)非全日制用工;

(3)学生实习及聘用退休职工。

在无法适用上述用工方式的情况下,再考虑全日制劳动合同用工以及劳务派遣用工。

2. 劳务派遣单位必须有劳务派遣资质

如前所述,如果明知对方不具备劳务派遣业务资质而使用其劳务派遣服务,则可能被责令改正。如果限期内不予改正,则将面临罚款,也就是说,不会直接面临处罚。但是,仍不能轻易与无资质的单位发生劳务派遣业务,有如下风险需要考虑:

(1)由于被责令改正,则原来违法的劳务派遣如何处理?法律上并未规定这种情况下就可以合法地退回或解除(在员工不同意的情况下)。因此很容易导致纠纷,员工也可能要求与用工单位直接建立劳动关系。不排除会因此导致劳动仲裁或诉讼。

(2)如果被认定为违法劳务派遣,是不是会被认定为劳务派遣不成立,因此被派遣劳动者与用工单位形成事实上的劳动关系?由此是否可以支持索赔未签订劳动合同的双倍工资、形成无固定期限劳动关系?各地裁判口径不一,此为一个不小的风险。

(3)没有资质的劳务派遣单位往往规模较小,承担风险的能力亦较小。特别是在受到行政处罚时,不排除该劳务派遣单位会关门倒闭,甚至在收到应支付给被派遣员工的工资后,卷款而逃,“人间蒸发”。这种情况下,用工单位就必须自己承担全部的责任。

考虑到上述风险,则用工单位在使用劳务派遣资质存在问题的劳务派遣时,应注意:

(1)在与劳务派遣单位签署的劳动派遣协议中约定,如果被责令改正(无论何种原因),则相应解除劳务派遣。由此导致应向劳动者支付的经济补偿金或赔偿金,由劳务派遣单位承担(亦可考虑正常的经济补偿金由用工单位承担,超出该范围的赔偿金或其他补偿由劳务派遣单位承担)。

(2)与被派遣劳动者签署一份用工协议。协议中除岗位、薪酬、用工期限等通常条款外,还应明确:如果被责令改正时,视为客观情况发生重大变化,导致原合同不能履行,可以解除派遣用工并支付正常经济补偿金;被派遣劳动者的劳动关系系与劳务派遣单位建立,不得向用工单位主张成立事实劳动关系及未签订劳动合同的双倍工资等赔偿。如果签署了这份用工协议,则即使被认定为被派遣劳动者与用工单位形成了事实劳动关系,则该用工协议也能避免未签订劳动合同的双倍工资。

如果能注意到上述问题,用工单位即使是与没有劳务派遣资质的单位建立劳务派遣关系,其法律风险也将大大降低(主要是被责令改正时,应终止劳务派遣,按约定支付相应经济补偿金,或者改为正式劳动合同用工)。

3. 合适的岗位与合适的数量上采用劳务派遣

对于辅助性岗位以及10%用工比例的风险,可考虑如下措施:

(1)与劳务派遣单位签署的劳动派遣协议中约定,如果被责令改正(无论何种原因),则相应解除劳务派遣。由此导致应向劳动者支付的经济补偿金或赔偿金,由劳务派遣单位承担(亦可考虑正常的经济补偿金由用工单位承担,超出该范围的赔偿金或其他补偿由劳务派遣单位承担)。

(2)在与被派遣劳动者签署的用工协议中明确:如果被责令改正时,视为客观情况发生重大变化,导致原合同不能履行,可以解除派遣用工并支付正常经济补偿金;被派遣劳动者的劳动关系系与劳务派遣单位建立,不得向用工单位主张成立事实劳动关系及未签订劳动合同的双倍工资等赔偿。如果签署了这份用工协议,即使被认定为被派遣劳动者与用工单位形成了事实劳动关系,则该用工协议也能被视为劳动合同,从而避免未签订劳动合同的双倍工资。

(3)通过相关文件证明劳务派遣的岗位符合"辅助性、临时性、替代性"的要求。临时性岗位,通过用工协议或派遣协议约定的派遣期限来证明——该期限不能超过6个月;替代性岗位,通过脱产或停薪留职的协议、声明、生育证明等证明确有员工休假或一段时间无法工作,同时通过用工协议或派遣协议中的派遣期限与岗位等证明被派遣用工的替代性,并明确劳动者认可系替代性岗位;辅助性岗位,在与被派遣劳动者签署的用工协议中明确其岗位系辅助性岗位,双方对此均无异议。

4. 同工同酬的问题

《劳动合同法》修订强化了同工同酬的要求,为顺应法律要求,用工单位可在以下方面注意:

(1)同样岗位上工作的劳动合同用工与劳务派遣用工,其执行的薪酬制度、工资标准应该是一致的。同样的薪酬标准下,由于每个人绩效、业绩的不同,而导致的收入不同，这是可以的。

（2）反过来，如果薪酬标准不同，则其岗位应该不同。如何证明岗位不同？应该通过劳动合同、用工协议中约定的岗位名称及其职责来区分。因此，如果两者的岗位名称及岗位职责有区别，则薪酬标准可以不同。

（3）与被派遣劳动者签署的用工协议中，也可以考虑加上“甲方（用工单位）已经将甲方相关岗位的薪资情况告知乙方（被派遣劳动者）；乙方清楚并同意，乙方薪酬标准不存在违反同工同酬的情形”等类似条款。

（4）福利方面同样也不能有歧视。福利的发放与否，不能与是否劳务派遣的身份挂钩。

5. 与劳务派遣单位谈判，签署对己方有利的劳务派遣协议

劳务派遣协议一般由劳务派遣单位提供，且多为格式条款。但是法律上却完全允许双方自行谈判协商，在很多方面对权利义务进行分配。例如：

（1）向劳务派遣单位支付的管理费的标准、支付周期、支付时间。法律上工资必须至少一月一付，但管理费却并无此要求。

（2）工资由谁负责发放。一般而言，是由用工单位计算工资并将相应金额支付给劳务派遣单位，由劳务派遣单位向被派遣劳动者支付工资。但也有的劳务派遣是由用工单位直接发放工资。

（3）工伤事故的申报、处理。一般系由劳务派遣单位负责，但可以协商。

（4）劳务派遣的期限或者说劳务派遣的终止条件。

这直接影响用工单位是否可以将被派遣员工退回，若使其有效，必须做到约定清楚，没有歧义；被派遣员工同意该期限或终止条件；就终止时的补偿等作出约定。

一般而言，劳务派遣中，用工单位出钱（工资、加班费、未休年假补偿、经济补偿金、社会保险等），劳务派遣单位出力（劳动合同签订与续订、社会保险手续、工资发放等），但具体出哪些钱、哪些力，还是有一定协商余地的。协商之后写入劳务派遣协议中，就成为具有法律约束力的条款。

6. 督促劳务派遣单位规范操作

如果劳务派遣单位未及时签订或续签劳动合同、未依法缴纳社会保险、未及时发放工资而导致诉讼，一般用工单位也受牵连。考虑到这种风险，用工单位最好选择规模较大、信誉较好的劳务派遣单位，同时也可以适当督促劳务派遣单位规范操作，如要求劳务派遣单位与被派遣劳动者签订的劳动合同在用工单位备案，要求劳务派遣单位将工资发放、社会保险缴纳等情况作定期通报等。用工单

位平时注意了解这些情况,有问题及时发现纠正,可减少用工单位的风险。

7. 注意事实劳务派遣关系的风险

是否存在事实劳务派遣关系？也就是说,劳动者、劳务派遣单位、用工单位实际上是按劳务派遣进行操作的,但是却没有签订书面的劳务派遣协议,此时是否可以认定为三方存在事实上的劳务派遣关系？又或者是这种情况:本来是劳务派遣,但劳务派遣协议到期后各方没有续签协议,但却继续按原用工形式操作,那么原劳务派遣协议期满后的情形还是劳务派遣吗？

对此,目前没有统一的说法,司法实务中也操作不一。但可以肯定的是,此时实际用工单位风险极大。由于被派遣劳动者实际服务的单位是用工单位,所以如果一旦没有有力的证据来证明属于劳务派遣,劳动者完全可以主张与用工单位建立了事实劳动关系,提出未签订劳动合同的双倍工资、补缴社会保险等一系列索赔,使用工单位非但没有利用劳务派遣降低风险,反而增加了风险。

要防范这一风险,应做到以下方面:

(1)使用劳务派遣时必须与劳务派遣单位签署书面劳务派遣协议,并及时续签。同时,在劳务派遣协议(或补充协议)中可以考虑加上类似于"如劳务派遣协议到期后继续按本协议约定使用派遣员工,则本协议相应顺延"这样的顺延条款。

(2)劳务派遣单位与劳动者签署的劳动合同中,也应该加上顺延条款,以避免劳动合同到期后未续签的法律责任。

(3)用工单位在与劳动者签署用工协议时,也可以加上类似条款:"本用工协议或乙方(劳动者)与派遣单位签署的劳动合同到期后,如甲方(用工单位)、乙方、派遣单位继续保持用工关系,则视为劳务派遣关系延续,用工协议及乙方与派遣单位签署的劳动合同自动顺延1年"。

8. 有退回或离职事宜应及时通知劳务派遣单位

退回劳务派遣用工或发生辞职、不辞而别之类事宜时,用工单位均应及时通知劳务派遣单位。只有劳务派遣单位收到通知时,退回才发生效力,劳务派遣单位才有义务处理后续离职事宜。

与之相关的一个问题是,劳务派遣协议中可以加上联系人条款,以便有相关通知事宜时,可以按照约定通知对方。

(三)劳务派遣单位的注意事项

1. 应及时通过许可获得劳务派遣资质。

2. 无劳务派遣资质而从事劳务派遣的法律风险太大,不可铤而走险。如果没有劳务派遣资质,以外包之名行劳务派遣之实,风险同样很大。

3. 如被责令改正,则必须在期限内改正,并及时将改正结果告知行政机关,以避免被吊销劳务派遣资质。

4. 与劳动者签署的劳动合同中应有"到期如继续用工,则劳动合同自动顺延 1 年"或类似条款,以避免劳动合同到期后未签合同的法律风险。

5. 劳务派遣单位应于每年 3 月 31 日前向管辖其的区县级人力资源和社会保险部门机关提交上一年度劳务派遣经营情况报告,如实报告劳务派遣的经营情况。报告内容请参见《劳务派遣行政许可实施办法》第 22 条。

6. 劳务派遣单位在平时自身的劳动法合规性上面也要谨慎操作。因为,如果两次以上被行政处罚,就有可能导致劳务派遣资质不能获得顺延。

7. 劳务派遣的岗位不符合要求,劳务派遣用工比例超过限制,这些情况将不可能避免地出现,也就不可避免地会发生劳务派遣的退回、部分或全部解除的现象。因此,劳务派遣单位应与劳动者就被责令改正时的退回与解除作出约定。此类约定的合法性尚有争议,因此在出现被责令改正时,应与劳动者、用工单位多沟通,尽量协商处理。

8. 掌握用工单位的劳务派遣比例、同工同酬、福利待遇等方面的情况,以免出现问题,导致劳务派遣单位承担连带责任,或受到处罚。

9. 必须更多地拓宽就业渠道。因为有相当多的情形下,用工单位可以退回,而派遣单位却不能解除,因此需要为劳动者另觅新的用工单位。如果派遣单位手中毫无资源,那么出现被退回情形时,就将陷入被动或亏损。

十六、劳务派遣的特殊问题

(一)劳务派遣下的工作年限问题

劳务派遣下,变更了用工单位,但劳务派遣单位(用人单位)不变时,工作年限当然应当连续计算,将来支付经济补偿金时也应该按照所有的工作年限计算。但下列情形相对复杂一些:

1. 先是劳务派遣,后来用工单位直接与员工建立了劳动关系;

2. 先是与本单位直接建立劳动关系,后来又改为劳务派遣,本单位变成了用工单位；

3. 先是通过 A 公司劳务派遣，后来换成 B 公司劳务派遣，但是用工单位不变。

这些情况下，劳动合同的甲方（用人单位）都发生了变化，那么工作年限是否连续计算呢？《劳动合同法实施条例》第 10 条规定，劳动者非因本人原因从原用人单位被安排到新用人单位工作的，劳动者在原用人单位的工作年限合并计算为新用人单位的工作年限。最高人民法院《关于审理劳动争议案件适用法律问题的解释（一）》第 46 条再一次强调了劳动者仍在原工作场所、工作岗位工作，劳动合同主体由原用人单位变更为新用人单位，工作年限应连续计算。

因此，根据上述法条，由于工作场所、工作岗位并无变化，仅仅是用人单位主体有变化，劳动者是有权要求工作年限连续计算的。

用人单位应注意以下两种情形无须连续计算：

1. 变更时已支付经济补偿金。

2. 系由员工主动辞职，或员工自己要求，导致用人单位变化。因为按照《劳动合同法实施条例》第 10 条的规定，如果是员工本人原因导致用人单位变化，是不应该连续计算工作年限的。

（二）逆派遣与自派遣

自派遣，顾名思义为“自己向自己派遣”，实际上是指派遣公司就是用工单位出资设立的，派遣公司就是用工单位的“自己人”。这样做是违反《劳动合同法》第 62 条规定的。简单地说：用工单位（包括其所属单位、子公司）不能拥有劳务派遣公司的股权或股份。

现实生活中，有的企业通过工会成立一家劳务派遣公司，并向本企业派遣员工。这是否属于自派遣呢？这取决于是否认为工会是用工单位的“所属单位”。但似乎不能算，因为在理论上，工会独立于所在单位，而且也没有股权上的控制关系。

逆派遣，又称“逆向派遣”，一般是指，用人单位安排原本与自己已建立劳动关系的员工与指定的劳务派遣公司签订劳动合同，再派遣回本单位。用人单位摇身一变为用工单位。

案例21:逆向劳务派遣是否无效?

案情简介

许某慧于2008年6月到某保险公司工作,岗位为公司内勤,双方未签订劳动合同。2012年10月至2013年10月,许某慧在某人力资源公司参加基本养老、医疗、失业、工伤、生育保险。2013年9月26日,许某慧与某信息服务公司签订为期一年的劳动合同,双方约定该信息服务公司派遣许某慧到该保险公司支公司工作。2014年9月26日,双方再次签订为期一年的劳动合同。2015年7月31日,许某慧书面提出辞职。2015年8月5日,该信息服务公司与许某慧签订劳动合同解除协议。后因经济补偿金等问题引发争议,许某慧于2015年11月11日向仲裁委提出申请,要求确认其与该信息服务公司之间的劳动合同无效,要求该保险公司支付2倍工资差额、缴纳2008年6月至2012年9月社会保险,支付2011年7月至2015年8月低于最低工资标准差额及经济补偿金,同时要求该信息服务公司承担连带赔偿责任。2016年2月19日,仲裁委作出仲裁裁决书,部分支持了许某慧的仲裁请求(该信息服务公司支付许某慧2013年10月至2015年3月低于最低工资标准差额596.50元)。许某慧不服,诉至法院,要求解决。

裁判要点

《劳动法》第17条规定:"订立和变更劳动合同,应当遵循平等自愿、协商一致的原则,不得违反法律、行政法规的规定。"《劳动合同法》第3条进一步明确了订立劳动合同的基本原则,即"订立劳动合同,应当遵循合法、公平、平等自愿、协商一致、诚实信用的原则"。由于现行法律法规对逆向劳务派遣无明确规定,因此不能简单否定这种倒签劳务派遣合同的效力,而应当遵循平等自愿和协商一致、公平、诚实信用的原则对其进行深入探究。

所谓平等自愿、协商一致原则是指:第一,劳动合同的双方当事人地位是平等的,双方不存在主从关系或依附关系;第二,订立劳动合同是完全出于双方当事人的自愿;第三,在订立劳动合同时,合同内容应经双方协商一致,不允许一方将自己的意愿强加于另一方,双方可以自由表达自己的意愿,通过协商并取得一致意见。公平和诚实信用原则是指:用人单位应当公平地确定各自的权利和义务,不得逃避应承担的法律义务和社会责任。

本案中,许某慧与某保险公司之间早已存在的事实劳动关系决定了许某慧在签订劳动合同时的不平等地位。事实劳动关系建立后,劳动者服从用人单位的管理、指挥和监督是一项基本的劳动义务,这项义务还构成了《劳动法》和用人单位规章制度的内容。同时,用人单位在作出对劳动者的开除、除名、辞退和因其他原因解除劳动关系,以及减少工资、增加工时等决定时,具有主动性或权利干预性的特点。基于当前劳动力供大于求的实际情况以及对用人单位的依附性和从属性的特点,许某慧在应某保险公司要求与派遣公司签订劳动合同时,就天然地具有了不平等性,这种不平等性使许某慧没有选择合同相对方的自由。事实上,许某慧无论是对某信息服务公司还是对某人力资源公司,都是不关心的。对于只有事实劳动关系的许某慧,其更关心的还是在某保险公司的工作岗位和劳动报酬,通过何种形式与谁签订何种合同,许某慧都无选择的自由,也难以明白其与派遣公司签订劳动合同后的法律后果。虽然表面上派遣公司对许某慧无欺诈、威胁的情形,但实质上,派遣公司与许某慧所签订的劳动合同是借助于某保险公司对许某慧具有的某种控制性(如果不与派遣公司签订劳动合同,就会失去在某保险公司的工作)而达成的,这种控制性使许某慧不能自由表达自己的意志。许某慧在不能自由表达意志的情况下所签订的劳动合同,非其真实意思表示,应认定为无效合同。

从公平和诚实信用原则来看,某保险公司通过与派遣公司签订劳动力派遣合同,使自己原先的员工转变为所谓的派遣人员,将原本应由自己承担的法律责任转嫁给派遣单位,使劳动者难以甚至根本无法维护自己的劳动权利。不论是某信息服务公司还是某人力资源公司,因其登记注册地均在郑州,一旦与劳动者发生劳动争议,按照被告住所地管辖原则,劳动者只能到郑州申请仲裁或起诉,这对于一名不在郑州居住和生活的劳动者来说,显然会加大其维权的成本。因此应认定此种逆向劳务派遣行为违背了公平和诚实信用原则,应当是无效的。

在认定许某慧与派遣公司签订的劳动合同无效的前提下,还应明确许某慧与某保险公司之间的事实劳动关系在许某慧辞职前依然成立,某保险公司应当依照《劳动法》和《劳动合同法》的相关规定向许某慧支付低于最低工资标准的工资差额,并在许某慧与其解除劳动关系后向许某慧支付经济补偿金。

需要注意的是,虽然《劳动法》和《劳动合同法》对逆向劳务派遣问题并没有作出明确规定,但根据其确立的劳动合同订立的基本原则、《劳动合同法》第66条关于劳务派遣只适用于“临时性、辅助性或者替代性的工作岗位”以及第67条关于“用人单位不得设立劳务派遣单位向本单位或者所属单位派遣劳动者”的规定,此种行为是违反上述法律的立法精神的。因为对于逆向劳务派遣来说,由于劳动者已经在相关工作岗位长期工作,这样的工作岗位因而不应作为"临时性、辅助性或者替代性的工作岗位",对该岗位实行劳务派遣(包括逆向劳务派遣)都是不合法的。但从长远考虑,还是应当通过立法或司法解释明确逆向劳务派遣的不合法性,只有这样才能使劳务派遣制度不断完善,可操作性不断加强,充分发挥其作用。[1]

(三)劳务派遣下的培训服务期协议

劳务派遣下,如果涉及培训服务期的约定,往往是由用工单位出资培训,并要求派遣员工履行服务期。由于《劳动合同法》第22条规定的是用人单位与劳动者可以对培训服务期及违约金的事项作出约定,并未提到用工单位;实务中有的时候是劳务派遣单位与用工单位就培训服务期事宜作出约定,却未经被派遣劳动者同意,也导致争议。

因此,劳务派遣情况下的培训服务期协议要注意以下几点:

1. 最好能由用工单位、劳务派遣单位、被派遣劳动者三方签署协议,至少要由用工单位与被派遣劳动者签署协议,劳务派遣单位表示知情;

2. 协议针对劳务派遣的一些特殊情形作出约定,例如,用工单位主动退回时的处理;被派遣劳动者向用工单位提出退回时的处理;劳务派遣单位的原因导致退回或解除派遣时的处理。

文书范本32:劳务派遣协议范本

劳务派遣协议

编号:________

甲方(用工单位):

法定代表人:

乙方(劳务派遣单位):

法定代表人:

根据《中华人民共和国民法典》《中华人民共和国劳动合同法》及有关法律法规的规定,甲乙双方本着平等自愿、协商一致、诚实信用的原则,签订本协议,

〔1〕(2016)豫0702民初985号。

并承诺共同遵守。

一、协议期限

1. 派遣期限：自________年____月____日起至________年____月____日止。

2. 派遣人数：按照劳务派遣人员清单。

3. 乙方确认已经将派遣期限告知并获得劳务人员同意。

二、劳务人员的派遣与变更

乙方负责组织派遣劳务人员；派遣的劳务人员一经确定，甲乙双方应拟订《劳务派遣人员清单及岗位》，并签字、盖章作为本协议的附件。甲乙双方按照本协议约定对被派遣劳务人员进行变更的，应相应修改《劳务派遣人员清单及岗位》，并须经双方签字、盖章认可。

三、劳务派遣费用标准及结算

1. 甲方按月定期支付乙方当月的劳务派遣费用，包括：

(1)被派遣劳务人员的劳动报酬。

(2)为被派遣劳务人员缴纳养老保险、医疗保险、工伤保险、失业保险、生育保险等单位应承担部分的费用。

(3)劳务派遣管理费。

按附件一所列标准，但是：乙方推荐面试的人员，通过甲方面试及培训并成功与乙方签订劳动合同的人员，被派遣劳务人员按每人每月150元的标准计算管理费。通过试用期的，甲方另行支付每人招聘费400元，于试用期满后的下个月与管理费一起支付。

非整月的劳务派遣期限，按日历天数折算管理费。

2. 甲方应当在每月____日前以银行转账的方式将上月的劳务派遣费用一次性支付到乙方账户，逢节假日须提前支付，乙方应当同时返回甲方全额正式劳务费发票。乙方每月____日前支付派遣人员薪资。

3. 劳务派遣人员的薪资计算周期：上一个自然月为一个计薪周期。

4. 乙方开户行信息：

指定收款账号：________________

开户行：________________

户名：________________

四、甲方的权利和义务

1. 被派遣劳务人员有下列情形之一的，甲方可以将劳务派遣人员退回乙方：

(1)严重违反用工单位的规章制度的；

(2)严重失职,营私舞弊,给用工单位造成重大损害的;

(3)被依法追究刑事责任的;

(4)劳务人员患病或者非因工负伤,在规定的医疗期满后不能从事原工作,也不能从事由用工单位另行安排的工作的;

(5)劳务人员不能胜任工作,经过培训或者调整工作岗位,仍不能胜任工作的;

(6)甲方客观情况发生重大变化,致使原劳动合同无法履行,经与劳务人员协商,无法就变更达成一致的。

2. 被派遣劳务人员有下列情形之一的,甲方不得将被派遣劳务人员退回乙方:

(1)在甲方工作期间患职业病或者因工负伤的;

(2)患病或者非因工负伤,在规定的医疗期内的;

(3)女性被派遣劳务人员在孕期、产期、哺乳期内的(但如不能胜任工作可以退回);

(4)法律、法规、规章规定的其他情形。

3. 甲方有权查询乙方发放被派遣劳务人员的工资和缴纳社会保险费等情况,出现违法现象的,甲方有权依法向乙方交涉并要求纠正,因此造成甲方损失的,乙方应当承担赔偿责任。

4. 甲方不得将被派遣劳务人员再派遣到其他用工单位,否则,乙方有权解除协议并要求甲方赔偿损失。

5. 甲方应当按本协议规定及时足额向乙方支付劳务派遣费用,不得拖欠。

6. 根据自身业务发展的需要,甲方有权委托乙方对已上岗劳务人员进行岗位技能培训和继续教育培训,培训费用由甲方承担。

7. 甲方应当对被派遣劳务人员履行下列义务:

(1)执行国家劳动标准,提供相应的劳动条件和劳动保护,负责被派遣劳务人员的现场工作管理和安全生产管理;

(2)告知被派遣劳务人员工作要求、劳动报酬、劳动安全卫生、劳动定额管理等信息;

(3)告知被派遣劳务人员本单位的规章制度;

(4)按国家法律规定支付加班费、绩效奖金,提供与工作岗位相关的福利待遇;

(5)对被派遣劳务人员进行工作岗位所必须的培训及安全生产教育培训;

(6)连续用工的,实行正常的工资调整机制;

(7)被派遣劳务人员试用期的工资不得低于相同岗位的最低档工资或者劳动合同约定工资的百分之八十,并不得低于甲方所在地的最低工资标准;

(8)按《劳动法》《劳动合同法》等有关规定使用被派遣劳务人员。

8. 甲方应履行的其他义务

(1)因甲方的规章制度违反法律、法规规定,或未依约为被派遣劳务人员提供劳动保护或劳动条件,侵害被派遣劳务人员合法权益,致使被派遣劳务人员提出解除劳动合同的,经济补偿责任由甲方承担,经济补偿金支付乙方后,由乙方发放给被派遣劳务人员。

(2)甲方因依照企业破产法规定进行整顿、生产经营发生严重困难、企业转产、重大技术革新或经营方式调整等原因需退回被派遣劳务人员的,经济补偿责任由甲方承担,经济补偿金支付乙方后,由乙方发放给被派遣劳务人员。

(3)甲方因企业改制、分立、合并、解散或其他法定事由等原因需退回被派遣劳务人员的,应提前一个月告知乙方或额外支付一个月工资,并承担对被派遣劳务人员的经济补偿责任,经济补偿金支付乙方后,由乙方发放给被派遣劳务人员。严重违反规章制度的人员除外。

(4)被派遣劳务人员在甲方工作期间发生工伤事故的,劳务人员的工伤待遇包括治疗期间的工资待遇、一次性伤残就业补助金及工伤保险基金不予承担的其他费用由甲方承担,相关费用支付乙方后,由乙方发放给被派遣劳务人员或向社保经办机构缴纳。

(5)被派遣劳务人员劳动合同期限届满,甲方不再使用的,经济补偿责任由甲方承担,经济补偿金支付乙方后,由乙方发放给被派遣劳务人员。

(6)甲乙双方解除本协议或本协议期满后不再续签的,甲方应支付被派遣劳务人员在甲方工作期间的经济补偿金或赔偿金,甲方支付乙方后,由乙方发放给被派遣劳务人员。

(7)甲方以被派遣劳务人员具有严重违反甲方规章制度、造成甲方重大损失、触犯刑法等情形而将其退回的,如甲方无证据证实上述情形存在的,甲方应承担需支付劳务人员的经济补偿金或赔偿金,甲方支付乙方后,由乙方发放给被派遣劳务人员。

9. 根据本协议约定甲方退回劳务派遣人员时,如根据法律规定乙方不能与派遣人员解除劳动合同,则在退回后甲方应按当地最低工资标准与工资标准相应的社会保险费用及劳务派遣管理费用(退回后的劳务派遣管理费用减半收取)支付给乙方。乙方应接受退回,并继续向被退回员工依法发放最低工资。如被退回员工与乙方解除或终止劳动关系,或被退回员工重新到其他单位上岗/上班,则甲方无须再支付劳动报酬、社保费用与劳务派遣管理费用。

同时如果被退回派遣人员解除或终止劳动关系,依法应当享受经济补偿金时,甲方同意:在甲方工作期间以及被退回无工作安排期间相应的经济补偿金,应由甲方负责支付(或支付给乙方,乙方负责支付给派遣员工)。

10. 劳务派遣协议到期后,如劳务派遣人员要求继续签订与履行无固定期限劳动合同且符合法定条件时,双方同意按以下第____种方式处理:

(1)甲方不应退回,应继续接受用工并继续履行本协议,直至该派遣人员法定的解除或终止劳动合同的条件出现。

(2)甲方有权退回,但在退回后甲方应按当地最低工资标准与工资标准相应的社会保险费用及劳务派遣管理费用(退回后的劳务派遣管理费用减半收取)支付给乙方。乙方应接受退回,并继续向被退回员工依法发放最低工资。如被退回员工与乙方解除或终止劳动关系,或被退回员工重新到其他单位上岗/上班,则甲方无须再支付劳动报酬、社保费用与劳务派遣管理费用。同时如果被退回派遣人员解除或终止劳动关系,依法应当享受经济补偿金时,甲方同意:在甲方工作期间以及被退回无工作安排期间相应的经济补偿金,应由甲方负责支付(或支付给乙方,乙方负责支付给派遣员工)。

11. 在不使乙方承担额外经济责任的情况下,甲方有权与被派遣劳务人员就调岗调薪、解除劳动关系与劳务派遣关系等事宜达成协议。

五、乙方的权利和义务

1. 甲方如有违反本协议、拖欠各类应付费用以及违反劳动保障政策损害劳务派遣人员合法权益行为的,乙方有权依法向甲方交涉,有权要求甲方继续履行义务并按实际损失的情况向甲方索赔。

2. 乙方有权采取多种形式了解甲方使用劳务派遣人员的情况,甲方应予以配合。

3. 如果甲方委托乙方对已上岗劳务人员进行岗位技能培训和继续教育培训,乙方应当尽职尽责地组织相关培训,并有权要求甲方支付相关培训费用。

4. 乙方应当对甲方承担下列义务:

(1)乙方应当根据甲方所要求的人员条件、用工时间、人数提供派遣劳务人员。

(2)乙方应当根据甲方要求的条件,在派遣前为甲方进行初步筛选,并由乙方提供被派遣劳务人员名单。

(3)被派遣劳务人员定岗前,必须经甲方劳动人事部门面试合格,甲方不支付未经其备案认可人员的任何相关费用。

(4)乙方应确保其派遣的劳务人员持有合法证件(如身份证、暂住证、就业证及其他相关证件)、身份真实、身体健康无传染性疾病。

(5)乙方因故需调换被派遣劳务人员的,须提前10日以书面形式通知甲方,并事先安排好替岗人员,不得延误甲方的正常工作。调换被派遣人员仍需按照面试流程操作。

(6)乙方私自替换被派遣劳务人员或冒名顶替的,甲方可以按私换或顶替一人扣除100元至200元的标准扣除乙方劳务费用,并可要求退回或更换被顶替人员,相关赔偿责任由乙方承担。

(7)乙方应当设有人力资源专员为甲方提供定期上门服务(如为派遣员工签订劳动合同,收集派遣员工社保相关材料等)。

5. 乙方应当对被派遣劳务人员履行用人单位的义务:

(1)乙方应与被派遣劳务人员签订劳动合同;

(2)乙方应当对新派遣的劳务人员进行就业前培训;

(3)乙方应负责被派遣劳务人员的劳动关系管理、档案管理、工资发放、社会保险缴纳等工作;

(4)乙方应负责被派遣劳务人员享受失业保险、医疗保险、生育保险待遇等手续的办理;

(5)乙方应负责被派遣劳务人员其他劳动人事业务及计生管理工作;

(6)乙方收到甲方按月提供的人员考勤表及制作薪资表等相关信息后,制作工资表,将工作表发给甲方,经甲方批准无误后,开具有效发票,将扫描件发给甲方,甲方付款后,将发票寄给甲方;

(7)乙方应当以法定货币形式按月按时支付被派遣劳务人员工资,不得克扣或无故拖欠。

6. 乙方应履行的其他义务

(1)被派遣劳务人员在劳务派遣期间发生工伤事故的,乙方按照《工伤保险条例》的相关规定负责工伤认定申报、费用报销等手续办理工作;

(2)甲方发生安全生产事故致使被派遣劳务人员死亡,属于工亡的,由乙方按照《工伤保险条例》的规定进行处理并承担相应责任;

(3)被派遣劳务人员不能胜任甲方工作、经培训或调岗后仍不能胜任甲方工作被退回,或因患病及非因工负伤医疗期满后不能胜任甲方工作被退回的,甲方以书面或者邮件形式告知乙方,并提供有效证明资料后,可以予以退回,产生经济补偿/赔偿费用由甲方按法定标准给予乙方,乙方再支付给派遣员工;

(4)乙方与被派遣劳务人员协商解除劳动合同的,经济补偿金由乙方承担。

六、特别约定

1. 乙方按甲方拨付的社会保险金等项目承担相应的法律责任,因甲方未依约按照法定缴费项目及基数拨付而给乙方造成的包括但不限于经济赔偿的法律责任由甲方承担,乙方先予承担的,甲方应足额支付乙方。

2. 甲方迟延拨付社会保险金或迟延转移社会保险手续,给乙方或被派遣劳务人员造成的包括但不限于经济赔偿责任由甲方承担,乙方应当协助甲方处理。

3. 如被派遣劳务人员因自身过错如犯罪、酗酒、打架斗殴或其他违规、违纪行为造成自身、他人人身损害或造成甲方损失的,甲方应及时告知乙方,所有责任由被派遣劳务人员承担。

4. 被派遣劳务人员驾驶机动车发生交通事故,属于工伤的,乙方按照本协议约定负责处理;被派遣劳务人员驾驶机动车给自身或他人造成的人身、财产等其他损害赔偿责任,乙方应当协助甲方处理。

5. 被派遣劳务人员在甲方工作期间患职业病的,由乙方负责处理,对被派遣劳务人员的经济赔偿责任由甲方承担。

6. 被派遣劳务人员在劳务派遣期间发生工伤(亡)事故的,甲方应当在事故发生后及时通知乙方,以便乙方及时进行工伤申报;因甲方迟延通知造成乙方无法进行工伤申报而引起的经济赔偿责任由甲方承担。

7. 甲方使用达到退休年龄或未达到退休年龄但不能缴纳工伤保险的派遣劳务人员的,乙方按照甲方拨付的专款为其购买商业保险,派遣员工受到伤害后,乙方只在商业保险范围内承担责任。

七、协议的变更、解除、终止

1. 甲乙双方应共同遵守本协议的各项条款,在本协议履行期间,未经对方同意,任何一方不得变更或解除;若一方因法律法规及相关政策改变或不可抗力等因素不能继续履行本协议,应及时通知对方,双方通过协商,可对本协议进行变更或解除。

2. 本协议期满即可终止,本协议另有约定除外。

3. 一方违约,经守约方催告后在30日内仍拒不履行的,守约方即可解除本协议,违约方应赔偿给对方造成的一切损失。

4. 一方宣告破产或因注销、吊销等其他方式终止经营资格的，另一方即可解除本协议，违约方应赔偿给对方造成的一切损失。

八、其他事项

1. 甲方应在临时性、辅助性、替代性工作岗位上使用劳务派遣人员。“三性”工作岗位的认定按照国家和当地有关规定执行。

2. 甲方应当根据工作岗位的实际需要与乙方确定派遣期限，不得将连续用工期限分割订立数个短期劳务派遣协议。

3. 本协议履行过程中，协议有关内容如与国家新颁布的法律、法规不一致的，按新的法律法规政策执行。

4. 本协议附件与正文具有同等效力，未尽事宜由甲乙双方协商一致后另行签订补充协议书约定，补充协议书与本协议具有同等法律效力。

5. 如因法律法规或国家机关的要求导致本劳务派遣协议全部或部分不能履行的，则甲方有权要求全部或部分解除劳务派遣。此种情况下：解除之前的劳动报酬、社会保险费用由甲方正常结算支付；由此导致被派遣员工终止或解除劳动关系而需要支付经济补偿金的，所实际发生的经济补偿金由甲方承担，但甲方承担的经济补偿金标准不高于《劳动合同法》第47条规定的经济补偿金标准。超出部分由乙方自行承担。除此之外的法律责任，由乙方自行承担。

6. 如因乙方丧失或未取得劳务派遣许可资质，则甲方可要求解除本协议。此种情况下：解除之前的劳动报酬、社会保险费用由甲方正常结算支付，其他全部法律责任（包括向被派遣员工支付的经济补偿金或赔偿金等）均由乙方自行承担。

九、争议解决

甲乙双方任何一方未完全履行本协议的，应承担由此给另一方造成的损失；在履行本协议过程中发生争议的，双方应当协商解决，协商不成，任何一方均可向甲方所在地人民法院提起诉讼。

十、附则

1. 本协议一式两份，甲乙双方各执一份。

2. 本协议自双方签字盖章后生效。

签署时间：　　　　年　　月　　日

甲方（盖章）：

联系人：

联系方式：

地址：

乙方(盖章):

联系人:

联系方式:

地址:

附件:劳务派遣费用明细表

1.费用明细总表

项目	说明	收费标准
服务费	由乙方向甲方提供劳务派遣服务而由甲方支付的费用	________元/人/月(含税)
派遣员工工资	含基本工资/加班工资/奖金/提成及其他按甲方的规定应支付于派遣员工的劳动报酬	按每月实际核算的标准
社会保险	生育保险/医疗保险/工伤保险/养老保险/失业保险	按实际缴纳金额
住房公积金	住房公积金	
残疾人保障金		

2.社保费用明细表(含残疾人保障金)

户口	基数类型	险种	缴费基数(元)	单位缴费		个人缴费		合计		执行时间
				比例(%)	金额(元)	比例(%)	金额(元)	比例(%)	金额(元)	
城镇户口	最低基数	养老保险	2529	12.00	303.48	8.00	202.32	20.00	505.8	2013年7月起
		工伤保险	1550	0.50	7.75			0.50	7.75	
		失业保险	1550	1.20	18.6	0.50	7.75	1.70	26.35	
		生育保险	3188	0.85	27.1			0.85	27.1	
		基本医疗	3188	8.00	255.04	2.00	63.76	10.00	318.8	
		重大疾病	5313	0.26	13.81			0.26	13.81	
		补充医疗	5313	0.50	26.57			0.50	26.57	
		残疾人保障金			49.21				49.21	
		合计			701.56		273.83		975.39	

续表

户口	基数类型	险种	缴费基数（元）	单位缴费		个人缴费		合计		执行时间
				比例（%）	金额（元）	比例（%）	金额（元）	比例（%）	金额（元）	
农村户口	最低基数	养老保险	2529	12.00	303.48	8.00	202.32	20.00	505.8	2013年7月起
		工伤保险	1550	0.50	7.75			0.50	7.75	
		失业保险	1550	1.20	18.6			1.20	18.6	
		生育保险	3188	0.85	27.1			0.85	27.1	
		基本医疗	3188	8.00	255.04	2.00	63.76	10.00	318.8	
		重大疾病	5313	0.26	13.81			0.26	13.81	
		补充医疗	5313	0.50	26.57			0.50	26.57	
		残疾人保障金			49.21				49.21	
		合计			701.56		266.08		967.64	

（遇国家征收部门对社保/公积金或残疾人保障金费用进行政策性调整时，乙方应以书面形式通知甲方，甲方应根据新的标准付费，双方无须另行签订补充协议）。

甲方确认：

乙方确认：

文书范本33：劳务派遣员工退回通知书范本

劳务派遣员工退回通知书

________劳务派遣有限公司：

现有贵公司派遣到我单位的派遣员工，经我单位决定需要按退回贵公司处理。请办理相关手续。

详细信息如下：

派遣员工姓名：________。

身份证号：________________。

原岗位：________________。

正式退回时间：________年____月____日。

退回事由：________________。

具体说明：

____。

特此通知。

签署时间：　　　　年　　月　　日

（用工单位公章）

文书范本34：劳务派遣员工劳动合同范本

劳务派遣员工劳动合同

甲方：

法定代表人：

乙方：

身份证号码：

有效联系地址：

紧急联系人及联系方式：

根据《中华人民共和国劳动法》《中华人民共和国劳动合同法》及地方政府的有关规定，甲、乙双方经平等协商，自愿签订本合同，并承诺共同遵守本合同各项条款。

第一章　合同期限

第1条　甲、乙双方确认选择以下第________种形式为本合同的期限：

(1)有固定期限：

自________年____月____日起至________年____月____日止。

(2)无固定期限：

自________年____月____日起至法律规定的终止条件出现时止。

第2条　本合同如为固定期限劳动合同，本合同到期后，如乙方继续接受劳务派遣或继续接受甲方管理而甲方无异议，则视为本合同自动延期一年，并可多次自动延期。但甲方已向乙方发出终止（解除）通知，或者确已不再上班时除外。

第二章　派遣期限、工作内容、工作地点

第3条　乙方同意按附件《派遣确认函》接受派遣。

乙方与用工单位对薪酬、待遇、岗位等另有约定的，以另外约定为准。

第4条　派遣期限到期后劳务派遣仍在继续、各方均未提出异议的，视为劳

务派遣顺延____个月,并可多次顺延。乙方不得因此主张与用工单位建立事实劳动关系。

第5条　用工单位安排乙方出差的,无论出差时间长短,不视为工作地点的变更。

第6条　本合同签署时,甲方及用工单位已告知了乙方如下内容:

1. 甲方与乙方所在用工单位签订的劳务派遣协议的相关内容;

2. 乙方在甲方以及乙方所在的用工单位的工作内容、工作条件、工作地点、职业危害、安全生产状况及劳动报酬;

3. 乙方应遵守的甲方及用工单位的规章制度;

4. 乙方要求了解的其他相关情况。

第7条　乙方在用工单位工作期间,乙方同意按用工单位申报的工时制执行,如未申报特殊工时制的,则执行标准工时制。

第8条　用工单位根据工作需要安排乙方加班的,乙方应有用工单位的书面确认或审批。经用工单位确认后的加班由用工单位依照国家的相关规定安排乙方倒休或支付加班工资,加班工资也可由用工单位委托甲方支付。

第9条　乙方有权按国家或用工单位的规定享有休息休假的权利。

第三章　工资与福利待遇

第10条　乙方在用工单位期间的工资、加班工资、绩效奖金等由用工单位或用工单位委托甲方支付。乙方享受的福利待遇按照甲方与用工单位签订的劳务派遣协议的相关内容以及用工单位的相关规定执行。

第11条　乙方在其所在用工单位工作期间的因公出差所发生的食宿费、差旅费及其补贴由用工单位直接支付乙方。

第12条　乙方的劳动报酬按其所在的用工单位薪酬政策执行。甲方保证在乙方提供正常劳动的情况下,月工资不低于乙方所在的用工单位所在地政府最低工资标准。同时乙方认可下列安排:

1. 乙方在甲方待岗期间(无工作岗位期间)工资按甲方所在地最低工资标准支付;

2. 乙方在甲方待岗期间,不再享受原用工单位的任何待遇。

第13条　乙方同意,甲方或乙方所在的用工单位可以依据生产经营情况、乙方的工作业绩、岗位变化情况等依法调整乙方的工资水平,但不得低于用工单位当地的最低工资标准。

第14条　乙方工伤待遇标准按国家和地方政府的有关政策法规以及甲方

与用工单位签订的劳务派遣协议的相关内容执行。乙方发生工伤的,应当在事故发生后24小时内通知甲方(无法通知时除外),并提供相关资料,以便于甲方及时办理工伤认定手续。乙方为女性的,在孕期、产期、哺乳期的各项待遇,按国家和乙方工作地有关生育政策执行;若甲方与用工单位签订的劳务派遣协议对此有相关的规定,且不违反国家和乙方工作地的相关政策的,应按劳务派遣协议的约定执行。

第15条　乙方若对某月工资、奖金或福利待遇有异议,应在发放之日起3日内向发放方人力资源部书面提出,逾期未提出的,视为对该月工资、奖金及福利待遇没有异议。

第16条　甲、乙双方约定,甲方有权从乙方工资中扣除下列款项:

1. 乙方需向甲方或用工单位支付的违约金;
2. 乙方需向甲方或用工单位支付的赔偿费用;
3. 乙方对甲方或用工单位的欠款;
4. 甲方或用工单位为乙方垫付的费用;
5. 甲方因操作失误等原因多向乙方支付的款项;
6. 有效的规范性文件规定,或双方约定的其他款项。

第四章　社会保险和住房公积金

第17条　在本合同的有效期内,甲、乙双方应按国家和乙方工作所在地的相关规定依法缴纳各项社会保险和住房公积金费用。社会保险和住房公积金费用中的乙方个人缴纳部分由甲方在乙方工资中予以代扣代缴。

第18条　乙方入职后应及时向甲方提供办理入职手续所需的材料(包括但不限于身份证、户口簿、照片、社保卡复印件、学历证书和健康证明、原单位离职证明等)。因乙方怠于提交相关资料造成甲方无法及时为乙方缴纳社会保险的,由此产生的责任,包括但不限于:无法补缴;补缴时比正常缴纳多支出费用;乙方发生伤、病、亡等情形时无法享受相关社会保险待遇等,由乙方自行承担。甲方因此受到相关部门处罚的,乙方应予赔偿。甲方有权按甲方的规章制度对乙方进行纪律处理。

第19条　甲、乙双方解除或终止劳动合同前,乙方应按甲方或用工单位的要求履行交接手续,甲方应及时为乙方办理有关社会保险和住房公积金关系转移的手续,乙方应予配合。

第五章　劳动保护、劳动条件和职业危害防护

第20条　乙方被派遣至所在用工单位工作期间的劳动条件和劳动(含从事

有职业危害工作)保护事项依据相关的法律规定执行,法律无相关规定的按照用工单位规章制度执行。

第六章　规章制度与劳动纪律

第21条　乙方已知悉并详细阅读甲方和乙方所在的用工单位的规章制度,承诺严格遵守甲方及用工单位的规则制度,甲方与乙方签订的合同、协议,均可作为处分乙方的依据,乙方应当遵守相应的规章制度。

第22条　乙方应当严格遵守用工单位的各项规章制度,遵守劳动安全操作规程。乙方因违反用工单位的规章制度,被用工单位依法退回甲方的,甲方有权依法与乙方解除劳动合同并不支付任何经济补偿金。

第23条　关于乙方违纪情况的处理:

1. 本合同有效期内,甲方和乙方所在用工单位有权对乙方的违纪行为进行处分,直至解除本合同。乙方给甲方或其所在用工单位造成损失的,由乙方独自承担相应责任;若因乙方的行为致使甲方承担相应的赔偿、补偿等责任的,在甲方承担相应的责任后,乙方在甲方责任的范围内对甲方负有补偿义务,并承担相应的补偿责任。

2. 乙方在甲方或乙方所在的用工单位(本条中统称单位)工作期间有以下情形之一的,甲方可立即与乙方解除本合同并不支付任何经济补偿:

(1)在试用期间被证明不符合录用条件的(乙方试用期考核不合格的,视为不符合录用条件);

(2)严重违反单位规章制度或劳动纪律的;

(3)严重失职,营私舞弊,使单位遭受重大损害的;[注:所谓“重大损害”是指:①造成人民币5000元以上(含)的经济损失;②造成一个部门范围内的IT工作系统故障,影响部门正常工作两小时以上;③造成价值达人民币1000元的生产工具、设备、产品报废;④引发人员伤亡事故;⑤引发给单位造成负面影响的媒体曝光事件;⑥单位受到相关行政部门或上级部门的各种处罚;⑦使单位失去商业机会或使单位的声誉、行业地位、社会评价等无形财产受到损失等;⑧其他给单位造成严重影响的恶劣后果]

(4)乙方以任何形式在其他单位兼职,构成严重违反规章制度的;

(5)乙方以欺诈、胁迫的手段或者乘人之危,使单位在违背真实意思的情况下订立或者变更合同,致使本合同无效的;

如乙方被查实向单位提供虚假的个人资料或隐瞒个人真实情况的,即视为乙方以欺诈的手段使单位在违背真实意思的情况下订立合同;

(6)单位规章制度或国家法律法规政策规定的其他情形。

3. 乙方在甲方或乙方所在的用工单位(本条中统称单位)工作期间有以下情形之一的,视为严重违纪,甲方可立即与乙方解除本合同并不支付任何经济补偿:

(1)严重违反单位规章制度,影响经营、工作秩序的,或给甲方造成经济损失5000元以上的;

(2)未经单位同意在其他单位从事兼职工作;

(3)未经单位同意,自营、从事经营或投资与单位竞争企业、竞争性业务或与单位相关联的业务的;

(4)挪用或侵占公司财物,或私自接受客户、供应商及利害关系方任何好处及报酬的,无论何种金额及手段;

(5)工作中不服从管理,不按领导的正当指令行事的,经再次要求仍不服从的;

(6)不服从工作分配擅自离开岗位的;

(7)违反保密义务,泄露单位商业秘密的;

(8)一年内累计旷工4日以上(含4日)或连续旷工2日(含2日)以上的,或一个月内累计迟到或早退四次以上的;

(9)在单位内有任何暴力、胁迫、伤害、赌博或盗窃等不法行为及违反社会公德的行为的;

(10)违反计划生育政策的;

(11)其他严重违反规章制度或劳动纪律行为的。

第七章　劳动合同的变更

第24条　订立本合同所依据的法律、行政法规、规章发生变化时,本合同相关内容将随之变更。

第25条　订立本合同所依据的客观情况发生重大变化,致使本合同无法继续履行的,经甲、乙双方协商同意,可以变更相关内容;协商不一致的,甲方可以解除劳动合同。

如劳务派遣被认定为不合法,或被国家机关责令改正,且双方无法协商变更劳动合同的,乙方同意按照“劳动合同订立时所依据的客观情况发生重大变化,致使劳动合同无法履行”而解除劳动关系与用工关系,并依法计算经济补偿金。

第八章　退回安排

第26条　派遣期限届满,但劳动合同期限未满的,甲方有权安排乙方待岗;

同时甲方也有权将乙方再次派遣到其他用工单位；乙方不得拒绝甲方依据本条进行的安排，否则甲方有权按甲方相关规章制度给予乙方处分或依照有关规定直接解除劳动合同，法律法规另有规定或双方另有约定的除外。

第27条 用工单位或甲方有权根据工作表现、工作能力、经营需要以及其他客观情况的变化，依法对乙方工作内容、工作地点、劳动定额进行调整，乙方不得拒绝，法律法规另有规定或双方另有约定的除外。

第28条 乙方同意并确认，如用工单位违反劳务派遣协议，甲方有权根据劳务派遣协议约定或法律规定（包括但不限于用工单位迟延支付费用的）解除劳务派遣，此时甲方有权通知乙方从用工单位撤回作待岗安排或另外派遣到其他用工单位。

第29条 乙方被用工单位退回，甲方未与乙方解除劳动关系时，甲方有权安排乙方待岗；同时甲方也有权将乙方再次派遣到其他用工单位；乙方不得拒绝甲方依据本条进行的安排，否则甲方有权按甲方相关规章制度给予处分或依照有关规定直接解除劳动合同，法律法规另有规定或双方另有约定的除外。

第九章 劳动合同的解除与终止

第30条 经甲、乙双方协商一致时，本合同可以解除。

第31条 甲方有权根据《劳动合同法》《劳务派遣暂行规定》等有关法律规定及劳动合同约定解除本合同。

第32条 乙方提出解除劳动合同应提前30日以上（试用期内提前3日）以书面形式通知甲方及乙方所在的用工单位，并应完成与甲方及乙方所在的用工单位的工作交接，归还甲方及乙方所在的用工单位的财物，履行与甲方及乙方所在的用工单位约定的其他义务（用工单位为外企代表处的，还应向甲方交回代表证或雇员证）。

乙方旷工10日以上且用工单位或甲方无法联系上，或经用工单位/甲方催促仍不到岗的，视为乙方以其行为表示辞职（自动离职），甲方有权采取停缴社会保险等措施。

乙方向用工单位提出辞职、离职、解除派遣或类似表示的，视为同时向甲方提出解除劳动合同。

第33条 乙方被其所在的用工单位退回或被甲方撤回后无工作期间属于待岗期间。乙方被撤回或退回的，应在3个工作日内到甲方指定的地点办理待岗报到手续，每延迟报到一日，视为旷工一日。乙方在待岗期间应遵守甲方与待岗相关的规章制度，并服从甲方的安排。

第34条　鉴于乙方的工作地点在用工单位,甲方存在无法及时与乙方取得联系的可能性,乙方对此理解并同意在乙方与甲方的劳动合同解除或终止之日起10日内,及时到甲方办理档案和社保关系的转移。如若乙方没有及时办理时,乙方同意甲方自行处理。

第35条　乙方了解并同意,乙方在与甲方解除或终止劳动合同后,若在规定时间内不办理或不办理完毕与甲方或乙方所在的用工单位的工作交接,甲方有权暂停向乙方支付经济补偿;因乙方未按照规定办理离职交接,给甲方或用工单位造成损失的,乙方应予赔偿,甲方可自乙方的离职结算款中直接扣除相应的赔偿费用。

第36条　符合法律规定的情形时,本合同终止。

第十章　经济补偿与赔偿

第37条　甲方与乙方解除或终止本合同时,在乙方符合获得法定经济补偿的情况下,应按法律、法规和有关规定向乙方支付经济补偿金。乙方所在的用工单位已支付乙方的,视为甲方履行了该项义务,乙方不得向甲方重复主张经济补偿金等已经由用工单位支付的费用。

第38条　任何一方违反本合同约定或违反法律、法规等有关规定,给对方造成损害的,另一方均有权依据有关规定要求对方赔偿损失。

第十一章　保密约定

第39条　乙方不得泄露甲方和乙方所在的用工单位的商业秘密或利用该商业秘密获利。乙方违反保密约定给甲方或乙方所在的用工单位造成损害的,乙方应承担损害赔偿责任,同时按照有关约定承担违约责任。

第十二章　其他约定

第40条　乙方应如实向甲方说明其与劳动合同直接相关的基本情况,并保证本人所有信息、证明、资料等文件均属真实、有效,并承担相应责任。

第41条　在履行本合同中如发生争议或纠纷,甲、乙双方应协商解决,协商不成时,任何一方均可向劳动争议仲裁委员会申请仲裁,对仲裁不服的,按照法律法规相关规定执行。

第42条　乙方确认本合同首部的信息真实有效,其中通信地址、电子邮件地址将作为本合同履行过程中甲方将相关文件送达给乙方的地址。若首部的信息发生变更,乙方应当在变更后3个工作日内书面通知甲方,否则,因此导致函件无法送达的,包括但不限于退信、拒收、无权利人代收等,函件寄出日视为送达日,一切法律责任及不利后果均由乙方承担。甲方有需要告知乙方的事项,送达本合同首部的通信地址、邮箱地址或乙方书面告知变更后的地址即视为送达乙方，乙方同住成年人员签收或拒收均视为送达乙方。甲方因客观原因无法联系上乙方的，如有需要告知乙方的事项通知到乙方的紧急联系人，亦视为送达给乙方。乙方首页填写的电子邮箱地址为本人有效联系方式，由此发出的邮件皆为本人主观真实意愿表达，视同本人签字文件。

首部送达方式同时作为有效司法送达方式。

第43条　本合同一式两份，甲、乙双方各执一份，具有同等法律效力，自双方签署后生效。

签署时间：　　　　年　　月　　日

甲方（盖章）：

乙方（签字）：

附件：派遣确认函

派遣员工信息	姓名： 身份证号码： 手机号码： 户口性质（请在选项上划勾）： （　）本市城镇（　）本市农村（　）外埠城镇（　）外埠农村
期限	派遣期限：自________年____月____日起至________年____月____日止。 试用期：自________年____月____日起至________年____月____日止。
工作安排	工作地点： 工作岗位： 工作内容： 是否有职业危害：（　）是/（　）否（请在选项上划勾） （职业危害说明：________） 工时实行：（　）标准工时/（　）不定时/（　）综合工作制（计算周期________）（请在选项上划勾）
工资待遇	员工工资：________元/月； 社会保险及住房公积金起缴月份：________年____月。

双方确认按上述派遣安排执行。

签署时间：　　　　年　　月　　日

甲方（劳务派遣单位）确认：

乙方（派遣员工）确认：

文书范本35:劳务派遣员工上岗通知范本

劳务派遣员工上岗通知

劳务派遣员工姓名:

身份证号:

根据法律法规以及协议约定,现通知您:

一、________年____月____日起到下列用工单位报到上班:

用工单位全称:________________。

工作地点:________________。

工资待遇:人民币________元/每月。

其他:________________________________。

二、请您于________年____月____日____时到本单位报到,办理上岗前手续。如未能如期办理相关手续,则视为您不同意新的工作安排,本单位不能承诺继续保留该岗位。同时,本单位有权依据法律规定解除劳动关系。

报到地址:

联系人:

电话:

电子邮箱:

特此通知。

签署时间:　　　　年　　月　　日

________________公司

文书范本36:用工合同(用工单位与劳务派遣员工)范本

用 工 合 同

甲方(用工单位):

法定代表人:

乙方(派遣员工):

身份证号码:

乙方系________________(下称劳务派遣单位)派遣至甲方处工作的员工,

为确认乙方在为甲方服务期间的权利义务,双方就具体事宜做以下确认,供双方共同遵照执行。

一、工作岗位

1. 乙方的工作岗位为:________________;具体以职务说明书为准。

乙方清楚并同意,上述岗位均系辅助性岗位。

2. 甲方可根据工作需要及乙方的实际工作能力和表现,协商或依法合理调整乙方的工作岗位或具体工作内容。

3. 乙方不能胜任工作的,甲方应为乙方提供培训或调整工作岗位;甲方调整乙方工作岗位的,可根据岗位变动情况调整乙方工资。

4."不能胜任"包括但不限于下列情形:

(1)不能按时、按质、按量完成工作任务的;

(2)不能完成同工种、同岗位人员的工作量或劳动定额的;

(3)绩效考核不合格的;

(4)被客户或关联部门三次以上投诉服务质量和服务态度的。

5. 甲方可依据法律、法规或与劳务派遣单位的协议约定将乙方退回至劳务派遣单位,乙方认可退回安排。退回后,工资、社会保险等均由劳务派遣单位负责。

除上述情形外,有下列情形之一时,甲方有权将乙方退回到劳务派遣单位:

____。

二、薪酬标准

1. 乙方的薪酬标准为:________________________________。

2. 乙方清楚并确认:

乙方清楚并同意,乙方薪酬标准不存在违反同工同酬的情形。

三、乙方用工期限为:自________年____月____日起至________年____月____日止。

用工期限结束后,甲方可终止劳务派遣用工,将乙方退回到劳务派遣单位。

乙方同意,无论用工期限多长或连续几次劳务派遣用工,无论是否符合签订无固定期限劳动合同的条件,均不影响甲方到期退回。退回后乙方可依法向劳务派遣单位要求续订无固定期限劳动合同或继续保持劳动关系。

四、乙方确认:已经与劳务派遣单位签署劳动合同,劳务派遣单位已经将与甲方签署的劳务派遣协议的内容告知乙方。

五、乙方同意,如劳务派遣被认定为不合法,或被国家机关责令改正,则同意按照“劳动合同订立时所依据的客观情况发生重大变化，致使劳动合同无法履行”而解除劳动关系与用工关系，并依法计算经济补偿金。

六、乙方同意，无论如何，不向甲方索赔未签劳动合同的双倍工资。

七、本协议经双方签字或盖章后生效。

签署时间：　　　　年　　月　　日

甲方（盖章）：

法定代表人或授权代表（签字）：

乙方（盖章）：

法定代表人或授权代表（签字）：

文书范本37：外包补充合同范本〔1〕

外包补充合同

甲方（发包方）：

法定代表人：

乙方（服务方）：

法定代表人：

甲乙双方就乙方为甲方提供外包服务事宜，达成如下补充协议：

一、根据双方签署的协议，乙方将向甲方派出员工为甲方提供服务。乙方应与派出员工签署正式劳动合同，依法缴纳社会保险与住房公积金，足额支付劳动报酬（含加班费），并履行其他劳动法规规定的用人单位义务。

二、双方确认，双方之间不建立劳务派遣关系或类似用工关系。乙方应向派出员工说明此点，告知派遣员工与甲方不存在劳动关系或用工关系。

三、如派出员工向甲方索赔未签订劳动合同的双倍工资、工资待遇、工伤待遇等任何劳动法上的待遇的，导致甲方有任何赔偿的，均由乙方负责，甲方可向乙方追偿。

四、如因法律法规或国家机关责令改正，导致双方的协议全部或部分不能履行的，则甲方有权要求全部或部分解除双方的协议。此种情况下：除解除之前的费用报酬由甲方正常结算支付；除此之外的法律责任，由乙方自行承担。

---

〔1〕 该协议可视为外包协议中有利于甲方（发包方）条款的集成，在签订各种外包合同时，甲方均可考虑将该协议中的条款纳入合同中。

五、双方签署的其他协议与本协议有不一致的，以本协议为准，不相冲突的部分继续有效。

六、本协议经甲乙双方签字或盖章后生效。

签署时间：　　　年　　月　　日

甲方（盖章）：

法定代表人或授权代表（签字）：

乙方（盖章）：

法定代表人或授权代表（签字）：

文书范本38：外包员工声明范本

外包员工声明

声明人：

就本人受＿＿＿＿＿＿＿＿有限公司（以下简称本单位）＿＿＿＿＿＿＿＿商贸有限责任公司（以下简称项目单位）提供技术服务工作事宜，特声明如下：

一、本人系＿＿＿＿＿＿＿＿有限公司（本单位）正式员工，与本单位签署了正式的劳动合同，在本单位缴纳了社会保险，由本单位向本人发放工资。

二、本人受本单位指派，为项目单位提供技术服务，工作场所在项目单位所在地，但仍接受本单位人员管理与工作指示。具体的工作内容与期限等以本单位与项目单位协商为准。

三、本人确认，本人与项目单位之间不建立劳动关系或劳务派遣关系或其他任何劳务合同关系、用工关系。如因工资待遇、工伤、劳动关系解除/终止/变更等发生争议，应向本单位主张权利，与项目单位无关。本人亦不得主张与项目单位之间建立事实劳动关系，不得向项目单位索赔双倍工资等任何赔偿。

四、本人为项目单位提供服务期间应保守项目单位商业秘密，因工作产生的知识产权成果归项目单位所有。

本人确认了解上述声明的准确含义，并同意签署本声明。

签署时间：　　　年　　月　　日

本人签字：

身份证号码：

第六节　新型用工模式

一、平台用工

现如今,随着“滴滴”“饿了么”等互联网平台的广泛推广,越来越多的人加入“外卖小哥”“网约车司机”的行列,那么在这种新型的平台用工模式下,劳动者和平台的关系该如何认定,双方的权利义务该如何保障。

互联网平台用工,是指通过互联网平台整合供需资源,企业或个人用户将业务需求放置网约平台,服务人员通过平台查看需求并自主与企业或个人用户联系并自主决定提供服务的一种用工形式。通常情况下,这种用工模式并不会导致服务提供者与平台构成劳动关系,但是平台为规避风险仍需要把握以下要点:

1. 互联网平台是信息发布平台还是服务提供者;

2. 互联网平台的商业模式是收取信息提供费还是收取服务费的一部分;

3. 互联网平台对劳动者是否有规范性的指示;

4. 劳动者的报酬是平台提供还是客户提供;

5. 劳动工具是平台提供、客户提供还是劳动者自行准备。

因此,判断是否构成劳动关系,应分析网络平台所提供的仅是连接消费者和劳动者的具体信息,还是作为服务提供方进行业务指派,即网络平台仅是中介服务者,还是劳动服务者本身。若仅是提供服务信息的网络平台,应当确认其中介的法律地位。另外根据“劳动的从属性”原则来看,即劳动者的劳动自由属于其本人,还是属于网络平台。劳动者无须听从网络平台的工作指令,若劳动者自备劳动资料,以工作量和工作效果作为计算劳动报酬的依据,网络平台仅从中提取服务费用的,应当确认劳动者对其自身劳动享有自由支配的权利,与网络平台之间不存在控制与被控制的关系,也即不存在劳动从属性。最后,由于互联网用工平台刚刚兴起，目前缺少明确的法律法规进行约束，因此仍需要重视劳动者与网络平台签订的书面协议名称及内容，尊重劳动者自由选择的权利，回归劳动目的的初衷，允许其与网络平台之间建立非劳动关系的其他民事法律关系。

案例22：通过网络平台提供服务，能否认定与平台存在劳动关系？

案情简介

李某在2016年11月10日某APP上注册成为维修工程师。某信息服务公司通过该APP根据特长或居住地点等向李某进行派单，该APP上无法自主抢单，如无法接单，可打电话向公司告知；李某工作中使用的交通工具和维修工具由其自行准备，耗材可从公司领取或自行采购；李某每月没有固定工资标准，按照维修成功率进行提成，每月通过银行转账支付，2017年7月之前的提成已支付完毕；某信息服务公司对李某的工作量、工作时长、工作区域等没有强制性要求。2017年8月11日，李某去马驹桥一个用户家维修空调，途中发生交通事故导致锁骨骨折，经交管部门认定原告无责。事发后某信息服务公司拒不为李某办理工伤事宜，故李某诉至法院，要求确认存在劳动关系。

裁判要点

法院认为，首先，双方认可从未签订过书面劳动合同，且李某提交了双方签订的《居间协议》，其中约定李某（甲方）委托某信息服务公司（乙方）提供家电设备的安装、维修、保养信息，居间成功后甲方同意向乙方计付居间费用。虽李某主张该合同系发生交通事故后在医院倒签的，但未就该主张向本院提交证据加以证明，故本院对该协议的真实性予以确认，根据该协议条款无法认定双方之间存在劳动关系。其次，综合某信息服务公司的经营范围和李某的工作内容及方式，某信息服务公司的经营范围仅为“技术咨询、技术服务”，而李某的工作内容为家电维修，并非某信息服务公司的经营范围；从工作方式来看，虽李某主张经过面试入职某信息服务公司，但其仅是注册了某APP，某信息服务公司根据其自身技能、居住地点等通过APP或客服人工向其派送客户报修单；李某无法接单时仅需向客服说明，某信息服务公司可再次将该单派送他人，并非劳动关系中用人单位对于劳动时间、地点、内容的单方决定；李某自备交通工具和维修工具，耗材可从公司购买或自行采购，无须到公司坐班，某信息服务公司亦未对其工作量、工作时长、工作区域等有强制性要求；从报酬获得来看，李某每月没有固定工资，按照维修单数及维修成功率进行提成，其自述如不接单就在家休息，休息期间没有固定收入。综合上述各方面情况,李某所从事的工作非某信息服务公司经营范围,其日常工作中使用的并非某信息服务公司提供的工具,亦无须接受某信息服务公司的考勤或其他制度管理,双方之间不存在紧密的人身依附性;虽某信息服务公司每月通过银行转账方式向李某支付报酬,但该报酬系根据李某的接单数量、维修成功率等进行核算,李某每月并无固定工资。综上,双方之间不存在劳动法意义上的从属性,不具备劳动关系的法律特征。因此,对于李某要求确认与某信息服务公司存在劳动关系的诉讼请求不予支持。[1]

二、共享员工

共享员工(也称为共享用工),是指不同用工主体之间为调节特殊时期阶段性用工紧缺或富余,在尊重员工意愿、多方协商一致且不以营利为目的前提下,将闲置员工劳动力资源进行跨界共享并调配至具有用工需求缺口的用工主体,实现社会人力资源优化配置、员工供给方降低人力成本、员工需求方解决"用工荒"、待岗员工获得劳动报酬的多方共赢式新型合作用工模式。共享员工的做法使员工在企业之间临时流动,实现人力资源的再分配。共享员工的合作成为国内企业应对疫情进行积极自救的一次创新之举。

广义的共享员工范围可包括:

1. 企业内共享。如苏宁从成立之初到现在,共享用工一直是该企业内部行之有效的员工协同机制。

2. 企业间共享。在政府或平台的组织或监管下,企业之间根据市场的繁忙程度、关联程度,签订协议,相互支持。

3. 与自由职业人员共享。在政府或平台的组织或监管下,企业可借助联系具有专项劳动力、专门知识或专门技能的自由职业人士。

4. 与退休人员共享。在政府或平台的组织或监管下,退休员工中身体健康、有专业知识或技能的群体,潜力很大,可充分挖掘共享的可能性。

共享员工制度在操作与发展中的主要难点有:

1. 如何维护企业现有团队的稳定性

前期,主推在企业内共享、与高度互信企业间(包括家族企业、亲友企业等)

---

〔1〕(2018)京0101民初16704号。

共享、与闲置员工共享、与自由职业人员共享、与退休职工共享,待国家有关政策或法规明确后,再按需广泛共享员工。

当然,稳定性的根本保障措施还是政策与法规。建议国家在认真调研境内外经验与教训后,对共享员工的劳动关系归属、保险工伤与税收计算以及劳动争议解决方式等,适时予以规范与明确。

2. 如何确定各类共享员工的劳动关系

企业间的共享员工,目前来看,劳动关系仍然在人事管理单位或已签有劳动合同的企业,原则上工资、福利、保险、工伤申报等仍由原单位或企业负责,但在外借期间,劳动合同中的某些相关条款经双方协商可以变更。

由于不具有经营劳动派遣业务资质,原企业绝不能向借工企业收费,否则会被认定属于违法劳务派遣而遭受处罚,或者因借工企业与共享员工存在事实劳动关系而使企业付出代价;原企业和借工企业不得以共享员工之名,进行违法劳务派遣,或诱导员工注册为个体工商户以规避用工责任。

企业"共享"自由职业人员的,长期性比较固定的可采取非全日制用工方式,属于特殊的劳动关系;短期专项或临时任务的可采取劳务合同方式,不具有劳动关系。

3. 如何处理有关的保险、工伤与纳税事宜

企业之内共享员工,由企业统一计算保险与税收后依法缴纳。对自由职业人士,依照非全日制用工方式的,应依法缴纳各类保险并代扣纳税;依照劳务合同方式的,不需要缴纳保险、按照劳务费的方式纳税。对企业间形式的共享员工,可聘请法律专业人士制定专门的书面协议,对某些可以协商改变的原劳动合同条款或人事管理条款予以依法设计,以维护三方利益。对于退休人员,新单位可免除"五险一金"之烦恼,退休人员依法按照两处或多处收入申报纳税即可。

因采取共享员工形式,各用人单位可分别为劳动者缴纳工伤保险,共享员工发生工伤时,工伤保险赔付是法定数额,由保险公司赔付,各企业只需提前缴纳各自应缴的保费即可。

退休人员成为共享员工的工伤保护有独特之处:在建筑业的,按建筑业项目参保方式缴纳工伤保险费后,可适用《工伤保险条例》进行保障;在其他行业的,建议通过商业保险等方式对职业伤害进行保障。

4. 如何切实保护企业的商业秘密与专用技术

通过将核心秘密核心技术限定由专人(非共享员工)保管或运行,制定更加严格的保密制度,大力加强保密措施(如对秘密与技术采取封存、保护或加密,

明示保密等级，指定专门保密人员，加大保密监控与检查），与共享员工签订更为严密的保密协议、竞业禁止协议等，可以有效保障商业秘密与专有技术。

应注意的是，竞业禁止协议约束的人员限于用人单位的高级管理人员、高级技术人员及其他负有保密义务的人员，竞业禁止期限不超过2年。

问：劳动者与借用单位构成双重劳动关系吗？

答：共享员工，实际上是甲因暂时不需要用工而将劳动者借给乙使用，员工仍然是甲的员工。借用期满后员工回甲单位，劳动关系没有改变。但是需要注意的是，在实务中类似形式的用工经常出现，集团公司内部的用工、关联公司的借调，对于员工在共享期间的权利义务，有约定的按约定，但HR需要注意的是，某些地区对于关联公司共同用工的，两家单位或多家单位要承担共同或连带责任，在借用关系中，借出单位用人不用工，借入单位用工不用人，可以比照劳务派遣相关规定处理，即用工单位给被派遣劳动者造成损害的，劳务派遣单位与用工单位承担连带赔偿责任。

第七章

员工离职法律风险防范

操作指引： 了解离职的各种类型、风险与经济补偿金的算法；规范离职操作，规范各种离职文件，将风险尽可能化解。

第一节　员工离职法律风险概述

离职是用人单位和劳动者结束劳动关系的最终阶段，这里所说的离职是广义的离职，不仅包括劳动者辞职、用人单位辞退劳动者以及双方协商一致解除劳动关系等所导致的劳动关系提前结束的各种情形，而且包括劳动合同终止所导致的劳动关系结束的情形。离职阶段有下列三个特点值得我们注意：

一、离职阶段易引发劳动争议

离职后双方分道扬镳，原来在上班期间隐藏的各种矛盾会在离职阶段集中暴露。劳动者往往存在一种心理，即离职了自己将不再受原单位管理，所以对原单位的种种不满，往往会在离职阶段统统发泄出来。如果原单位没有满足其权益要求，劳动者也会在离职时连本带利提出，如要求支付加班费、补缴社会保险、给付经济补偿金、赔偿金等。就用人单位而言，离职时其对劳动者的不满也会在离职阶段表现出来，如随意辞退劳动者，对于主动辞职的劳动者要求支付违约金、赔偿金，不为劳动者出具相应的离职证明，不为劳动者或故意拖延为劳动者办理离职手续等。因此，由于离职时劳资双方“各怀异心”，导致离职阶段成为劳动争议的敏感期、高发期。因此用人单位 HR 需要提前做好准备。

二、法律对离职有严格的规定

离职包括劳动合同解除，也包括劳动合同终止。无论哪种行为导致的离职，法律对此都有严格的规定。法律不仅对离职行为本身有严格的规定,而且法律对离职后双方的附随义务也有相应的规定。《劳动合同法》关于劳动合同解除和终止有专门的一章,《劳动合同法实施条例》也专门将劳动合同解除和终止单列一章。可见,法律对离职尤其是用人单位辞退劳动者有严格限制。辞退劳动者不再像2008年《劳动合同法》出台前那么容易,而且随着劳动立法的完善,用人单位辞退劳动者将越来越难。

三、用人单位承担的法律责任加重

违法解除的法律责任究竟有哪些?假设:员工2010年4月入职,签署了无固定期限劳动合同。2017年11月被单位违法解除,月工资5000元。员工在2018年9月提出仲裁请求。那么单位可能承担哪些法律责任呢?

(1)员工可以选择要求支付违法解除的赔偿金,按双倍经济补偿金计算,为16个月工资,共计8万元;[1]员工也可以选择要求继续回去上班,并要求用人单位补发自恢复劳动关系之日起的工资,用人单位将非常被动。也就是说,违法解除的法律责任并不限于赔偿双倍经济补偿金。实务中有只工作几个月被解除,但最后判决恢复劳动关系并赔偿一两年(仲裁诉讼期间)工资的案例。

(2)员工申请仲裁时,一般会连带将其他潜在的仲裁请求一并申请。例如,加班费、奖金、未休年假报酬、未依法签订劳动合同的双倍工资、未依法缴纳社会保险的赔偿等项目。这些请求与离职没有直接关系,但往往因为离职的纠纷而触发。

(3)实务中,员工还可能因为离职时的不满情绪,执意向劳动部门或税务部门等进行举报、投诉,这也会给单位带来一些麻烦。

那么,离职究竟应该如何规范操作、防范风险?下文我们将根据离职的不同情形分别讲述。

图7-1为离职情形分类(以《劳动合同法》为依据)

[1] 《劳动合同法》第47条规定:"经济补偿按劳动者在本单位工作的年限,每满一年付一个月工资的标准向劳动者支付。六个月以上不满一年的,按一年计算;不满六个月的,向劳动者支付半个月工资的经济补偿。"

- 离职情形
  - 解除
    - 单方解除
      - 单位单方解除
        - 员工过错解雇（第39条）
        - 非员工过错解雇（第40条）
        - 经济性裁员（第41条）
      - 员工单方解除
        - 无因解除（第37条）
        - 有因解除（第38条）
    - 协商解除（第36条）
  - 终止（第44条）、延期终止（第45条）

图7－1 离职情形分类

第二节　员工主动离职操作

员工主动离职分两种情况。一种情况是无因解除,指劳动者无须理由即解除劳动合同,主要法律依据是《劳动合同法》第 37 条。另一种情况是有因解除,又称为“劳动者被迫解除”,主要法律依据《劳动合同法》第 38 条。两种情形各自有不同的法律效果,下文分别讲述。

一、员工无因解除

劳动者无因解除又分为试用期内的无因解除权和试用期届满后的无因解除权。

第一,试用期内的无因解除权。《劳动合同法》第 37 条规定,劳动者在试用期内可以提前 3 日通知用人单位解除劳动合同,即劳动者在试用期内不需要理由,也不需要以书面形式,只需要提前 3 日通知用人单位即可解除劳动合同。这与原《劳动法》的规定不同,原来的规定是劳动者在试用期内可以随时提出解除劳动合同。

第二,试用期届满后的无因解除权。《劳动合同法》第 37 条规定,劳动者提前 30 天以书面形式通知用人单位,可以解除劳动合同,即劳动者在试用期满后要想与用人单位解除劳动合同,不需要任何理由,只需要:其一,提前 30 天;其二,以书面形式通知。

无因解除需要注意的是:

1. 用人单位要了解法律规定,即使劳动合同未期满,即使员工的岗位非常重要,即使用人单位不愿意员工离职,但法律赋予了员工辞职的权利。“青山遮不住，毕竟东流去。”不管是何种类型的劳动合同，不管劳动合同的剩余期限还有多长，只要员工提前30天通知用人单位解除，劳动合同就将依法解除（哪怕是签署了培训服务期协议）。HR要认清这一点，避免意气用事、激化矛盾。

2. 在员工提前30天提出辞职的情况下，由于单位需要重新招聘人员，或者一时找不到合适的接替人选，可能会造成一些损失，这些损失能否要求员工赔偿呢？一般认为，此时不能要求员工赔偿（有约定培训服务期的可按约定要求赔偿违约金）。根据《劳动合同法》第90条的规定，劳动者违反本法规定解除劳动合同，或者违反劳动合同中约定的保密义务或者竞业限制，给用人单位造成损失的，应当承担赔偿责任。反过来讲，劳动者按照《劳动合同法》的规定提前30天辞职，是依法解除劳动合同，就不应该承担赔偿责任，即使其辞职确实给用人单位造成了损失。《劳动合同法》这样规定的本意是尽量保护劳动者的就业自由，平衡劳资关系。

3. 如果员工没有按照《劳动合同法》的规定提前30天且以书面形式通知单位，或者在试用期内未提前3天通知单位，擅自离职，则属于《劳动合同法》第90条规定的违法解除劳动合同，单位可以要求劳动者承担赔偿责任。例如，员工没有书面通知，只是口头通知辞职，或者没有提前30天（非试用期）通知辞职，即属于违法解除。当然，单位必须有证据，证明因为劳动者擅自离职给用人单位造成的损失。根据原劳动部1995年颁布的《违反〈劳动法〉有关劳动合同规定的赔偿办法》，劳动者应该赔偿的范围包括：（1）用人单位招收录用其所支付的费用；（2）用人单位为其支付的培训费用，双方另有约定的按约定办理；（3）对生产、经营和工作造成的直接经济损失；（4）劳动合同约定的其他赔偿费用。这里所谓“约定的其他赔偿费用”，只能是由劳动者的离职而引发的、实际发生的损失，不能事先约定一个赔偿金额。事先约定一个赔偿金额，其性质为违约金，而《劳动合同法》第25条规定，除了培训服务期与竞业限制的情形外，用人单位不得与劳动者约定由劳动者承担违约金。

现实中，单位向员工索赔违法离职造成的的损失的案件较少，原因是很难证明实际损失，故难以获得实际赔偿。但如果是重要岗位的员工或者数个员工集体突然离职，导致单位瘫痪或向客户赔偿等比较重大的损失，则完全可以提起索赔。

案例23:提前30天辞职还要赔偿损失吗?

陈某与公司签订了为期3年的劳动合同,2018年3月,陈某向公司总经理递交书面辞呈,要求30天后正式辞职,总经理既没有表示同意,也没有表示反对。30天后,陈某要求办理交接手续,转移社会保险。但公司不同意陈某解除劳动合同,也就不同意办理交接手续,陈某则认为自己已经提前30天通知了公司,有权解除劳动合同。因此第二天就不再来上班。公司于是提起仲裁,要求陈某赔偿由于擅自离职而给公司造成的各种损失4万元。

分析:劳动争议仲裁委员会经过审理后认为,陈某提前30天书面通知了公司,属于依照《劳动合同法》的规定辞职,因此不存在违法,也就不应该要赔偿公司损失。

4. 如果员工接受了培训,并与单位签有培训服务期协议,在服务期到期前提出辞职如何处理?首先,应与该员工协商,综合法律、利益、人情各方面看能否协商解决。其次,要保留员工提出离职的证据,以证明系员工违反培训服务期的约定。如果实在不能协商解决,可以通过法律程序要求员工承担违约金及赔偿责任。最后,《劳动合同法实施条例》第26条规定:“用人单位与劳动者约定了服务期,劳动者依照劳动合同法第三十八条的规定解除劳动合同的,不属于违反服务期的约定,用人单位不得要求劳动者支付违约金。”若员工系以《劳动合同法》第38条的理由解除,则服务期约定失效,不能要求违约金。因此单位应尽量与员工协商解决。

5. 员工个人原因辞职的情况下,用人单位无须支付劳动合同解除的经济补偿金。

6. 用人单位应注意保存劳动者的书面辞职信。如果员工只是口头提出,就应该让其填写书面辞职信,或者进行离职面谈,面谈记录中记录系员工主动提出辞职,让员工签字。人力资源部可以备份格式化的员工辞职信及离职面谈表,当员工提出辞职时,让员工在其上签字。员工辞职信、离职面谈记录表请参见文书范本。

7. 即便是在员工辞职的情况下,为了避免潜在的劳动争议,让员工签署一份《离职声明》也是很有必要的。

文书范本39:员工辞职信范本

员工辞职信

尊敬的公司领导:

本人定于近期辞职。在离职前,本人仍将尽职尽责,完成单位交代的工作任务,并在离职时按照规章制度办妥离职交接手续。

辞职原因为下列第____一____项:

一、因个人原因;

二、其他:________________。

正式离职时间:____按公司的要求处理。____

签署时间:　　　年　　月　　日

签名:

8. 如果员工提交的辞职报告中有"请批准"如何处理

依照《劳动合同法》,员工辞职并不需要批准,只需要通知。所以准确的辞职信应该是辞职通知,而不是辞职申请。但假如员工提交的是申请,表述为准备某年某月某日离职,请领导批准,应如何处理?

首先,领导当然可以同意其离职。双方劳动关系于辞职申请里确定的时间解除。员工辞职信应妥善保存,此时,无论属于员工主动辞职还是经由员工提出双方协商解除,公司都无须支付经济补偿金。

其次,单位可以不批准。此时,劳动关系严格来说并未解除。因为该情况相当于员工提出协商解除,而单位未同意。

不过后一种情形存在争议。实际操作中劳动争议仲裁委员会未必会注意辞职通知与辞职申请的区别。所以在出现这种情况时,用人单位还是应该抱着好聚好散的心态,与劳动者协商解除或按劳动者辞职处理。从劳动法的角度讲,一旦员工想离职,很难强求员工留下。从司法实务来看,也很难要求员工赔偿损失。

9. 员工不辞而别如何处理

在员工流动性较高的岗位与行业,这种事情并不少见。员工不来上班了,也没办理正式的辞职或离职手续,甚至都联系不上,如何处理?

(1)如果能让员工前来办理书面离职手续,当然最好。为此,有的用人单位在员工办理手续之前,不给员工发放最后1个月的工资。严格来讲,在劳动关系结束前不发工资是违法的,但若用人单位能举证证明员工最后1个月未到岗工作的,自然不用支付该部分工资。

(2)通知员工前来上班,逾期仍不来上班的,可以以连续旷工严重违反规章制度为由解除劳动合同。同样,解除劳动合同通知应送达员工(可通过快递、公告或录音、电子邮件等方式)。

(3)是否可以直接按自动离职处理?在《企业职工奖惩条例》失效后,法律上已经没有"自动离职"这一说法。不过,用人单位可以考虑在劳动合同或规章制度中规定,如果劳动者超过多少天未请假亦未来上班,则视为自动离职。这种规定是否有效有些争议。在用人单位有证据表明劳动者不再来上班的前提下,用人单位的风险很小(因为不可能构成违法解除);在劳动者自己不来上班的情况下,也不存在补发工资。因此笔者仍建议在规章制度中加入"视为自动离职"的条款。

(4)规章制度或劳动合同中没有自动离职的明确规定,是否仍可以采取不了了之的办法?笔者认为,如果确实认为无法按上述第(1)(2)种方式处理,而且员工极有可能不再来单位,那么不了了之也不失为一种不是办法的办法。不过,此时用人单位至少应该有一份证据证明员工已经不再来上班。该证据可以是电话录音,或者是通知员工前来上班的快递、邮件等。通知上也可以要求员工在指定日期到公司报到上班,否则将被视为自动离职。同时,必须提醒的是,这种情形下,劳动关系处于法律上不清不楚的状态。

二、员工有因解除

《劳动合同法》第38条第1款规定:"用人单位有下列情形之一的,劳动者可以解除劳动合同:(一)未按照劳动合同约定提供劳动保护或者劳动条件的;(二)未及时足额支付劳动报酬的;(三)未依法为劳动者缴纳社会保险费的;(四)用人单位的规章制度违反法律、法规的规定,损害劳动者权益的;(五)因本法第二十六条第一款规定的情形致使劳动合同无效的;(六)法律、行政法规规定劳动者可以解除劳动合同的其他情形。"

1. 用人单位未按照劳动合同约定提供劳动保护和劳动条件

安全生产条件关系劳动者的生命健康权益,如果用人单位不能提供合格的安全生产条件的，劳动者可以随时通知用人单位解除劳动合同。劳动条件是劳动者进行劳动的前提条件，如果用人单位不为劳动者提供约定的劳动条件，劳动者就可以随时解除劳动合同。一般认为，如果用人单位不为劳动者安排约定的工作，使其下岗或半下岗，也属于不为劳动者提供劳动条件。

2. 用人单位未及时足额支付劳动报酬

一是未按照劳动合同约定的时间支付。按有关规定，工资至少应每月支付一次，如未按合同约定的日期支付，即构成未及时支付。如果劳动合同未约定支付时间，那么就应该按照先前月份的支付日期进行支付，否则也属于未及时支付。二是未足额支付劳动报酬。包括未按照劳动合同规定以及未按照法律的规定，如违反法律关于最低工资的规定、关于女职工产假工资的规定等。从法条来看，哪怕只是晚支付一天、少支付一元钱，也是未及时足额支付劳动报酬。但在实务中，如北京地区的司法实践中，认为用人单位只有超过约定支付时间 7 天以上仍未支付或足额支付时，才构成未及时足额支付工资。

另外，司法实务中会对某些计算错误等用人单位非恶意扣发的情形酌情排除。特别是 2020 年由于新冠疫情肆虐，人力资源和社会保障部和一些地方高级人民法院都出台了相关意见，指出因疫情而导致的未及时足额支付劳动报酬情形应予以排除，劳动者据此解除劳动合同的，不予支付经济补偿金。如上海市高级人民法院、上海市人力资源和社会保障局《关于疫情影响下劳动争议案件处理相关指导的意见》中规定："……五、关于劳动合同解除和经济补偿支付的问题。用人单位或劳动者以受疫情影响为由，要求解除劳动合同的，应重点审查当事人要求解除劳动合同的理由。对于确受疫情影响劳动者无法及时返岗复工、用人单位未能及时足额支付劳动报酬、未依法缴纳社会保险等情形，应审慎处理，尽可能通过和解、调解等方式化解矛盾纠纷，稳定劳动关系，不宜轻易判决解除劳动合同。一些用人单位如受疫情影响未及时足额支付工资、未依法缴纳社会保险，经审查该未支付或未缴纳行为确非用人单位主观原因造成，对于劳动者依据《劳动合同法》第 38、46 条规定要求支付经济补偿的请求，应坚持审慎处理的原则，一般不宜支持。"

3. 用人单位未依法为劳动者缴纳社会保险费

国家对社会保险的监控将越来越严。实践中用人单位不为劳动者依法缴纳社会保险的现象还是非常普遍的。《劳动合同法》规定，该情况下劳动者可以随时通知用人单位解除劳动合同，这起到了督促用人单位为劳动者缴纳社会保险的作用。从法条的意思来看，用人单位未"依法"，既指用人单位完全未为劳动者办理社会保险开户与缴费,也包括办理了缴费但缴费基数与实际工资水平不符,或者是部分险种未上。但同样地,实务中某些地区的做法也不完全与法条一致。如江苏地区的司法实践是,仅仅是缴费基数与实际工资水平不符,或是未参加单项险种的,劳动者可以向社保经办机构或劳动行政部门投诉举报维护社保权益,但不得以之为由通知解除劳动合同并要求支付经济补偿金。[1]

另外要注意,住房公积金虽然也是法定应当缴纳的,但并不属于社会保险的范围。用人单位不缴纳住房公积金的,劳动者不能以之为由解除劳动合同并要求支付经济补偿金。

4. 用人单位的规章制度违反法律、法规的规定,损害劳动者权益

这里实际上有两个条件,其一是规章制度确有违法之处,其二是该违法之处已导致劳动者的权益实际受损害。如果规章制度有违法条款,但劳动者并未实际受到损害,则不能依本条解除劳动合同并要求支付经济补偿金。

规章制度的违法之处,包括违法限制人身自由、违法收取押金要求担保等情形。

5. 用人单位以欺诈、胁迫的手段或者乘人之危,使劳动者在违背其真实意思的情况下订立或者变更劳动合同

欺诈、胁迫或乘人之危的情况订立的劳动合同是无效的,法律同时也规定了这种情况下劳动者的随时解除权。比较常见的是欺诈,如招聘广告中存在欺诈情形。

6. 法律、行政法规规定的其他情形

这一规定属于兜底条款。目前暂无法律法规规定的其他情形。

《劳动合同法》第 38 条第 2 款另外规定:"用人单位以暴力、威胁或者非法限制人身自由的手段强迫劳动者劳动的,或者用人单位违章指挥、强令冒险作业危及劳动者人身安全的,劳动者可以立即解除劳动合同,不需事先告知用人单位。"这类情形直接涉及劳动者的人身自由,可能危及劳动者人身生命健康安全,因此这两种情形下劳动者可以随时解除劳动合同,且无须通知用人单位。

有因解除最值得注意的特点是,此时虽然是劳动者主动提出辞职,但仍然有权要求用人单位支付因劳动合同解除的经济补偿金。如前所述,有因解除又被称为"被动解除",区别于劳动者的主动解除(无因解除),即此时劳动者解除系出于被动无奈,故用人单位应当像辞退员工一样支付经济补偿金,否则,某些用

---

〔1〕 参见《江苏省劳动人事争议疑难问题研讨会纪要》(苏劳人仲委〔2017〕1 号)。

人单位就可以采取恶意拖欠工资等方法，迫使劳动者辞职，从而逃避经济补偿金。

从用人单位的角度考虑，如果员工提交的辞职信中说明离职理由是“未依法缴纳社保”等《劳动合同法》第 38 条所列举的原因，则用人单位应与员工及时化解。特别是，如果用人单位收到员工通过快递寄过来的“解除劳动合同通知”或类似文件，文件中表明辞职理由是上述理由，则几乎可以肯定，员工是准备通过法律途径向用人单位主张经济补偿金了。此时，用人单位可与员工协商，请劳动者变更辞职信，用公司指定的格式书写，或用离职审批表，离职交接表等让员工签字，变更离职原因；或者双方签订协商解除的协议或是和解协议；或者用离职面谈表明确双方的争议解决方案；或是让员工签署离职声明，就经济补偿金及相关社保、拖欠工资的争议一并解决。

案例 24：员工未在辞职信中写明依据《劳动合同法》第 38 条的规定解除劳动关系，算被迫解除吗？

小王在某小型商贸公司上班两年，公司一直没有给她缴纳社会保险。小王对此很不满，在找到一家愿意接收她，且答应给她缴纳社会保险的公司之后，小王递交了辞职信。辞职信中仅提到是因为个人原因辞职。

辞职后，小王听说，单位不给缴纳社会保险，而员工辞职的，可以要求单位支付经济补偿金。于是小王向劳动争议仲裁委员会提起了仲裁。庭审过程中，原公司出示了小王亲笔签名的辞职信。裁决出来后，出乎小王意料，小王败诉了。

分析：用人单位虽然存在《劳动合同法》第 38 条的情形，员工也提出了辞职，但在辞职信中并没有明确自己辞职的原因是因为用人单位的违法用工情形（《劳动合同法》第 38 条规定的情形），则此时仍不构成员工被迫解除，用人单位无须支付经济补偿金。[1]

所以从用人单位的角度来讲，要留意员工递交的辞职信内容，必要时可要求员工按单位的格式化的辞职信来填写，或者及时签署和解协议，将有关争议一并解决。

---

〔1〕 笔者所了解的多数判决是这样裁判的，但在实务中仍需要考虑各种因素，如劳动者曾通过电子邮件表明离职的真实理由确实是由于单位存在《劳动合同法》第 38 条所规定的情形。

文书范本40:离职声明范本

离 职 声 明

声明人:

身份证号:

就声明人离职事宜作如下声明:

一、声明人确认于________年____月____日起与________________公司(以下简称公司)解除劳动关系。

二、声明人确认在公司工作期间,双方已签订书面劳动合同,不存在工资及加班费的拖欠,公司已按照劳动合同和国家法律法规规定履行自己的义务(包括但不限于社保、劳动保护、档案转移等各方面),并已经合法解除劳动关系,双方不存在任何劳动争议。声明人不再因劳动关系的履行与解除(终止)向公司要求任何劳动报酬、赔偿或经济补偿金、费用等,不存在任何劳动争议。

签署时间:　　　　年　　月　　日

声明人签字:

第三节　协商解除劳动合同操作

一、协商解除的特点

1. 双方当事人具有平等的解除合同请求权。劳动者或用人单位都可主动向对方提出解除劳动合同关系的请求。

2. 必须经双方平等自愿协商一致而达成协议,才可解除合同,任何一方都不得强加自己的意志于对方当事人。在实务中,只要协议上双方签字或盖章是真实的,就推定为是双方的真实意思表示,除非一方能证明确有胁迫、欺诈等事由。而实际上这是很难证明的。

3. 协议解除基本适用于任何情形,只要双方自愿,不损害他人利益即可。

4. 协议解除建立在双方自愿的基础上,因而不容易激化矛盾,双方往往心平气和,可以通过解除协议把各种争议一并解决,因此是风险最小、矛盾最少的方式。

案例 25:"三期"女职工能否协商解除劳动合同?

何小姐大学毕业后,进入某公司,不久就幸福地成家了。后来,何小姐觉得工作压力大,便萌生了想换家单位的想法。但离终止劳动合同还有半年的时间,因此何小姐想还是等到合同到期终止再说。一日,公司人力资源人员找何小姐谈话,与其协商,因近来变化,想与何小姐提前解除劳动关系,并按规定支付给何小姐补偿金。何小姐觉得这正是个好机会,于是双方谈妥条件后,签订了解除劳动协议书。在办理完相关手续后何小姐便离开了公司。一周后,何小姐到医院检查发现自己怀孕了。她推算怀孕是在劳动合同解除之前的事,于是何小姐将公司告上仲裁庭,要求恢复劳动关系。最后,劳动争议仲裁委员会驳回了何小姐的请求。

分析:女职工在“三期”之内,用人单位不能与女职工解除劳动合同,这是大家都耳熟能详的。但是,本案中何小姐为什么败诉呢?原因就在于女职工“三期”内的“限制解除”,其本身也是有限制的。法律所规定的是用人单位不得无故单方与“三期”内的女职工解除劳动合同,而对于协商解除劳动合同的,法律并不禁止。故本案中尽管何小姐怀孕在劳动合同解除前,但劳动合同的解除是双方协商一致解除的,所以何小姐无法再要求恢复劳动关系。这正说明协商解除劳动合同的一个特点,适用于各种情形。

二、协商解除劳动关系实操

协商解除劳动关系的具体操作要点有:

1. 明确由谁提出的协商解除,或者明确经济补偿金是否支付及支付金额

按照《劳动合同法》的规定,由用人单位提出的,需支付经济补偿金,而由员工提出的则不必支付。因此,协商解除时应尽量让员工主动提出辞职申请,一是可以让员工体面地离开公司,减少对立面,也能减少单位提出解除对员工士气的影响;二是可以免付解除劳动合同的补偿金,减少劳动合同解除、终止的成本。如果协议中未明确哪一方提出协商解除,但明确了是否需要支付经济补偿金以及经济补偿金的数额,则效果也是一样的。

案例26:如何认定协商解除劳动合同的提出方?

王小姐是某公司行政部门的一名员工,与公司签订了5年期限的劳动合同。但在劳动合同履行期间,王小姐准备回老家与男友结婚,于是跟公司提出协商解除。公司方也同意,于是双方签订了协商解除协议。协议写得很简单,仅仅明确了双方协商解除,劳动关系自2018年6月5日解除。但之后,公司与王小姐就提成的结算产生了分歧,王小姐一气之下,向劳动争议仲裁委员会提起诉讼,除了要求支付提成工资之外,还要求单位支付经济补偿金。她在申请书中声称是单位提出的协商解除。请问:王小姐经济补偿金的请求能得到支持吗?

分析:这个案例的关键是一个举证责任的问题,即到底由哪一方来证明是谁

提出协商解除？答案是用人单位。如果双方确实是协商解除，用人单位又证明不了是劳动者提出的协商解除，则由用人单位承担不利后果，按用人单位提出协商解除处理。本案中，用人单位没有在协议中明确是由谁提出的协商解除，如果没有别的证据，则极有可能被裁决应支付经济补偿金。

另外在本案中用人单位还存在一个教训，即在不是协商解除的情况下，就相关可能发生的争议一并解决，并在协议中确定下来。这样，一旦日后发生争议就十分被动。

2. 在劳动合同中事先约定劳动合同解除的条件是无效的

如劳动合同中加上"如乙方连续两个月未完成工作任务，甲方可解除劳动合同"，这样的条款是无效的，也就不能当作解除的依据(但如果是约定在员工手册中的劳动纪律，如约定，乙方连续旷工3天以上的，属于严重违纪，则用人单位可以依据此规定解除劳动合同)。所以，所谓协商解除，只能是在劳动合同履行过程中，劳动者与用人单位经协商，决定解除劳动关系。《劳动合同法实施条例》第13条明确规定，用人单位与劳动者不得在《劳动合同法》第44条规定的劳动合同终止情形之外约定其他的劳动合同终止条件。这里虽然只是说禁止约定"终止条件"，但一般认为应该包括"解除条件"，否则都约定解除条件代替终止条件，就无法实现该法条的立法本意了。

3. 协商解除情形下双方矛盾一般并不激烈，但仍应有书面协议为佳

一旦事后发生争议，可能会发生风险：其一，不明确解除的时间。其二，未明确究竟是何种解除。一旦发生争议，各执一词，劳动者说是用人单位违法解除，单位将非常被动。其三，不明确究竟是谁提出的解除。而哪一方提出会影响经济补偿金的有无。其四，错过了将其他劳动争议通过协商解除劳动合同协议一次性解决的时机。其五，尽管双方同意解除，但仍可能有工资、补偿、交接方面的问题需要协议来明确，否则也可能引发争议。因此，一个书面的协商解除协议书是必要的。这个协议书一般涉及如下内容或注意如下事项：

(1)明确双方属于协商解除劳动合同且明确由哪一方提出。

(2)明确何年何月何日双方劳动关系解除。

(3)明确最后工作日、休假或倒休的具体安排。例如，可约定2020年10月1日起解除劳动合同，工资计算至2020年10月1日，员工工作至2020年9月15日，之后作为员工的年休假及倒休时间。这样可以避免加班费或未休年假报酬。

(4)工作交接、财物返还等。包括交接的具体内容、项目、方式、时间，要求

返还的财物名称、交还时间等。这样可以防止员工解除劳动合同后，擅自带走用人单位财产。

(5)债务清偿。员工在职期间，若负用人单位债务，如借款、罚款、赔款等，应明确清偿金额、日期及具体方式。

(6)应支付的工资和补偿金，明确约定金额和支付日期等。如给予补偿或赔偿，则应将该款项包含的范围明确写明，并将包含范围尽量扩大。注意，一般认为，工伤的赔偿，即便有了协议，如果协议赔偿的金额明显低于法定标准的，劳动者仍可就该差额要求支付，如果高于法定标准则有效。而经济补偿金的标准只要约定清楚了，无论是否支付，无论金额多少，均是有效的。最高人民法院《关于审理劳动争议案件适用法律问题的解释(一)》第35条规定，劳动者与用人单位就解除或者终止劳动合同办理相关手续、支付工资报酬、加班费、经济补偿或者赔偿金等达成的协议，不违反法律、行政法规的强制性规定，且不存在欺诈、胁迫或者乘人之危情形的，应当认定有效。前款协议存在重大误解或者显失公平情形，当事人请求撤销的，人民法院应予支持。这导致在实务中有劳动者主张经济补偿金约定过低显失公平而请求撤销，但往往难以得到支持，因为显失公平的合同是指一方在紧迫或缺乏经验的情况下而订立的明显对自己有重大不利的合同。在合同关系中，公平可理解为当事人自愿作出利益上的选择，即使一方对另一方付出的代价是低廉的，如果当事人自愿接受，也是一种公平和对价。显失公平原则中所讲的"公平"应该是指当事人并不是完全出于本意签约而导致的利益的失衡，其之所以签约，是因为欠缺交易经验、判断力，过于草率或在对方具有某些方面明显优势的情况下作出的，如果不是这些因素的制约，他是不会与对方达成这样内容的合同的。显失公平原则追求的应该是程序公平，而非结果公平。因此在司法实践中即使经济补偿金约定过低也会被认定为是劳动者的真实意思表示。

有关费用，除非明确约定为税后金额，则指的是税前金额。因此用人单位没有必要明确约定为税前。

(7)如有必要，可加入商业秘密、知识产权、竞业禁止条款。协议中可明确在协商解除后，员工应履行保密义务、竞业限制和有关知识产权的义务。离职环节中保密义务的约定，可以更加有针对性地强调哪些信息是属于用人单位的保密信息，离职员工不得使用及泄露给任何第三方，是否允许离职员工与原单位客户进行交易等。

(8)协议中如果写明，协商解除后一方或双方均不能起诉，也不能申请劳动仲裁,此规定是无效的。诉权是法定的,谁都不能剥夺。但一方起诉之后,双方的权利义务仍然要按照协商解除协议进行处理,除非该协议无效。

(9)如果在职期间单位未为其缴纳社会保险,职工是否可以通过协商解除协议中的一定条款解决此事呢?严格来讲,社会保险不是由劳动者与用人单位双方可以约定不交的,因为社会保险是缴给国家,涉及公共利益。协议中如果约定"乙方不得再要求补缴社会保险",这样的条款是无效的,只能起到一种心理作用。但是双方如果确实有意协商解决此事,可以采取将社会保险费用单独列明支付给员工的方式。如果协商解除后,员工再要求补缴,劳动监察或社会保险稽核仍然会受理,且会要求用人单位补缴,但此时用人单位有理由要求员工将返还的那一部分费用交还给单位。

(10)特别重要的是,协商解除协议中必须有"一次性解决双方所有争议"的类似条款,以化解双方所有潜在争议。例如,协议中可约定:"除本协议约定的以外,任何一方都不再因原劳动合同的履行和解除向对方要求其他报酬、费用、赔偿或补偿。"当然要注意,如果有此条款,则单位也不能再向员工索赔了。

实务中,还有这样一种常见的情形:员工要求单位在解除劳动关系之后继续为其缴纳一段时间的社会保险,单位也同意,这样做可行吗?笔者认为,如果约定清楚了劳动关系的解除时间,也约定了代缴一段时间的社会保险,明确了费用的承担,单位是可以这样做的。毕竟劳动关系的本质是提供劳动支付报酬,而不是是否缴纳社会保险。虽然这样做不太符合《社会保险法》,但法律并未规定这种情形下的违法责任。

不是所有的解除劳动关系协议都会涉及上述条款,但是即使是一个简单的解除劳动关系协议,也至少应该包含上述第(1)(2)(10)要点的内容。

文书范本41:协商解除劳动关系协议范本

协商解除劳动关系协议

甲方(用人单位):

乙方(员工):

身份证号:

甲乙双方经平等自愿协商,就解除劳动合同事宜达成一致,并签订本协议。

一、解除日

双方同意于________年____月____日(解除日)解除劳动合同。

二、相关安排

1. 乙方应根据甲方的要求办理工作交接手续。

2. 甲方应正常发放工资至解除日。

3. 社会保险、住房公积金应正常缴纳至________年____月(含当月)。

三、离职补偿

1. 双方同意,离职的经济补偿按如下第________种方式计发:

(1)按《劳动合同法》第47条的规定计发经济补偿金,于________年____月____日前向乙方支付;

(2)经济补偿金为人民币(大写)________(¥________元),于________年____月____日前向乙方支付;

(3)甲方无须向乙方支付离职的经济补偿金。

2. 双方确认,上述经济补偿包括双方劳动关系解除相关的全部补偿、代通知金等项目。

四、确认无其他争议

双方在此确认:均了解《劳动合同法》相关法律法规的规定。劳动关系存续期间,双方已依法签订了书面劳动合同,依法履行了各自义务(包括但不限于社保、劳动保护、档案转移、年休假等各方面)。除本协议约定的以外,任何一方都不得再因为原劳动合同的履行和解除向对方主张其他任何权利(包括但不限于报酬、费用、赔偿或补偿)。

五、工作交接特别约定

____。

六、保密义务

乙方于在职时所掌握到甲方的任何商业秘密,在与甲方解除劳动合同后,应严禁泄露甲方的商业机密及任何有关管理,技术性或商业情报,否则甲方有权保留法律追溯权;乙方不应从事有损甲方声誉的行为,不得直接或间接地劝诱、帮助他人劝诱甲方内部掌握商业秘密的员工离开甲方单位。

七、竞业限制约定

____。

八、其他条款

____。

九、附则

1. 本协议一式两份,双方各执一份,具同等法律效力。

2. 本协议经双方签署后生效。

签署时间：　　　　年　　月　　日

甲方（签章）：

乙方（签字）：

第四节　单位解雇之员工过错解雇

一、员工过错解雇的特点

员工过错解雇，法律依据主要是《劳动合同法》第39条，有如下特点：

1. 所谓员工过错解雇，是指员工自身存在过失而导致用人单位解除劳动合同。

2. 当符合员工过错解雇的条件时，用人单位均可解除劳动关系，基本上没有不得解除的限制。女职工在"三期"内，如果严重违反规章制度，用人单位同样可以解除劳动合同。

3. 用人单位采用此种解除手段时，无须提前通知个人，无须支付代通知金，也无须支付经济补偿金。

4. 采取员工过错解雇的程序要求之一是需要提前将理由通知工会（如有）。工会认为用人单位有违法或违反劳动合同约定的，有权要求用人单位纠正。用人单位应当研究工会的意见，并将处理结果书面通知工会。这里要注意，仅仅是需要与工会沟通协商，但解除劳动关系本身并不需要工会批准。另外，如果没有提前通知，是否会导致劳动合同的解除构成违法？根据最新的最高人民法院《关于审理劳动争议案件适用法律问题的解释（一）》第47条[1]的规定，用人单位如果在法院起诉前（注意不是劳动争议仲裁前）通知了工会，则视为已经履行了通知工会的程序。所以，如果用人单位未提前通知工会，则至少应该在双方任

〔1〕 最高人民法院《关于审理劳动争议案件适用法律问题的解释（一）》第47条规定："建立了工会组织的用人单位解除劳动合同符合劳动合同法第三十九条、第四十条规定，但未按照劳动合同法第四十三条规定事先通知工会，劳动者以用人单位违法解除劳动合同为由请求用人单位支付赔偿金的，人民法院应予支持，但起诉前用人单位已经补正有关程序的除外。"

何一方起诉之前补办这一手续。如果用人单位没有成立工会，当然也就不存在这一问题。

5. 采取员工过错解雇时，对员工经济上与名誉上均有影响，因此往往容易导致矛盾。这就要求用人单位必须了解法律的规定，并有确凿的证据，确保解除合法有效。

下文将分别讲述用人单位可以采取此种解除模式的各种情形。

二、员工在试用期内不符合录用条件

以员工在试用期内不符合录用条件为由解除劳动合同，需注意如下要点：

1. 试用期必须合法约定。违法的试用期视为正式劳动合同期限，不能以不符合录用条件为由解除，否则即构成违法解除劳动合同。

2. 录用条件应有效。录用条件应合法，如某些与工作无关、涉嫌歧视的条件可能会被认为无效。录用条件应明确，且应告知劳动者，录用条件相当于劳动者在试用期的一个行为指引，如果不告诉劳动者，劳动者也就无法按照录用条件去表现，自然该录用条件不会对劳动者产生约束力。

3. 应有证据表明其不符合录用条件，或者有材料表明员工不符合录用条件中的某一条，或者是通过考核证明员工不符合录用条件。这就要求用人单位做好试用期期间的考核工作，HR 要起到组织和把关的作用。考核必须围绕着录用条件，如果是不予转正，那么考核结论就应该是落实到“不符合录用条件”，而非其他。

4. 还有一点很重要，但又常常被用人单位忽视的是，必须在试用期满前作出劳动者是否符合录用条件以及是否录用的决定。如果确实是在试用期满后作出，则在书面证据上应该表明系在试用期满前作出，以作为证据。法律明文规定，必须是“试用期间”被证明不符合录用条件方可适用员工过错解雇，一旦试用期满就不能适用这一条了。

三、员工严重违反规章制度

以员工严重违反规章制度为由解除劳动合同，需注意以下要点：

1. 必须建立、健全规章制度。这是最基本的。如果没有相应的规章制度，或者规章制度没有合法有效地通过，也就自然不能以“严重违反规章制度”为由解除。我们尤其要注意，《企业职工奖惩条例》已经失效，用人单位不能再依据该条例对员工进行处罚，因此用人单位一定要加强规章制度的建设。对此，可参见本书第四章，这里不再赘述。

2. 规章制度应对何谓“严重违反规章制度”作出明确界定。既要明确，还要合理。例如，迟到一次就算严重违反规章制度肯定是不合理的，应该有一个合理的梯度设计。

3. 做好日常管理取证工作。单位要在平时做好管理工作，对员工的违纪行为及时指出并保存好相应的证据。根据有关举证规则，用人单位必须证明自己的解除行为是合法的，否则即对用人单位不利，因而 HR 一定要有证据意识。如果要对员工作出开除的处罚决定，首先不要轻举妄动，要先做调查工作，搜集证据。证据包括员工签字的检讨书，或者员工签字的情况调查表、谈话记录等。如果员工不愿意签字，可以让其他同事（最好是平级或者下级的同事，最好两人以上）作为见证人。做好这些工作，确定没有法律风险以后，才能按照程序解除劳动合同。如果没有把握，则应尽量与员工协商，采取协商解除的方式。这样对单位减少了风险，对员工来说也更体面一些。

四、员工严重失职、营私舞弊，给用人单位利益造成重大损害

以员工严重失职、营私舞弊，给用人单位利益造成重大损害为由解除劳动合同，需注意如下要点：

1. 有证据表明员工存在严重失职或者营私舞弊的行为，即劳动者在工作期间，违反岗位职责，或者利用职务之便营私舞弊。注意，严重失职可以是故意或过失，但营私舞弊肯定是故意的。用人单位要想证明员工存在失职或营私舞弊的行为，必须要明确岗位职责，只有员工的工作职责范围明确了，才能更好判定员工究竟是否有失职或利用职权。另外，用人单位还应搜集证据，证明员工确实有失职的行为。与前述类似，证据包括员工签字的检讨书，或者员工签字的情况调查表、谈话记录，甚至可能有报案记录，相关当事人的证明等。如果员工不愿意签字，可以让其他同事作为见证人。

2. 有证据表明员工的行为确实给单位造成重大损害。包括用人单位的有形

财产、无形财产遭受重大损害，如工作不负责任而生产出废品、损害工具设备、浪费原材料或能源，贪污受贿，侵占公司财产，泄露或出卖商业秘密等。举例来说，人力资源管理人员负有保证员工合法招聘录用之责，如果因为人力资源管理人员的粗心大意未与员工签订劳动合同而导致双倍工资的赔偿，那么就是造成了单位的损害。

此种情形下解除劳动合同时，除上述证据问题外，还有一个关键是：何谓重大损害？原劳动部办公厅《关于〈劳动法〉若干条文的说明》规定，“重大损害”由用人单位内部规章来规定，因为用人单位类型各有不同，对重大损害的界定也千差万别，故不便于对重大损害作统一的解释。若由此发生劳动争议，可以通过劳动争议仲裁委员会对其规章规定的重大损害进行认定。由此可见，何谓重大损害，界定权首先在用人单位。这个界定一般是在规章制度中作出，也可以在劳动合同中约定。如果没有界定，那么仲裁机构与法院将对此进行裁量，实务中，一般较大金额的、有形的财产损失才会被当作“重大损害”。因此用人单位事先对“重大损害”作出明确界定十分必要。

五、员工兼职且对单位造成严重影响或拒不改正的

《劳动合同法》第39条规定，劳动者同时与其他用人单位建立劳动关系，对完成本单位的工作任务造成严重影响，或者经用人单位提出，拒不改正的，用人单位可以与劳动者解除劳动合同。这是《劳动合同法》相对于《劳动法》的一个新规定。此种情形下操作时，用人单位应注意，并非员工有兼职即可开除，还需要满足下列两项条件之一：

1. 兼职对完成本单位的工作任务造成了严重影响。何谓严重影响，最终要由仲裁机构或法院进行裁量。

2. 用人单位要求劳动者改正兼职，但劳动者拒不改正。例如，用人单位可向劳动者发出一个要求改正的通知，或者由HR、部门主管与兼职员工进行面谈，要求其改正，并要求员工签字。如果劳动者事后仍有兼职行为，则可以解除劳动关系。

由上述分析可见，法律实际上并未反对劳动者兼职，但也未提倡，关键在于用人单位的态度。用人单位还可以采取如下措施：一是建立兼职申报制度，即劳动者在外兼职的，必须事先向单位提出申报，经批准方可，否则视为严重违反规

章制度;二是直接在规章制度中明确将兼职作为严重违反用人单位规章制度的行为,一经发生就可以解除劳动合同。这样,用人单位就不需要再举证明劳动者的兼职给本职工作造成了严重影响,或者证明曾经要求其改正。

文书范本 42:兼职改正通知书范本

兼职改正通知书

被通知人:________

经查,您在本单位工作期间,同时与其他单位建立劳动关系(其他兼职)。为避免影响本单位工作,希望您在收到本通知之日起 10 日内与其他单位解除劳动关系(其他兼职),并向本单位提供有关解除证明。否则,本单位将依据有关法律法规对您依法进行处理。

如有需要,可联系:

联系人:________________

电话:________________

电子邮箱:________________

联系地址:________________

特此通知。

________公司

年　　月　　日

签　收　栏

本人已经收到上述文件,并已知悉其内容。

签收:

年　　月　　日

六、劳动合同无效解除

按《民法典》中一般合同法的理论,合同一旦被认定为无效,也就谈不上解除的问题。但《劳动合同法》采取了不一样的制度,劳动合同无效时,用人单位可以提出解除。

这里劳动合同无效的理由,只限于《劳动合同法》第 26 条第 1 款第 1 项所列举的欺诈、胁迫、乘人之危，使用人单位在违背真实意思的情况下订立合同。这里的劳动合同无效，是指整个劳动合同无效，而非合同部分条款无效。

此时，用人单位需要有证据证明劳动者有欺诈、胁迫、乘人之危的情形。实务中，胁迫与乘人之危的情形很难证明，也较少见。如果用人单位确实有书面材料、录音或录像材料证明存在胁迫情形，则可以主张合同无效。劳动者伪造学历、工作经历等欺诈行为导致合同无效则比较常见。这要求 HR 在人员的录用过程中做好取证工作。

七、员工被追究刑事责任

这里的关键是，"被追究刑事责任"包括哪些情形。综合原劳动部办公厅《关于〈劳动法〉若干条文的说明》第 25 条、原劳动部《关于贯彻执行〈中华人民共和国劳动法〉若干问题的意见》第 29 条、原劳动和社会保障部办公厅《关于职工被人民检察院作出不予起诉决定用人单位能否据此解除劳动合同问题的复函》等规定，可以看出，在下列情形下，用人单位可以解除劳动关系：

1. 劳动者被人民法院判处任何刑罚之一的（包括管制、拘役、有期徒刑、无期徒刑、死刑、罚金、剥夺政治权利、没收财产，包括判处缓刑），但被检察院免予起诉不在此列（不论何种理由不起诉）；

2. 劳动者被人民法院依据《刑法》第 37 条免予刑事处罚的，即定罪免刑的；

3. 另外，按原劳动部《关于贯彻执行〈中华人民共和国劳动法〉若干问题的意见》第 31 条的规定，劳动者被判处劳动教养，用人单位可以依据被劳动教养的事实解除与劳动者的劳动合同。不过，2013 年 12 月 28 日全国人民代表大会常务委员会通过了关于废止有关劳动教养法律规定的决定，劳动教养制度已经正式废止。

除上述情形外，劳动者被行政拘留、被行政处罚，但没有构成刑事犯罪的，用人单位都不能以"被追究刑事责任"为由解除劳动合同。但是，用人单位可以在规章制度中列举一些比较严重的违反法律法规的行为，将其视为影响单位名誉与利益，构成严重违纪行为。如有发生，则单位可以以"严重违反规章制度"为由解除劳动合同。

案例27:员工被立案侦查,能否解除劳动合同?

郭某系某公司工人。某日,当地公安机关以涉嫌故意杀人罪为由对郭某进行立案,并对郭某实施了逮捕,关押期间长达10个月。但最终因为证据不足,无罪释放。在关押过程中,公司以郭某被追究刑事责任为由解除了劳动关系。郭某从看守所出来后,不服公司的解除决定,申诉至劳动争议仲裁委员会。

分析:劳动争议仲裁委判定公司的做法是错误的,责令恢复劳动关系。理由很明确,郭某只是作为犯罪嫌疑人被立案侦查,最终也没有被判定有罪,因此郭某并未被追究刑事责任,故不能以郭某被追究刑事责任为由解除劳动关系。在郭某被关押期间,公司可以按郭某事假或劳动关系中止处理。

当然,另一方面,对公安机关错误关押造成的损失,郭某可以提起国家赔偿。

第五节　单位解雇之员工非过错性解雇

一、非过错性解雇的特点

1. 非过错性解雇的情况下，劳动者并不存在过错，只是由于某些特殊情形的出现，法律赋予了用人单位与劳动者解除劳动合同的权利。

2. 需要支付经济补偿金。

3. 需要提前30日书面通知劳动者或者额外支付劳动者1个月工资。如果没有严格按此程序，如只提前25日通知劳动者，会不会导致解除变成违法解除？一般认为并不会因此即构成违法解除，但劳动者有权要求支付1个月工资作为代通知金。[1]

4. 在法律限制解除的情形下，不适用非过错性解雇。如女职工怀孕后，不能以其不胜任工作为由解除劳动关系。

二、员工患病或非因工负伤

劳动者患病或非因工负伤，在规定的医疗期满后不能从事原工作，也不能从事用人单位另行安排的工作的，用人单位在提前30日以书面形式通知劳动者或者额外支付劳动者1个月工资后，可以解除劳动合同。这里需要注意如下要点：

1. 必须医疗期满。首先，医疗期不是劳动者病伤治愈实际需要的医疗期间，而是根据劳动者工龄等条件，依法可以享受的停工医疗并发给病假工资，且限制

---

〔1〕 代通知金是我国香港特区和我国台湾地区的说法，是指用人单位在提出解除劳动合同或终止劳动合同时应该提前1个月通知的情况下，如果用人单位没有依法提前1个月通知的，应给付1个月工资作为代替。

用人单位解除劳动合同的期间。医疗期的期限，请见表7－1。

表7－1　医疗期的期限

总工作年限	本单位工作年限	应给予的医疗期	计算周期
10年以下	5年以下	3个月	6个月
	5年以上	6个月	12个月
10年以上	5年以下	6个月	12个月
	5年以上10年以下	9个月	15个月
	10年以上15年以下	12个月	18个月
	15年以上20年以下	18个月	24个月
	20年以上	24个月	30个月

注：(1)医疗期包括法定节假日和休息日；

(2)医疗期1个月按30天计算；

(3)哪怕只上班一天，也应享受3个月的医疗期；

(4)法律依据见原劳动部颁布的《企业职工患病或非因工负伤医疗期规定》。

案例28：医疗期如何计算？

小王2018年大学毕业后即在某公司上班。他在2018年7月1日起根据医生证明休病假，到8月1日病愈上班。2018年11月15日小王出车祸住院，请问小王的医疗期何时届满？

1. 小王刚刚大学毕业，医疗期应该是3个月，按6个月周期内累计病休时间计算；

2. 2018年7月1日小王病休，到2018年12月31日满6个月。这6个月中小王伤病共休了两个半月，因此3个月的医疗期未满；

3. 我们再从2018年11月15日起计算，至2019年5月14日满6个月。这6个月中，小王到2019年2月14日便已经因伤病休满了3个月。

因此，小王自2019年2月15日起，医疗期满。如该日起小王仍不能胜任工作，也不能从事用人单位另行安排的工作，则用人单位可以依照程序解除劳动合同。

总结，计算医疗期是否届满的“三部曲”：

1. 根据劳动者的工作年限，判断其医疗期与对应的计算周期；

2. 从劳动者第一次休病假开始，往后推相应的计算周期，看该周期内劳动者休病假的天数是否已经达到医疗期天数；

3. 如果按第 2 步计算，病假天数未满医疗期天数，那么再从劳动者下一次休病假时起，重复按第 2 步计算。如此反复，以判断劳动者医疗期是否届满。

2. 医疗期满后不能从事原工作，也不能从事用人单位安排的其他工作。这个如何理解？是否必须经过伤残鉴定？是否必须另外安排其他工作？

《企业职工患病或非因工负伤医疗期的规定》以及原劳动部《关于贯彻执行〈中华人民共和国劳动法〉若干问题的意见》中都规定，请长病假的职工在医疗期满后，能从事原工作的，可以继续履行劳动合同；医疗期满后仍不能从事原工作也不能从事由单位另行安排的工作的，由劳动鉴定委员会参照工伤与职业病致残程度鉴定标准进行劳动能力鉴定。被鉴定为一至四级的，应当退出劳动岗位，解除劳动关系，办理因病或非因工负伤退休退职手续，享受相应的退休退职待遇；被鉴定为五至十级的，用人单位可以解除劳动合同，并按规定支付经济补偿金和医疗补助费。这就意味着，医疗期届满后，用人单位需要经过劳动能力鉴定才能证明劳动者不能从事原工作而解除。

但是，实务中多数不这样操作，原劳动部的规定也不符合《劳动法》的本意。医疗期的本意是：用人单位无须长期养着病号，劳动者休病假达到一定期限还不能来上班的，用人单位就可以解除劳动合同，而不是说劳动者一定要构成残疾。

是否必须另外安排其他工作？首先，是否有其他岗位与工作安排，只能由单位来决定，仲裁与法院难以判断；其次，如果员工不能来报到上班，自然也就谈不上从事其他工作。如上海的规定，[1] 劳动者患病或非因工负伤超过规定的医疗期后，不能上班工作的，视为不能从事原来的工作，也不能从事另行安排的工作。这似乎更符合《劳动法》的本意。

因此在实务中，对于医疗期满解除的操作有一定争议。为减少争议，建议用人单位在解除之前，提前通知员工，告知其医疗期将于何时届满，如医疗期满后仍不能到单位报到上班，则单位将按医疗期满解除劳动合同。这种做法可大大增强单位解除的有效性。

另外，医疗期满不胜任工作而解除的，除了经济补偿金外，用人单位还应向

---

〔1〕 上海市人民政府发布《关于本市劳动者在履行劳动合同期间患病或者非因工负伤的医疗期标准的规定》，其中第 5 条规定："劳动者在本单位工作期间累计病休时间超过按照规定享受的医疗期，用人单位可以依法与其解除劳动合同。"

劳动者支付医疗补助费。依据原劳动部《关于贯彻执行〈中华人民共和国劳动法〉若干问题的意见》的规定,请长病假的职工在医疗期满后,能从事原工作的,可以继续履行劳动合同;医疗期满后仍不能从事原工作也不能从事由单位另行安排的工作的,由劳动鉴定委员会参照工伤与职业病致残程度鉴定标准进行劳动能力鉴定。被鉴定为一至四级的,应当退出劳动岗位,解除劳动关系,办理因病或非因工负伤退休退职手续,享受相应的退休退职待遇;被鉴定为五至十级的,用人单位可以解除劳动合同,并按规定支付经济补偿金和医疗补助费。

三、员工不能胜任工作

《劳动合同法》第40条规定,劳动者被证明不能胜任工作,经过培训或者调整工作岗位,仍不能胜任工作的,用人单位在提前30日以书面形式通知劳动者本人或者额外支付劳动者1个月工资后,可以解除劳动合同。可见,适用这一规定需要同时具备以下三个条件:

1. 劳动者被证明不能胜任工作。其一,劳动者不能完成岗位所要求的工作量,而该工作量同岗位的大部分员工都能完成;其二,劳动者在本职工作中的差错率相对较高,如总是被客户投诉;其三,如果是不能量化的工作,则需要绩效考核来说明员工确实不能胜任工作。如果通过绩效考核来证明不能胜任工作,则应该建立有效的绩效考核制度,并向员工公示告知。

2. 劳动者即便不能胜任工作,用人单位也不能直接解除劳动合同,而必须有一个培训或调岗的前置程序。培训还是调岗,可以由用人单位决定,如果无岗位可调,自然就只能安排培训。如果要调岗,那么一般认为,是将劳动者调往复杂程度更低的岗位,而不能是调往复杂程度更高的岗位。至于培训,法律并没有特别的要求。例如,用一个下午,由几个同事或主管进行一下培训,也是可以的。但是用人单位应保存好培训的记录。

3. 需再次证明劳动者不能胜任工作。用人单位经对劳动者培训或调岗后,用人单位还必须再次证明劳动者不能胜任工作后,才能解除劳动合同。

案例29：不胜任工作能否直接解除劳动合同？

小张系某技术公司的售后服务人员，负责公司售出产品的售后维修工作。入职两个月以来，小张负责的维修工作，无论是返工数量还是投诉率都居高不下。公司便以不能胜任工作为由向小张开出了立即解除劳动合同的书面通知。小张不服，提起仲裁，要求撤销单位的解除行为。

分析：劳动争议仲裁委审理后认为，虽然从小张的返修率和投诉率来看，小张确实属于不能胜任工作的情况，但是根据法律的规定，不能胜任工作的，公司并不能立即解除劳动合同，而必须经过培训或调岗。因此，公司仍然构成违法解除，其解除行为应予撤销。

四、客观情况发生重大变化

《劳动合同法》第40条规定，劳动合同订立时所依据的客观情况发生重大变化，致使劳动合同无法履行，经用人单位与劳动者协商，未能就变更劳动合同内容达成协议的，用人单位可依法定程序解除劳动合同。从法条可以看出，此种情形的解除需要具备以下两个条件：

1. 客观情况发生重大变化。原劳动部办公厅《关于〈劳动法〉若干条文的说明》第26条对“客观情况发生重大变化”解释道：“客观情况”指发生不可抗力或出现致使劳动合同全部或部分条款无法履行的其他情况，如企业迁移、被兼并、企业资产转移等，并且排除《劳动法》第27条所列的客观情况。但该解释仍不是十分明确，可简单概括为用人单位生产与经营上的重大调整情形。

注意，这里所说的“客观情况”是包括用人单位出于主观意愿而导致的情形的，例如，收购、并购、重组等。此处的“客观”，其含义是用人单位并非针对某个或某几个员工的行为，而是在宏观上的重大调整。

2. 未能就变更劳动合同达成协议。客观情况发生重大变化时，用人单位应与员工进行沟通协商，如果确实无法达成变更劳动合同的协议，方可解除。实务操作中，HR可以组织面谈，代表用人单位提出变更方案，如调岗调薪，看员工是否同意。双方协商的过程应形成书面记录，并双方签字，作为证据保存。

另外，请注意，对于试用期的员工，是不适用此种解除方式的。因为《劳动合同法》第21条规定,在试用期中,除劳动者有《劳动合同法》第39条和第40条第1项、第2项规定的情形外,用人单位不得解除劳动合同。“客观情况发生重大变化协商不成而解除”是《劳动合同法》第40条第3项的规定,不在试用期可以解除的范围之内。这似乎是一个法律上的漏洞。在实务操作中,用人单位主要还是以试用期不符合录用条件为由解除。当然上述法条指的是用人单位不得单方解除的情形,若与员工协商一致,也可以在试用期内解除劳动合同。

第六节　单位解雇之经济性裁员

《劳动合同法》第 41 条规定:“有下列情形之一,需要裁减人员二十人以上或者裁减不足二十人但占用人单位职工总数百分之十以上的,用人单位提前三十日向工会或者全体职工说明情况,听取工会或者职工的意见后,裁减人员方案经向劳动行政部门报告,可以裁减人员:

(一)依照用人单位破产法规定进行重整的;

(二)生产经营发生严重困难的;

(三)用人单位转产、重大技术革新或者经营方式调整,经变更劳动合同后,仍需裁减人员的;

(四)其他因劳动合同订立时所依据的客观经济情况发生重大变化,致使劳动合同无法履行的。

裁减人员时,应当优先留用下列人员:

(一)与本单位订立较长期限的固定期限劳动合同的;

(二)与本单位订立无固定期限劳动合同的;

(三)家庭无其他就业人员,有需要扶养的老人或者未成年人的。

用人单位依照本条第一款规定裁减人员,在六个月内重新招用人员的,应当通知被裁减的人员,并在同等条件下优先招用被裁减的人员。”

一、经济性裁员的条件

依据《劳动合同法》第 41 条的规定,经济性裁员的条件为需要裁减人员 20 人以上或者裁减不足 20 人但占用人单位职工总数 10% 以上。如果人数不足法定标准，就不能以经济性裁员的实体条件为由成批解除劳动合同，只能按照《劳动合同法》第36条、第39条、第40条的规定单个解除劳动合同。用人单位会不会把本来应裁员20人以上的，分成几批，分开裁员？某些学者曾提出这种质疑，以说明《劳动合同法》的不严密。但是请注意，经济性裁员是一种对用人单位相对有利的裁员方式，是用人单位成批解除员工的唯一方式。用人单位如果刻意规避经济性裁员，当然可以如此操作，但是按照其他解除劳动合同的方式同样要遵循法定程序，且不能大规模地裁员，用人单位的举证责任更加重大。因此在劳动法下，为避免违法解除的法律责任，用人单位采取经济性裁员从某些角度来讲是有利的。

二、经济性裁员的情形

1. 依照《企业破产法》规定进行重整的。2007年6月1日起实施的《企业破产法》第八章专门规定重整的问题。重整，是指在法院主持下，债务人与债权人达成协议，制订重整计划，规定在一定期限内，债务人按一定方式全部或部分清偿债务，同时债务人可以继续经营其业务。重整意味着用人单位经营出现了重大问题，需要从人员、经营等各个方面进行变动。因此《劳动合同法》也作出相应规定，以便用人单位减少和控制用工成本，帮助用人单位走出困境。

2. 生产经营发生严重困难的。法律对何谓“生产经营发生严重困难”，并没有明确界定。原劳动部办公厅《关于〈劳动法〉若干条文的说明》第27条规定，生产经营是否发生严重困难，可以根据地方政府规定的困难企业标准来界定。

3. 用人单位转产、技术革新、经营方式调整，经变更劳动合同后，仍需裁减人员的。此种情形下需要注意，应首先变更劳动合同，如果变更劳动合同后，还不能解决问题，则可以进行经济性裁员。

4. 其他因劳动合同订立时所依据的客观经济情况发生重大变化，致使劳动合同无法履行的。《劳动合同法》的这一规定在很大程度上放宽了裁员的条件，反映了中国的劳动立法对裁员的相对宽松态度。目前，暂无明确标准对“客观情况发生重大变化”作出界定，实务中，用人单位生产经营的重大变化、政策法规的变化、重大灾害等，都能够视为“客观情况发生重大变化”。

三、经济性裁员的程序

在实务,裁员程序一般按如下五个阶段进行:

1. 准备材料阶段。准备用人单位资产损益表、收支平衡表、税务表等财务、审计报表,以证明用人单位面临困难;准备初步裁员方案,包括被裁减人员名单、裁减时间、步骤、经济补偿办法等。

2. 听取意见阶段。一般采取会议加公告的形式,向职工与工会公布裁减方案,听取职工或工会的意见。开会之前要发文,开会之时要签到,做好会议纪要,会后要让与会者签名。有工会的,应由工会负责人对会议相关文件签字盖章。实务中还可以辅助采取设置意见箱、部门负责人收集意见等方法。这里要注意,只要符合法定条件,裁员并不需要得到工会或者大多数职工的同意,用人单位需要做的,只是一个听取工会和职工意见的程序。当然,在实务中,吸收工会与职工的意见,避免在裁员中激发矛盾,使裁员平衡有序地进行,也是很重要的。

3. 报告阶段。向当地劳动行政部门报告裁减人员方案以及工会或者全体职工的意见,并听取劳动行政部门的意见。同样,报告不等于审批,用人单位只需要履行报告的程序,但并非需要得到劳动行政部门的批准。反过来,即使是劳动行政部门没有反对意见,也不代表用人单位的裁员措施在其他方面绝对不存在违法情形。

4. 修改完善阶段。根据劳动行政部门的意见与工会、职工的意见,对裁员方案进行修改与完善。

5. 正式公布实施阶段。由用人单位正式公布裁减人员方案,与被裁减人员办理解除劳动合同手续,并支付经济补偿金。注意上述第 2、3 步骤至少应在正式实施之日的 30 日之前完成。

实务中,有些单位采取所谓“闪电式裁员”的方法,这是违法的,也极易引起纠纷。用人单位既要实施裁员,说明经营状况欠佳,更要注意依法操作,否则一旦引发矛盾争议,可能会成为压死骆驼的最后一根稻草。用人单位应与员工、工会坦诚交换意见,取得劳动行政部门的配合,甚至应该与所在社区、其他相关部门取得配合,以平稳裁员。出于稳定社会秩序的考虑,政府部门与社区往往愿意予以配合。

四、经济性裁员的特殊人员

按《劳动合同法》第 42 条的规定，下列六类人员不得裁减：

1. 从事接触职业病危害作业的劳动者未进行离岗前职业健康检查，或者疑似职业病病人在诊断或者医学观察期间的；

2. 患职业病或者因工负伤并被确认丧失或者部分丧失劳动能力的；

3. 患病或者非因工负伤，在规定的医疗期内的；

4. 女职工在孕期、产期、哺乳期的；

5. 在本单位连续工作满 15 年的，且距法定退休年龄不足 5 年的；

6. 法律、行政法规规定的其他情形。

上述几类人员不能进行裁员，否则一旦员工提出仲裁或诉讼，用人单位必败无疑。

另外，《劳动合同法》第 21 条规定，在试用期中，除劳动者有《劳动合同法》第 39 条和第 40 条第 1 项、第 2 项规定的情形外，用人单位不得解除劳动合同。从法条文义来看，很明显，裁员是依据《劳动合同法》第 41 条的规定，不在上述试用期可以解除的范围之内。从常理上来说，试用期的员工因为对岗位还不是非常熟悉，往往在用人单位优先裁员之列，《劳动合同法》第 21 条的规定并不合理。但在该法条修改之前，对试用期员工进行经济性裁员是违法的，因此用人单位可改以试用期不符合录用条件为由解除。

经济性裁员中还有一条"两个优先"的规定。

第一个优先是优先保留，即裁员时就优先留用下列劳动者：(1) 与本单位订立较长期限的固定期限劳动合同的；(2) 订有无固定期限劳动合同的；(3) 家庭无其他就业人员，有需要扶养的老人或者未成年人的。

在向劳动行政部门递交的报告材料中，也有对裁减人员的情况分析，以便劳动行政部门对用人单位是否优先留用了上述三类人进行监督。

第二个优先，是在裁员后 6 个月内再招聘新员工的，应当通知被裁减人员，并在同等条件下优先招用被裁人员。法律如此规定是出于以下三方面考虑：一是裁员并非个人有违法违纪违规行为，只是单位生产经营的问题，因此用人单位在生产经营恢复正常后，重新招用人员时，应优先照顾被裁减的劳动者；二是裁减人员对用人单位比较熟悉，对用人单位而言是"熟手"；三是可以有效防止用人单位以经济性裁员为借口，随意裁减劳动者。

那么，重新招人时如果没有通知原被裁人员，会导致什么法律责任？目前没有明确的法律规定，也很少有实际的案例。但作为HR，仍应注意此种法律风险。按照法律规定，其实用人单位主要是要履行通知之责任，至于是否招用原被裁人员，主要由用人单位自行考量。法律仅规定在“同等条件”下优先招用，何谓“同等条件”实际操作的空间很大，用人单位完全可以主张被招用的人与原被裁人员情况并不一样，不属于同等条件。请参考文书范本《优先招用通知书范本》。

文书范本43：北京地区实施经济性裁员时需向劳动行政部门提交的材料

____________（企业名称）裁员工作方案
（参考样本）

一、裁员背景

1. 企业近期经营状况、未来经营状况和财务状况预测；

2. 企业已采取的不裁员少裁员措施；

3. 裁员依据：符合《劳动合同法》第41条第________项规定的裁员情形；

4. 裁员后企业的人力资源规划考虑及预期经营状况。

二、裁员工作原则

1. 坚持依法合规裁减人员；

2. 依法履行民主程序，充分听取工会和职工意见建议，保证裁员程序和结果公开、公平、公正，争取职工的理解与支持；

3. 与注册所在地的政府、人力资源社会保障部门、人力资源服务企业、社区等保持良好沟通，配合做好社会保险转移接续、促进职工再就业等相关工作。

三、成立工作组

____月____日前，成立裁员工作组，负责裁员方案制定和实施工作。工作组由____________担任组长，人力资源部门、财务部门等相关部门参加。

工作组成员名单：

听取工会或职工意见的联系人和联系方式：

四、制定裁员草案

1. ____月____日前，了解职工意见和主要诉求，梳理职工基本情况，提出裁员标准，测算裁员成本，并提出资金筹集具体意见。

2. ____月____日前，提出裁员草案，包括裁减人员规模、范围、标准、裁员初步名单、预计裁员成本等,提交企业管理层研究讨论。

(1)职工基本情况表

序号	姓名	性别	年龄	身份证号	联系方式	入职时间	学历	职称/技术等级	岗位	劳动合同类型	合同终止时间	本单位工作年限	月均工资	业绩考核	其他(伤病、孕产哺乳期、家庭困难)
1															
2															
……															

(2)裁员涉及部门、岗位、人数、被裁减人员数量占职工总数的比例

(3)裁员标准

(4)裁员成本:预计________元

其中:

- 经济补偿

被裁减人员本单位平均工作年限:

被裁减人员月平均工资标准:

本地区上年度职工月平均工资:

月工资高于本地区上年度职工月平均工资三倍的被裁人员人数:

- 应偿还的拖欠职工工资(若存在此类情况)
- 需补缴的社会保险费(若存在此类情况)
- 一次性伤残就业补助金(若存在此类情况)
- 其他(如特殊职工帮扶费用)

3. ____月____日根据管理层研究意见修改完善,形成裁员草案。

五、依法履行民主程序

1. ____月____日,召开会议,与企业工会沟通裁员有关情况,由企业负责人或裁员工作组组长说明裁员情况,听取工会对裁员草案的意见。

没有企业工会的,____月____日,召开全体职工大会,由企业负责人或裁员工作组组长向全体职工说明有关情况,公布裁员草案,并公布听取意见的渠道、电话、邮箱等。职工因病、因事不能参加职工大会的,应书面请假,本人签字。

2. ____月____日前,根据工会和职工对裁员草案的意见和建议,对裁员草案进行修改完善,形成报送当地人力资源社会保障部门的裁员方案。

六、向注册所在地的人力资源社会保障部门报告

____月____日前,按照有关规定向人力资源社会保障部门报告裁员有关情况。

七、确定裁员正式方案

根据人力资源社会保障部门提出的修改意见对裁员方案进行修改完善,形成正式裁员方案并向全体职工公示。

八、实施裁员方案

1. ____月____日前,根据最终裁员名单通知被裁减人员;
2. ____月____日前,与被裁减人员面谈;
3. ____月____日前,进行工作交接;
4. ____月____日前,办理被裁减人员离职手续,结清工资、缴纳社会保险费,支付经济补偿、一次性伤残就业补助金等;
5. ____月____日前,办理社会保险和档案转移手续。

向人社部门报告企业裁员情况的说明
(参考样本)

____________人力资源和社会保障局:

____________(企业名称)因____________(原因)需规模裁员,此前已采取了____________(稳岗措施)。现拟裁减________人,占企业总人数________%,拟裁减人员主要涉及____________岗位,没有违反法律规定裁减应当特殊保护的职工。裁员方案已充分听取工会或者职工意见,履行法定民主程序,职工所提意见基本采纳,没有采纳的意见主要有:________________,已将理由告知职工并取得理解。裁减人员的经济补偿标准为____________,企业能依法及时支付。没有欠薪欠保情况(有欠薪欠保情况,但能在____月____日前结清)。没有其他历史遗留问题。

附件:1. 裁员方案

2. 企业财务报告以及企业符合法定裁员情形的其他证明材料

3. 履行民主程序证明

负责人:

联系人及电话:

日期:

(签章)

文书范本44:优先招用通知书范本

优先招用通知书

________:

本单位在________年____月实行经济性裁员,您在被裁减之列。现单位拟重新招用员工,招聘情况如下:

招用人数:________________

岗位:________________

其他:________________

根据《劳动合同法》,您在同等条件下享有优先被招用的权利(但并非确定能被招用)。请您在________年____月____日之前向本单位提交书面求职信及有关履历。如在该日期之前未提交求职信,将被视为放弃优先获得招用的权利。

如有需要,可联系:

联系人:________________________________

电话:________________________________

电子邮箱:________________________________

联系地址:________________________________

特此通知。

________公司

年　　月　　日

签　收　栏

本人(本单位)已经收到上述文件,并已知悉其内容。

签收:

年　　月　　日

第七节 限制解除劳动合同的情形

前文已经讨论了解除劳动合同的各种情形，也提到了一些解除劳动合同的条件，下文系统讲述用人单位解除劳动合同受限制的情形。

一、限制解除劳动合同的六种情形

1. 从事接触职业病危害作业的劳动者未进行离岗前职业健康检查，或者疑似职业病病人在诊断或者医学观察期间的。对此，在《劳动合同法》与《职业病防治法》中均有规定。

此种情形下，用人单位不得采取非过失性解雇，不得对该劳动者进行经济性裁员。当然，不从事接触职业病危害作业的劳动者不在上述限制之内。

2. 职工患职业病或者因工负伤并被确认丧失或者部分丧失劳动能力

根据《工伤保险条例》，如果员工不幸遭遇工伤，且经过劳动能力鉴定，鉴定构成1～10级的伤残，即为职工丧失或者部分丧失劳动能力。根据伤残等级的不同，劳动合同的解除情况分为以下三种：

（1）1～4级工伤。这属于完全丧失劳动能力，用人单位需要与劳动者保留劳动关系，不得解除。劳动者退出工作岗位，享受相应的工伤待遇。所谓不得解除，就是不得以任何理由解除劳动关系。实际上，在劳动者丧失劳动能力，退出工作岗位的情况下，也基本上不存在严重违反规章制度、不胜任工作等情形。那么双方是否能协商解除呢？法律并无明确规定，一种观点认为，根据《工伤保险条例》第35条可以看出，职工工伤1～4级是不可以解除劳动关系的。双方达成的解除劳动关系的协议因违反法律法规的强制性规定而无效。另一种观点则认为,只要符合当事人意思自治的原则,就可以协商解除劳动关系。笔者认为在有工伤保险的情况下,因为工伤津贴是由工伤保险基金按月发放,劳动者退出工作岗位,用人单位无须再发放工资,只需为劳动者缴纳社会保险,承担社会保险费用。一旦解除,劳动者也无法找到新用人单位,将无法缴纳社会保险,因此在这种情况下,是不允许双方协商解除的。当然,双方协商解除,但用人单位继续为该劳动者办理社会保险,这是可以的。但这种解除无论对用人单位还是劳动者都没有什么意义,因为不解除的情况下,用人单位也就剩下了一个缴纳社会保险的义务。

在实务中,还存在很多未缴纳工伤保险的情况,很多时候,是双方协商解除,由用人单位一次性或多次支付工伤赔偿,双方解除劳动关系。但此时,如果工伤赔偿额大大低于法定工伤待遇的标准,则劳动者可以继续要求补足差额。

(2)5~6级工伤。这属于大部分丧失劳动能力。用人单位不得提出与劳动者解除劳动关系,也不得依据劳动合同期满解除,但是劳动者提出解除的,可以解除(包括劳动者提出,双方协商解除)。

(3)7~10级工伤。这属于部分丧失劳动能力,用人单位不得提出与劳动者解除劳动关系,但是劳动者本人提出解除劳动合同,用人单位可以与劳动者解除劳动关系,由用人单位支付一次性伤残就业补助金。同时,劳动合同期满,用人单位可以选择终止劳动合同,但同样必须支付一次性伤残就业补助金,同时还需要依法支付经济补偿金。

5~10级工伤时,如果协商解除,严格而言应当表明系劳动者提出,但司法实务中一般也未深究此点,只要双方协商解除均认定为有效。

3.职工患病或者非因工负伤,在规定的医疗期内

这里的患病不是职业病,负伤也不是工伤。关于医疗期,此处不再赘述。医疗期内,用人单位不得对劳动者采取非过失性解雇,也不得进行经济性裁员。但医疗期满后,用人单位依法可以对劳动者实行非过失性解雇。

如果劳动合同到期时,职工有患病或非因工负伤,则劳动合同应顺延到医疗期满或职工病愈。略作说明如下:

王某与湖南某公司签订的劳动合同于2013年5月1日到期。2013年4月1日,王某患病申请病假休息。根据王某的工龄,其可以享受3个月的医疗期。2013年6月1日,王某病愈。请问:公司在何时可以与王某终止合同?2013年5月1日?6月1日还是7月1日?

答案是2013年6月1日可终止合同。但如果王某一直患病未愈,则合同最

长可延期到 2013 年 7 月 1 日医疗期满之时。

现实操作时，单位最好提前告知王某，要求其继续提供假条，否则将视为病愈，单位将终止劳动合同。

4. 女职工在孕期、产期、哺乳期内。女职工“三期”内受特殊保护，用人单位不得采取非员工过错解雇，不得实行经济性裁员，但可以协商解除，可以采取员工过错解雇。

5. 在本单位连续工作满 15 年的，且距法定退休年龄不足 5 年的。所谓在本单位连续工作满 15 年，不能是断断续续累积的 15 年，必须是连续的 15 年；至于法定退休年龄，一般是男性满 60 周岁，女性满 50 周岁，女干部满 55 周岁。但某些特殊工种的退休年龄提前。

满足本项条件时，用人单位不得对劳动者采取非过失性解雇，也不得进行经济性裁员。但是，可以采取员工过错解雇，可以协商解除。

6. 法律、行政法规规定的其他情形。这是一个兜底条款，是为了与其他法律法规进行衔接。就目前的法律法规而言，主要包括以下情形：

(1)担任专职的工会主席、副主席或委员的。这是来自《工会法》第 17 条的规定，工会主席、副主席任期未满时，不得随意调动其工作。因工作需要调动时，应当征得本级工会委员会和上一级工会的同意。罢免工会主席、副主席必须召开会员大会或者会员代表大会讨论，非经会员大会全体会员或者会员代表大会全体代表过半数通过，不得罢免。《工会法》第 18 条规定，基层工会专职主席、副主席或者委员自任职之日起，其劳动合同期限自动延长，延长期限相当于其任职期间；非专职主席、副主席或者委员自任职之日起，其尚未履行的劳动合同期限短于任期的，劳动合同期限自动延长至任期期满。但是，任职期间个人严重过失或者达到法定退休年龄的除外。从上述规定来看，一般情况下，员工担任专职工会主席、副主席或者委员的，用人单位只能采取员工过错解雇和协商解除。

(2)企业与职工进行集体协商时，担任平等协商代表的。原劳动和社会保障部颁布的《集体合同规定》第 28 条规定，职工一方协商代表在其履行协商代表职责期间，用人单位不得与其解除劳动合同，除非出现下列情形之一的：严重违反劳动纪律或用人单位依法制定的规章制度的；严重失职，营私舞弊，对用人单位利益造成重大损害的；被依法追究刑事责任的。除此之外，双方协商解除也是有效的。

综上所述，如果劳动者存在上述六种情形之一，即使存在前面所说的用人单位非员工过错解雇劳动合同的情形，或者符合经济性裁员的条件，用人单位也不能解除劳动合同。只有上述六种情形消失后,用人单位才可依据非员工过错或裁员的有关规定解除劳动合同。

二、限制解除劳动合同情形的例外

我们要注意的是,在上述六种情形下,也只是限制解除劳动合同,并非完全不能解除劳动合同。有限制即有例外,在上述六种情形下,一般仍可以适用以下两种解除:一是双方协商解除,当然协商解除应该是建立在平等自愿的基础上;二是员工过错解雇,即劳动者存在《劳动合同法》第39条规定的六种过错情形时,用人单位可以随时与劳动者解除合同。如怀孕女职工犯罪的,用人单位可以解除劳动合同。(见表7-2)

案例30:能否以严重违纪开除工伤员工?

郭某系某商贸公司销售员,在外推销时遭遇车祸,被定为工伤,伤残8级。受伤后,郭某觉得心理不平衡,于是想方设法收受客户好处费。公司发现后,以严重违纪为由解除了与郭某的劳动关系。郭某不服,认为自己是工伤职工,不能被辞退,诉至劳动争议仲裁委员会。

分析:因为工伤丧失部分劳动能力的情况下,公司不能依据《劳动合同法》第40条的规定与员工解除劳动合同,但在员工存在严重违反规章制度且证据充分的情况下,公司依据《劳动合同法》第39条规定解除劳动关系是合法有效的。因此,郭某的仲裁请求将不会被支持。

表7-2 用人单位解除劳动合同限制及例外操作

情形	禁止解除情形 v. 允许解除情形	
从事接触职业病危害作业,未进行离岗前职业健康检查,或者疑似职业病病人在诊断或者医学观察期间的	禁止解除并且法定续延	非员工过错解雇,经济性裁员,劳动合同期满应续延
	允许	员工过错解雇,[1]协商解除,劳动者提出解除,劳动合同终止(期满终止除外)

〔1〕 表7-2中的过错性解除,系指员工有严重违纪等过错时,用人单位依据《劳动合同法》第39条予以解除。

续表

情形	禁止解除情形 v. 允许解除情形	
职业病或工伤,1 ~4 级伤残	禁止解除并且法定续延	非员工过错解雇,经济性裁员,劳动合同期满应续延至退休
	允许	员工过错解雇,劳动合同终止(期满终止除外)
职业病或工伤,5 ~6 级伤残	禁止解除并且法定续延	非员工过错解雇,经济性裁员,劳动合同期满应续延至退休
	允许	员工过错解雇,协商解除,劳动者提出解除,劳动合同终止(期满终止除外)
职业病或工伤,7 ~10 级伤残	禁止	非员工过错解雇,经济性裁员
	允许	员工过错解雇,协商解除,劳动者提出解除,劳动合同终止(包括劳动合同期满)
患病或非因工负伤,在法定医疗期内	禁止解除并且法定续延	非员工过错解雇,经济性裁员,劳动合同期满应顺延
	允许	员工过错解雇,协商解除,劳动者提出解除,劳动合同终止(劳动合同期满除外)
女职工在孕期、产期、哺乳期的	禁止解除并且法定续延	非员工过错解雇,经济性裁员,劳动合同期满应续延至哺乳期满
	允许	员工过错解雇,协商解除,劳动者提出解除,劳动合同终止(劳动合同期满除外)
本单位连续工作满 15 年距退休不足 5 年的	禁止解除并且法定续延	非员工过错解雇,经济性裁员,劳动合同期满应续延退休
	允许	员工过错解雇,协商解除,劳动者提出解除,劳动合同终止(劳动合同期满除外)
法律法规规定的其他情形: 担任专(兼)职工会主席、副主席、委员; 担任平等协商代表	禁止解除并且法定续延	非员工过错解雇,经济性裁员,劳动合同期满应续延
	允许	员工过错解雇,协商解除,劳动者提出解除,劳动合同终止(劳动合同期满除外)

第八节　劳动合同终止的处理

劳动合同的终止与解除都是劳动关系消灭的方式，理论上对两者的分类也存在很多争议。按照目前的法律规定，也很难归纳出解除与终止各自的特性，非要做一个归纳也没有什么实际意义。比如，就经济补偿金而言，解除时可能要支付经济补偿金，也可能不支付；劳动合同终止时同样可能要支付经济补偿金，也可能不支付。所以，我们就不在这里具体论述解除与终止的区别，而直接就各种情形下的处理进行讲述。

一、劳动合同到期终止

这是很常见的情形，但其中也不乏值得注意的操作要点。

1. 劳动合同到期后继续用工，但又未续签劳动合同，形成了事实劳动关系

这会引发两个法律风险：其一，事实劳动关系可能会引发双倍工资的赔偿责任，因此出于风险防控的考虑，如需继续留用员工，HR 应提前与劳动者续签劳动合同；其二，对于在 2008 年以前就入职的员工，虽然劳动合同到期终止用人单位需要支付经济补偿金，但计算年限只需要从 2008 年起算，而劳动合同到期后继续履行用人单位与员工终止事实劳动关系的，经济补偿金的计算年限则可能从入职时起算，这将大大增加企业的用工成本（对于终止事实劳动关系情形下经济补偿金的计算在实务中具有争议，下文将通过三个案例向读者展示不同的司法观点。但好在 2008 年距目前已经有一段时间，此类争议在实务中并不多见，HR 知悉这一风险点即可）。

案例31:终止事实劳动关系如何计算经济补偿金?

案情简介

占某海于2000年5月26日入职A公司,入职后一直在A公司工作。占某海与A公司签订了期限自2007年2月1日起至2008年1月31日止的劳动合同。2008年2月3日,A公司发出公告,就A公司与B公司合并问题给予A公司员工三种选择:一为职工保留工龄,与B公司签订劳动合同;二为结束在A公司的工龄,截至2008年1月31日按满1年950元的标准进行补偿,并以新员工身份与B公司签订劳动合同;三为不上班者以劳动合同终止,结清1个月工资依法办理。2008年2月27日,A公司向占某海发出书面通知,以劳动合同于2008年1月31日到期、不再续签为由,告知占某海双方劳动关系终止。后占某海申请劳动仲裁,劳动争议仲裁庭裁决:A公司、B公司应支付经济补偿金14,875元、代通知金1750元、未结工资400元给占某海。A公司、B公司不服,起诉至法院。

裁判要点

再审法院认为,2008年2月1日至27日,占某海与被申诉人A公司、B公司之间存在事实劳动关系。在双方存续事实劳动关系期间,被申诉人A公司单方解除劳动合同。根据《劳动合同法》第40条的规定,A公司、B公司应提前30日以书面形式通知劳动者本人,或额外支付劳动者1个月工资。故占某海请求两被申诉人以占某海离职前12个月平均工资为标准,计1个月支付占某海代通知金的诉请,具有法律依据。

根据《劳动合同法》第44条、第46条、第47条、第97条、第98条,《劳动法》第28条,原劳动和社会保障部《关于确立劳动关系有关事项的通知》(劳社部发〔2005〕12号)第3条之规定,《劳动合同法》自2008年1月1日起施行,该法施行前存续的劳动合同在该法施行后解除,该法施行前用人单位按照劳动者在本单位工作年限每满一年支付1个月工资的经济补偿金;该法施行后,经济补偿年限自该法施行之日起计算。本案中,2008年1月1日以前,占某海在A公司的工作年限已满7年;2008年1月1日后,占某海的工作年限不满6个月。根据上述规定,A公司应以占某海离职前12个月平均工资1553元为标准,以7.5年的工作年限计向占某海支付经济补偿金11,647.5元。[1]

案情简介

叶某于1997年4月到某学院的保卫处从事保卫工作,双方于2007年12月17日签订了劳动合同,合同期限为2007年12月1日至2008年6月30日。2008年5月30日,学院向叶某发出了终止劳动合同通知书,通知叶某在双方的劳动合同届满后,学院将不与叶某续订劳动合同。2008年6月30日双方签订的劳动合同到期后,学院仍然与叶某有事实劳动关系达半个月。双方因解除劳动合同经济补偿金产生争议,叶某遂于2008年9月1日向劳动争议仲裁委员会申请仲裁。劳动争议仲裁委员会于2008年10月26日作出了仲裁裁决,裁决:(1)由学院支付叶某终止劳动合同和事实劳动关系的经济补偿金1178元[(0.5个月+0.5个月)×1178元/月];(2)驳回原告的其他仲裁请求。叶某对仲裁裁决不服,遂起诉至法院。

裁判要点

一审法院认为,原告于1997年4月到被告的保卫处从事保卫工作,双方于2007年12月17日签订了劳动合同,合同期限为2007年12月1日至2008年6月30日。被告在双方签订的劳动合同到期前,已经以书面形式告知了原告在劳动合同到期后不再续签劳动合同。2008年6月30日双方签订的劳动合同到期后,被告仍然与原告有事实劳动关系达半个月。后被告提出终止劳动关系,应当认为双方终止了事实上的劳动关系,被告应当分别支付原告劳动合同期满终止劳动合同的半个月工资的经济补偿金、终止事实劳动关系的半个月工资的经济补偿金。

关于上诉人认为一审法院未主张其在劳动合同法实施前的经济补偿金问题,根据《劳动合同法》的规定,本法施行之日存续的劳动合同在本法施行后解除或者终止,依照本法规定应当支付经济补偿的,经济补偿年限自本法施行之日起计算;本法施行前按照当时有关规定,用人单位应当向劳动者支付经济补偿的,按照当时有关规定执行。而依据1996年2月15日原劳动部办公厅对《关于终止或者解除劳动合同计发经济补偿金有关问题的请示》的复函,劳动合同期满或者当事人约定的劳动合同终止条件出现,劳动合同即行终止,用人单位可以不支付劳动者经济补偿金。故一审法院按照《劳动合同法》的相关规定,主张其

---

[1] (2012)粤高法审监民提字第31、35号。

经济补偿金,符合法律规定,并无不当。[1]

案情简介

2003年3月沈某进入某燃气公司从事抄表工工作,2004年、2005年、2006年,双方各签订了一份为期1年的抄表工聘用协议书,期限均从2003年1月1日至12月31日止。其中2004年签订的协议书约定:"按照多劳多得、按劳取酬原则,实行对沈某工作要求与报酬挂钩办法。"在报酬方面约定了奖金报酬计算方法,并约定沈某不再享受其他一切福利待遇。2005年、2006年签订的协议书均约定:"按照多劳多得、按劳取酬原则,公司按时支付沈某劳务费用,劳务费用中包括国家规定公司应交的养老等各种社会保险金(由沈某自行缴纳),沈某不再享受其他一切福利待遇。"两份协议中除奖金报酬计算方法略有不同外,其他内容基本相同。2003年至2006年,燃气公司下设的管道开发管理科分别与沈某签订《××市燃气有限公司安全生产管理责任制》一份,约定了沈某的工作职责及考核办法。自2007年起,双方没有签订书面协议,但沈某仍在燃气公司工作。2008年3月20日,公司发给沈某通知单一份,通知沈某于2008年3月31日来公司签订《抄表服务劳务协议》,沈某没有同意,沈某从2008年4月起没有再收到发放的工资,工作至2008年6月15日离开公司。2008年7月沈某向劳动争议仲裁委员会提出仲裁,要求与公司解除劳动合同,补缴养老保险,支付欠发工资、经济补偿金等。

裁判要点

二审法院认为,最高人民法院《关于审理劳动争议案件适用法律若干问题的解释》第16条规定,劳动合同期满后,劳动者仍在原用人单位工作,原用人单位未表示异议的,视为双方同意以原条件继续履行劳动合同。一方提出终止劳动关系的,人民法院应当支持。原劳动和社会保障部办公厅《关于对事实劳动关系解除是否应该支付经济补偿金问题的复函》(劳社厅函〔2001〕249号)明确,劳动者仍在原用人单位工作,用人单位未表异议的,劳动者和用人单位之间存在的是一种事实上的劳动关系,而不等于双方按照原劳动合同续签了一个新的劳动合同。一方提出终止劳动关系的,应认定为终止事实上的劳动关系。而《劳动法》规定三种情形下解除劳动合同,用人单位应当给予劳动者经济补偿:(1)劳动合同当事人协商一致;(2)劳动者不能从事或不能胜任工作或客观情况

---

〔1〕(2009)渝五中法民终字第2330号。

发生重大变化致劳动合同无法履行;(3)破产整顿等情形之下的裁员。终止事实劳动关系一般系单方终止劳动关系,不属于上述三种情形中的任一情形,故在终止事实劳动关系的情况下,用人单位无须支付经济补偿金。本案双方当事人自2007年即处于事实劳动关系状态,被上诉人于2008年6月15日离开上诉人单位,不违反法律规定,双方自即日起解除事实劳动关系,根据上述意见,上诉人无须支付被上诉人解除劳动合同的经济补偿金。同时,从程序上讲,嘉兴市南湖区劳动争议仲裁委员会对被上诉人有关解除劳动合同的经济补偿金的请求予以驳回后,被上诉人并未提起诉讼,表明其认可该仲裁裁决,故一审再行判决上诉人向被上诉人支付解除劳动合同的经济补偿金,不合程序。故一审相关判决有误,二审应予纠正。[1]

2. 劳动合同终止未提前通知的法律风险

《劳动合同法》并没有规定用人单位提前通知终止的义务,但某些地方性立法作出了明确的规定,如《北京市劳动合同规定》第40条、第47条规定,劳动合同期限届满前,用人单位应当提前30日将终止或者续订劳动合同意向以书面形式通知劳动者,经协商办理终止或者续订劳动合同手续。用人单位违反《北京市劳动合同规定》第40条规定,终止劳动合同未提前30日通知劳动者的,以劳动者上月日平均工资为标准,每延迟1日支付劳动者1日工资的赔偿金。不过,即便没有提前通知,期满终止本身仍然是有效的。对此,请参考使用文书范本《劳动合同续签通知书范本》。

3. 如果用人单位愿以原条件或更优厚的条件留用员工,而员工拒绝,则用人单位应保留相关证据

如发出《续签通知书》让员工签收,并在续签通知书上表明员工的意见。或者可以制作一个谈话笔录,表明单位有意在原条件或更优厚的条件留用员工,而员工拒绝,然后由员工签字。根据法律规定,这种情况下,劳动合同终止,用人单位无须支付经济补偿金。《续签通知书》也可参考文书范本《劳动合同续签通知书范本》。

4. 注意到期不得终止需顺延的法定情形

一是女职工"三期",需顺延至哺乳期满为止(婴儿满周岁时为止)。注意,即使是在办理了劳动合同终止手续以后发现怀孕,只要怀孕时间确实是在劳动

---

〔1〕(2009)浙嘉民终字第119号。

合同终止前,那么劳动者还是可以要求恢复劳动关系。二是在本单位患职业病或者因工负伤并被确认丧失或者部分丧失劳动能力的,1 ~4 级伤残,劳动合同不能到期终止;5 ~6 级伤残,到期经劳动者本人同意可终止;7 ~10 级伤残,到期可以终止。三是劳动者患病或非因工负伤在规定的医疗期内的,顺延至医疗期满为止。四是在本单位连续工作满 15 年,且距法定退休年龄不足 5 年的,劳动合同应顺延至员工退休。五是法律法规规定的其他情形。如员工为工会主席的,应将劳动合同期限顺延至其卸任。

案例 32:医疗期内终止劳动合同是否违法?

2018 年,小张大学毕业进入某公司工作,与公司签订有效期至 2020 年 5 月 31 日的劳动合同。然而到 2020 年 4 月初,小张因身体不适,去医院检查,发现患有一定程度的胃溃疡。医院出具了 1 个月的病休单。1 个月后,小张去医院复查,医生根据病情,又给他开了 1 个月的病假单。病假期满,小张重新回单位上班,却接到了单位的终止劳动合同通知书,告知其劳动关系已于 1 个月前终止。小张对此不服,认为单位系违法解除,提起仲裁。

分析:最终劳动争议仲裁委员会支持了小张的请求,认为单位在医疗期内通知终止,构成了违法解除,应按经济补偿金的两倍支付赔偿金。单位正确的操作是,在医疗期跨过了劳动合同终止期限时,应顺延于医疗期满。本案中,小张的医疗期为 3 个月。因此如果小张连续休病假 3 个月,则医疗期满,单位可以终止劳动合同,此时只需要支付经济补偿金。这个案例也说明了在《劳动合同法》下,单位在离职操作上的法律风险非常大。

文书范本 45:劳动合同续签通知书范本

劳动合同续签通知书

被通知人:

所属部门:

通知事项:劳动合同到期

您与单位签订的劳动合同将于________年____月____日到期,经单位研究,决定与您续签,现征求您的意见:

一、续签期限为:________年____月____日至________年____月____日。

二、续订条件是下列第________种：

1. 按原劳动合同的条件续订

具体说明：月工资________，岗位________________；

其他：________________。

2. 其他条件续订

具体说明：月工资________，岗位________________；

其他：________________。

三、现征询您的续签意向。请您在收到本意向书后<u>15</u>日内书面回复；如未在该期限内回复的，将视为您不同意续签。

单位指定回复方式（其他形式回复无效）：　电子邮箱

特此通知。

签署时间：　　年　　月　　日

________________公司

回　复　栏

本人意见下列________种：

一、本人不同意续签；

二、本人要求续签，但要求按下列条件：

________________。

三、本人同意按单位的条件续签劳动合同。

签署时间：　　年　　月　　日

签字确认：

二、劳动者达到法定退休年龄

《劳动合同法》规定，劳动者开始享受基本养老保险待遇的，劳动合同终止。但是现实生活中，还有很多劳动者并不能享受基本养老保险待遇。如果严格按照《劳动合同法》的规定，那么将意味着，用人单位可能要雇佣一名员工到六七十岁，甚至更晚，而不能终止。这显然是不合理的。因此《劳动合同法实施条例》规定，只要劳动者达到法定退休年龄，劳动合同即终止，无论其是否享受基本养老保险待遇。

那么，如果用人单位在劳动合同终止后继续留用已达退休年龄的员工，双方之间是一种什么关系呢？应为一种民事雇佣关系，而非劳动关系。可以不签劳动合同，有关权利义务不受劳动法律法规调整，就好像家庭聘用的保姆一样，权利义务由双方约定。当然，如果无其他约定，司法机关会认定双方是按原工资、福利等标准继续履行雇佣关系（社会保险除外，因为达到退休年龄之后的缴费办法不一样了）。

三、劳动者死亡、被人民法院宣告死亡或宣告失踪

宣告死亡，是指公民下落不明达到法定期限，经利害关系人申请，由人民法院宣告该公民死亡的民事法律制度。宣告失踪类似，也是公民下落不明到了法定的期限（这个期限一般短于宣告死亡的期限），经利害关系人申请，由人民法院宣告该公民失踪，从而发生一定的法律后果。

无论是劳动者死亡，还是宣告死亡，宣告失踪，劳动者在客观上都没有了提供劳动的可能，无法再享受权利和承担义务，自然也不能继续履行劳动合同，劳动合同终止是理所应当的。

实务中，如果劳动者确实失踪，很可能其亲属并不一定去法院申请宣告失踪。在这种情形下，用人单位虽然不能自行宣告终止劳动关系，但可以直接停缴社会保险，停发工资待遇。既然劳动者不能出现，也就谈不上会有争议。

四、用人单位被依法宣告破产、被吊销营业执照、责令关闭、提前解散或到期解散

如果说死亡、被宣告死亡等情形是劳动者一方主体消失，致使劳动合同不可避免的终止，那么这几种情况，就是意味着用人单位一方主体消失，作为劳动合同的一方当事人无法再履行权利，承担义务。

《劳动合同法》在拟订时出现了一个疏漏：《劳动合同法》第 44 条第 5 项只提到“用人单位决定提前解散”，而未列举“用人单位到期解散”，而后者显然也是应该允许用人单位解除的。2013 年最高人民法院《关于审理劳动争议案件适用法律若干问题的解释（四）》第 13 条弥补了这一漏洞，允许用人单位在到期解

散的情况下终止劳动合同。2021 年最高人民法院《关于审理劳动争议案件适用法律问题的解释(一)》第 48 条依然保留了这一条款。

五、法律、行政法规规定的其他情形

这是一项兜底条款,其他法律中可以劳动关系、任职资格等规定作出一些特别规定。

值得注意的是,劳动合同的终止条件是不能约定的。即使当事人在劳动合同中约定了终止条件,但如果不属于上述法定的六种情形,也属于无效的约定。反过来说,即使在劳动合同里没有约定上述六种法定情形,或约定的条款与上述六种法定情形有冲突,也完全可以且应该按照法律来操作。

第九节　经济补偿金的计算与支付

一、经济补偿金的计算规则

在这里,我们把《劳动合同法》及其实施条例简称为“新法”,把《劳动合同法》之前的关于经济补偿金的法规称为“旧法”。如果劳动关系始于 2008 年后,那么经济补偿金的计算只需要按照“新法”计算即可。但如果劳动关系始于 2008 年前,解除或终止于 2008 年后,则计算比较复杂。这里我们不再引述有关法律规定,直接说明劳动关系跨越 2008 年时经济补偿金的计算规则:

1. 当出现了解除或者终止时,如果按照“新法”需要支付经济补偿金,而按照“旧法”无须支付经济补偿金,那么在计算经济补偿金时,劳动者的工作年限应该从 2008 年 1 月 1 日起计算。2008 年前的工作年限,无须计算经济补偿金。此时应注意,按照《劳动合同法》的规定,不到 6 个月时支付半个月工资的经济补偿;月工资按解除或终止前 12 个月的平均工资计算,超过上年度当地平均工资的 3 倍时,按当地平均工资的 3 倍计算,且此时经济补偿金不超过 12 个月工资。但月工资不足上年度当地月平均工资的 3 倍时,经济补偿金可超过 12 个月工资。

2. 出现了解除或者终止情形时,如果按照“新法”需要支付经济补偿金,按照“旧法”也应支付经济补偿金,那么经济补偿金应分开计算,分别适用“新法”与“旧法”。请注意,新旧法的计算规则有很多不一致之处:(1)“旧法”无当地上年度月平均工资 3 倍之上限,而“新法”有;(2)“旧法”无不足 6 个月支付半个月工资的经济补偿金之说,而“新法”有;(3)“旧法”中还有工资下限的规定,而“新法”无;(4)“旧法”对特定解除劳动合同类型实施 12 个月工资的年限封顶,而“新法”无。

实务中,如何分段计算尚有争议。笔者进行如下归纳。

第一种情形:无论是依据"新法"还是"旧法",均无封顶情形的,具体来说,就是劳动者解除劳动合同之前12个月的平均工资不超过上年度本市职工月平均工资3倍,而解除劳动合同原因属于"医疗期满解除""客观情况发生重大变化解除劳动合同""经济性裁员""用人单位破产、解散或者被撤销"的。此种情形下,劳动者的经济补偿金=本单位工作年限×劳动者解除劳动合同之前12个月的平均工资数额。

第二种情形:无论是依据"新法"还是"旧法",均有封顶情形的,具体来说,就是劳动者解除劳动合同之前12个月的平均工资高于上年度本市职工月平均工资3倍,而解除劳动合同原因属于"协商一致解除劳动合同""以暴力、威胁或者非法限制人身自由的手段强迫劳动的致使劳动者解除劳动合同""未按约定支付劳动报酬或者提供劳动条件致使劳动者解除劳动合同""不能胜任工作解除劳动合同"的。此种情形下,劳动者的经济补偿金=2008年1月1日前的工作年限(不超过12个月)×劳动者解除劳动合同之前12个月的月平均工资数额+2008年1月1日后的工作年限(不超过12个月)×上年度本市职工月平均工资3倍。

第三种情形:依据"新法",无封顶情形,但依据"旧法",存在"12个月工资"这一封顶情形的,具体来说,就是劳动者解除劳动合同之前12个月的平均工资不超过上年度本市职工月平均工资3倍,而解除劳动合同原因属于"协商一致解除劳动合同""以暴力、威胁或者非法限制人身自由的手段强迫劳动的致使劳动者解除劳动合同""未按约定支付劳动报酬或者提供劳动条件致使劳动者解除劳动合同""不能胜任工作解除劳动合同"这几种情形的。此种情形下,劳动者的经济补偿金=[2008年1月1日前的工作年限(不超过12个月)+2008年1月1日后的工作年限]×劳动者解除劳动合同之前12个月的月平均工资。

第四种情形:依据"新法",属于有封顶情形,但依据"旧法",无封顶情形,具体来说,就是劳动者解除劳动合同之前12个月的平均工资高于上年度本市职工月平均工资3倍,而解除劳动合同原因属于"医疗期满解除""客观情况发生重大变化解除劳动合同""经济性裁员""用人单位破产、解散或者被撤销"的。此种情形下,劳动者经济补偿金=2008年1月1日前的工作年限×劳动者解除劳动合同之前12个月的月平均工资数额+2008年1月1日后的工作年限(不超过12个月)×上年度本市职工月平均工资的3倍。[1]

另外,计算经济补偿金时应注意两个变量,即工作年限与月工资。

1. 月工资。月工资是指劳动合同解除或终止前12个月的平均工资,无论是计算2008年前的还是2008年后的经济补偿金,都是以劳动者在实际离职前12个月的月平均工资计算。当然,如果实际工作不足12个月,就按实际工作的月数计算平均工资。计算平均工资时,要把离职前12个月内发放的所有工资性收入,包括津贴、补贴、奖金(不论是否为按月发放)等。(部分地区计算平均工资时需扣除加班费,如上海,[2]因此在实务中HR应结合当地政策进行计算)

月工资应以扣除个税、社会保险缴费、住房公积金之前的实际应发工资为准。某些诉讼或仲裁中,由于证据(例如,银行明细)上体现的是劳动者到手的实发工资,因此司法机关就直接按实发工资判决了,但实际上应该是以实际应发工资为准。

有一类特殊情形:离职前12个月有下岗、病假等非正常工作期间,如果把这些期间的工资计算进来,则离职前12个月平均工资可能很低,那么到底应该怎样计算呢?

(1)经济补偿金的基数肯定不能低于最低工资标准。这是《劳动合同法实施条例》第27条明确规定的。

(2)一般认为,下岗期间应排除在离职前12个月内。例如,离职前6个月是下岗状态,那么统计经济补偿金的计算基数时,应计算正常上岗工作时的12个月的平均工资作为计算基数。法条依据可参考《劳动合同法实施条例》第27条。该法条规定,经济补偿金的月工资按劳动者的应得工资计算。"应得工资"也可以理解为是劳动者正常上岗时应得的工资。

(3)一般认为,病假期间无须排除。因此,假如员工离职前12个月中,有几

---

〔1〕 参见最高人民法院民事审判第一庭编著:《最高人民法院劳动争议司法解释(四)理解与适用》,人民法院出版社2013年版,第116~118页。

〔2〕《上海市高级人民法院民事法律适用问答》(2013年第1期):"……五、关于劳动争议案件中确定经济补偿金计算基数时是否需要将加班工资包括在内的问题有的法院反映,一些用人单位加班已成为常态,劳动者的劳动报酬一般由最低工资和加班费组成,如在确定经济补偿金计算基数时不将加班费计算在内,则可能导致用人单位支付的经济补偿金过低的问题。我们认为,第一,经济补偿从性质上看系用人单位与劳动者解除或终止劳动关系后,为弥补劳动者损失或基于用人单位所承担的社会责任而给予劳动者的补偿,故经济补偿金应以劳动者的正常工作时间工资为计算基数。第二,加班工资系劳动者提供额外劳动所获得的报酬,不属于正常工作时间内的劳动报酬。第三,从原劳动部《关于贯彻执行〈中华人民共和国劳动法〉若干问题的意见》第55条和《劳动合同法实施条例》第27条规定来看,也应认为经济补偿金不包含加班费。综上,我们认为在计算经济补偿金计算基数时不应将加班工资包括在内。如有证据证明用人单位恶意将本应计入正常工作时间工资的项目计入加班工资,以达到减少正常工作时间工资和经济补偿金计算标准的,则应将该部分'加班工资'计入经济补偿金的计算基数。"

个月休病假，则可能会大大拉低经济补偿金的计算基数。当然，无论如何，计算基数不能低于最低工资标准。

不过，上述第(2)、(3)点在实践中存在一些争议。

2. 工作年限。需要注意以下几种特殊情况：

第一种，非因劳动者原因，在不同用人单位之间进行调动的，计算经济补偿金时应将工作年限一并计算，除非劳动者在原单位离职时已经支付相应经济补偿金。这一规定源于《劳动合同法实施条例》第10条。最高人民法院《关于审理劳动争议案件适用法律问题的解释(一)》第46条专门进行了细化。用人单位符合下列情形之一的，应当认定属于"劳动者非因本人原因从原用人单位被安排到新用人单位工作"：(1)劳动者仍在原工作场所、工作岗位工作，劳动合同主体由原用人单位变更为新用人单位；(2)用人单位以组织委派或任命形式对劳动者进行工作调动；(3)因用人单位合并、分立等原因导致劳动者工作调动；(4)用人单位及其关联企业与劳动者轮流订立劳动合同；(5)其他合理情形。

先是劳务派遣用工，后又直接与用工单位签署劳动合同，转为劳动合同用工，这种情形一般属于上述第(1)种；集团公司、关联公司之间人员的调动一般属于上述第(2)种，不过如果是劳动者自己要求的调动则不属于这种情形。在上述情形下，工作年限均应连续计算。

第二种，用人单位分立、合并、改制的，工作年限应连续计算。但在用人单位改制中，已向职工支付经济补偿金，职工重新被录用的，改制前的工作年限可不再计算。

第三种，退伍、复员、转业军人的军龄，应计算为接收安置单位的连续工龄，计算经济补偿金的工作年限也应将军龄计算进去。

二、支付经济补偿金的情形

第一类：劳动者被迫解除的情形。具体包括《劳动合同法》第38条规定的七种情形。这七种情形下，虽然是劳动者主动辞职，但用人单位损害劳动者利益在先，法律仍要求用人单位支付经济补偿金。用人单位应注意如下几点：

1. 如果劳动者在辞职信中没有写明上述理由，那么即使用人单位存在上述侵害劳动者利益的情形，在司法实践中，也不会支持劳动者要求经济补偿金。

2. 即使劳动者在辞职信中写明系因为用人单位侵害劳动者利益的几种情形

而离职,也存在一个举证的问题。并非劳动者声称用人单位存在侵害劳动者利益的情形,就能够得到司法机关的认可。那么,由谁来证明是否存在拖欠工资、未依法缴纳社会保险等情形的举证责任呢?简单来说,是否拖欠工资,是否依法缴纳了社会保险,是否按劳动合同提供了劳动保护或劳动条件由用人单位举证。如果用人单位证明不了,就会认定用人单位确实有侵害劳动者利益的情形。但用人单位是否存在欺诈、胁迫、乘人之危,是否以暴力、威胁或者非法限制人身自由的手段强迫劳动者劳动,对此需要由劳动者举证。用人单位如果否认有上述情形,劳动者又无有力证据,则经济补偿金不会被支持。

3. 因为此种情形下需要支付经济补偿金是《劳动合同法》的新规定,那么经济补偿金是否应该从2008年后起算?对此应区分各种理由(该理由以劳动者在辞职信中所说明的理由为准),分别予以处理:

(1)以"未依法缴纳社保"为由辞职。从2008年后起算。而且,某些地方的司法实务中的处理是,如果单位仅仅是在社保缴费基数有误时,不支持劳动者被迫解除,当然也不支持经济补偿金。

(2)以"用人单位规章制度违反法律、法规的规定,损害劳动者权益"为由辞职。从2008年后起算。

(3)以欺诈、胁迫、乘人之危等合同无效理由辞职。从2008年后起算。

(4)以"拖欠工资"或"拖欠加班工资"为由提出辞职。从劳动者实际入职起算。

(5)以未按照劳动合同提供劳动条件为由辞职的,从劳动者实际入职起算。

(6)以用人单位用暴力威胁、限制人身自由等手段强迫劳动为由辞职的,从劳动者实际入职起算。

(注:如果劳动者入职时间在2008年后,当然也就不涉及计算2008年前的工作年限的经济补偿金的问题了)

前三种理由最早只从2008年后起算,后三种理由则从劳动者实际入职开始起算。这样处理的法律依据是什么呢?2008年后的依据是《劳动合同法》,2008年前则是依据2001年最高人民法院《关于审理劳动争议案件适用法律若干问题的解释》第15条。也就是说,上述第(4)(5)(6)三种情形下,2008年前与2008年后的法律均支持经济补偿金,而上述第(1)(2)(3)三种情形下,只有2008年起实施的《劳动合同法》支持经济补偿金,因而只能从2008年后起算。

另外,如果劳动者在辞职信中未写明上述理由,那么即使用人单位确实存在上述违法情形,一般劳动争议仲裁委也不会支持经济补偿金。但在劳动者能够证明拖欠工资、强迫劳动等恶劣情形下,法院也有可能支持。

附有关法条对比:

最高人民法院《关于审理劳动争议案件适用法律若干问题的解释》第15条规定:“用人单位有下列情形之一,迫使劳动者提出解除劳动合同的,用人单位应当支付劳动者的劳动报酬和经济补偿,并可支付赔偿金:

(一)以暴力、威胁或者非法限制人身自由的手段强迫劳动的;

(二)未按照劳动合同约定支付劳动报酬或者提供劳动条件的;

(三)克扣或者无故拖欠劳动者工资的;

(四)拒不支付劳动者延长工作时间工资报酬的;

(五)低于当地最低工资标准支付劳动者工资的。”

(2021年1月1日实施的最高人民法院《关于审理劳动争议案件适用法律问题的解释(一)》第45条保留此内容)

《劳动合同法》第38条规定:“用人单位有下列情形之一的,劳动者可以解除劳动合同:

(一)未按照劳动合同约定提供劳动保护或者劳动条件的;

(二)未及时足额支付劳动报酬的;

(三)未依法为劳动者缴纳社会保险费的;

(四)用人单位的规章制度违反法律、法规的规定,损害劳动者权益的;

(五)因本法第二十六条第一款规定的情形致使劳动合同无效的;

(六)法律、行政法规规定劳动者可以解除劳动合同的其他情形。

用人单位以暴力、威胁或者非法限制人身自由的手段强迫劳动者劳动的,或者用人单位违章指挥、强令冒险作业危及劳动者人身安全的,劳动者可以立即解除劳动合同,不需事先告知用人单位。”

《劳动合同法》第46条规定:“有下列情形之一的,用人单位应当向劳动者支付经济补偿:(一)劳动者依照本法第三十八条规定解除劳动合同的;……”

第二类:非员工过错解雇。《劳动合同法》第40条规定的三种情形下,用人单位需要支付经济补偿金。而且,按照2008年前的法律法规,也应该支付经济补偿金。

第三类:经济性裁员。无论是按《劳动合同法》还是按2008年以前的法律法规,均应支付经济补偿金。

第四类:用人单位提出协商解除劳动合同,并与劳动者协商一致解除的,需要支付经济补偿金。如劳动者在2008年前入职,则经济补偿金应从实际入职时间起算。如果由劳动者提出,则无须支付经济补偿金。所以,HR 应当注意在有关协商解除手续中,明确系由谁提出的。如果发生争议,双方都无证据证明是谁提出来的,那么仲裁委一般会支持劳动者的意见,由用人单位承担无法举证的不利后果。所以作为用人单位 HR,需要在完善解除手续方面做更多的工作。

第五类:除用人单位以原条件或更高条件续订劳动合同而劳动者拒绝的情形外,劳动合同期限届满终止时需支付经济补偿金。这里要注意,用人单位必须举证证明劳动者确有拒签的意思表示,这样才不需要支付经济补偿金。另外,这种情形属于《劳动合同法》的规定,故计算经济补偿金的年限只能从 2008 年后起算。

第六类:完成一定工作任务为期限的劳动合同因任务完成而终止。在《劳动合同法》中此种情形无须支付经济补偿金,被认为是一个漏洞,在《劳动合同法实施条例》第 22 条中把这个漏洞补上了。此种情形同样要支付经济补偿金。由于此种劳动合同依附于任务的完成,因此实务中要求续订的情形较少,但若在用人单位以原条件或更高条件续订劳动合同而劳动者拒绝时,是否能类推《劳动合同法》第 46 条第 5 项成为支付经济补偿金的例外情形呢?从《劳动合同法》及《劳动合同法实施条例》的条文来看,似乎仍要支付经济补偿金。因为《劳动合同法实施条例》第 22 条并未规定例外情形。

第七类:用人单位破产、被吊销营业执照、责令关闭、撤销,用人单位决定提前解散,导致劳动合同终止的。这几种情况下的终止均属于非因劳动者的意愿而导致的终止,应支付经济补偿金。但请注意,此时,经济补偿金的支付是否应从 2008 年后起算存在争议。2008 年前的法律法规都没有提到用人单位破产、吊销、撤销、解散这些情形导致劳动关系终止应支付经济补偿金。因此目前的司法实务中,一般认为这些情形下的经济补偿金计算只能从 2008 年后起算。另外,我们要注意,在其他的劳动合同终止的情况下,包括劳动者到达退休年龄终止,劳动者死亡、被宣告死亡或被宣告失踪(这几种情形都属于劳动者方面的原因导致劳动合同终止),都无须支付经济补偿金。

除上述七类外的劳动合同解除或终止无须支付经济补偿金。HR 应熟悉各种离职情形下是否应支付经济补偿金,如果是属于不应支付经济补偿金的情形,则应保留证明离职原因的证据。

另外,一般认为,如果依法应当支付经济补偿金,但双方达成协议,协议里约定的经济补偿金高于或低于法定的标准,或者约定不予支付,那么这种经济补偿金的约定都是有效的。除非一方能够证明这种约定是建立在欺诈、胁迫或乘人之危的基础之上。

三、经济补偿金的支付时间

《劳动合同法》第 50 条规定，"用人单位应当在解除或者终止劳动合同时出具解除或者终止劳动合同的证明，并在十五日内为劳动者办理档案和社会保险关系转移手续。劳动者应当按照双方约定，办理工作交接。用人单位依照本法有关规定应当向劳动者支付经济补偿的，在办结工作交接时支付"。同时《劳动合同法》第 85 条规定，"用人单位有下列情形之一的，由劳动行政部门责令限期支付劳动报酬、加班费或者经济补偿；劳动报酬低于当地最低工资标准的，应当支付其差额部分；逾期不支付的，责令用人单位按应付金额百分之五十以上百分之一百以下的标准向劳动者加付赔偿金：（一）未按照劳动合同的约定或者国家规定及时足额支付劳动者劳动报酬的；（二）低于当地最低工资标准支付劳动者工资的；（三）安排加班不支付加班费的；（四）解除或者终止劳动合同，未依照本法规定向劳动者支付经济补偿的。"因此企业 HR 应及时支付经济补偿金，避免因拖欠支付而导致加倍赔偿的风险。

但是，如果劳动者没有与单位办理交接手续，那么用人单位可以不予支付经济补偿金。《劳动合同法》规定了经济补偿金应在办理工作交接时支付，因此，如果用人单位与劳动者约定了离职时的交接手续，而劳动者离职后并未办理，则用人单位可先不支付经济补偿金，自然也就谈不上拖欠经济补偿金的额外赔偿了。（见表 7－3）

表 7－3　经济补偿金支付情形

<table>
<tr><th colspan="2">分类</th><th>具体情形</th><th>按"新法"</th><th>按"旧法"</th></tr>
<tr><td rowspan="2">协商解除</td><td>单位提出</td><td rowspan="2">经双方协商一致</td><td>需支付</td><td>需支付</td></tr>
<tr><td>员工提出</td><td>无须支付</td><td>无须支付</td></tr>
</table>

续表

分类		具体情形	按"新法"	按"旧法"
单位解除	员工过错解雇	劳动者试用期内不符合录用条件	无须支付	无须支付
		劳动者严重违纪	无须支付	无须支付
		劳动者严重失职,徇私舞弊,给单位造成重大损害	无须支付	无须支付
		劳动者兼职,对本职工作有严重影响或经提出拒不改正的	无须支付	无须支付
		劳动者被追究刑事责任	无须支付	无须支付
	非员工过错解雇	劳动者患病或非因工负伤医疗期满不能从事原工作也不能从事另行安排的工作	需支付	需支付
		劳动者不能胜任工作,经培训或调岗后仍无法胜任的	需支付	需支付
		劳动合同无法履行且无法达成变更劳动合同协议	需支付	需支付
		破产、经营困难、转产、重大技术革新、经营方式调整、客观情况发生重大变化而裁员	需支付	需支付
员工解除	无因解除	试用期内提前3日通知单位	无须支付	无须支付
		试用期满后提前30日书面通知单位	无须支付	无须支付
	被迫解除	单位未提供约定的劳动保护和劳动条件	需支付	需支付
		单位未按时足额支付劳动报酬含加班工资	需支付	需支付
		单位未缴纳社会保险费的	需支付	无须支付
		单位规章制度违法损害劳动者利益的	需支付	无须支付
		单位以欺诈、胁迫的手段或者乘人之危订立劳动合同的	需支付	无须支付
		法律法规规定的其他情况	需支付	无须支付
		暴力、威胁等限制人身自由手段强迫劳动的	需支付	需支付
		违规违章强令冒险作业的	需支付	无须支付

续表

分类		具体情形	按“新法”	按“旧法”
劳动合同终止	合同期满	单位不愿意续签	需支付	无须支付
		单位续签条件低于原劳动合同标准，劳动者不愿续签	需支付	无须支付
		单位续签条件不低于原合同标准劳动者不愿续签	无须支付	无须支付
	以完成一定工作任务为期限的劳动合同任务完成时		需支付	无须支付
	劳动者开始享受基本养老保险待遇或达到法定退休年龄		无须支付	无须支付
	劳动者死亡或被法院宣告死亡或失踪的		无须支付	无须支付
	单位被宣告破产的		需支付	无须支付
	被吊销营业执照、责令关闭、撤销、到期解放或提前解散的		需支付	无须支付
	法律、行政法规规定的其他情形		无须支付	无须支付

注：(1)“新法”是指《劳动合同法》及其实施条例，“旧法”是指2008年前实施的有关劳动法律法规。

(2)如果“新法”与“旧法”都支持支付经济补偿金，那么经济补偿金的年限应从2008年前起算；如果“新法”支持经济补偿金，而“旧法”不支持经济补偿金，则经济补偿金的计算年限只能从2008年后起算，即使员工是在2008年前入职。当然，如果员工是在2008年后才入职，那么只能是适用“新法”，工作年限按实际计算即可。

四、经济补偿金的纳税问题

财政部、国家税务总局《关于个人所得税法修改后有关优惠政策衔接问题的通知》(财税〔2018〕164号)第5条第1项规定，个人与用人单位解除劳动关系取得一次性补偿收入(包括用人单位发放的经济补偿金、生活补助费和其他补助费)，在当地上年职工平均工资3倍数额以内的部分，免征个人所得税；超过3倍数额的部分，不并入当年综合所得，单独适用综合所得税率表，计算纳税。财政部、国家税务总局《关于个人与用人单位解除劳动关系取得的一次性补偿收入征免个人所得税问题的通知》(财税〔2001〕157号)第2条规定，个人领取一次性补偿收入时按照国家和地方政府规定的比例实际缴纳的住房公积金、医疗保险费、基本养老保险费、失业保险费，可以在计征其一次性补偿收入的个人所得税时予以扣除。

第十节　离职时的违约金与赔偿金

一、约定违约金的情形

劳动关系中的违约金在《劳动合同法》中受到了严格限制，《劳动合同法》第 25 条规定，“除本法第二十二条和第二十三条规定的情形外，用人单位不得与劳动者约定由劳动者承担违约金”。只能在培训服务期协议以及竞业限制协议中约定违约金。除这两种情形之外，约定由劳动者向用人单位承担违约金都是无效的。

有时候，在劳动合同中并未明确指明是“违约金”，如“乙方造成甲方损失的，应赔偿损失。如损失难以计算，应赔偿甲方两个月工资”。在这种条款中，虽并未明言是“违约金”，但从其性质来看，就是违约金，因为它并不与实际损失挂钩，带有惩罚性。因此，这种条款也是无效的。

但是请注意，《劳动合同法》只是严格限制用人单位与劳动者约定由劳动者承担违约金，但并未限制由用人单位承担约定的违约金。因此，假如劳动合同中约定，“双方提前解除劳动合同的，应向对方承担违约金一万元”，这个违约金条款对劳动者是无效的，但对用人单位却是有效的。劳动者提前辞职，用人单位不能以此要求劳动者支付 1 万元的违约金；但如果用人单位提前解除或终止劳动合同的，则劳动者可以要求用人单位按合同约定支付违约金。实务中，还有些劳动合同中约定，如果延迟支付工资超过多少日，单位应向劳动者支付违约金，这都是合法有效的。

二、支付赔偿金的情形

赔偿金,一般是指有过错的一方基于自己的过错给对方造成损失而给予对方的相应赔偿。赔偿金与违约金有联系也有区别,其主要区别在于:

1. 是否必须写进合同。违约金必须有双方的约定,无约定即不存在违约金。但赔偿金无论是否有约定,均应依法进行赔偿。

2. 是否造成实际损失。赔偿金通常以实际造成损失为前提,否则谈不上赔偿。而违约金并不要求实际造成了损失。

3. 金额是否与实际损失挂钩。违约金的金额与实际损失并不需要一致,而赔偿金奉行填补损失的原则,即损失多少,就赔偿多少。

4. 如果实际损失高于约定的违约金,则可以要求违约方按实际损失赔偿。

值得注意的是,上述几点区别是一般的情形。但在劳动法中,有些赔偿金是法律事先规定的,也不一定与实际损失相关,例如,违法解除的赔偿金标准就是法定的。

赔偿金无须约定,那么是否意味着在劳动关系的所有协议中都无须约定赔偿条款了呢?也不是。我们虽然事先无法确定赔偿金额(如果事先确定好,就成了违约金),但是可以事先约定赔偿责任的承担(如造成用人单位损失,劳动者应该赔偿全部损失还是按比例承担),也可以约定有关损失的项目(如是否包括律师费用、调查费用等)。

哪些情况下,劳动者应该向用人单位承担赔偿责任呢?

1. 违法解除劳动合同的。请注意,如果提前 30 日书面通知单位辞职,或在试用期提前 3 日通知单位辞职,则劳动者无须承担赔偿责任,因为不是违法解除劳动合同。

2. 劳动者违反保密义务或竞业限制义务的。

3. 劳动者违反规章制度、劳动纪律,或劳动合同的约定,造成单位损失的。劳动者没有履行岗位职责,失职造成单位损失,也可认为是违反劳动合同及规章制度。

劳动法中没有直接规定劳动者赔偿标准的条款,这意味着,用人单位向劳动者索赔时,均需证明自己的实际损失。如果证明不了实际损失,则难以索赔。这也是法律对劳动者的一种保护。

由用人单位向劳动者承担赔偿责任的情况更多，下面是一些主要情形：

1. 违法解除劳动合同的。用人单位在不符合劳动合同解除或终止的条件下解雇员工，也包括违反了法定程序解除或终止劳动合同，都属于违法解除劳动合同，应当支付赔偿金。该赔偿金应按经济补偿金的 2 倍标准计算，并且此时工作年限应从实际入职时起算，而非 2008 年起算。因此，如果职工的工作年限较长，则违法解除劳动合同的赔偿金金额较高。

2. 拖欠工资、加班费、经济补偿金的，由劳动行政部门责令限期支付，如逾期不支付，应按拖欠金额的 50% ~100% 向劳动者加付赔偿金。注意，只有限期内仍不支付时，劳动行政部门才能责令加付赔偿金。

3. 用人单位违法向劳动者收取财物的，除退还外，造成劳动者损害的，还应承担赔偿责任。

4. 用人单位违法未出具解除或终止劳动合同的书面证明，给劳动者造成损害的，应承担赔偿责任。

5. 用人单位违法未给离职劳动者办理档案与社会保险关系转移手续的，应承担赔偿责任。

6. 本质上，未签订劳动合同导致的双倍工资其实也是一种赔偿金。

第十一节　离职流程的规范化

一、离职手续的作用

离职环节是人力资源法律风险防范中最应该重视的环节，然而，在现实生活中却常常看到如下情形：员工“来去自如”，说走就走，也没有办理离职手续，甚至在有些短期化的岗位，员工走了，公司的人力资源部门都不知道。这些没有规范的离职流程都蕴藏着极大的风险。

那么我们应该怎么规范离职流程？简言之，离职应当流程化，书面化。让每一个员工离职都办理相关的手续，杜绝后患。这些手续应具有以下作用：

1. 明确劳动合同解除、终止的类型。前文已经分析各种劳动合同解除、终止的类型。各种类型下权利义务是不一样的，因此我们需要明确解除或终止的类型，以减少争议。

2. 成为劳动争议处理的证据。书面且有当事人签字认可的文件会成为最有力的证据。是不是违法解除？是否提前通知？是否员工自行辞职？在劳动争议中用人单位承担着较重的举证责任，因此完善的离职手续能帮助用人单位立于不败之地。

3. 明确离职时间。《劳动争议调解仲裁法》规定劳动争议的时效是 1 年，并且仲裁时效期间从当事人知道或者应当知道其权利被侵害之日起计算。因此关于经济补偿金、赔偿金、工资报酬等都是自离职之日起计算 1 年的诉讼时效。另外经济补偿金、赔偿金计算时涉及工作年限，这也与离职时间挂钩，因此有明确的离职时间可以避免许多争议。

4. 借助离职手续，在矛盾还未爆发之前，把双方之间潜伏的各种矛盾一并解决。

二、离职手续的法律要点

1. 劳动者提出解除时。应保存劳动者亲笔签名的辞职信，如有必要，还可让劳动者签署离职声明或协议，确保双方不再有任何争议。

如果员工通过电子邮件或者 QQ、微信等社交软件离职，是否可以？电子邮件的发件邮箱或聊天记录如果能证明是员工本人的邮箱、账号，则基本上可以作为有效证据（不过仲裁及诉讼中可能要对邮件进行公证）。保险起见，员工通过 QQ、微信等方式表达辞职的意思时，应该要求其补充一份书面的辞职信，至少是一封明确表示辞职的电子邮件。

2. 协商解除时，应保存双方签名或盖章的协商解除协议。协议应明确解除的提出方、解除劳动合同的时间、有关劳动报酬结算、经济补偿金的结算、交接事宜等，同时明确双方已经不再有任何争议。

3. 用人单位解除时，应向劳动者送达解除劳动合同通知书，并注明解除时间、解除理由、通知时间。当然，用人单位应保证解除是有法律与事实依据的。

4. 劳动合同终止，应办理交接手续。如果是劳动合同届满，应根据地方性法规的要求制作劳动合同终止通知书提前通知员工。如果属于用人单位愿意以原条件或更好条件续签，而员工不愿意续签，那么在有关手续中应予体现。因为这直接关系到是否应支付经济补偿金。

送达的方式最好是书面送达离职员工本人，由其亲笔签收。如果其拒绝签收或下落不明等，则应向其在入职登记表或劳动合同上登记的通信地址邮寄。如果没有登记本人的地址，也可以向其登记的紧急联系人的地址邮寄。如果均无登记，则可以向离职员工身份证上的地址邮寄。最好采用快递形式，并在快递单上注明送达的文件，例如，“解除（或终止）劳动合同通知书”。如果采取这些方式都无法送达，则可以采取公告送达，自公告发出之日起，经过 30 日视为送达。注意，公告送达应为无法邮寄送达之后的最后一种方式，用人单位不能直接采取公告送达方式。

除邮寄或公告之外，也可以考虑在书面送达的同时做好录音的准备（录音并不需要劳动者事先知情或同意）。例如，由送达人直接向劳动者当面宣读（包括离职原因、时间、被通知人等），请劳动者确认是否已经听清，并同时保存录音。如果劳动者不同意签字，则这份录音也可以表明已经通知到本人。

文书范本46:解除劳动合同通知书范本

解除劳动合同通知书

被通知人:

身份证号:

一、解除通知:

1. 您与公司签订的劳动合同将于________年____月____日解除。

2. 解除事由为:客观情况重大变化,致使劳动合同无法履行。

具体说明:________________________________。

二、离职手续:

根据公司规章制度的规定,现公司就离职手续办理事宜向您通知如下:

1. 请您在收到本通知后立即填写《员工离职手续清单》,并于________年____月____日前按照公司规章制度规定和上述清单中所列事项要求完成本人工作、财物、公司邮箱及其他任何由公司享有相关权利且公司认为有必要置于公司控制之下的物品或虚拟物品等的交接,办理完毕所有离职手续。

请将经您本人和其他相关负责人填写完整的《员工离职手续清单》提交人事部门确认。

2. 您应正常工作至________年____月____日,其余时间将作为补休或年休假,您在最后一个月的实际工作天数为________天,年休假________天,法定假日________天。经计算此月税前工资为¥________元。

3. 您在离职之前产生的相关费用按公司报销规定予以报销。

4. 社保缴纳至________年____月。

特此通知!

签署时间:　　　　年　　月　　日

________________(单位名称)

本人已经收到上述通知。

签署时间:　　　　年　　月　　日

员工本人签字:

文书范本47:终止(解除)劳动合同(或工作关系)证明书范本

终止(解除)劳动合同(或工作关系)证明书

(存根第________号)

________已于________年____月____日与本单位终止/解除劳动合同(或工作关系)。

特此确认:单位已经履行全部义务(包括社保、档案等),全部劳动报酬、经济补偿、赔偿等均已结清,再无争议,不再向单位要求其他任何费用、劳动报酬、补偿或赔偿。

离职人员签字确认:

签署时间:　　年　　月　　日

________________公司

终止(解除)劳动合同(或工作关系)证明书

(给员工本人)

________自________年____月____日与本单位订立了劳动合同(或工作关系),现已于________年____月____日与本单位终止(解除)劳动合同(或工作关系)。原任职务为:________。

员工离职后应履行竞业限制义务,期限为离职后____个月,员工不应从事________方面业务与工作。

特此证明。

签署时间:　　年　　月　　日

________________公司

文书范本48:离职面谈记录表范本

离职面谈记录表

填表日期:

离职员工	部门		岗位	
谈话人	部门		岗位	
离职原因				
对本职工作的看法和建议				
对所在部门的看法和建议				
对公司的看法和建议				
如有机会是否愿意回公司				
其他谈话内容				
谈话人签字				
相关领导批示				

第八章

特殊主体的用工管理

操作指引： 区别于一般的用人单位与劳动者，了解国家机关、事业单位、外国人、公司董监高、股东等特殊主体在劳动争议方面的法律适用及操作流程。

第一节　国家机关用工概述

这里的国家机关，是宽泛意义上的国家机关，包括党政机关（例如，市委、工商局、法院等）、人大、政协、民主党派机关、部分社会团体（工会、共青团）。他们的特点是：代表国家行使国家权力；人员的主体为公务员；其经费（包括但不限于人员工资）均由国家财政保障。

在国家机关上班的人，主要是公务员，但也有部分适用《劳动法》的劳动者。

一、公务员不适用《劳动法》

公务员是所谓的"铁饭碗"，是国家干部，人们有时也戏称为"为国家打工"。公务员虽然也是上班族与工薪族，但公务员与单位之间的关系不属于劳动关系。因此：

1. 公务员与所在单位之间的关系不适用《劳动法》《劳动合同法》等法律，双方都没有劳动法上的权利与义务。例如，公务员加班就不能要求加班费，也不能要求签订劳动合同，试用期可长达 1 年等。双方的关系应适用《公务员法》[1] 等法规调整。这是否不公平呢？谈不上。公务员虽然不受劳动法保护，没有加班费等法定待遇（但现实中单位会对其加班给予一定的补贴），但是在工作的稳定性、工资待遇、医疗待遇、养老待遇等各方面却比一般劳动者优越得多。事实上，公务员仍是中国普通老百姓所向往的职位。

2. 公务员与机关之间发生争议不能走劳动争议处理程序，只能通过如下两

---

〔1〕 中华人民共和国第十三届全国人民代表大会常务委员会第七次会议于 2018 年 12 月 29 日通过《公务员法》，自 2019 年 6 月 1 日起施行。

种途径处理：

(1)按照《公务员法》第95条的规定，公务员对涉及本人的人事处理不服的，可以向原处理机关申请复核；对复核结果不服的，可以自接到复核决定之日起15日内，按照规定向同级公务员主管部门或者作出该人事处理的机关的上一级机关提出申诉；也可以不经复核，自知道该人事处理之日起30日内直接提出申诉。对省级以下机关作出的申诉处理决定不服的，可以向作出处理决定的上一级机关提出再申诉。

这是一种非司法的内部申诉途径，所有公务员都可以采取这种争议解决渠道。

(2)公务员中有一种"聘任制公务员"，依据《公务员法》第16章"职位聘任"进行管理。《公务员法》第103条规定："聘任合同应当具备合同期限，职位及其职责要求，工资、福利、保险待遇，违约责任等条款。聘任合同期限为一年至五年。聘任合同可以约定试用期，试用期为一个月至十二个月。聘任制公务员实行协议工资制，具体办法由中央公务员主管部门规定。"等。

聘任制公务员与所在单位就履行聘任合同产生争议可以提起人事争议仲裁。双方任何一方不服人事争议裁决的，可以向法院提起诉讼。请注意：公务员与所在单位之间的争议中，能够进入人事争议仲裁与法院诉讼的争议少于劳动关系下可以进行劳动仲裁与诉讼的争议。例如，就休息休假、福利、保险、培训等很多争议都无法进入仲裁与诉讼，只能通过内部申诉，且不能保证一定可以得到处理。

二、国家机关中适用《劳动法》的普通劳动者

国家机关同样是一个用人单位，因此同样可以雇佣普通劳动者，可能与其建立劳动关系，包括全日制用工关系、非全日制用工关系、劳务派遣关系。与这些劳动者建立、解除劳动关系均应依据《劳动合同法》等劳动法规来操作。如果发生争议，劳动者也能提起劳动争议仲裁与诉讼。不过国家机关与劳动者的劳动关系仍然有一些特殊性：

1.《劳动合同法实施条例》第12条规定，地方各级人民政府及县级以上地方人民政府有关部门为安置就业困难人员提供的给予岗位补贴和社会保险补贴的公益性岗位，其劳动合同不适用劳动合同法有关无固定期限劳动合同的规定

以及支付经济补偿的规定。

实务中，这些人员的聘用单位可能是街道办事处等机构（也有可能是非国家机构聘用，但由政府提供补贴），如果并非“为安置就业困难人员提供的给予岗位补贴和社会保险补贴的公益性岗位”，而是正常对外招聘的人员，则不适用此条。即使适用此条款，也仅仅是在无固定期限劳动合同与经济补偿方面（可以不签署无固定期限劳动合同，终止或解除时可以不支付经济补偿）有区别，在加班费、最低工资、年休假等其他方面都应该按照劳动法律法规操作。如果单位不与其签订劳动合同，劳动者也可以索赔未签订劳动合同的双倍工资。

2. 按照《劳动保障监察条例》，人力资源和社会保障部门仅对“企业和个体工商户”进行劳动保障监察。不过《劳动合同法》中明确规定劳动行政部门可查处包括国家机关、事业单位在内的单位，但仅限于违反《劳动合同法》的情形。因此人力资源和社会保障部门对国家机关的用工监察会弱一些。

3. 由于国家机关直接雇佣普通劳动者会带来一些难以克服的问题，如影响国家机关形象，不利于公权力的行使，容易带来腐败等。现实中，不少在国家机关上班的劳动者，其实是通过劳务派遣、外包等形式的用工，并不直接与国家机关建立劳动关系。

4. 注意国家机关使用劳务派遣用工不受《劳务派遣暂行规定》的约束，没有比例的限制。

第二节　事业单位用工概述

事业单位的性质是十分具有中国特色的,其官方定义是:以社会公益为目的的,由国家机关举办或者其他组织利用国有资产举办的,从事教育、科技、文化、卫生等活动的社会服务组织。[1]某种意义上,事业单位是介于国家机关与企业两者之间的一类组织,其用工亦有其特殊性。

一、在事业单位工作的情形

事业单位的用工形式比所有其他单位都复杂。有人说:事业单位的一间办公室里,可能有八九种人,下文作了一下梳理。

有些事业单位有公共事务管理职能,其工作人员参照公务员管理(例如,中国地震局的工作人员),其法律适用基本上等同于公务员。除此之外,在事业单位工作的人还有以下几种:

1. 有事业编制,工资由财政拨款,未签聘用合同的。

2. 有事业编制,工资由财政拨款,签聘用合同的。国家推行聘用制以加强人事体制的积极性和灵活性。

另外,军队按照《中国人民解放军文职人员条例》聘用的文职人员,也与之类似,这里不再单列。

3. 没有事业编制,由事业单位筹发工资,签聘用合同的。

4. 没有事业编制,由事业单位筹发工资,签劳动合同(或未签合同)的。

---

〔1〕 参见《事业单位登记管理暂行条例》第2条。

5. 没有事业编制，事业单位与劳务派遣公司签订劳务派遣协议，由后者派遣到事业单位来工作的。

上述这几种情况中，第 1 种与第 2 种是典型的人事关系，[1]第 4 种是劳动关系，适用劳动法律法规，第 5 种是劳务派遣，被派遣劳动者是与劳务派遣公司建立劳动关系，但事业单位同时承担连带责任。

实务中存在争议的是第 3 种情形：没有编制，但签署的是聘用合同。也就是说人事关系与劳动关系的区分标准到底是看有无编制，还是看双方签署的是什么合同呢？笔者认为应该以编制为准。有编制的员工，不仅是一个简单的单位与个人间的雇用关系，而是涉及国家财政的雇用关系。因此才需要适用特别的法律。

事业单位的人员有无编制，福利、待遇大不一样。从法理上来讲，这涉及违反“同工同酬”的问题，就像同一个机关里的公务员与劳动合同用工之间的待遇差别问题一样，此问题缺少明确的法律依据。如果说劳动关系下“同工同酬”还有《劳动法》《就业促进法》支持（其中劳务派遣的“同工同酬”还有《劳动合同法》《劳务派遣暂行规定》的支持），那么事业单位、国家机关的同工同酬问题则只有《宪法》的支持了。而《宪法》在我国基本上还不能作为司法的依据，就笔者所知，几乎没有支持事业单位的劳动者“同工同酬”诉求的实际案例。

案例 33：能否依据与事业单位的聘用合同认定人事关系？

案情简介

2006 年李某到某区人民法院从事速录工作，2007 年 1 月 8 日签订了 1 年期的聘用合同，约定聘用李某为书记员。2010 年 10 月 8 日，双方签订机关事业单位聘用编外人员合同书，约定聘用李某为编外人员，期限为 3 年，从 2011 年 1 月 1 日至 2013 年 12 月 31 日止。李某 2012 年 2 月成为聘任制司法警察，一级警员。2015 年，晋升为三级警司。2016 年 5 月 24 日某开发区人民法院对李某作出《拘留、罚款决定书》，载明，“本院在审理原告李某诉被告 A、B、C 等人民间借贷纠纷一案中，查明李某带人拒绝登记、安检、闯入法院，所带人员陈某在庭审前殴打张 A，庭审后，李某及其带来的人员扬言要教训张 A。决定对李某拘留 15

[1] “人事关系”这一词出现在多个部门规章中，但并无法规对其准确定义，本书亦不对其作出定义。人事关系主要指事业单位与其工作人员的关系，这种关系一般认为与劳动关系的性质有所不同。人事关系中引发的进行仲裁与诉讼渠道的争议即为本书中的“人事争议”。

日,罚款8万元”。2016年5月31日,该区人民法院向工会发出《关于解除与李某劳动关系的通知》,载明,“2016年5月24日,本市开发区人民法院以李某严重扰乱法庭秩序为由作出了××号《拘留、罚款决定书》,李某的行为影响了法院工作人员形象,严重违反了本院的规章制度,根据本院《聘用人员管理办法》第十五条第十项的规定,经研究决定,从即日起与李某解除劳动关系”。同日,工会向法院发出《关于与李某解除劳动关系的函》。5月31日,该区人民法院向李某发出《解除劳动关系通知书》。李某的警衔已于2016年6月6日被省高级人民法院取消。李某向劳动人事争议仲裁委员会申请仲裁,要求撤销该区人民法院作出与李某解除劳动关系的决定,仲裁委员会裁决不予支持李某的仲裁请求,李某不服,诉至法院。

裁判要点

本院认为,本案的争议焦点为:上诉人与被上诉人之间是适用劳动合同法的规定还是适用公务员或者事业编等其他人事关系。

关于争议焦点,判断李某与某区人民法院之间是劳动关系还是人事关系,要依据李某有没有被纳入某区人民法院的政法编制。李某从事法警工作并被授予警衔,只能证明其具有从事法警工作的资格。从双方签订的聘用合同以及组织部门的审核表看,均明确载明了李某的身份为聘用编外人员,故李某关于其与某区人民法院存在人事关系的主张,本院不予采信,李某与某区人民法院之间仍然是劳动关系。[1]

二、人事争议适用的程序

人事关系下,发生人事争议,应该先向有管辖权的人事争议仲裁委员会提出申请,对人事争议仲裁委员会作出的裁决不服时,才能向法院提出起诉。随着《劳动人事争议仲裁组织规则》的出台,目前很多地区的劳动争议仲裁机构与人事争议仲裁机构已经合二为一,统称为劳动人事争议仲裁委员会。但其在处理事业单位的人事争议时仍具有一些特殊性。

人事争议仲裁的受理范围:最高人民法院《关于人民法院审理事业单位人

---

〔1〕(2017)苏09民终2861号。

事争议案件若干问题的规定》第 3 条规定:“本规定所称人事争议是指事业单位与其工作人员之间因辞职、辞退及履行聘用合同所发生的争议。”因此相较于劳动争议的受理范围,人事争议只受理关于解除人事关系和履行聘用合同的争议,考核、职务任免、职称等不在其中,范围较窄。事业单位工作人员若对涉及本人的考核结果、处分决定等不服的,可以向有关部门申请复核、提出申诉。

案例 34:事业单位编制人员能否向法院主张福利待遇?

案情简介

戴某宏原系泰州市某中学的事业编制正式教师,因该中学高、初中分设,泰州市教育局按照泰州市人民政府〔1999〕第 59 号《关于泰州口岸中学高、初中分设问题的会议纪要》精神,将包括戴某宏在内的 19 名教师以干部调动的形式调至泰州市教育局,并分流至泰州市 × × 区文教局安排工作,后除戴某宏之外的 18 名教师均被安排到泰州市 × × 区中学工作。区教育局直至 2014 年 12 月 18 日才开具《介绍信》,让其到某实验学校报到,导致其自 1999 年 9 月至 2014 年 12 月依法应享有的六种教师职业权利以及教师职称晋升的权利被长期侵占、剥夺,故诉至法院,请求判决立即按照《教师法》和国家政策补发 1999 年 9 月至 2014 年 12 月的工资福利。

裁判要点

再审法院认为,《民事诉讼法》第 119 条第 4 项规定,民事起诉必须属于人民法院受理民事诉讼的范围和受诉人民法院管辖。最高人民法院《关于人民法院审理事业单位人事争议案件若干问题的规定》中称,人事争议是指事业单位与其工作人员之间因辞职、辞退及履行聘用合同所发生的争议。本案中,戴某宏系事业编制的正式教师,其请求泰州市 × × 区教育局补发其相应的工资福利待遇不属于上述司法解释规定的人事争议,故戴某宏的起诉不属于人民法院民事诉讼的受案范围,对其起诉依法应裁定不予受理。[1]

人事争议的仲裁时效:《事业单位人事管理条例》第 37 条规定,事业单位工作人员与所在单位发生人事争议的,依照《劳动争议调解仲裁法》等有关规定处理。而根据 2008 年 5 月 1 日起施行的《劳动争议调解仲裁法》的规定,劳动争议

〔1〕 (2016)苏民申 3824 号。

的仲裁时效为1年,《劳动争议调解仲裁法》第52条指出:“事业单位实行聘用制的工作人员与本单位发生劳动争议的,依照本法执行;法律、行政法规或者国务院另有规定的,依照其规定。”结合上述法条,应理解为人事争议的仲裁时效若无特殊规定则适用《劳动争议调解仲裁法》中1年的规定。那么事业单位的人事争议是否另有规定?有,但并没有法律、行政法规或国务院这一级的规定,只有部门规章。如《人事争议处理规定》系由中共中央组织部、人力资源和社会保障部、原总政治部发布,该规定第16条明确规定,当事人从知道或应当知道其权利受到侵害之日起60日内,以书面形式向有管辖权的人事争议仲裁委员会申请仲裁。这就导致了人事争议的仲裁时效在法律法规上是个不太清楚的问题,但在实务中根据最高人民法院《关于人事争议申请仲裁的时效期间如何计算的批复》,偏向于1年的仲裁时效。不过,聘任制公务员的人事争议,依照全国人民代表大会常务委员会通过的《公务员法》,时效明确是60天。

除此之外,人事争议与劳动争议一样适用《劳动争议调解仲裁法》,对人事争议不服的,可以在15日内向法院起诉。

三、人事争议适用的法律

聘任制的公务员(包括参照《公务员法》管理的准公务员)发生人事争议的,无疑是适用《公务员法》。但事业单位的其他工作人员与单位发生的人事争议(以下简称事业单位人事争议)适用什么法律?这是目前劳动法领域最令人迷惑的问题之一。

最高人民法院《关于人民法院审理事业单位人事争议案件若干问题的规定》(法释〔2003〕13号)第1条规定,“事业单位与其工作人员之间因辞职、辞退及履行聘用合同所发生的争议,适用《中华人民共和国劳动法》的规定处理”。这里“适用《中华人民共和国劳动法》的规定处理”是指人民法院审理事业单位人事争议案件的程序运用《劳动法》的相关规定。人民法院对事业单位人事争议案件的实体处理应当适用人事方面的法律规定,但涉及事业单位工作人员劳动权利的内容在人事法律中没有规定的,适用《劳动法》的有关规定。

对此,司法实践中的一般做法是,人事关系仍与劳动关系区别对待,在很多方面均未依照《劳动合同法》等劳动法规处理。例如,不签订书面合同能否要求双倍支付工资?聘用合同到期终止是否应当支付经济补偿金?一般不予支持。

必须说明的是:笔者此处的解答只能说是对现有有限经验的总结。人事争议的法律适用是目前理论与实务上均不清楚的一个问题。该问题的解决,有待于事业单位体制尘埃落定之后,国家出台较高层级法律法规来定分止争。

第三节　涉外用工管理

一、外籍员工来华工作申请

《外国人在中国就业管理规定》(以下简称《管理规定》)第5条规定,用人单位聘用外国人须为该外国人申请就业许可,经获准并取得《外国人就业许可证书》后方可聘用。由此可知,中国政府对外国人来华就业实行许可制度,即外国人必须先申请获得批准后方可入境就业,此为一般规定。

由国家外国专家局、人力资源和社会保障部、外交部、公安部联合发布的《关于全面实施外国人来华工作许可制度的通知》进一步指出,2017年4月1日起,全国统一实施外国人来华工作许可制度,发放《外国人工作许可通知》和《外国人工作许可证》,来华工作外国人凭《外国人工作许可通知》和《外国人工作许可证》办理相关签证和居留手续。现行有效期内的外国专家来华工作许可和外国人入境就业许可及相关证件继续有效。自此,外国人入境就业许可、外国专家来华工作许可合并为《外国人工作许可通知》,外国人就业证、外国专家证合并为《外国人工作许可证》。

具体申请流程见图8-1:

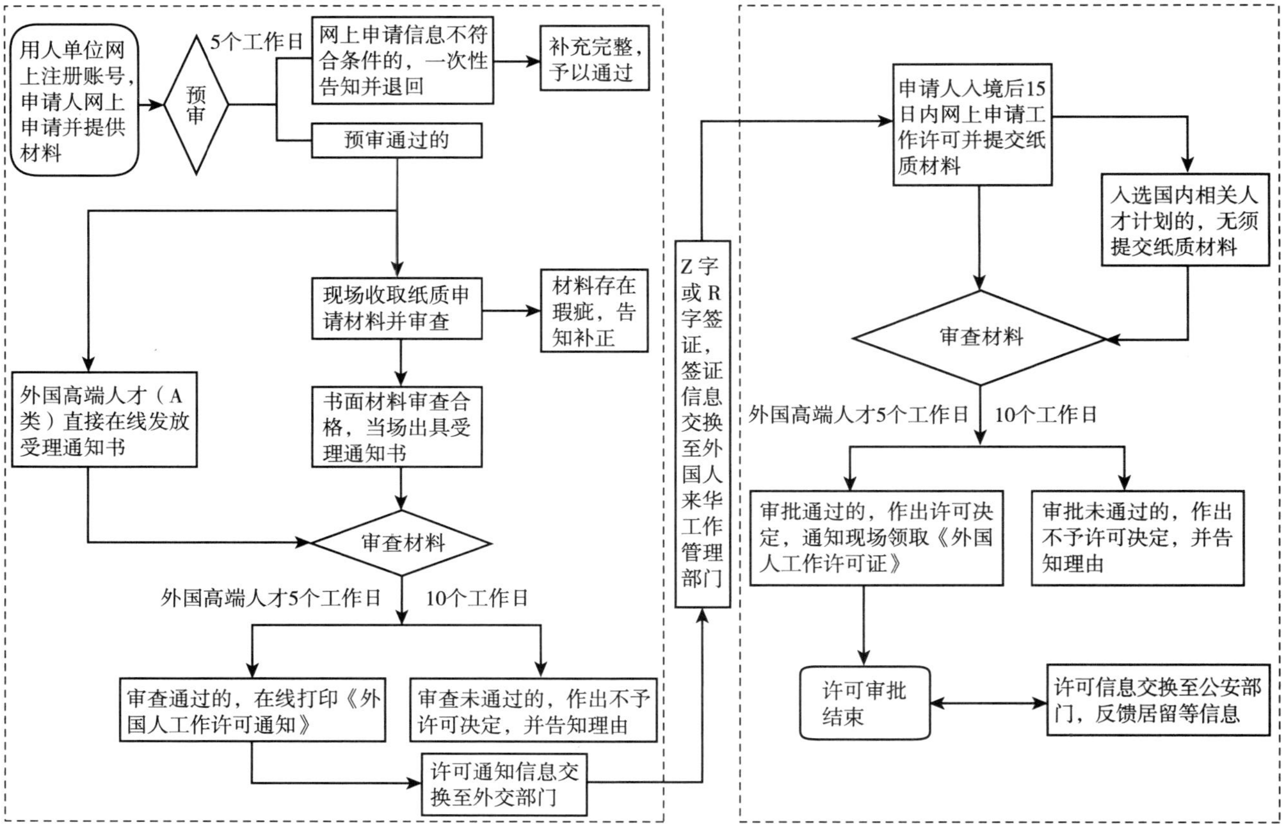

图8–1　《外国人工作许可通知》和《外国人工作许可证》申请流程

用人单位聘用外国人的基本条件：

1. 依法设立，无严重违法失信记录；聘用外国人从事的岗位应是有特殊需要，国内暂缺适当人选，且不违反国家有关规定的岗位；支付所聘用外国人的工资、薪金不得低于当地最低工资标准。

2. 法律法规规定应由行业主管部门前置审批的，需经过批准。

申请人的基本条件：

1. 应年满18周岁，身体健康，无犯罪记录，境内有确定的用人单位，具有从事其工作所必需的专业技能或相适应的知识水平。

2. 所从事的工作符合我国经济社会发展需要，为国内急需紧缺的专业人员。

3. 法律法规对外国人来华工作另有规定的，从其规定。

二、外籍员工劳动合同管理

根据《劳动合同法》第2条的规定，“中华人民共和国境内的企业、个体经济组织、民办非企业单位等组织与劳动者建立劳动关系，订立、履行、变更、解除或者终止劳动合同，适用本法”。该条文未将外国人排除在外，因此原则上外国人与国内用人单位订立、履行、变更、解除或者终止劳动合同，也适用《劳动合同法》。但是《管理规定》与《劳动合同法》之间存在一些不一致的地方，并且在《劳动合同法》颁布后，《管理规定》于2017年进行修订，并未废止。由此在司法实践中出现了法律适用问题。

笔者认为，从法律法规的位阶角度考虑，《劳动合同法》作为法律肯定比作为部门规章的《管理规定》更高，但是由于聘用外国人有其特殊之处：从身份上来看，外国人与本国人在各种权利、义务方面有区别；从规模上来看，外国人在本国就业属于劳动市场非常小的一部分；所以实践中，作为专门针对外国人就业问题的《管理规定》的适用性应该更强。

因此，与外籍员工订立劳动合同建立劳动关系应注意以下几点：

1. 外籍员工劳动合同的期限最长不得超过5年。劳动合同到期前，经所在地劳动行政部门批准，可办理就业证延期手续。因此在司法实践中，《劳动合同法》第14条关于无固定期限劳动合同的规定无法适用外籍员工。

2. 根据最高人民法院《关于审理劳动争议案件适用法律问题的解释（一）》第33条的规定，外国人、无国籍人未依法取得就业证件即与中华人民共和国境内的用人单位签订劳动合同，当事人请求确认与用人单位存在劳动关系的，人民法院不予支持。因此司法实践中，外国人未依法办理工作许可证的，其与用人单位签订的劳动合同应为无效劳动合同。外国人已经付出劳动的，由用人单位参照合同约定支付劳务报酬。

3. 就业证注销后外籍员工无法主张恢复劳动关系。依据中国法律，违法解除劳动合同的用人单位将承担支付赔偿金或恢复劳动关系的责任。但对于外籍员工，在用人单位已注销就业证的情况下，无法仲裁请求恢复劳动关系。（实践中此结论有争议，但应引起重视）

4. 只能为“登记单位”工作，原则上不得“兼职”。《管理规定》第 23 条规定：“外国人在中国就业的用人单位必须与其就业证所注明的单位相一致。”因此，外国人来华就业，不能在多个单位工作。

需要注意的是，对于在上海工作的外国人，有一个允许“兼职”的例外情形。《关于贯彻〈外国人在中国就业管理规定〉的若干意见》第 20 条规定：“外国人只能在其就业证上注明的单位就业，不得在其他单位兼职工作。属境外投资资方派遣，在同一投资方举办的几家企业中兼职的除外，但只能由其中一家企业出面办理就业手续。”此种情况下允许兼职的例外也有着比较严格的限制：（1）外籍工作人员必须为境外直接派遣，应当有相应的派遣书面材料作为依据；（2）兼职单位必须为同一投资方的直接投资企业，仅仅有股份关联的间接投资企业不能适用；（3）必须由一家企业为其办理就业手续。

5. 与外籍员工的劳动合同可自由约定解除条件。《管理规定》第 22 条规定：“在中国就业的外国人的工作时间、休息休假、劳动安全卫生以及社会保险按国家有关规定执行。”其中并未包括劳动关系的解除，在司法实践中倾向于认可用人单位与外籍员工自由约定条款的有效性。

案例 35：外籍员工劳动合同的解除与终止依合同约定处理

案情简介

A 公司为外籍人员 B 办理了 2014 年 7 月 10 日至 2015 年 6 月 30 日的外国人就业证，后有效期延至 2017 年 6 月 30 日。2015 年 1 月 12 日，双方签订劳动合同，约定合同期限为 2015 年 1 月 1 日至 12 月 31 日，职务为总经理，月薪 32,677 元。另约定，“任何一方有权根据相关的法律法规的规定终止劳动合同”等（第 16 条），“本合同中所称‘法律法规’若无特别说明，系指中华人民共和国的法律法规”(第20条第1款),“本合同未尽事宜,双方另有约定的从约定;双方没有约定的,从相关法律、法规、规章”等(第20条第2款),“合同双方理解并同意,如果国家和/或上海市就《劳动合同法》有规范性文件实施的,本合同和附件应根据前述规范性文件变更”(第20条第4款)。

2017年6月14日,A公司发给B《终止劳动合同通知书》,载有“因劳动合同及就业证到期原因”,A公司决定从2017年6月30日起终止与B的劳动合同。B要求A公司支付劳动合同终止的经济补偿金。

裁判要点

法院认为,结合外国人就业证所载延期信息及B的陈述等,法院认定双方所签劳动合同应于2017年6月30日到期。在劳动合同和就业证均到期的情况下,A公司可以终止劳动合同。对终止劳动合同后,是否需要支付经济补偿,双方劳动合同第20条等条文未作明确约定。在无具体约定的情况下,B要求支付终止劳动合同经济补偿缺乏依据。现A公司要求不支付B终止劳动合同经济补偿58,536元,法院予以支持。[1]

三、涉外劳动用工中的违法就业

实务中的涉外违法就业大概有下面几种情况:

1.境外企业或其他组织在中国直接招用员工

境外企业是指在境外登记或注册的企业或其他组织,标准是依据哪一国法律而成立的,而与其资产来源、投资人无关。例如,一家美国公司可能到中国,依据中国的法律设立一家外商独资企业。这个外商独资企业就是一个不折不扣的中国公司。反过来,一个中国人到美国注册一家公司,这家公司就是一家外国企业,而非中国企业。《公司法》第212条规定:外国公司违反本法规定,擅自在中国境内设立分支机构的,由公司登记机关责令改正或者关闭,可以并处5万元以上20万元以下的罚款。

因此,境外公司如果在中国境内设立办公场所招用员工,则违反《公司法》的规定。即使不设立分支机构,外国公司直接雇佣中国人时,也肯定不构成中国

〔1〕 (2018)沪01民终2454号。

劳动法上的劳动关系，因为外国公司不属于《劳动合同法》所规定的用人单位。双方如果发生争议，不仅不能适用中国的劳动法，也未必能适用中国的一般法律，且不一定能在中国的法院管辖受理。[1]就算是中国的法院可以受理并判决，将来如何执行判决也会是个难题。

2. 境外企业及外国机构在中国的办事处、代表处未经中介机构在中国境内直接招用员工

这些办事处、代表处经过中国的工商行政部门进行过登记，但只能从事一些联络的工作，并不能从事经营活动，也不能直接在中国境内招用员工。例如，在国家企业信用信息公示系统中查询"日本 KDDI 株式会社上海代表处"，可以查到如下信息：

法定代表人/负责人：	OSAMURA SEIICHIRO	所属地区：	上海市
统一社会信用代码	91310000X072086569		
成立日期：	1995－11－06	注册资本：	
经营期限：	1995－11－06 至无固定期限		
登记机关：	上海市工商局	企业状态：	开业
地址/住所：	上海市黄浦区福州路 666 号 16 层 C1 单元		
经营范围：	从事与隶属外国（地区）企业有关的非营利性业务活动		

我们可以注意到，其经营范围明确限制为"非营利性业务活动"。

现行法律法规对此类办事处、代表处招聘的限制主要依据国务院《关于管理外国企业常驻代表机构的暂行规定》第 11 条的规定："常驻代表机构租用房屋、聘请工作人员，应当委托当地外事服务单位或者中国政府指定的其他单位办理。"另外，各地往往也有地方规定对此作出要求，例如，北京市人民政府《关于外国企业常驻代表机构聘用中国雇员的管理规定》第 5 条规定："外国企业常驻代表机构招聘中国雇员，必须委托外事服务单位办理，不得私自或者委托其他单位、个人招聘中国雇员。"

也就是说，按照法律规定，这些办事处、代表处的用工必须通过劳务派遣。一般认为这种情形下的劳务派遣，不受《劳动合同法》下的劳务派遣适用岗位、用工比例等限制。

---

〔1〕 这里需要适用国际私法的有关规则，考虑双方的约定、具体履行情况等各种原因。

3. 外国籍人员未经许可在中国就业

根据《管理规定》等规定，外国籍人员要在中国合法就业，必须办理《外国人工作许可证》。如果没有取得该证书而在中国就业，就是未经许可非法就业。2021年1月1日生效的最高人民法院《关于审理劳动争议案件适用法律问题的解释（一）》第33条重申，外国人、无国籍人未依法取得就业证件即与中华人民共和国境内的用人单位签订劳动合同，当事人请求确认与用人单位存在劳动关系的，人民法院不予支持。持有《外国专家证》并取得《外国人来华工作许可证》的外国人，与中华人民共和国境内的用人单位建立用工关系的，可以认定为劳动关系。

上述第2、3种情形下的雇用，会导致什么法律后果呢？

其一，双方的关系根本违法，也不构成劳动关系。劳动者不得依据劳动法律法规主张未签劳动合同的双倍工资、加班工资等。无论用人单位以何种理由解除或终止用工关系，劳动者均不得要求继续履行，也不得要求解除或终止用工关系的经济补偿金或赔偿金。

其二，行政处罚责任。根据2013年7月1日起实施的《出境入境管理法》第80条的规定，外国人非法就业的，处5000元以上2万元以下罚款；情节严重的，处5日以上15日以下拘留，并处5000元以上2万元以下罚款。

介绍外国人非法就业的，对个人处每非法介绍一人5000元，总额不超过5万元的罚款；对单位处每非法介绍一人5000元，总额不超过10万元的罚款；有违法所得的，没收违法所得。

非法聘用外国人的，处每非法聘用一人1万元，总额不超过10万元的罚款；有违法所得的，没收违法所得。同时依据该法，非法就业的外国人可能被限期出境或驱逐出境。

这是针对外国人在我国非法就业的处罚。对于外国企业常驻代表机构未经中介机构直接雇用的处罚，则主要是由地方法规规定。

值得注意的是，对于我国港澳台人员在我国内地（大陆）就业的，根据人力资源和社会保障部《关于香港澳门台湾居民在内地（大陆）就业有关事项的通知》（人社部发〔2018〕53号），人力资源和社会保障部已经废除了有关我国港澳台人员在内地（大陆）就业需要《台港澳人员就业证》的规定。在内地（大陆）求职、就业的我国港澳台人员，可使用港澳台居民居住证、港澳居民来往内地通行证、台湾居民来往大陆通行证等有效身份证件办理人力资源社会保障各项业务，以工商营业执照、劳动合同（聘用合同）、工资支付凭证或社会保险缴费记录等作为其在内地(大陆)就业的证明材料。

其三,虽然这种情况下的打工是违法的,但也并不意味着打工一方完全不能主张权利。如果存在拖欠工资报酬、拖欠允诺的费用等情况,还是可以向对方主张的,否则,一个双方违法的行为,让打工者一方受到了损失,让雇用一方因为自己的违法行为获了利,显然不合情理,也不符合“任何人不得从自己的违法行为中获利”这一基本法理。《劳动合同法》第28条也对此作出了明确规定:劳动合同被确认无效,劳动者已付出劳动的,用人单位应当向劳动者支付劳动报酬。劳动报酬的数额,参照本单位相同或者相近岗位劳动者的劳动报酬确定。此类违法用工下如果出现了“工伤”,由于并非劳动关系,因此不能走工伤认定程序。雇员一方可直接向人民法院提起诉讼,索要人身损害赔偿。这种情况下,法院应综合各方的过错考虑责任的承担。

总而言之,违法用工下的争议,如果走法律程序,都应该直接上法院起诉,而无须经过劳动争议仲裁程序,因为双方的关系并非劳动关系。

案例36:中国人还是外国人,结果大不同

王某,北京某大学毕业后即前往英国,后毕业于伦敦经济学院MBA,回国后在位于北京市海淀区的某网络公司担任首席执行官,月薪为税前7万元,一直未签订劳动合同。工作5个月后,与公司股东之间发生冲突,愤而辞职。辞职后公司拒绝发放最后1个月工资。于是王某向海淀区劳动争议仲裁委员会提起申诉,要求公司支付未签订劳动合同的双倍工资以及拖欠的1个月工资。

仲裁过程中,公司提出王某系英国籍人士,在中国就业未办理就业许可,故其属于违法就业,其主张不应该得到支持。王某则以其中国护照为证据,声称自己为中国人。后仲裁裁决支持了王某的全部请求,裁决公司应赔付30余万元。

公司委托律师继续向法院起诉,同时申请法院调取王某的出入境记录。法院批准该申请,前往公安部调取了王某的出入境记录,这些记录表明,王某是以英国公民的身份出入境的。原来王某在英国期间,加入了英国国籍。但他并未向国内有关部门申请注销中国国籍,因此一直还保留有中国护照。

根据中国的《国籍法》,中华人民共和国不承认双重国籍,加入外国国籍的,视为自动放弃中国国籍。因此,法庭最后判决王某系英国公民,其在北京某网络公司就业属于非法就业,因此不享受劳动法上的权利义务,未签劳动合同的双倍工资不予支持。但对公司拖欠王某的工资,海淀区人民法院予以支持。至于王

某违法就业以及公司违法招用王某是否应受到行政处罚,法院认为不属于法院职权范围,不予置评。

分析:这个案子典型地说明了国籍不同,适用法律的不同。然而,这样处理的话,会导致一个悖论:对于用人单位而言,违法用工比合法用工成本更低。用人单位完全有可能明知是外国人,明知其应该办理就业许可,但却故意不办,这样在劳动法上的责任反而轻一些,例如,不会承担违法解除的赔偿责任。基于此,《出境入境管理法》实施后,对违法雇用外国人的法律责任加重了不少。在此行政处罚力度下,违法雇用外国人的风险比好处要大。

第四节　股东、董事、监事、高级管理人员等特殊人员的劳动关系

一、董事、监事

理论上,担任董事、监事职务本身,并不等于建立劳动关系,但是董事、监事的职务也不妨碍与公司同时建立劳动关系。

1. 如与公司签署劳动合同的,则建立劳动关系。

如果双方就工资、劳动合同的履行与解除发生争议,则应该按劳动争议处理。如果双方就董事或监事职务的履行与解除、董事或监事津贴等发生争议,则应该依据《公司法》,直接向人民法院提起诉讼,无须经过劳动争议仲裁程序。

职工董事、职工监事就属于这种情况。

2. 未与公司签署劳动合同,仅担任董事、监事职务的,不建立劳动关系。

如果双方就董事或监事职务的履行与解除、董事或监事津贴等发生争议,则应直接向人民法院提起诉讼,无须经过劳动争议仲裁程序。独立董事是最典型的这种情况。

不过,虽然仅担任董事或监事,但在公司全职工作,按月领取报酬,缴纳社会保险,这种情形仍有可能被认定为劳动关系。这种情况下,双方最好有协议明确定义双方的关系以及权利义务。

3. 未与公司签署劳动合同,在公司全日制工作,担任其他岗位职务的,属于劳动关系。这种情况下,未签订劳动合同会导致双倍工资的赔偿责任。

4. 符合相关条件时,也可能与公司建立非全日制用工关系、劳务派遣关系、民事聘用关系等。

5. A 公司的董事,可能是 B 公司的员工。

例如,上级公司的高级管理人员被指派到所参股的关联公司担任董事,则该高级管理人员是上级公司的员工,建立劳动关系,同时是关联公司的董事,不建立劳动关系。

请注意:董事对公司负有法定的竞业限制义务,但监事无此义务。

二、其他高级管理人员

《公司法》第216条规定,高级管理人员,是指公司的经理、副经理、财务负责人,上市公司董事会秘书和公司章程规定的其他人员。也就是说,现实生活中的总经理、副总经理、财务总监、董事会秘书属于高管之列,总经理有可能同时是公司的法定代表人。这些人与公司的关系大概有如下特点:

1. 高级管理人员与公司之间仍属于劳动关系,双方的劳动合同的履行、解除均需依据《劳动合同法》等相关法规。

举个例子:《公司法》对董事会及总经理的职权均有规定,董事会决定是否聘用总经理及部分高级管理人员;总经理决定是否聘用其他的管理人员。如果公司章程有不一样的规定,则执行公司章程。请注意,这种规定仅仅说明,在公司内部程序上,哪个机构或者谁有权决定是否聘用某个人,但并不说明这个机构的决定一定是合法的。这就好像,公司的章程里可以规定"部门经理有权决定是否解除该部门的员工的劳动关系",这只说明在公司内部,部门经理有权代表公司作出解除决定,并不代表该解除决定一定合法有效。

因此,公司与高级管理人员之间解除或终止劳动合同,也需要按照《劳动合同法》操作。

2. 高级管理人员在职期间有法定的竞业限制义务(《公司法》第148条),该竞业限制义务无须双方事先约定。

3.《公司法》第146条对高级管理人员的任职资格有法定的要求,如果违反该资格要求,则公司不得聘用。如果违法聘用了(包括入职后才出现丧失资格的情形),则公司可以(且应当)解除劳动合同,这种情形下,无须支付经济补偿金。

4. 总经理、人事负责人等对签署劳动合同负有职责的人员,如未签订劳动合同,则一般不支持未签订劳动合同的双倍工资。法理依据是那条古老的法谚:"一个人不能因自己的过错而获得利益"。

案例37:依据《公司法》辞退高管的争议

2010年蓝色公司聘用贾某为公司副总经理,签署了劳动合同等,月薪5万元。2012年5月,蓝色公司以贾某违反《公司法》规定的任职条件为由将其解除,贾某不服,提起了仲裁,该案后经法院一审、二审。

蓝色公司提供企业信用网信息,说明有两家贾某担任法定代表人的公司先后于2008年、2009年被吊销。贾某认可该事实,但称公司在招聘时即对此知情。

后法院支持了公司的做法,且认定公司无须支付任何经济补偿金。

分析:《公司法》第216条规定,"高级管理人员,是指公司的经理、副经理、财务负责人,上市公司董事会秘书和公司章程规定的其他人员"。因此,贾某作为副总确属于高级管理人员之列,这没有疑问。同时《公司法》第146条[1]规定,担任因违法被吊销营业执照、责令关闭的公司、企业的法定代表人,并负有个人责任的,自该公司、企业被吊销营业执照之日起未逾3年,不得担任高管,如公司违反规定聘任高级管理人员的,该聘任无效。

该条规定是法律的强行性规定,公司与高管不能协商规避此规定,公司是否事先知情也不影响该规定的执行。因此,公司解除贾某的聘任,终止(亦可称解除)其劳动关系,这是出于法律的要求,应予支持。

值得注意的是,依据《公司法》第146条规定,如果聘任当时并不违反法律要求,但高管被聘任之后履行劳动合同期间,出现了不得担任高管的情形之一的,公司亦应解除聘任,同时可解除劳动合同。

严格而言,《公司法》的要求是公司应该解除高管的职务聘任,但并未明言应该解除劳动关系。此案例中,如果贾某降级为部门经理,就不再违反《公司

---

〔1〕《公司法》第146条规定:"有下列情形之一的,不得担任公司的董事、监事、高级管理人员:

(一)无民事行为能力或者限制民事行为能力;

(二)因贪污、贿赂、侵占财产、挪用财产或者破坏社会主义市场经济秩序,被判处刑罚,执行期满未逾五年,或者因犯罪被剥夺政治权利,执行期满未逾五年;

(三)担任破产清算的公司、企业的董事或者厂长、经理,对该公司、企业的破产负有个人责任的,自该公司、企业破产清算完结之日起未逾三年;

(四)担任因违法被吊销营业执照、责令关闭的公司、企业的法定代表人,并负有个人责任的,自该公司、企业被吊销营业执照之日起未逾三年;

(五)个人所负数额较大的债务到期未清偿。

公司违反前款规定选举、委派董事、监事或者聘任高级管理人员的,该选举、委派或者聘任无效。

董事、监事、高级管理人员在任职期间出现本条第一款所列情形的,公司应当解除其职务。"

法》的规定。那么高管是否可以主张单位不得解除劳动合同，只能解除高管的职务呢？理论上可以这样主张，但考虑到这样处理仍将带来一系列的后续纠纷，因此法院一般支持单位解除劳动关系。

三、股东

股东身份本身与劳动关系无关，但是股东可以同时是单位的员工。实务中很常见的股权激励制度，就是给职工一定股权。这种情况下，职工既是公司股东，也是建立劳动关系的劳动者。

现实中，股东可能参与公司的管理，出席公司相关会议，为公司提供一些劳务。这些并不必然导致双方建立劳动关系。与董事、监事类似，如果仅是作为股东，行使对公司的管理权，工作时间并不受公司约束，则仅为股东，并非公司员工，不建立劳动关系。如果股东全职为公司工作，接受公司管理，除分红之外还领取工资，则属于劳动关系。

股东、董事或监事、劳动者，这三种身份还可能同时具备，或同时具备其中任意两种身份。

四、法定代表人

法定代表人即单位营业执照或其他法人证照上登记的负责人、代表人，其行为直接代表公司，法定代表人在协议上签字的效力等同于公司的公章。

由于本书主题为劳动法下的用工管理，因此这里仅讨论公务员、人事关系以外的法定代表人与所在单位之间的关系。概言之，可以分为如下几类：

1. 如果法定代表人与单位签署劳动合同，在单位全职工作，则属于全日制的劳动合同关系。

2. 如果法定代表人未与单位签署劳动合同，但其是单位的总经理，其他方面亦符合劳动关系的特点，也属于劳动合同关系。这种情况下，法定代表人可能实行不定时工作制。

3. 如果法定代表人未与单位签署劳动合同，同时是单位的股东、董事、出资方等身份，受单位的股东或出资方指派，对单位的股东或出资方负责，则不属于劳动关系。

这种情形下，法定代表人是“资方”的代表，而非“劳方”的代表，不是受用人单位管理的“劳动者”角色。即使从单位领取工资，在单位缴纳社会保险，严格来说也不属于劳动关系。但在需要申报工伤时，若单位与法定代表人都认可劳动关系，则工伤认定部门、司法机关不会予以否认。

即使法定代表人与单位建立了劳动关系，由于其身份的特殊性，一般并不支持未签订劳动合同的双倍工资，因为往往未签订劳动合同也有法定代表人自身的原因。

法定代表人与单位不建立劳动关系时，如与单位就报酬、解聘等发生争议时，可以“劳务合同纠纷”为案由，直接向人民法院提起诉讼，而无须经过劳动争议仲裁。[1]

五、合伙人

合伙人存在于合伙企业，也存在于合伙制的非企业单位（如律师事务所、会计师事务所）。合伙人之间的关系适用《合伙人企业法》，[2]同时适用有关专门的法律（如《律师法》）。从表面上看，合伙人是企业（或单位）的出资人，享有收益权，类似于公司的股东。但其实二者又有不同，合伙人一般参与单位的管理（有限合伙人除外），与单位的关系较之股东更紧密。这种情况下，合伙人的劳动关系认定问题，较之公司而言更加复杂。笔者根据自己的实务经验，将合伙人的劳动关系问题概述如下：

1. 如果同时与单位签署劳动合同的，则建立劳动关系。

与此同时，合伙人之间肯定有合伙协议。这种情况下，合伙关系与劳动关系同时构成。

但是，如果仅仅在本单位缴纳社会保险，不足以证明存在劳动关系。现实中，很多合伙人会选择在本单位缴纳社会保险。但劳动关系的本质在于是否提供劳动、接受管理，而不在于社会保险的缴纳。

---

〔1〕 必须说明的是，由于法定代表人往往与单位的利益一体，实务中双方发生争议的并不多。而且由于现实生活的复杂性，并无法规对此类问题作出明确定性，因此不能排除实际判例会出现不一样的结果。

〔2〕 中华人民共和国第十届全国人民代表大会常务委员会第二十三次会议于2006年8月27日修订通过《合伙人企业法》，自2007年6月1日起施行。

2. 未签署劳动合同，仅作为单位决策层成员管理单位的，即使在单位缴纳社保、领取工资，也不视为劳动关系。

3. 未签署劳动合同，全职在单位工作，受单位管理，工作时间受到约束，领取工资的，应视为劳动关系。

事实上，现实中上述第2、3点难以完全区分，因此给类似案件的审理带来困难。不排除第2种情形仍有可能被认定为劳动关系。但即使认定为劳动关系，由于合伙人身份的特殊性，索赔未签订劳动合同的双倍工资也是可能被驳回的。

为了预防此类争议，合伙人之间可以在合伙协议或类似文件中对是否建立劳动关系作出明确的约定。（见表8－1）

表8－1　各种情形下的用工性质

提供劳动一方	单位一方	工作形式	法律关系	备注
公务员编制（含参照公务员）	国家机关（含参照公务员法管理的单位）	全日制工作	人事关系	受《公务员法》调整； 其中聘任制公务员与单位因履行聘任合同发生的争议可以进入人事争议仲裁与诉讼渠道
非公务员编制	国家机关（含参照公务员法管理的单位）	全日制工作	劳动关系	受劳动法律法规调整
非公务员编制	国家机关（含参照公务员法管理的单位）	由劳务派遣公司派遣；全日制工作	劳务派遣关系	劳务派遣公司与国家机关共同对劳动者承担责任
有事业编制	事业单位	全日制工作	人事关系	如发生争议，属于人事争议而非劳动争议。 人事关系适用法律不一样
无事业编制	事业单位	全日制工作	劳动关系	受劳动法律法规调整
无事业编制	事业单位	由劳务派遣公司派遣；全日制工作	劳务派遣关系	劳务派遣公司与事业单位共同对劳动者承担责任
不限	个人或者非劳动法所规定的用人单位	不限	非劳动关系	主要适用《民法典》等民事法律法规
已达退休年龄人员、全日制学校在校学生	不限，任何单位或个人	不限	非劳动关系	主要适用《民法典》等民事法律法规

续表

提供劳动一方	单位一方	工作形式	法律关系	备注
外国人未经许可	不限,任何单位或个人	不限	非有效劳动关系	可能受到行政处罚
未满 16 周岁童工	不限	不限	不建立有效劳动关系	雇用童工属严重违法行为
不限	外国企业或其在中国的代表处、办事处	未经劳务派遣直接用工	不建立有效劳动关系	外国企业及其办事处要用人,只能通过外企人力资源服务公司进行招录。外服公司与劳动者建立劳动关系,再将其派至外国企业及其办事处工作
劳动者	用人单位	每天工作不超过 4 小时,每周不超过 24 小时	非全日制用工劳动关系	一种特殊的劳动关系,权利义务与普通劳动关系大不相同,适用《劳动合同法》
不限	不限	自担经营风险,一般不受对方的管理或支配	非劳动关系	劳务合同关系,或承揽合同关系、居间合同关系、委托合同关系、合伙关系等
符合劳动法所规定的劳动者条件	符合劳动法所规定的用人单位条件	全日制工作,接受用人单位的管理,用人单位发放劳动报酬,劳动者的劳动是单位业务的组成部分	劳动关系	符合这些要求,才是最标准的劳动关系

第九章

劳动争议仲裁与诉讼

操作指引：基本了解劳动争议案件处理的程序；了解劳动争议的仲裁时效；了解劳动争议案件的举证责任；了解劳动争议的抗辩技巧。根据劳动争议案件的要求，注意平时的证据搜集工作。

第一节　背景介绍

一、《劳动争议调解仲裁法》的总体影响

《劳动争议调解仲裁法》于2008年5月1日起实施，这部法律无论是对劳动争议的当事人来说，还是对劳动争议的处理机关来说，都具有很大的影响。我们在这里仅仅讨论对劳动争议的当事人的影响。这个影响总体来说就是方便了劳动者维权，而加重了用人单位的败诉风险。具体表现在：

其一，大大延长了劳动争议的时效。《劳动争议调解仲裁法》出台前，劳动争议的处理时效只有60天。当时的实务中，有很多案子因为过了时效而不被受理。也有很多用人单位采取与劳动者假意谈判，实则拖延的手段，一旦超过60天的时效，便翻脸不认人。《劳动争议调解仲裁法》则将时效大大延长，并且规定了时效可以中断、中止，使劳动者超过时效的可能性大大减小，方便了劳动者维权。

其二，劳动争议仲裁免费。在过去劳动争议仲裁还收取受理费的情况下，很多劳动者不愿意出钱去打没有把握的官司，或者根本掏不出受理费。但《劳动争议调解仲裁法》则明文规定，劳动争议仲裁免收受理费用，劳动争议在法院阶段的受理费用也从2004年起降到了10元一件。虽然在实务中，有些地方还要求劳动者支付公告送达的费用（如果采取公告送达），甚至是邮寄的费用。但无论如何，总体来说，劳动争议的诉讼成本已大大降低，这也方便了甚至是鼓励了劳动者维权。

其三，缩短了劳动争议的处理周期。《劳动争议调解仲裁法》明文规定，劳动争议处理周期不得超过45天，经批准延长不得超过60天。实务中，因为劳动争议案件数量显著增加，不少地方的劳动争议仲裁机关没办法在法律规定的周

期内处理完。就这种现象,《劳动争议调解仲裁法》第43条规定,逾期未作出仲裁裁决的,劳动者可直接到人民法院起诉。这就使劳动者不会在劳动仲裁阶段过多耗费时间。另外,"一裁终局"制度也缩短了处理周期。

其四,用人单位的举证责任加强。举证之所在,胜败之所在。举证责任的强化,将加大用人单位在劳动争议中的败诉风险。

2008年后,劳动争议案件成倍增长,除了《劳动合同法》加重了用人单位的责任之外,也有很大原因是《劳动争议调解仲裁法》更加方便了劳动者维权。在《劳动争议调解仲裁法》出台之前,各地用人单位劳动争议案的败诉率已经高达70%~80%,而《劳动争议调解仲裁法》出台之后,用人单位的败诉率将更高。因此,从HR管理的角度来讲,一方面,有必要掌握劳动争议案件的基本应诉知识;另一方面,要在平时的人力资源管理工作中加强预防,避免诉累。

二、劳动争议案件处理的指导思想

打官司就是打证据。我们见过很多非法律专业的人士在法庭或者仲裁庭上说,这明明就是事实啊,怎么会败诉呢?这正是非法律专业人士容易陷入的一个误区:空口讲事实,手头却没有证据。在仲裁员与法官看来,法律事实比客观真实更重要。什么叫法律事实?就是依据法律规定的程序,通过双方提交证据,根据证据规则所能够确定的事实。在法庭上与仲裁庭上,双方往往各执一词,司法人员也不是神,不能屈指一算,就看出真相,因此只能根据双方提交的证据来认定事实,而证据所表明的情况与客观真实情况未必一致。

这是在处理劳动争议案件,也是在处理所有诉讼案件中应当注意的一条原则,即注重证据。这就提醒我们,一方面,在仲裁与诉讼中,我们应该根据手头的证据以及对方提供的证据来对事实进行分析,判断案件的处理结果;另一方面,HR应当在平时尽量推进人力资源管理的书面化、规范化,使各种管理行为都有据可依,有迹可循。这样,才能在将来的劳动争议中立于不败之地。

第二节　劳动争议的范围和管辖

一、劳动争议的范围

我们先从主体上来看劳动争议的范围，表9－1列举了不同主体对《劳动争议调解仲裁法》的适用情况。

表9－1　不同主体对《劳动争议调解仲裁法》的适用情况

用人单位方	劳动者或受雇方	是否适用《劳动争议调解仲裁法》
各种类型企业	劳动者	适用
民办非企业组织	劳动者	适用
个体经济组织(个体户)	劳动者	适用
国家机关	公务员	不适用
	工勤人员	适用
社会团体 事业单位	公务员	不适用
	参照公务员法管理的工作人员	不适用
	工勤人员	适用
	事业单位实行聘任制的工作人员国务院有特殊规定	不适用
家庭或者个人	家政服务人员或其他受雇人员	不适用
个体工匠	帮工、学徒	不适用
农村承包经营户	受雇人	不适用

注：1. 全日制学生、已达退休年龄的职工不属于劳动者，其与单位的关系不属于劳动关系，不适用《劳动争议调解仲裁法》。

2. 聘任制的公务员、事业单位实行聘任制的工作人员与单位的争议，可以依法向人事争议仲裁委员会申请仲裁，对仲裁结果不服的，可以向法院起诉。目前，很多地方的人事争议仲裁委员会与劳动争议仲裁委员会已经合并。但是这两类争议适用的法律仍有所不同。

在表 9－1 中，凡是适用《劳动争议调解仲裁法》的，都意味着该劳动者与该用人单位建立了劳动关系。但是，双方建立了劳动关系，并不一定就意味着双方之间的所有纠纷都属于劳动争议，都可以通过劳动仲裁程序处理。下面进行具体说明。

（一）下列这些争议或者纠纷属于劳动争议范围，劳动争议仲裁委员会应予受理

1. 因确认劳动关系发生的争议。劳动关系是指用人单位招用劳动者为其成员，劳动者在用人单位的管理下提供有报酬的劳动而产生的权利义务关系。因确认劳动关系是否存在而产生的争议属于劳动争议，适用《劳动争议调解仲裁法》。需注意，未签订劳动合同，不等于双方之间未建立劳动关系。

2. 因订立、履行、变更、解除和终止劳动合同发生的争议。《企业职工奖惩条例》已经失效，除名、辞退等名词已经不是规范用语，但作为参考，除名、辞退、辞职、离职等都可以归类于劳动合同的解除和终止，由此引发的争议都属于劳动争议。

3. 因工作时间、休息休假、福利、培训以及劳动保护发生的争议。这些都可以理解为是劳动合同在履行过程中发生的争议。

4. 因单位未依法缴纳社会保险而导致的赔偿争议。虽然《劳动争议调解仲裁法》第 2 条明文将社会保险方面的争议列入劳动争议范围，但并非所有与社会保险相关的争议均属于劳动争议。具体而言：

（1）用人单位未缴，或缴费基数与实际工资有差距，劳动者要求补缴，或补缴差额。对此，不予受理，受理了也不审理该项请求，要求劳动者向社会保险部门投诉。由此甚至造成某些极端的情况是，由于社会保险系统的原因，社会保险补缴不进去，仲裁与法院也不受理，于是成了一个劳动者有法可依但却无从救济的权利。

（2）用人单位未缴，导致劳动者不能享受医疗保险、生育保险、工伤保险乃至养老保险待遇，劳动者要求用人单位赔偿损失。根据最高人民法院《关于审理劳动争议案件适用法律问题的解释（一）》第 1 条第 5 项的规定，这类争议可以得到受理。

目前的司法实务，无论是劳动争议仲裁委，还是法院，都按照上述做法处理。

5. 因劳动报酬、工伤医疗费、经济补偿或者赔偿金等发生的争议。这一类争议几乎出现在大部分的劳动争议案件中。

6. 人事档案的争议。人事档案对劳动者非常重要。劳动者可以要求单位将档案转出，可以索赔未及时转出档案给劳动者造成的损失，这都属于劳动争议的

范围。

7. 因企业改制引发前述争议的,也属于劳动争议范围。对此,最高人民法院《关于审理劳动争议案件适用法律问题的解释(一)》第 1 条第 9 项规定,因企业自主进行改制发生的纠纷,人民法院应予受理。

8. 法律、法规规定的其他劳动争议。

(二)下列争议,则不属于劳动争议的范围,应该通过其他的程序解决

1. 劳动者请求社会保险经办机构发放社会保险金的纠纷。

2. 劳动者与用人单位因住房制度改革产生的公有住房转让纠纷。

3. 劳动者对劳动能力鉴定委员会的伤残等级鉴定结论或者对职业病诊断鉴定委员会的职业病诊断鉴定结论的异议纠纷。

4. 家庭或者个人与家政服务人员之间的纠纷。但如果家政服务人员系家政服务公司所聘,为家庭与个人提供服务,则家政服务人员与家政服务公司之间是劳动关系,可发生劳动争议纠纷。

5. 个体工匠与帮工、学徒之间的纠纷。

6. 农村承包经营户与受雇人之间的纠纷。

7. 集体户口的争议。劳动者将其户口迁入用人单位的集体户口后,可能因户口的转出转入、户口卡的借出等发生一些纠纷,这些纠纷不属于劳动争议的范围之内。

8. 住房公积金的争议。如果单位不为员工依法缴纳住房公积金,员工可向住房公积金管理中心投诉,不能采用劳动仲裁程序要求缴纳,也不属于劳动监察受理的范围。

9. 学生打工,离退休人员接受返聘,这两种情况下与受雇单位建立的都不是劳动关系,不受相关劳动法律法规的调整,因此也不属于劳动争议。如果发生纠纷,一般可直接向法院起诉,按照普通的民事纠纷处理。但是,企业停薪留职人员、未达到法定退休年龄的内退人员、下岗待岗人员以及企业经营性停产放长假人员,如与新的用人单位发生用工争议,应按劳动争议处理。最高人民法院《关于审理劳动争议案件适用法律问题的解释(一)》第 32 条有明确规定。

10. 劳务派遣单位与用工单位之间发生争议。这是合同纠纷的一种,可直接向人民法院起诉,双方也可以约定仲裁解决(此仲裁是指依据《仲裁法》设立的商事仲裁,不是指劳动争议仲裁委员会)。

二、劳动争议的管辖

简单而言,管辖就是一个劳动争议案件由哪个劳动争议仲裁委员会、法院管,当事人应该上哪个机构去申诉立案。根据《劳动争议调解仲裁法》及相关解释,劳动争议案件的管辖规则要点如下:

1. 根据《劳动争议调解仲裁法》的规定,劳动争议仲裁委员会不按行政区划层层设立。但实际上目前存在的劳动争议仲裁委员会基本上都还是按照行政区划层层设立的,最基层的是区县一级的劳动争议仲裁委员会(有些地方的经济开发区也设立了自己的劳动争议仲裁委员会)。这些将来可能会改正,但可以肯定的是每个劳动争议仲裁委员都会有一定的地域管辖范围。

2. 劳动争议由劳动合同履行地或者用人单位所在地的劳动争议仲裁委员会管辖。劳动合同履行地,即劳动者上班所在地。用人单位所在地,一般是指用人单位注册地,即营业执照或其他证照上登记的地址。这两个地点,可以选择其中一个进行立案。当然,如果两个地址在同一处,或者虽非同一处,但属于同一个劳动争议仲裁委员会管辖,那就无可选择了。但请注意,在实务中,某些省市的地方规定,对劳动合同履行地与用人单位所在地之间的选择上进行了一定的限制。

3. 在某些地方还存在一定的级别管辖,如规定某些外资企业由更高一级的劳动争议仲裁委员会管辖(虽然按照法律规定,劳动争议仲裁委员会不应有级别高低之分)。但一般而言,是不会因案件的金额或其他情况影响其管辖的。

4. 用人单位与劳动者能否协议约定劳动争议由用人单位所在地的劳动争议仲裁委员会管辖?或者约定由劳动合同履行地的劳动争议仲裁委员会管辖?法律没有明确许可或禁止。但根据笔者接触到的案例,一般认定此类约定是无效的。

5. 在案件处理的实务中,有一点值得注意。无论是在劳动仲裁阶段,还是在劳动争议的一审阶段,均可以就上班地与注册地来选择管辖。举个例子:小曾被上海某公司聘用,在其北京办事处(该办事处未进行工商登记)工作。因劳动争议,小曾在北京办事处所在的朝阳区申请劳动仲裁,裁决对小曾有利,于是小曾不再起诉,上海公司则决定继续在北京市朝阳区人民法院起诉。这中间有什么问题呢?上海公司在收到裁决后其实可以直接在其注册地即上海的法院起诉,而非必须在北京起诉。反过来说，小曾在这种情况下，应在收到仲裁裁决后立即在北京法院起诉，以免到时候要跑到上海去应诉。当然，一审过后，就只能到一审法院的上级法院去上诉，而不能再进行选择了。

第三节　劳动争议的时效

一、时效的定义、起算

简言之,时效就是指在权利受到侵害之后,如果受害人不在一定的时间内通过一定方式去主张自己的权利,那么法律就将对其权利不予保护。时效过后,受害人再去申诉或起诉,即便确实受到了侵害,也将得不到胜诉。

时效制度是为了促进人们及时履行自己的权利,不让权利处在“休眠”状态。从被诉方的角度来考虑,也可以主张时效过期的抗辩,以保护自己的利益。

劳动争议的时效,具体包括如下要点:

1. 仲裁时效为 1 年。《劳动争议调解仲裁法》修改了《劳动法》等有关法律关于劳动争议时效的规定,将劳动争议仲裁的时效期间延长为 1 年。

2. 仲裁时效的起算点。根据《劳动争议调解仲裁法》的规定,仲裁时效的期间从当事人知道或者应当知道其权利受到侵害之日起计算。这其中的道理显而易见,如果当事人都不知道自己的权利被侵害,自然也就谈不上向对方去主张权利。具体来说,我们还要注意以下几种特殊情况:

(1)不懂法律,不知道存在可以索赔的权利,不构成时效不予起算的理由。

(2)也许事实上确实不知道其权利受到侵害,但是属于“应当知道其权利受到侵害”,时效也应该起算。

(3)劳动关系存续期间,劳动报酬的索赔不受 1 年期间的限制,或者说此时时效尚未起算。如员工在 2018 年 6 月有加班,公司未支付加班费,员工一直在该公司工作,至 2020 年,员工才来索要 2018 年 6 月的加班费,此时没有超过时效。[1]

(4)劳动关系终止的,劳动报酬争议应在劳动关系终止后1年内提出。此处的终止,应理解为包括解除,即劳动报酬的争议,应当在员工离职后1年内提出。如2018年5月公司拖欠员工工资,2018年8月员工离职,则员工应在2019年8月之前要求支付拖欠的工资,否则公司就可以主张超过时效。

(5)因解除或终止劳动关系产生的争议,如果用人单位不能证明劳动者收到解除或者终止劳动关系书面通知时间的,劳动者主张权利之日为劳动争议发生之日,即时效从劳动者主张权利时才开始计算。

(6)未依法签订劳动合同导致双倍工资索赔争议的时效问题,极其重要而又有争议,主要有两种观点。

观点一:双倍工资也是工资,也是劳动报酬,因此应该按照劳动报酬的索赔时效处理。这样的话,只要员工离职不超过1年,则可以一直索赔多年以前未签订劳动合同的双倍工资。对于用人单位而言,这非常不利。目前全国只有少数地区的司法机关采取此观点。

观点二:双倍工资不是工资,因其不是劳动的对价,而是用人单位未依法签订劳动合同应支付的赔偿。其时效既然无法律特别规定,就应该从知道或者应当知道其权利受侵害之日起计算。目前全国多数地区采纳这一观点。按照此观点,如果员工入职后一直未签订劳动合同,但入职后两年仍未申请仲裁,且不存在其他时效中断与中止的情形,则基本上可以断定其索赔入职第1年内双倍工资的索赔超过了时效(入职1年后视为已经订立无固定期限劳动合同,已经不存在双倍工资的索赔)。然而,这种观点还存在细节上的分歧。例如,员工2018年5月1日入职,一直未签订劳动合同。2019年11月1日提起仲裁,那么是否可以认为其索赔2018年11月1日之前的双倍工资已经超过时效,但仍可以索赔2018年11月1日之后的双倍工资?还是认为全部的双倍工资均未超过仲裁时效?实务中多数采取前一种处理方式,即分开计算诉讼时效。

(7)其他方面的争议,则从争议发生之日起计算,违法行为一直在持续的,则从违法行为终了之日起计算。

---

[1] 实务中,索赔工资(含加班费)受到两年举证期限的限制,即用人单位可以主张工资支付凭证只保存两年,超过两年的工资支付情况无法举证,要求劳动者举证。而往往劳动者也无有利证据证明欠付工资,于是劳动者败诉。但这不是仲裁时效的问题,而是举证责任所导致的。

二、仲裁时效的中断与中止

1. 仲裁时效的中断，简单地说，就是指在仲裁时效进行期间，因发生某种法定情形，导致仲裁时效重新起算。

(1) 仲裁时效中断的法定事由，有三种：其一，向对方当事人主张权利。如劳动者向用人单位讨要被拖欠的工资或者经济补偿。其二，向有关部门请求权利救济。如劳动者向劳动监察部门或者工会反映用人单位违法要求加班，请求保护休息权利，或者是向劳动争议调解组织申请调解。其三，对方当事人同意履行义务。如劳动者向用人单位讨要被拖欠的工资，用人单位答应支付。需要注意，认定时效是否中断，需要由主张时效中断的一方当事人提供证明存在上述情形的证据。因此，这需要当事人有证据意识，注意在主张权利时保留和收集证据。

(2) 仲裁时效中断的法律后果。发生仲裁时效中断时，已经进行的仲裁时效期间统归无效，从中断时起重新计算时效期间。这里的"中断时起"准确地说应该是中断事由消除时起。如劳动者 2018 年 9 月离职，到 2019 年 3 月向用人单位提出要求支付 2018 年 8 月的工资，则此时时效中断，应从 2019 年 3 月时效重新起算，到 2020 年 3 月时效才满 1 年。

2. 仲裁时效的中止，是指在仲裁时效进行中的某一阶段，因发生法定事由致使权利人不能行使请求权，于是暂停计算仲裁时效，待阻碍时效进行的事由消除后，继续进行仲裁时效期间的计算。

(1) 仲裁时效中止的事由。主要是指某种妨碍当事人主张权利的客观障碍，包括不可抗力和其他正当理由，对此法律没有明确界定。一般包括某种自然灾害导致交通、通信受阻，或当事人身体受伤无法主张权利也无法通过代理人主张权利等。

(2) 仲裁时效中止的法律后果。从中止时效的原因消除之日起，仲裁时效期间继续计算。注意，"继续计算"与时效中断时的"重新起算"的区别。前者中止前后的时效进行时间要累积计算，不需要重新起算。如 2018 年 6 月 1 日时效起算，本应到 2019 年 6 月 1 日时效届满。但正好 2019 年 5 月 31 日时效届满的前一日发生特大雪灾，交通堵塞持续至 6 月 10 日，则这 11 天的时效中止计算，到 6 月 11 日恢复计算。时效继续计算一天，即到 6 月 12 日届满，劳动者可在 6

月 12 日提出申诉,过了这一天就超过时效了。

三、仲裁时效与法院诉讼之间的关系

如果立案时发现全部仲裁请求均超过了仲裁时效,则仲裁委不予受理。如果是受理后发现部分或全部仲裁请求已经超过了仲裁时效,则会将超过时效的仲裁请求驳回。

仲裁时已经超过时效的,起诉至法院后,法院经审理后发现没有中断、中止的情形,确已经超过仲裁时效的,则法院应当驳回相应的诉讼请求。同样地,哪一部分诉讼请求在申请仲裁时已经超过仲裁时效,则以超过时效为由驳回哪一部分诉讼请求。区别在于,法院不会以超过仲裁时效为由不予受理劳动争议案件,而是应该受理后在审理过程中判断是否超过了时效。

第四节　劳动争议案件的举证规则

打官司就是打证据。所谓“打证据”，一要看证据本身，二要看举证规则。什么叫举证规则？打个比方，甲起诉乙，声称乙欠了甲1万元，乙说没有欠，双方都没有证据。如果举证规则规定甲应该提供证据证明乙欠甲钱，那么甲就将败诉；如果举证规则规定乙应该提供证据证明没有欠款，那么乙就将败诉。也就是说，在证据不清的情况下，举证规则将直接决定官司的胜败。而劳动争议既然走上司法程序，就说明双方肯定在各个方面包括在事实方面存在争议。

鉴于举证规则的重要性，我们必须要学习劳动争议案件的举证规则。总体来说，劳动争议案件中用人单位承担的举证责任要大大重于劳动者。这反映了立法的两个意图：其一，法律对处于弱势的劳动者倾斜保护；其二，用人单位有管理之职，法律通过举证责任的分配要求用人单位在平时的管理中规范化，书面化。

请注意，举证规则只有在双方对事实存在争议的情况下才有意义，如果双方对某项事实均认可，则无须举证，可直接对事实作出认定。

一、举证责任的具体分配

1. 证明劳动关系是否存在，遵循“谁主张，谁举证”的原则。如果劳动者申诉或起诉，就由劳动者举出证据证明。

司法实务中，一般而言，下列证据单独可以作为认定劳动关系的依据，即有这些证据之一，就可以证明劳动关系的存在：

(1)双方签订的劳动合同；

(2)社会保险缴费记录或社会保险缴费凭证；

(3)个人所得税完税证明或其他缴税证据，上面一般有代缴单位名称；

(4)离职证明，工作证明，工作证等，均要求盖有单位公章；

(5)其他有单位加盖公章，说明双方存在劳动关系的文件，如授权委托书、招投标文件等；

(6)银行出具的汇款证明，证明用人单位往劳动者账户上发工资；

(7)与法定代表人的录音或录像，其内容清晰的表明双方的劳动关系的。

其他证据一般都难以单独作为证明劳动关系的依据，包括证人证言、与公司其他人员的录音录像、电子邮件、照片等，证明力都较低。但如果有一系列证据能形成所谓的证据链，也有可能被认可。

2. 主张劳动合同或劳动关系变更、解除、终止的一方当事人对劳动关系变动的事实承担举证责任。例如，员工认为工资标准调高了，单位认为没有，由员工举证，否则按原工资标准处理；单位认为员工的岗位已经进行了调整，员工认为没有调整，由单位举证，否则员工可要求继续在原岗位上班；员工认为自己已离职，单位认为没有离职，由员工举证，否则即按没有离职处理。

3. 何时入职，何时离职，由用人单位举证。这一点应与上述第 2 点相区分。第 2 点是说，哪一方主张已经离职，由哪一方举证。而这里是说，在确认已经离职的情况下，何时离职，由用人单位举证。

案例 38：未签劳动合同的情形下，员工入职、离职时间如何确定？

小王在一家小保洁公司工作，没签订劳动合同，后提起劳动仲裁。公司承认小王确实来上过班，但是 2018 年 10 月才开始上班，12 月即离职，小王则说自己是 2018 年 1 月开始上班，2019 年 3 月才离职。小王对此无证据，单位则提供公司员工出庭作证。那么入职和离职时间应以何时为准？

分析：首先，我们看入职时间与离职时间由谁举证。如前所述，应由单位举证。再看单位提供的证据是否足够。一般而言，有利害关系的证人证言是很难得到采信的。公司的员工与公司之间自然存在利害关系，因此其证言很难得到采信。因此，在双方各执一词，单位无法有效举证的情况下，应采信劳动者一方的主张，即小王 2018 年 1 月上班，2019 年 3 月离职。

4. 在已经建立劳动关系的前提下，劳动者是否在上班，是否有缺勤，是否有休假,由用人单位举证,否则按劳动者的主张。因此用人单位应做好平时的考勤记录,并交由劳动者签字确认。

5. 是否发放工资及发放金额,由用人单位举证。这里注意两点:其一,目前的司法实务普遍认为,用人单位对工资支付的举证责任仅限于申请劳动仲裁之日起的前两年内。因为根据原劳动部 1995 年颁布的《工资支付暂行规定》第 6 条的规定,用人单位应保存工资支付记录两年以上,即最低两年。由此便推出,超过两年以上的工资支付记录,用人单位没有法律义务保存,也就没有了举证义务。对两年之前的工资是否足额支付的问题,应由劳动者举证,对此 HR 需加以掌握。其二,加班工资是否发放,也由用人单位举证。因此用人单位需要在工资条中明确加班费这一项。不过请注意这与是否存在加班的举证是两回事。是否存在加班由谁举证,请参见第 9 点。在存在加班的情况下,是否支付了加班费,由用人单位举证。同样地,单位也只对两年内的加班费支付负有举证责任。

6. 因用人单位作出开除、除名、辞退、解除劳动合同、减少劳动报酬、计算劳动者工作年限等决定而发生争议的,由用人单位对决定所依据的事实负举证责任。注意,劳动者主张用人单位解除劳动合同,而用人单位否认的,由劳动者举证(请参见第 2 点);但是用人单位如确有解除劳动合同,其解除劳动合同的决定是否有事实依据(如员工是否有严重违反规章制度的事实),这由用人单位举证。这是两种不同的举证责任。

7. 是否缴纳社会保险费,由用人单位负举证责任。但因是否缴纳社会保险在社会保险经办机构一查便知,实务中很少对该事实发生争议。

8. 用人单位按规章制度处理员工而引发争议的,用人单位必须举证证明该规章制度已公示或告知劳动者。

9. 是否有加班由谁举证?一直以来,各地的司法尺度不一。有的地方要求由用人单位举证证明不存在加班,否则即按劳动者的主张认定存在加班事实。有的地方则要求劳动者举证证明存在加班事实。最高人民法院《关于审理劳动争议案件适用法律问题的解释(一)》第 42 条对此作出明确规定,劳动者主张加班费的,应当就加班事实的存在承担举证责任。但劳动者有证据证明用人单位掌握加班事实存在的证据,用人单位不提供的,由用人单位承担不利后果。如用人单位承认存在考勤,或者在规章制度、其他文件中体现有考勤,那么劳动者可以要求用人单位把该考勤表拿出来,否则用人单位将承担不利后果。

10. 在存在劳动关系的基础上,劳动者受伤是否为工伤,由用人单位举证。

11. 其他与案件事实有关,同时又由用人单位掌握的证据,用人单位有义务提供,否则也将按劳动者的主张进行认定。

综上所述,我们可以看出,劳动争议的举证规则并非一律“谁主张,谁举证”,与一般民事诉讼的举证规则大不相同,用人单位的举证责任大大重于劳动者。对 HR 来说,在仲裁与诉讼中的举证责任,就必须转化为日常管理工作中的取证意识,规范用工,建立完善的用工制度,保存用工资料。

案例 39:发生工伤的举证责任

崔某系某贸易有限公司业务员。2019 年 8 月 21 日,崔某在上班过程中,向部门主管口头请假,说是出去给朋友寄份材料,需要请假 1 小时。经准许后,崔某离开了工作岗位。不料崔某外出后遭遇车祸,当场死亡。后其妻向当地劳动和社会保障部门申请工伤认定。崔某所在的公司认为不是工伤,理由是崔某是去办私事。

分析:在劳动关系成立的情况下,职工及其家属认为是工伤,用人单位不认为是工伤的,由用人单位承担举证责任。如果用人单位不能证明崔某确实是为私事出去的,就会被认定为工伤。从本案中的情况来看,因为仅仅是口头请假,用人单位可能很难证明崔某系私事外出。

现实中,由于工伤的认定需要通过劳动行政部门,而劳动行政部门不完全从举证责任上考虑,而会主动进行调查,要求双方提供材料。但如果最终就是否构成工伤进入诉讼,则法院将依据上面说的举证责任来认定是否应认定为工伤。

二、举证期限

仲裁阶段案件受理后,被申请人一般会收到应诉/答辩通知书、组庭通知书等,一般举证通知书也会与前述文书一起送达。举证通知书中会写明举证期限与举证要求。举证期限是仲裁庭可以自由指定的,一般不会少于收到举证通知书之日起 10 日,不迟于开庭日期。法院阶段的答辩期一般不少于 15 日。

请务必按照举证通知书上写明的举证期限提交证据与证据清单,虽然很多时候举证期限会定为开庭日,但如果错以为所有的案件都是开庭提交证据即可,那超出举证期限提交的证据可能会不被采纳,超期后仍会被采纳的证据一般需要是有法律意义上的新证据(新出现、新发现或者客观上难以取得而新取得的证据)或者对案件事实认定有重大影响的证据。

三、证据种类与证明力

关于举证,我们还需要掌握的是证据的证明力问题。这是一个非常复杂的问题,并且在个案处理过程中事实千变万化,难以三言两语说清。我们在这里仅作一些概括性的说明,以便作为非法律专业人士的 HR 有所了解。

民事诉讼的证据标准一般认为是所谓“51%”原则,即如果负举证责任的一方主张某事实存在,根据双方提出的证据,仲裁庭或法庭认为该事实存在的可能性大于等于 51%,则将认定事实存在。也就是说,负有举证责任的一方并不需要证明事实百分之百存在。事实上,几乎没有任何证据能百分百地证明事实。例如,DNA 鉴定,一般被认为是极有力的证据,但也存在万分之一的误差。当然,所谓 51% 规则不可能那么精确,一般是说根据证据来看,某事实的存在具有高度盖然性,就可以认定了。因此,我们可以说,在诉讼中,与真实情况不符的裁定或判决是在所难免的,劳动争议案件也不例外。作为 HR,这再次提醒我们,一要加强平时的管理工作;二要在诉讼中重视举证。

在具体的证据采信方面,有如下一些标准(但需提醒的是,下列标准均存在例外情形):

1. 在其他生效的法律文书中已经认定的事实会被采信。

2. 专业鉴定机关作出的鉴定,如果没有明显问题,一般会被采信。

3. 具有本人签字的材料会被当作本人的真实意思表示,如果对方主张采信,则一般会被采信,即使本人事后否认也一样。

4. 具有单位盖章或法定代表人签名的文件,如果劳动者一方主张采信,则一般会被采信。

5. 某一方在申请书、答辩状、起诉书中承认的事实,或者在庭审过程中承认的事实,如果对方认可,主张采信,则会被采信。

6. 由国家机关或中立的第三方,如银行等单位出具的材料,一般会被采信(要求加盖公章或专用查询章)。

7. 证人需要出庭,书面证言基本不会采信。证人证言的效力,要考虑证人与申请证人出庭一方是否存在利害关系,利害关系越高,越难以采信。

8. 物证、书证,如果没有原件,很难被采信。

9. 录音录像资料可以作为证据。实践中经常被问道:未征得对方同意私自录音录像是否有效? 简单地说,如果不是窃听或违法进入他人场所偷拍,则录音录像无须对方事先同意亦可作为证据。或者说:如果是合法听到、合法看到,则可以录音录像而无须对方同意。当然,录音录像作为证据还要考虑其内容是否清晰,是否足以证明所要证明的内容。

10. 无论什么证据,如果对方予以认可,则仲裁庭或者法庭将予以采信。

另外,如甲方提供的证据里有乙方的签字、公章或语音,而乙方认为这些签字、公章或语音是不真实的,则乙方有义务提出进行鉴定,并预先交费(费用数千元不等)。如乙方仅主张不真实,而不提出鉴定,或拒绝交费,则司法机关将认为这些签字、公章或语音是真实的。

第五节　劳动争议案件的基本流程

一、劳动争议仲裁流程图

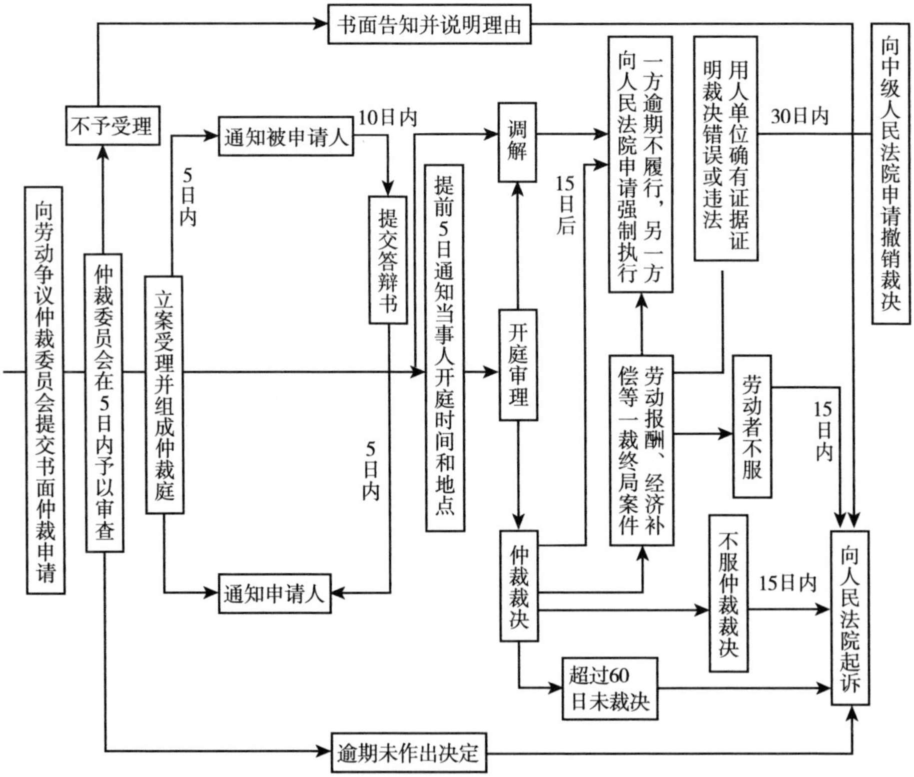

图9－1　劳动争议仲裁流程

二、劳动争议诉讼流程图

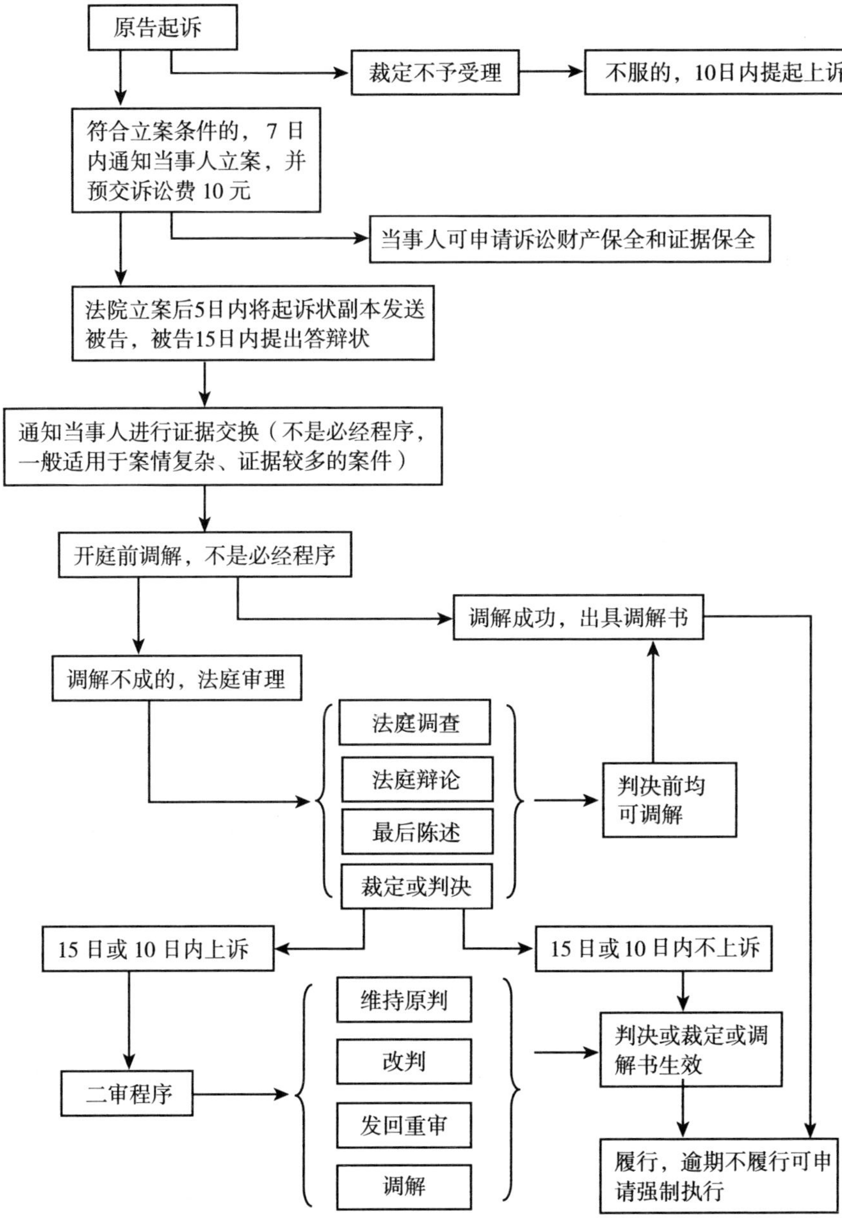

图9－2　劳动争议诉讼流程

第六节　劳动争议案件的特殊情形

一、一裁终局案件

劳动争议案件处理的基本模式有两种：

一调一裁两审制。按照法律规定，发生劳动争议，当事人不愿协商、协商不成或者达成和解协议后不履行的，可以向调解组织申请调解；不愿调解、调解不成或者达成调解协议后不履行的，可以向劳动争议仲裁委员会申请仲裁；对仲裁裁决不服的，除《劳动争议调解仲裁法》另有规定的外，可以向人民法院提起一审（一般是向区县一级的基层人民法院提起），对于一审判决或裁定不服的，可以向二审法院提起（一般是中级人民法院）上诉。实务中，这个过程如果要完整走下来，一般需要半年以上，甚至长达 1 年以上的时间。只要劳动争议的双方中有一方坚持，不管是否有证据，不管是否有法律和事实上的理由，不管另一方是否愿意继续走法律程序，上述程序都得往下走，直到二审作出判决。

一裁终局制。相比较一般的诉讼，劳动争议案件多了一个仲裁阶段，周期往往比较长，劳动者维权成本高。许多劳动者往往因拖不起时间、打不起官司，而无法维护其合法权益。针对这个问题，2008 年 5 月 1 日起实施的《劳动争议调解仲裁法》作出了有针对性的制度设计：一裁终局。即某些案件，劳动争议仲裁机关一旦作出裁决，即发生效力，用人单位不得再到法院起诉。一裁终局能让部分劳动争议案件在仲裁阶段就得到解决，无须再拖延到诉讼阶段，这样不但能够有效地缩短劳动争议案件的处理时间，提高劳动争议仲裁的效率，而且有利于保护了劳动者一方的合法权益。

关于一裁终局，我们首先应了解哪些劳动争议案件适用一裁终局。主要是以下两类：

1. 小额仲裁案件

小额仲裁案件，即索赔金额不超过当地月最低工资标准12个月金额的仲裁案件，至于索赔的项目，几乎涵盖了所有索赔的项目。因此根据不同地区对于最低工资标准的规定，索赔金额的上限也不同。

《劳动争议调解仲裁法》规定："下列劳动争议，除本法另有规定的外，仲裁裁决为终局裁决，裁决书自作出之日起发生法律效力：(一)追索劳动报酬、工伤医疗费、经济补偿或者赔偿金，不超过当地月最低工资标准十二个月金额的争议；……"但这里存在两个问题：其一，这个金额是以索赔的金额为准，还是以裁决的金额为准？其二，这个金额是以各项索赔的总金额为准，还是以各项各自的金额为准？对此各地原来的做法不一，有以裁决额为准的，也有以索赔额为准的；有以总金额为准的，也有以分项金额为准的。最高人民法院《关于审理劳动争议案件适用法律问题的解释(一)》第19条、第20条明确了这一问题。第19条规定："仲裁裁决书未载明该裁决为终局裁决或者非终局裁决，劳动者依据调解仲裁法第四十七条第一项规定，追索劳动报酬、工伤医疗费、经济补偿或者赔偿金，如果仲裁裁决涉及数项，每项确定的数额均不超过当地月最低工资标准十二个月金额的，应当按照终局裁决处理。"第20条规定："劳动争议仲裁机构作出的同一仲裁裁决同时包含终局裁决事项和非终局裁决事项，当事人不服该仲裁裁决向人民法院提起诉讼的，应当按照非终局裁决处理。"

根据上述条文，我们来看下列情况(假设下列情况均发生在2018年后的某地区，当地的月最低工资从2018年1月起为1400元)：

A. 请求加班费10万元，裁决应支付1.6万元；

B. 请求加班费10万元，经济补偿金10万元，裁决支持加班费1.6万元，经济补偿金1.6万元；

C. 请求支付加班费1.7万元，裁决支付1.7万元；

D. 请求加班费1.7万元，经济补偿金5000元，裁决加班费1.7万元，经济补偿金5000元；

E. 请求确认劳动关系，并支付经济补偿金5000元；裁决确认劳动关系，并裁决经济补偿金5000元。

当地月最低工资的12倍为16,800元(1400×12)。在上述情形中，A、B应为一裁终局；C的单项裁决即超过16,800元，故非一裁终局；D的裁决中有一项金额超出标准，故整个案件均非一裁终局；E的裁决中有一项不属于一裁终局的项目，故整个案件均非一裁终局。

2. 因执行国家的劳动标准在工作时间、休息休假、社会保险等方面发生的争议

如何理解这一项规定,一直缺乏正式的司法解释,也缺少足够的判例。笔者的观点是,这里的争议是指不涉及具体赔偿金额,仅仅是裁定应予执行的标准。例如,裁定劳动者应享受 98 天的产假;10 年以上的工龄应享受 10 天年假等。但如果涉及产假工资、未休年假的报酬等有赔偿金额的项目,则应该按照前述第一种标准执行。

一裁终局的效果对劳动者与用人单位是不一样的。具体如下:

第一,劳动者有权决定是否"一裁终局"。换言之,一裁终局只是针对用人单位,但并不针对劳动者。劳动者不服裁决的,仍可以像其他案件一样在 15 日内向人民法院提起诉讼。劳动者如期提起诉讼的,裁决不生效。在诉讼过程中,劳动者也可以随时选择撤诉,撤诉生效时,原裁决也就生效。

第二,一裁终局的案件用人单位不能向法院起诉,只能向劳动争议仲裁委员会所在地的中级人民法院申请撤销。这里有几点需要注意:一是管辖的法院不一样。只能是向劳动争议仲裁委员会所在地的中级人民法院申请。二是只能是申请撤销,而不是起诉。在被法院裁定撤销之前,原劳动争议裁决已经生效,而且一直生效(如果劳动者不提出起诉的话)。三是必须在接到裁决的 30 日内申请撤销;四是仲裁裁决只有符合法定条件时才可能被撤销。

用人单位申请撤销仲裁裁决仅限于以下几种情形:

(1)适用法律法规确有错误的。主要是指:①适用法律、行政法规、地方性法规错误的,这里并不包括法律法规以外的其他规范性文件;②适用已失效或尚未生效的法律法规的;③援引法条错误的;④违反法律关于溯及力规定的。

(2)劳动争议仲裁委员会无管辖权的。《劳动争议调解仲裁法》第 21 条规定,劳动争议仲裁委员会负责管辖本区域内发生的劳动争议。劳动争议由劳动合同履行地或者用人单位所在地的劳动争议仲裁委员会管辖。双方当事人分别向劳动合同履行地或者用人单位所在地的劳动争议仲裁委员会申请仲裁的,由劳动合同履行地的劳动争议仲裁委员会管辖。违反了这一管辖权规定而作出的裁决可以申请撤销。较常见的是,劳动合同履行地的仲裁委员会受理并作出裁决,但并无证据表明劳动合同履行地是在该仲裁委员会所在地。

(3)违反法定程序的。主要是指:①仲裁组织的组成不合法的;②违反了有关回避规定的;③违反了有关期间规定的;④审理程序违法等。

(4)裁决所根据的证据是伪造的。伪造证据,是指制造虚假的证据,对证据

内容进行篡改，使其与事实不符。如制造虚假的书证、物证、鉴定结论等。

(5)对方当事人隐瞒了足以影响公正裁决的证据的。足以影响公正裁决的证据包括证明案件基本事实的证据、证明主体之间权利义务关系的证据等，用人单位必须能证明确实存在对方确有隐瞒证据。

(6)仲裁员在仲裁该案时有索贿受贿、徇私舞弊、枉法裁决行为的。

人民法院经组成合议庭审查核实，认定裁决确实有上述情形之一的，应当裁定撤销。裁决撤销后再走什么程序呢？当事人可以自收到裁定书之日起15日内就该劳动争议事项向人民法院提起诉讼。这里应当注意：①当事人既包括用人单位，也包括劳动者。②仲裁裁决被人民法院裁定撤销的，仲裁裁决自始无效。当事人可以就同一劳动争议事项向法院起诉，而且无须再通过劳动争议仲裁程序，可直接向法院起诉。

人民法院审理撤销仲裁裁决案件中也可以组织双方调解，如果双方能达成一致，可以进行调解出具调解书。此时仲裁裁决被撤销，案件结果以调解书为准。

无论从法律上来看，还是从实务上来看，一旦一裁终局案件的裁决作出，用人单位想要撤销一裁终局的案件都是很困难的。从用人单位的角度来考虑，如果发现正在进行的劳动仲裁案件是或可能是一裁终局的案件，则要充分考虑这一因素，尽早考虑是否接受调解。

二、未获得仲裁裁决直接进入法院诉讼的部分案件

如前所述，劳动争议案件一般需要经过仲裁，双方对裁决不服方能到法院进行诉讼。但在此正常流程之外，也有下列一些例外情况：

1. 劳动争议仲裁委员会不予受理的。其不予受理的原因可能是：仲裁委认为仲裁请求不属于劳动争议受理范围；原仲裁开庭时申请人一方无正当理由拒绝到庭因而按撤诉处理时，申请人再次申请仲裁的，仲裁委不予受理。[1]

根据最高人民法院《关于审理劳动争议案件适用法律问题的解释(一)》第5条的规定，仲裁委不予受理时，当事人可提起诉讼。但法院此时仍可以就是否由

〔1〕 仲裁委这种做法系依据人力资源和社会保障部颁布的《劳动人事争议仲裁办案规则(2017)》第39条的规定："申请人收到书面开庭通知，无正当理由拒不到庭或者未经仲裁庭同意中途退庭的，可以按撤回仲裁申请处理；申请人重新申请仲裁的，仲裁委员会不予受理。"

该仲裁委应予受理进行审查。如认为仲裁委应予受理,则法院可以告知当事人向仲裁委再次申请仲裁。仲裁委仍不受理的,法院应予受理。

2. 劳动争议仲裁程序超期的。《劳动争议调解仲裁法》第43条规定,仲裁委超过法定期限(最长60日)仍未出裁决的,当事人可向法院提起诉讼。后最高人民法院《关于审理劳动争议案件适用法律问题的解释(一)》第12条又作出一些细则规定。但是,由于现实中劳动争议案件较多,相当多的案件不能如期处理,为避免大量的案件未经裁决直接涌向法院,各地的法院对于此类案件是否可以未经裁决直接由法院受理有不同做法,未完全依据法律与司法解释操作。

三、支付令

支付令是一种特殊的程序,简单地说,就是由法院根据债权人的申请,督促债务人履行债务。支付令的目的是迅速地解决一些双方争议不大的案件,减轻各方当事人和法院的负担。在劳动争议纠纷中,我们要注意支付令的如下规则:

1. 适用支付令的范围

适用支付令的范围有两种情形。一是拖欠劳动报酬的案件,包括加班工资、奖金、提成等,这些都属于劳动报酬的范围;二是因拖欠劳动报酬、工伤医疗费、经济补偿金或赔偿金事项达成调解协议的案件。第一种强调的是索赔工资,第二种强调的是已经达成调解协议。这里的调解协议不是指劳动争议仲裁委员会经调解作出的调解书(调解书一经签收即产生法律效力,可直接向法院申请强制执行),而是指经过其他调解组织调解作出的协议。其他调解组织包括:用人单位劳动争议调解委员会;依法设立的基层人民调解组织;在乡镇、街道设立的具有劳动争议调解职能的组织。这两种情形均不符合的,不能申请支付令。

2. 申请支付令的程序

一般应向用人单位注册地的基层人民法院申请。应提交申请书,如果是达成过调解协议的,应当提交调解协议。劳动者提出申请后,人民法院应当在5日内通知劳动者是否受理。受理之日起15日内人民法院应当向债务人,也就是用人单位发出支付令。申请不成立的,法院给申请人发出予以驳回的裁定。

注意,法院的审查只是形式审查。也就是说,法院不会审查劳动者提供的证据是否一定真实;也不会审查调解协议是否确实是双方的真实意思表示。只要劳动者所要求的就是拖欠的工资,或者劳动者确实提交了调解协议,从形式上看没有问题,法院就会发出支付令。

3. 用人单位收到支付令后如何处理

处理措施有三种。其一,如果认为劳动者的要求是合理的,可以接受,那么可以在收到支付令之日起 15 日内按支付令的要求清偿债务,支付拖欠的工资、工伤医疗费、经济补偿金、赔偿金等。其二,向人民法院提出书面异议。用人单位提出书面异议,如果异议成立,法院就会裁定终结督促程序,支付令自行失效。这里要注意,必须是向法院提出书面异议才有效果。通过其他的手段,例如,向劳动争议仲裁委员会申请仲裁,或向法院起诉,都不会导致支付令失效。还要注意的是,异议的内容应该是债务本身有异议,仅仅是提出没有能力支付、主张延期支付等,不能让支付令失效。其三,不清偿,也不依法在收到支付令后 15 日内提出有效的书面异议,则劳动者可以申请法院强制执行。用人单位除了必须履行债务外,还将承担执行费用以及生产经营上的其他不利后果(如冻结账户等)。

4. 支付令失效后如何处理

最高人民法院《关于审理劳动争议案件适用法律问题的解释(一)》第 13 条回答了这一问题:依据《劳动合同法》第 30 条第 2 款规定申请支付令被人民法院裁定终结督促程序的(拖欠劳动报酬的案件),该劳动争议仍必须先经过劳动仲裁。而依据《劳动争议调解仲裁法》第 16 条规定申请支付令被人民法院裁定终结督促程序的(达成调解协议的)后,劳动者依据调解协议直接向人民法院提起诉讼的,人民法院应予受理。

文书范本 49:劳动争议仲裁申请书范本

劳动争议仲裁申请书

<table>
<tr><td rowspan="6">(被)申请人</td><td>姓名</td><td></td><td>性别</td><td></td><td>出生日期</td><td></td></tr>
<tr><td>经常居住地地址</td><td colspan="5"></td></tr>
<tr><td>户口所在地地址</td><td colspan="5"></td></tr>
<tr><td>户口性质</td><td></td><td>现工作单位</td><td colspan="3"></td></tr>
<tr><td>是否签订合同</td><td></td><td>职业</td><td colspan="3"></td></tr>
<tr><td>联系电话</td><td></td><td>身份证件类型
及号码</td><td colspan="3"></td></tr>
</table>

续表

<table>
<tr><td rowspan="11">（被）申请人</td><td colspan="2">单位名称</td><td></td></tr>
<tr><td colspan="2">企业性质</td><td></td></tr>
<tr><td colspan="2">境外合资方名称</td><td></td></tr>
<tr><td colspan="2">中方主管单位</td><td></td></tr>
<tr><td rowspan="3">（负责人）
法定代表人</td><td>姓名</td><td></td></tr>
<tr><td>性别</td><td></td></tr>
<tr><td>职务</td><td></td></tr>
<tr><td colspan="2">住所地</td><td></td></tr>
<tr><td colspan="2">办公地或经营地</td><td></td></tr>
<tr><td colspan="2">法人代码</td><td></td></tr>
<tr><td colspan="2">联系电话</td><td></td></tr>
</table>

申请人：姓名：________，性别：________，民族：________，________年____月____日出生，住址：________省________市________区________路________小区________号楼________单元________室，联系电话：________________。

被申请人：单位名称：________，住所地：________省________市________区________路________号________座________层。

法定代表人：________，职务：________联系电话：________________。

请求事项：

1. 裁定被申请人支付未签订劳动合同的双倍工资差额________元（________年____月____日起至________年____月____日）；

2. 裁定被申请人支付解除劳动关系的经济补偿金________元；

3. 裁定被申请人支付违法解除劳动关系的赔偿金________元；

4. 裁定被申请人支付拖欠工资________元（________年____月____日起至________年____月____日）；

以上合计：________元。

事实和理由：

申请人于________年____月____日开始在被申请人处上班，职位为________，月薪为________元。工作期间一直未签订劳动合同，到________年____月____日被申请人解除劳动关系。

根据《劳动合同法》规定，用人单位自用工之日起超过一个月不满一年未与劳动者订立书面劳动合同的,应当向劳动者每月支付二倍的工资________元(自________年____月____日起至________年____月____日)。

解除劳动关系应支付经济补偿金________元(从________年____月____日起至________年____月____日应按____个月工资计算;计算方式:________×________=________)。

违法解除劳动关系的,应根据《劳动合同法》第87条的规定应向劳动者支付赔偿金,共计________元。

拖欠工资的,应支付拖欠工资________元(自________年____月____日起至________年____月____日)。

以上各项总计人民币________元。

根据以上事实与法律,特此申请,望裁如所请。

此致

________劳动人事争议仲裁委员会

申请人(签名或盖章):

年 月 日

文书范本50:民事起诉状(劳动争议/劳务派遣)范本

民事起诉状(劳动争议/劳务派遣)

原告:单位名称:________,住所地:________省________市________区________路________号________座________层。

法定代表人:________,职务:________,联系电话:________________。

被告:姓名:________,性别:________,民族:________,________年____月____日出生,住址:________省________市________区________路________小区________号楼________单元________室。

联系电话:________________。

第三人:北京________人力资源服务有限公司,住所地:________省________市________区________路________号________座________层。

法定代表人:________,职务:________,联系电话:________________。

案由:劳动争议

原告不服________市________区劳动人事争议仲裁委员会于________年____月____日作出的________字(________)第________号裁决书,现向贵院提起诉讼。

诉讼请求:

一、判令无须向被告支付工资50,000元;

二、判令无须向被告支付未休年休假工资10,000元;

三、判令无须向被告报销交通费300元;

四、判令无须向被告支付违法解除劳动合同的赔偿金490,000元;

五、判令被告承担本案诉讼费用。

事实与理由:

原告与被告、第三人之间属于劳务派遣关系。

原被告的劳动争议案件,已经________市________区劳动人事争议仲裁委员会审理,并于________年____月____日作出________字(________)第________号裁决书。裁决书中裁定:一、原告支付被告工资50,000元;二、原告支付被告未休年休假工资10,000元;三、原告报销被告交通费300元;四、原告支付被告违法解除劳动合同赔偿金490,000元。

对此裁决,原告认为不符合事实,适用法律错误,理由如下:

1. 年休假已经安排。

2. 由于被告严重违纪,单位作出解除劳动合同处理,是符合事实与法律的,不应支付赔偿。

3. 不存在未发工资事宜。

现原告依法向贵院提起诉讼,请依法判如所请。

此致

________人民法院

具状人(签名或盖章):

年　　月　　日

文书范本51:劳动争议仲裁撤诉申请书范本

劳动争议仲裁撤诉申请书

申请人:

代理人:

被申请人:

请求事项：

撤回劳动仲裁申诉。

事实和理由：

申请人与被申请人因劳动争议案，向贵委申请劳动仲裁并受理后（案号________），被申请人与申请人已自行和解。故申请人依据相关规定，依法申请撤诉，请予准许。

此致

________劳动争议仲裁委员会

申请人（签名或盖章）：

年　　月　　日

文书范本52：劳动争议仲裁应诉答辩状范本

答　辩　状

答辩人：

联系电话：

代理人：

被答辩人：

就________与________的　劳动争议仲裁　一案，答辩人现答辩如下：

一、答辩人与被答辩人迄今未签订劳动合同，系被答辩人自身拒绝签订劳动合同所致，故其以未签劳动合同为由要求答辩人支付双倍工资没有事实依据。

2009年2月，被答辩人进入答辩人处工作，从事车工工作。双方口头约定试用期1个月，月工资1500元，期满后双方再签订正式书面劳动合同。

2009年3月，答辩人提出与被答辩人签订书面劳动合同。但被答辩人表示签订合同意味上保险自己也要负担部分费用，今后发放的工资会减少，由于自身经济困难，暂时不需签订劳动合同。后答辩人多次要求与被答辩人签订劳动合同，都被被答辩人以各种理由推诿。如今，被答辩人以未签劳动合同为由，向答辩人要求支付双倍工资，答辩人不得不严重质疑被答辩人当时拒绝签订劳动合同的动机。

二、双方口头约定被答辩人的月工资为1500元，而实际答辩人每月发放给被答辩人的月工资均超过2000元，其中已经包含了加班、加点费。

一直以来，答辩人按照国家法律规定安排生产，发放工资。因答辩人所在行业是生产性行业,有淡季旺季。6 个月以来,被答辩人每月平均工作天数在 21 ~ 25 天,每天平均工作时间也只有 8 ~ 9 小时。对于确实因生产需要安排被答辩人加班的,答辩人已经在每月应发放的工资中增加了几百元作为津贴发放给被答辩人。被答辩人所陈述情况与事实不符合。

三、被答辩人在答辩人处工作期间,违反公司纪律长期擅自离职,其以答辩人非法解除劳动关系为由要求经济补偿毫无依据。

2009 年 2 月以来,被答辩人曾两次没有任何理由,就擅自离岗矿工数星期。答辩人从未向被答辩人提出解除双方劳动关系,故被答辩人称因答辩人无故解除劳动关系,要求答辩人支付经济补偿金毫无任何事实依据,也没有法律依据。一直以来,答辩人关心被答辩人,在被答辩人遇到困难的时候,答辩人曾伸出援手予以帮助。如今被答辩人的做法,实在令答辩人不解,也感到心寒。

鉴于被答辩人的所作所为,给答辩人声誉造成了影响,经济上带来了损失,答辩人将另案对被答辩人提起诉讼,追究被答辩人的责任。

综上所述,答辩人请求劳动争议仲裁委员会依法驳回被答辩人的所有仲裁请求。

此致

________劳动人事争议仲裁委员会

答辩人(签名或盖章):

年　　月　　日

文书范本 53:撤销劳动争议仲裁裁决申请书范本

撤销劳动争议仲裁裁决申请书

申请人:单位名称:________________,住所地:________省________市________区________路________号________座________层。

法定代表人:________,职务:________,联系电话:________________。

被申请人:姓名:________,性别:________,民族:________,________年____月____日出生,住址:________省________市________区________路________小区________号楼________单元________室。

联系电话:________________。

请求事项:

依法撤销________仲裁委员会于________年____月____日作出的

(________)________字第________号裁决书。

事实和理由：

申请人与被申请人之间因<u>　劳动争议　</u>纠纷一案，________市________区劳动人事争议仲裁委员会经审理于________年____月____日作出________字(________)第________号裁决书，该裁决适用《劳动争议调解仲裁法》第47条，为终局裁决。申请人根据《劳动争议仲裁调解法》第49条，认为该裁决依法应予撤销。理由如下：

1. 该裁决适用法律错误

________________。

2. 劳动争议仲裁委员会无管辖权

________________。

3. 违反法定程序

________________。

4. 裁决所根据的证据是伪造的

________________。

5. 对方当事人隐瞒了足以影响公正裁决的证据

________________。

6. 仲裁员在仲裁该案时有索贿受贿、徇私舞弊、枉法裁决行为。

《劳动争议调解仲裁法》第49条规定："用人单位有证据证明本法第四十七条规定的仲裁裁决有下列情形之一，可以自收到仲裁裁决书之日起三十日内向劳动争议仲裁委员会所在地的中级人民法院申请撤销裁决：

(一)适用法律、法规确有错误的；

(二)劳动争议仲裁委员会无管辖权的；

(三)违反法定程序的；

(四)裁决所根据的证据是伪造的；

(五)对方当事人隐瞒了足以影响公正裁决的证据的；

(六)仲裁员在仲裁该案时有索贿受贿、徇私舞弊、枉法裁决行为的。

人民法院经组成合议庭审查核实裁决有前款规定情形之一的，应当裁定撤销。"

综上，申请人认为，该裁决符合应予撤销的情形，请求贵院依法予以撤销。

此致

________中级人民法院

申请人(签名或盖章):

年　月　日

文书范本54:劳动仲裁反申请书范本

劳动仲裁反申请书

反申请人:

单位名称:

住所地:

法定代表人:

职务:

联系电话:

被反申请人:

姓名:

性别:

民族:

出生日期:

住址:

联系电话:

请求事项:

1. 裁定被反申请人赔偿反申请人违反保密义务造成的损失________万元。

2. 裁定被反申请人返还反申请人报销款________元。

以上各项合计________元。

事实和理由:

被反申请人于________年____月____日开始在申请人处上班,职位为________,月薪为________元。________年____月____日被反申请人离职。

被反申请人在职期间,违反公司的保密制度与双方签订的保密协议,造成反申请人的严重损失,应予赔偿。

被反申请人采取虚构事实等方法,骗取公司报销共计________元,应予返还。

根据以上事实与法律,特此申请,望裁如所请。

此致

________劳动人事争议仲裁委员会

反申请人(盖章):

年　　月　　日

文书范本55:授权委托书范本

授权委托书

现委托下列受委托人在我方与________因 劳动争议纠纷 一案中,作为我方的仲裁或诉讼代理人。

委托代理人:姓名:________。性别:________。年龄:________。

电话:________________。工作单位及职务:________。住址:________。

上述代理人的代理权限为下列第________种:

一、一般代理,包括代为立案,代为接收呈送法律文书,代为答辩、出庭、举证质证等。

二、特别授权代理,包括代为提出、承认、变更、撤回、放弃诉讼请求,代为接受调解与和解,代为提起反诉和上诉,同时包括第一项一般代理的全部权限。

三、代为申请执行。

四、代为领取执行款或其他对方赔付的款项。

五、其他:________________。

签署时间:　　　　年　　月　　日

委托人(签字或盖章):

文书范本56:劳动争议上诉状范本

上　诉　状

上诉人(原审诉讼地位):________________,男/女,________年____月____日出生,________族,________(写明工作单位和职务或者职业),住________。联系方式:________________。

法定代理人/指定代理人:________,________。

委托诉讼代理人:________,________。

被上诉人(原审诉讼地位):________,________。

(以上写明当事人和其他诉讼参加人的姓名或者名称等基本信息)

________因与________________(写明案由)一案,不服________人民法院________年____月____日作出的(________)________号民事判决/裁定,现提起上诉。

上诉请求:

____。

上诉理由:

____。

此致

________人民法院

附:本上诉状副本________份

上诉人(签名或者盖章)

年　　月　　日

【说明】

1.本样式根据《中华人民共和国民事诉讼法》第164条、第165条、第166条、第269条制定,供不服第一审人民法院民事判决或者裁定的当事人,向上一级人民法院提起上诉用。

2.当事人是法人或者其他组织的,写明名称住所。另起一行写明法定代表人、主要负责人及其姓名、职务、联系方式。

3.当事人不服地方人民法院第一审判决的,有权在判决书送达之日起15日内向上一级人民法院提起上诉。当事人不服地方人民法院第一审裁定的,有权在裁定书送达之日起10日内向上一级人民法院提起上诉。在中华人民共和国领域内没有住所的当事人,不服第一审人民法院判决、裁定的,有权在判决书、裁定书送达之日起30日内提起上诉。

4.上诉状的内容,应当包括当事人的姓名,法人的名称及其法定代表人的姓名或者其他组织的名称及其主要负责人的姓名;原审人民法院名称、案件的编号和案由;上诉的请求和理由。

5.上诉状应当通过原审人民法院提出,并按照对方当事人或者代表人的人数提出副本。

6. 有新证据的，应当在上诉理由之后写明证据和证据来源，证人姓名和住所。

文书范本57：通用申请书模板

____________申请书

申请人：

代理人：

被申请人：

请求事项：

事实和理由：

此致

____________人民法院

申请人：

年　月　日

填写说明：

1. 本申请书为通用型的申请书，适用范围较广。包括增加、变更诉讼请求，申请证人出庭，申请调取证据，申请进行鉴定，申请追加当事人，甚至申请撤诉；等等。

2. 请根据要申请的事项，进行相应填写。

文书范本58：法定代表人身份证明书范本

法定代表人身份证明书

________（身份证号：________________）在我单位担任________职务，系我单位法定代表人。

本单位地址：________________。

联系人:________________。

联系电话:________________。

本证明有效期间:自出具之日起____个月内。

特此证明。

单位名称(公章):

签署时间:　　　　年　　月　　日

附:法定代表人身份证复印件

后 记

自 2014 年 6 月加入盈科律师事务所以来，已经有 7 年了。在盈科参加的第一个全国性的集会就是盈科律所劳动与社会保障法律专业委员会的律师集会。那是 2014 年的冬天，彼时，何力还是盈科北京的高级合伙人律师，盈科全国第一届劳动法律专业委员会主任，他把大家召集起来举办盈科劳动法律专业委员会委员的第一次集会，我在会上看到了来自全国各地不同分所的 20 余位劳动法律师，大家一起讨论当下劳动用工的热点和疑难问题，分享提供法律服务过程中的经验和心得，探讨如何展业和提升，会后我们一起吃饭，一起 K 歌。北京的那个冬天很寒冷，但是聚会的温暖至今历历在目，至此也拉开了我和何力、盈科全国劳动法律专业委员会兄弟姐妹们长达 7 年的交往和情谊。

2016 年，还是在北京，在何力的办公室里，何力告诉我他要做一件有意义的事情——做中国合同库，建立中国的合同标准。我在震撼之余，也心有疑惑，这个确实挺有意义的，但是这么宏大的主题，怎么落地呢？后来中国的法律人和我一起见证了“法天使 - 中国合同库”的诞生、成长和壮大，也见证了后来的老何。创业后，何力可能是为了好带队伍，也可能是为了区别于团队中大多的“80 后”、“90 后”，他这个唯一的“70 后”开始称自己老何，大家也都叫他老何了。

后来，我在 2018 年当选盈科全国第三届劳动法律专业委员会主任，2020 年 5 月连任第四届劳动法律专业委员会主任，先后组织了劳动法律专业委员会的兄弟姐妹相聚在上海律师大厦、蒙古大草原、北京中国饭店、春城昆明分所等一起探讨业务发展，开展法律培训，组织团建。2018 年、2019 年组织并发起了两届中国劳动法律师职业发展大会。2020 年年初，疫情肆虐期间，劳动法律专业委员会在总部业务指导委员会的领导下，带领全国各地的同事共同编辑了涉及 20 个省级地区和 20 余个地级市，90 万余字的《疫情防控涉及企业用工指南》，发起了数十场线上直播，有力地帮助了各地同事同行和中小企业应对疫情。惭愧的是，我一直认为，虽然每年都做了点事，但我和劳动法律专业委员会的小伙伴们在专业建设上还有很长的路要走，这项工作可能需要几届劳动法律专业委员会去完成。

2020 年《民法典》出台后，老何和我商量，将他原来的著作《新法下的人力资源操作指引》（法律出版社 2010 年第 1 版、2014 年第 2 版）进行改版，我毫不犹豫地答应了，老何也很快发来了文稿。讨论方向、调整大纲、搜集案例、更新法规、修改文稿、审核校对，处理案件之余，我和助理开始了工作，并设置了在 2021 年春节前夕务必完成初稿的时间节点，否则春节不能过年，在家里写稿子。书稿如期交付，获悉出版社审核完成，可以出版的时候，我很开心，过去的辛苦不算什么。

最后，本书面世，展现在了读者面前。通过前面的叙事，你应该知道了，本书是一种精神，是一个传承，老何，我，我们都希望盈科劳动法律专业委员会的主任能和前任一起接力。感谢老何，感谢我的助理，感谢盈科劳动法律专业委员会！

陈　元

2021 年 4 月于上海